SONG LAW FIRM
宋氏律師事務所

刑事控告实务

思路指引与办案技巧

赖建东 —————— 著

法律出版社 | LAW PRESS
—————— 北京 ——————

图书在版编目(CIP)数据

刑事控告实务：思路指引与办案技巧／赖建东著
．--北京：法律出版社，2023(2025.8 重印)
ISBN 978－7－5197－8235－1

Ⅰ.①刑… Ⅱ.①赖… Ⅲ.①被害者－刑事诉讼－研究－中国 Ⅳ.①D925.204

中国国家版本馆 CIP 数据核字(2023)第 158729 号

刑事控告实务：思路指引与办案技巧
XINGSHI KONGGAO SHIWU：SILU ZHIYIN YU BAN'AN JIQIAO

赖建东 著

责任编辑 陈昱希
装帧设计 鲍龙卉

出版发行 法律出版社
编辑统筹 法规出版分社
责任校对 张红蕊
责任印制 耿润瑜
经　　销 新华书店

开本 710 毫米×1000 毫米 1/16
印张 21　**字数** 377 千
版本 2023 年 11 月第 1 版
印次 2025 年 8 月第 2 次印刷
印刷 河北虎彩印刷有限公司

地址：北京市丰台区莲花池西里 7 号(100073)
网址：www.lawpress.com.cn
投稿邮箱：info@lawpress.com.cn
举报盗版邮箱：jbwq@lawpress.com.cn
销售电话：010－83938349
客服电话：010－83938350
咨询电话：010－63939796

书号：ISBN 978－7－5197－8235－1　**定价**：65.00 元

自·序

SELF-ORDERING

执业以来,我深耕于刑事案件的办案与研究。刑事案件不仅包括刑事辩护,还包括刑事危机处理、被害人刑事控告、被害人民事追偿等刑事、民事、非诉、刑民交叉业务,此类案件均是因犯罪行为引发的,案件的妥善处理都离不开经验丰富的律师。

刑事辩护和被害人控告代理是对立的两种工作,但都是犯罪行为所引发的。有经验的刑事律师,不仅需要熟悉刑事控告和刑事辩护,还需要熟悉被害人控告维权的方式方法。具备刑事案件引发的刑事、民事、刑民交叉案件的处理经验,知己知彼,攻防兼备,才能更好地维护当事人的合法权益。

有此经验,律师在作为辩护人时,则可以预判刑事案件的全部走向,包括刑事控告方案、被害人的控告维权方式手段等,为当事人提供刑事辩护、民事索赔应对等刑民交叉案件处理的全面抗辩方案。在作为被害人控告维权的代理律师时,则可以预判犯罪嫌疑人、被告人的辩解和辩护方案,司法机关的办案逻辑,采取包含刑事控告、民事索赔在内的刑民交叉手段,实施最有力度的维权行动。

犯罪嫌疑人、被告人需要律师提供帮助,同样,被害人的控告维权也需要律师提供帮助。两者立场不同、角色定位不同,但都具有重要的社会意义和法治意义。为犯罪嫌疑人、被告人提供辩护,有防止司法权力滥用的监督功能,避免权利遭受到权力的侵蚀。为“坏人”辩护是保证司法制度良善运转不可或缺的,而为被害人提供控告维权帮助,则有防止司法权力不作为、被害人维权无门的监督功能,避免权利失去权力的保护。犯罪嫌疑人、被告人的权利,国家公权力,被害人的权利三者之间通过法律相连形成的微妙平衡程度,体现了当前社会的法治水平。刑事律师就是追求这一平衡的重要力量。

被害人控告维权方面的法律法规并不完善,裁判观点不统一的现象时有发生,我只能根据自己的办案经验及研究总结,试图从被害人的视角来阐释被害人控告维权的方式、方法、步骤、策略,希望对被害人维权有所启发,对律师同仁协助被害人维权案件的办理有所启发。

宏愿如此,怎奈能力有限,仅以此书抛砖引玉。书中部分观点可能不甚妥当,甚至可能是谬误,不足与遗漏之处望诸位海涵并批评指正。

目·录

CONTENTS

前言:认真对待被害人维权 / 001

第一章 **被害人维权概述**

第一节　被害人的身份界定 / 003

一、合法利益遭受侵害 / 003

二、犯罪行为直接侵害 / 003

三、包括自然人和单位 / 004

四、被害人的身份审查 / 005

第二节　身份界定对维权的影响 / 006

一、决定能否控告 / 006

二、决定控告策略 / 008

第三节　被害人维权是刑民交叉案件 / 009

一、涉及刑事控告与民事诉讼 / 010

二、刑事控告影响民事诉讼 / 010

三、民事诉讼影响刑事控告 / 012

第四节　刑民交叉案件需要统筹应对 / 013

一、案件影响的统筹 / 013

二、维权方式的统筹 / 015

三、证据材料的统筹 / 017

第五节　刑事控告维权的优势 / 019

一、更可能还原真相 / 019

二、具有更大震慑力 / 020

第二章
被害人维权的案件洽谈

第一节　与被害人洽谈的方法 / 022
一、为客户着想 / 022
二、控洽谈节奏 / 024
三、持审查态度 / 026
第二节　与被害人洽谈的内容 / 027
一、审查有没有犯罪事实 / 027
二、提供可行的维权方案 / 029
三、梳理需要的证据材料 / 031
四、释明律师的工作内容 / 033
(一)提供法律分析 / 034
(二)协助收集证据 / 034
(三)准备控告材料 / 034
(四)现场刑事控告 / 034
(五)跟进初查程序 / 035
(六)跟进诉讼程序 / 035
(七)协助刑事追赃 / 035
(八)协助民事追偿 / 036

第三章
刑事控告的难点与失败原因

第一节　刑事控告的难点 / 037
一、事实真相不够清晰 / 037
二、法律判断含糊不清 / 039
三、证据搜集难度较大 / 039
四、立案前后思维不同 / 042
第二节　刑事控告失败的原因及案例 / 043
一、事实未梳理清楚 / 043
(一)缺少对犯罪事实的梳理 / 043
(二)犯罪事实的梳理不充分 / 044
(三)控告线索而非犯罪事实 / 045
(四)多单犯罪事实混合控告 / 046
二、证据未梳理清楚 / 047

三、对证据缺少解释 / 048
四、法律分析不到位 / 049
(一)缺乏法律分析 / 049
(二)罪名适用不当 / 050
五、缺少亲历者证词 / 051
六、缺少关键的证据 / 053
七、缺少具体行为人 / 055
八、控告的对象错误 / 057
九、未积极协助取证 / 058
十、隐瞒关键的事实 / 060

第四章
刑事控告的策略与步骤

第一节　区分报警、举报、报案和控告 / 062
第二节　确定控告罪名 / 064
一、控告罪名影响侦查行为 / 064
二、罪名错误导致控告失败 / 066
三、罪名错误造成维权障碍 / 067
第三节　收集控告证据 / 069
一、证据收集齐全 / 069
二、证据整理规范 / 072
(一)证据的来源 / 072
(二)证据的形式 / 073
(三)取证的程序 / 074
(四)证据的说明 / 075
(五)证据的分组 / 076
第四节　评估证据状况 / 076
一、证据链条评估 / 077
二、预测证据争议 / 078
第五节　预测抗辩焦点,防范辩护策略 / 080
第六节　撰写刑事控告书 / 081
一、事实描述与法律分析融合 / 082

(一)犯罪事实 / 082
(二)法律分析 / 082
(三)受理/管辖/移送或特殊问题的法律依据 / 083
二、事实描述与法律分析独立 / 085
(一)刑事控告书的内容 / 085
(二)法律意见书的内容 / 086
第七节　向公安机关提起控告 / 087
一、提交控告材料 / 087
二、讲解证据材料 / 088
三、配合制作控告笔录 / 089
(一)询问笔录的内容尽量全面 / 089
(二)询问笔录的内容尽量周延 / 091
四、配合补充证据材料 / 092
第八节　提出诉求，介入诉讼程序 / 094
一、侦查阶段，如何介入 / 095
二、审查起诉阶段，如何介入 / 095
三、审判阶段，如何介入 / 096

第五章
被害人的诉讼权利及其救济

第一节　被害人的刑事诉讼权利和义务 / 099
一、报案控告 / 099
二、作证权利 / 100
三、获得保护 / 100
四、法律帮助 / 101
五、知情参与 / 101
六、申请回避 / 102
七、鉴定异议 / 103
八、侵权控告 / 105
九、要求听取意见 / 105
十、参与庭审 / 106
十一、民事诉讼 / 107

十二、请求抗诉 / 108
十三、自诉权利 / 108
十四、索赔权利 / 109
十五、和解权利 / 109
十六、申诉权利 / 109
十七、诉讼义务 / 110
第二节 代理人的诉讼权利 / 111
一、代理人的诉讼权利 / 111
（一）诉讼代理人的权利来源 / 112
（二）诉讼代理人的委托时机 / 112
二、被害人死亡案件代理人的权利 / 113
第三节 被害人维权受阻的救济经验 / 116
一、控告阶段的权利救济 / 116
（一）拒绝受理 / 117
（二）不予立案 / 119
二、侦查阶段的权利救济 / 122
（一）立案后未推进 / 122
（二）撤销刑事案件 / 123
三、审查起诉阶段的权利救济 / 124
（一）三种救济方式 / 124
（二）救济方式选择 / 125
四、审判阶段的权利救济 / 128
（一）争取参与庭审 / 128
（二）申请提起抗诉 / 132
（三）民事上诉以全案审查 / 132
五、裁判生效后的救济 / 134
（一）事实被认定但诉求未实现 / 134
（二）参与诉讼但事实未被认定 / 137
（三）裁判生效后才发起的维权 / 139

第六章

被害人追偿的四种方式

第一节 赔偿和解 / 142
一、赔偿和解与刑事和解 / 142
二、赔偿和解可挽回损失 / 145
三、赔偿和解非出罪事由 / 146
四、赔偿协议的执行保障 / 149
第二节 追缴退赔 / 152
一、追缴退赔的财物范围 / 153
二、追缴退赔的权利顺位 / 155
(一)追缴退赔的优先性 / 156
(二)权利顺位的二分法 / 157
三、追缴退赔的司法程序 / 160
(一)追缴退赔的判项 / 160
(二)追缴退赔的执行 / 163
第三节 附带民事诉讼 / 165
一、适用的案件范围 / 165
二、赔偿项目和金额 / 168
三、赔偿项目新动态 / 169
(一)关于死亡赔偿金和残疾赔偿金 / 170
(二)关于精神损害抚慰金 / 171
第四节 单独民事诉讼 / 172
一、单独民事诉讼与附带民事诉讼的异同 / 172
(一)能起诉索赔的案件不同 / 172
(二)不能起诉索赔的案件相同 / 173
(三)理论上赔偿项目应当相同 / 173
二、单独民事诉讼与附带民事诉讼的悖论 / 173
(一)不同诉讼方式赔偿金额不同 / 174
(二)犯罪的赔偿低于侵权的赔偿 / 176
第五节 追偿方式的选择与适用 / 178
一、赔偿和解与民事追偿 / 178
二、追缴退赔与民事追偿 / 180
三、附带民事诉讼与单独民事诉讼 / 180

第七章

被害人民事追偿的对象和理由

第一节　向无罪的被控告人追偿 / 185
一、刑事无罪不能豁免民事责任 / 185
（一）不予立案或撤案 / 186
（二）检察院不起诉 / 186
（三）法院判决无罪 / 187
二、刑民追责标准不同 / 187
（一）行为界定不同 / 187
（二）证据规则不同 / 187
（三）责任性质不同 / 188
（四）审查标准不同 / 188
第二节　向单位犯罪的自然人追偿 / 190
一、单位犯罪自然人免责的抗辩观点 / 190
（一）犯罪不一定需要承担民事责任 / 190
（二）犯罪行为主体是单位而非个人 / 191
（三）员工职务行为由单位承担责任 / 191
二、单位犯罪中自然人承担责任的依据 / 192
（一）共同侵权行为 / 193
（二）超出履职范围 / 195
（三）法人人格否认 / 196
（四）违法代理责任 / 197
（五）合同条款约定 / 198
（六）其他法定理由 / 199
第三节　向自然人犯罪的单位追偿 / 200
一、单位涉案但无罪的三种情形 / 200
（一）罪名本身无单位犯罪 / 201
（二）单位没有被追究责任 / 201
（三）单位不构成刑事犯罪 / 202
二、向单位民事追偿的依据 / 203
（一）单位雇主责任 / 203

(二)单位存在过错 / 204
(三)员工表见代理 / 206
(四)合同条款约定 / 207
(五)共同侵权行为 / 208
(六)其他法定事由 / 209
(七)单位深度涉案 / 210
第四节　向共同犯罪人追偿 / 212
一、共同犯罪人民事责任承担的四种观点 / 212
(一)受雇佣无须承担民事责任 / 212
(二)共同犯罪人承担按份责任 / 213
(三)共同犯罪人承担连带责任 / 214
(四)按份责任与连带责任并存 / 215
二、共同犯罪人民事责任的认定原则 / 216
(一)不宜滥用雇员免责制度 / 216
(二)不宜滥用连带责任理论 / 219
(三)根据作用确定连带责任 / 220
第五节　向未被追究刑事责任的参与人追偿 / 222
一、侵权责任 / 223
二、违约责任 / 224
(一)签订可追偿协议 / 224
(二)协议需合法有效 / 225
(三)注意追偿的方式 / 226
三、其他法定事由 / 229
第六节　向有关的案外人追偿 / 230
一、依据监护责任追偿 / 231
二、依据雇主责任追偿 / 231
三、依据相关协议追偿 / 232
(一)案外人的担保协议 / 232
(二)案外人的赔偿协议 / 234

第八章
刑事自诉的要点、经验与完善展望

第一节　刑事自诉的案件类型 / 237
一、告诉才处理的案件 / 238
二、可公诉可自诉的案件 / 238
三、公诉转自诉的案件 / 245
（一）有材料证明控告无果 / 245
（二）侵犯人身、财产权利 / 246
（三）可能判处的刑罚不限 / 247
第二节　推动刑事自诉立案 / 248
一、确定能否自诉 / 249
二、确定自诉主体 / 250
三、搜集自诉证据 / 251
四、确定管辖法院 / 253
五、推动自诉立案 / 254
第三节　推动自诉案件进展 / 255
一、协助法院送达 / 256
二、申请律师调查令 / 258
三、申请调取证据 / 259
四、申请自诉转公诉 / 260
第四节　刑事自诉的完善愿景 / 261
一、降低自诉的立案标准 / 262
二、完善自诉的取证制度 / 264
三、增加被告人到案措施 / 265

第九章
被害人维权的沟通经验

第一节　与被害人沟通的经验 / 267
一、释明正确理性的刑事控告理念 / 267
（一）控告的内容必须经得起推敲 / 268
（二）不是所有的罪行都适宜控告 / 269
（三）不是所有的控告都能被立案 / 270
（四）不是所有的犯罪都能被侦破 / 271
（五）不是所有的嫌犯都能被定罪 / 272

（六）不是刑事控告就能挽回损失 / 273
（七）不是所有的损失都能够挽回 / 274
（八）不是所有控告诉求都能实现 / 277
二、释明控告对被害人的法律风险 / 278
（一）对向犯罪的问题 / 278
（二）共同犯罪的问题 / 279
（三）被反控告的问题 / 280
（四）被打击报复的问题 / 282
（五）关联行为的刑事风险 / 284
三、释明控告对其他参与人的风险 / 284
四、释明控告对其他维权方式的影响 / 286
五、指导被害人积极正确发挥作用 / 288
（一）指导被害人取证 / 288
（二）指导被害人控告 / 291
（三）指导被害人沟通 / 293
第二节　与证人沟通的经验 / 294
一、区分证人类型 / 294
二、保持怀疑态度 / 296
三、注意取证方式 / 297
四、果断取舍证言 / 298
五、把握取证时机 / 299
第三节　与经办人沟通的经验 / 301
一、个案细节着手 / 302
二、及时充分沟通 / 303
三、明确表达诉求 / 305
四、阐明立场底线 / 306
五、提供侦办建议 / 307
第四节　刑事庭审的沟通经验 / 310
一、对辩方观点予以反驳 / 310
二、对辩方证人进行发问 / 311

三、对被告人进行发问 / 314
（一）认罪的供述辩解是否属实 / 315
（二）问被告人难以回答的问题 / 315
（三）问能反驳辩护观点的问题 / 317

后记　感谢激励我在刑事领域前行的人 / 320

前言
PREFACE

认真对待被害人维权

在遭受犯罪行为侵害后,被害人通常被笼罩在犯罪的阴影之下,很多人一辈子都走不出这个阴影,无法开始新的生活。被害人需要认真对待维权救济事宜,树立诉讼主体的意识,以平等的姿态,采取积极主动的维权措施,最大限度地争取自己的权益,才能走出阴影。

任何犯罪都会直接或间接地危害个人,每个人都可能遭受潜在犯罪行为的侵害,每个人都可能成为被害人。认真对待被害人,认真对待被害人维权,就是为了避免每一个潜在的被害人成为现实的被害人后维权救济无门的惨状。

国家追究犯罪人刑事责任的主要考虑是惩罚犯罪,保护人民。代表国家的司法机关与被害人并不等同,司法机关没有完全代表被害人,国家利益与被害人个人利益并不完全重合,司法机关惩罚犯罪的职能决定了其难以充分考虑被害人的个人利益。"如果被害人没有专业的律师为其代理,可能就会遗漏一些公诉机关所未收集的证据,造成在证据收集上的失衡,不仅难以有效保护被害人的合法权益,甚至可能对其造成伤害。"〔1〕

国家追究犯罪人刑事责任并不能满足被害人的救济诉求。被害人因犯罪行为遭受的损失和伤害是复杂的,其维权诉求也是复杂的,往往不仅要求严惩犯罪嫌疑人、被告人,而且要求挽回经济损失。在绝大多数案件中,追究犯罪人的刑事责任并不能满足被害人的全部维权诉求。

被害人维权救济渠道畅通,可以让被害人穷尽维权路径,充分参与到刑事

〔1〕 曹骥:《公诉案件被害人律师代理制度的反思与完善》,载《中国政法大学学报》2017年第4期。

诉讼程序中,见证刑事诉讼的过程,也能提高被害人对最终维权结果的接受度。“如果被害人既无法从犯罪人处得到及时的赔偿,也无法从社会得到救助,被害人便可能成为社会秩序不稳定的新的因素,进而可能形成从犯罪受害者到犯罪行为人的角色转变。”[1]让被害人充分行使其维权救济权利,让被害人尽可能地参与刑事追责过程,可以有效提高裁判的接受度,避免被害人变成犯罪人。

因此,被害人不能认为刑事案件交由司法机关处理,由国家为被害人维权即可。实际上,国家并非无所不能。法律不保护躺在权利上睡觉的人,漠视权利的人也会被权利漠视。被害人的诉求还需要被害人自己来主张,被害人的损失还需要被害人积极采取行动才能挽回。被害人如何控告维权、如何挽回损失,这是需要被认真对待的问题。

---

〔1〕 方军:《刑事被害人救助:问题与前景》,载《犯罪研究》2020 年第 4 期。

第一章
CHAPTER 01

被害人维权概述

第一节
被害人的身份界定

每一个犯罪行为都会侵害刑法所保护的法益(个人法益、社会法益或者国家法益),但并不是每一个案件都有被害人。被害人是特殊的诉讼主体,有相应的一系列权益,因此,被害人的身份是特定的。被害人身份的认定关系到其享有哪些诉讼权利义务、能否进行刑事控告、能否进行追赃索赔以及能采取何种方式进行维权救济等。被害人的认定需要考虑下列几个因素[1]。

一、合法利益遭受侵害

刑事诉讼法中的被害人首先是合法权益遭受犯罪行为侵害的人,包括生命、健康、荣誉、尊严、财产权利和其他合法权利。例如,性侵犯罪案件、污染环境犯罪案件、侵犯知识产权犯罪案件、食品安全犯罪案件、涉众型经济犯罪案件,往往就侵害了他人的权利,这些合法权利遭受侵害的人就可能成为刑事诉讼中的被害人。

二、犯罪行为直接侵害

因犯罪行为侵害遭受损失的主体往往非常宽泛,但并不是所有因为犯罪行

〔1〕 在被害人死亡或者丧失行为能力等原因无法控告维权时,被害人的法定代理人或者近亲属可以代为进行刑事控告维权。为了叙述方便及简洁,本书所使用的“被害人”,根据语境,意指被害人(及或)被害人的法定代理人、近亲属,或者被害单位。

为而遭受侵害的人都可以成为刑事诉讼中的被害人,遭受犯罪行为直接侵害是被害人的特征。“被害人是指那些人身权利或财产权利受到犯罪行为直接侵害的人。”[1]“只有其合法权益直接受到犯罪行为侵害的人才是被害人,间接受到侵害的人不属于被害人的范畴。例如,在故意杀人案件中,被害人已经死亡,被害人亲属的合法权益当然也受到了犯罪行为的侵害,但这种侵害是间接的,因此他们不属于被害人。”[2]

三、包括自然人和单位

被害人“既可以是自然人,也可以是法人”[3]。那些只侵犯社会法益或者国家法益,没有直接侵害自然人或者法人权益的犯罪,就没有相关被害人。例如,妨害社会管理类犯罪以及大部分持有型犯罪,侵害的是社会法益或者国家法益,不存在作为被害人的自然人或者单位。

实际上,虽然被害人身份的定义是简单的,但司法实践的具体个案中被害人身份的界定往往没有那么清晰,认定被害人身份的裁判观点也各有差异,尤其是对“直接侵害”的界定并不十分清晰。当前法律法规也没有对被害人作出非常具体、明确的定义,导致被害人的界定经常出现分歧。

例如,在污染环境犯罪案件中,污染环境并不是直接针对公民的生命权、健康权、财产权等权利的犯罪,但一定区域内的公民可能因此遭受生命权、健康权、财产权等切身利益损失。这一类犯罪案件,理论上也是存在被害人的,权益受害的人也拥有救济的权利,但司法实践中对被害人的甄别界定并不统一。

又如,在妨害公务案件中,妨害公务罪侵犯的客体是国家机关的管理活动,但是,妨害公务犯罪行为往往会侵害执行公务的国家工作人员的人身财产权利,导致执行公务的国家工作人员遭受直接的人身损害或物质损失,此时,他们就属于遭受犯罪行为直接侵害的人,依法应当认定为被害人。[4]

例如,黄某涉嫌非国家工作人员受贿罪案:

该案中,黄某作为××电子科技有限公司的计划部经理,利用管理关联公

〔1〕陈瑞华:《刑事诉讼法》,北京大学出版社 2021 年版,第 229 页。
〔2〕何家弘、刘品新:《证据法学》,法律出版社 2020 年版,第 184 页。
〔3〕樊崇义主编:《证据法学》(第 6 版),法律出版社 2017 年版,第 161 页。
〔4〕例如,海南省三亚市中级人民法院刑事裁定书,(2019)琼 02 刑终 140 号。

司××生物科技有限公司的库存物料的职务便利，在处理物料过程中，收到李某等多家供应商报价后，认为李某的报价最高，于是要求李某按照他的指示调低报价重新报价。黄某将调低后的报价送至××生物科技有限公司审批，确定李某中标。××生物科技有限公司按照调低后的价格向李某购买涉案物料，黄某要求李某将原始报价与调低后的报价之间的差额转账至其个人账户，通过这种方式，将款项40万元非法据为已有。

该案司法机关认定黄某的行为构成非国家工作人员受贿罪，则该行为侵害的法益是职务行为的廉洁性，却也直接导致××生物科技有限公司的经济损失。此时，××生物科技有限公司是不是被害人就存在较大争议，其如何挽回经济损失存在难题。

四、被害人的身份审查

部分案件中，被害人同时也参与、协助实施犯罪行为，他们被害人的身份与犯罪嫌疑人、被告人的身份混同，随时可能转换身份。这种情况下，被害人身份的认定也是比较复杂的。

例如，在组织、领导传销活动案件中，被追究刑事责任的传销参与人可以认定为犯罪嫌疑人、被告人，但是众多没有被追究刑事责任的传销参与人，却不完全是被害人，其中部分传销参与人早已从被害人变成了传销实施者（即犯罪嫌疑人、被告人）。司法实践中，传销参与人的被害人身份认定存在争议，遭受损失的传销参与人往往难以用被害人的身份参与控告维权。

又如，在非法集资案件中，部分投资人主动参与，部分投资人被动参与；部分投资人遭受经济损失，部分投资人由于参与时间很早，其不但没有遭受损失，还获得了较大的收益；部分投资人是普通的投资者，但部分投资人可能是职业的高利放贷人；部分投资人只有自己投资，而部分投资人还成为“代理”介绍其他人参与集资收取提成等，此类情况屡见不鲜。那么其中哪些集资参与人属于被害人？我国各地法院对集资参与人是否具有被害人属性的裁判观点并不统一，我国司法部门对集资犯罪被害人地位认定并不清晰。[1] 我们认为，这种情况可以考虑以集资案件认定犯罪金额的标准来评判参与人是否存在财产损失，

〔1〕 参见时方：《非法集资犯罪中的被害人认定——兼论刑法对金融投机者的保护界限》，载《政治与法律》2017年第11期。

该财产损失是否属于被害人,如果集资参与人的财产遭受损失,则可以认定为被害人,如果集资参与人没有遭受财产损失,则不宜认定为被害人。

司法实践中,犯罪嫌疑人、被告人的身份是清晰的,案卷材料中必须有核查身份的专门协助核查程序,根据犯罪嫌疑人、被告人的户籍档案等证据,能确定他们的身份。但是,被害人的身份经常是不确定的。除了侵害人身、财产权利的犯罪,可以直接确定被害人人数、身份之外,很多案件办案机关并没有详细区分哪些是被害人、哪些不是被害人。如非法集资犯罪,组织、领导传销活动罪,污染环境罪等案件,公安机关在侦查过程中,并没有专门甄别被害人的程序。此类案件中是否存在具体被害人、谁是适格被害人,本身就存在争议或者需要结合具体案情作出判断。因此,建立被害人的身份确认程序显得尤为重要。[1]只有确定了被害人有哪些人,被害人的诉讼权利才能落到实处。

第二节
身份界定对维权的影响

被害人的身份界定,对其控告维权、损失挽回会产生非常大的影响,既决定了其能否以被害人的身份进行刑事控告,也决定了其刑事控告的策略、挽回损失的方式。

一、决定能否控告

在大多数情况下,遭受犯罪行为侵害的人都是被害人,但也有例外,并不是每一个因犯罪行为遭受损失的人都是被害人。有时遭受犯罪行为侵害的人也可能是共同实施犯罪行为的人,或者无意中帮助犯罪嫌疑人、被告人实施犯罪行为的人。此时,他是否为被害人决定了其能否进行控告维权。

例如,金某自诉陈某重婚案:

该案中,金某认为,陈某在与其原配妻子的夫妻关系存续期间,故意隐瞒其已经有家庭的情况下,追求金某,并与金某形成事实婚姻,两人同居生活。金某

---

〔1〕 参见孙仲玲、郭永亮:《刑事被害人庭审参与权及其完善》,载《云南民族大学学报(哲学社会科学版)》2018 年第 6 期。

后来发现陈某有家庭，两人才决定分手。而此时，金某与陈某已经以夫妻名义同居生活好几年。金某想要通过刑事自诉陈某构成重婚罪追究其刑事责任。

我们对金某所讲述的案件事实经过持怀疑态度进行审查，提出了两个疑问：

其一，陈某如何能够在照顾原家庭的同时与金某以夫妻名义同居生活好几年？陈某自己是有正常家庭的，还与妻子生育了几个小孩，并且与其妻子、儿女、父母一起生活。他如何能够在照顾该家庭之外，还以夫妻名义和金某同居生活好几年，且未被发现？对该疑问，金某表示，陈某因为工作原因，隔三差五就要出差，并不是每天都在家里生活。

其二，金某是否知道陈某是有妇之夫？或者是否在知道陈某是有妇之夫后还继续保持同居状态？对此，金某始终坚持认为，其起初并不知道陈某有家室，后来发现了陈某有家室，两人还曾经同居过一段时间，只是两人为此闹矛盾，很快就决定分开。

于是，我们为金某分析认为：

首先，金某与陈某并没有合法的法律婚姻关系，因此，金某并不存在需要刑法保护的合法婚姻关系，其并不是刑法意义上的重婚罪被害人。真正遭受到侵害的是陈某与陈某妻子的合法婚姻关系，因此，能够对陈某进行重婚罪刑事控告的人实际上是陈某的妻子，而不是金某。

其次，如果金某提起刑事自诉，而陈某在应诉过程中，其妻子极有可能会支持陈某作证，认为其与陈某并未分居，还可能会有很多证人证明，陈某并未与金某以夫妻名义同居生活，甚至还可能证明金某知道陈某是有妇之夫。如果证据显示，金某明知陈某是有妇之夫，还与之以夫妻名义同居生活，则金某也可能涉嫌重婚罪。如果证据不足以证明金某明知陈某是有妇之夫，而是陈某隐瞒婚姻关系与金某以夫妻名义同居生活，金某在不知情的情况下，帮助了陈某实施重婚犯罪行为，金某不构成重婚罪的共同犯罪，但刑事自诉也无法成功。因此，虽然客观上金某的利益遭受陈某重婚犯罪行为的损害，但其并不是被害人，不能进行刑事控告维权。重婚罪又是自诉案件，金某难以通过举报、控告等方式让公安机关追究陈某重婚罪的刑事责任。因此，只要陈某的妻子不追究陈某重婚罪的刑事责任，陈某就难以被追究重婚罪刑事责任。

二、决定控告策略

在犯罪嫌疑人、被告人非法占有、处置被害人财产的案件中,被害人身份确定后,其维权方式只能是刑事控告维权,通过刑事退赔的方式挽回损失,不能通过提起附带民事诉讼或者单独提起民事诉讼进行维权。最典型的是诈骗类、非法集资类案件,最高人民法院《关于适用刑法第六十四条有关问题的批复》中规定:"被告人非法占有、处置被害人财产的,应当依法予以追缴或者责令退赔。据此,追缴或者责令退赔的具体内容,应当在判决主文中写明;其中,判决前已经发还被害人的财产,应当注明。被害人提起附带民事诉讼,或者另行提起民事诉讼请求返还被非法占有、处置的财产的,人民法院不予受理。"

由此可见,被害人的身份认定,直接决定了被害人具体能采取哪些维权措施,而被限定维权方式,无疑将直接影响被害人的切身利益。被害人身份对被害人维权并非百利而无一害。在部分特殊案件中,犯罪嫌疑人、被告人明显是不具备退赔能力的,一旦当事人被认定为刑事案件中的被害人,则只能向这个不具备退赔能力的犯罪嫌疑人、被告人追偿,被害人身份反而会对其权益保护产生重大不利影响。

例如,甲公司、乙公司与张某纠纷案:

张某系甲公司的雇佣人员,甲公司老板安排张某去乙公司采购货物,采购的货物到货后,甲公司根据张某提供的单据和货物,向乙公司支付货款。张某在采购过程中,虚构了采购需求,多拿走了乙公司的很多货物,并予以低价售卖,且将这部分货物的单据藏起来,被张某以这种方式非法占有的涉案货物总金额超过700万元。那么,本案谁才是被害人呢?而且张某早已将低价售卖货物所得的赃款挥霍,无力退赔。本案的被害人,无疑将遭受重大损失。

甲公司发现后主要诉求当然是止损,而不是要求追究张某的刑事责任。因此,甲公司采取刑事控告措施前,需要提前考虑刑事控告的罪名、甲公司的角色以及由此可能产生的影响。

其一,从民事责任角度来看,乙公司起诉甲公司,以张某构成表见代理为由,要求甲公司承担偿还货款责任,甲公司败诉的可能性很大,这是甲公司面临的重大法律风险。

其二,从刑事责任角度来看,被害人只能先向张某进行追偿,由刑事判决退赔。刑事退赔追偿无果,被害人才能通过各种理由向相关方追偿,诉讼过程复杂、诉讼结果具有很大不确定性。因此，本案的被害人究竟是甲公司还是乙公司，对他们的利益影响无疑非常重大。

如果认定甲公司是被害人，则刑事判决张某向甲公司退赔，那么乙公司还可以根据表见代理，民事起诉要求甲公司支付货款。但如果认定乙公司是被害人，张某侵害了乙公司的财产权利，则刑事判决张某向乙公司退赔，乙公司再想通过另行提起民事诉讼方式向甲公司追偿，无疑将困难重重，甲公司有更大的胜诉概率。因此，甲公司在处理张某的犯罪行为及引发的纠纷时，需要制定一个对自己最有利的纠纷解决策略。

其一，从罪名的选择上，应当认为张某的行为构成诈骗罪。诈骗罪的被害人损失挽回方式，是张某的退赔，被害人不能通过提起刑事附带民事诉讼或者另行提起民事诉讼的方式来解决。

其二，从身份的界定上，应当认为甲公司是证人身份，发现了张某诈骗乙公司的犯罪事实，因此向公安机关举报。

其三，从甲公司与张某的关系上，张某是甲公司的雇佣人员，而不是甲公司的员工，张某与甲公司的关系是劳务关系而不是劳动关系，相应地，需要搜集甲公司与张某关系的相关证据材料，并向公安机关提交。以证明张某在完成甲公司的采购任务之余，还通过虚构事实、隐瞒真相的手段，诈骗了乙公司的货物。

最终，公安机关以张某涉嫌诈骗罪为由刑事立案调查。由此，在甲公司与乙公司就这 700 多万元货款损失责任承担纠纷案件中，甲公司的胜诉率无疑大大增加。

第三节
被害人维权是刑民交叉案件

犯罪行为绝大多数以民事侵权行为或违约行为为基础，都涉及刑事和民事的法律问题，且相互影响。被害人遭受犯罪行为侵害后，既可以通过刑事手段进行维权，也可以通过民事手段维权。刑事控告和民事诉讼，都是被害人的重要维权方式。犯罪嫌疑人、被告人的犯罪行为往往会同时引发民事责任和刑事责任，被害人的维权手段也不限于刑事控告或民事诉讼，但通过刑事或民事手段进行维权是最通常、最主要的维权方式。这就让被害人维权案件具有典型的刑民交叉性质。

一、涉及刑事控告与民事诉讼

被害人既可以直接选择刑事控告的方式进行维权救济,通过刑事诉讼程序中的赔偿和解、追缴退赔、附带民事诉讼的方式挽回损失,也可以直接选择以民事诉讼的手段维权,甚至在部分案件中,被害人可以同时选择刑事控告和民事诉讼的方式进行维权,挽回经济损失。

例如,某大型商业银行被骗取贷款控告维权案:

该案中,银行作为被害单位,可以通过刑事控告后的赔偿和解、追缴退赔方式挽回经济损失。同时,银行遭受骗取贷款犯罪行为,往往并不影响相关担保合同的效力,银行还可以通过民事诉讼方式要求犯罪人之外的融资人、担保人、抵押人等相关主体承担还款责任,进而挽回部分经济损失。此外,银行还可以作为利害关系第三人参与相关案件诉讼程序及财产处置程序,主张对相关财产拥有优先受偿权,以挽回经济损失。此时,银行往往会聘请多个律师团队,分别代理银行采取不同的维权方式,以最大限度维护银行的合法权益。

二、刑事控告影响民事诉讼

在被害人维权时,刑事控告对民事诉讼的影响尤为明显,既体现在诉讼程序上,也体现在实体裁判中。其一,从程序上看,被害人可以通过刑事控告来影响民事诉讼的程序和进度,让民事诉讼中止审理、驳回起诉、中止执行等。先刑后民虽然不是法律明确规定的基本原则,但众多司法解释实际上已经确立先刑后民的处理方式。最典型的规定如最高人民法院《关于在审理经济纠纷案件中涉及经济犯罪嫌疑若干问题的规定》第 12 条:“人民法院已立案审理的经济纠纷案件,公安机关或检察机关认为有经济犯罪嫌疑,并说明理由附有关材料函告受理该案的人民法院的,有关人民法院应当认真审查。经过审查,认为确有经济犯罪嫌疑的,应当将案件移送公安机关或检察机关,并书面通知当事人,退还案件受理费;如认为确属经济纠纷案件的,应当依法继续审理,并将结果函告有关公安机关或检察机关。”最高人民法院、最高人民检察院、公安部《关于办理非法集资刑事案件适用法律若干问题的意见》第 7 条第 2 款规定:“人民法院在审理民事案件或者执行过程中，发现有非法集资犯罪嫌疑的，应当裁定驳回起诉或者中止执行，并及时将有关材料移送公安机关或者检察机关。”其二，从实体上看，可以通过刑事控告来影响民事诉讼的实体裁判结果。刑事犯罪可能导致相关民事合同无效、可能导致被害人的损失只能通过退赔的方式挽回，而不能以单独或者附带民事诉讼的方式挽回。

例如，李某等人与魏某及××公司特许经营权纠纷及合同诈骗控告案：

被害人李某等人分别根据投资合作协议，向当地法院提起民事诉讼，请求法院判决魏某等人返还投资款。但是，庭审过程中，被害人发现庭审情况并不乐观、形势可能对被害人不利，按照双方合同约定，魏某等人可能只需要退还30%，民事法庭也倾向于认定应该按照合同约定确定双方权利义务、解决争议纠纷。被害人认为按照双方合同约定的退款金额过低，绝不认可该赔偿金额，于是，被害人又采取进一步的维权措施，他们以魏某等人涉嫌合同诈骗罪为由向公安机关提出刑事控告，要求公安机关追究魏某等人合同诈骗罪的刑事责任，并要求公安机关督促魏某等人退还被诈骗的款项。在几十名被害人到公安机关进行刑事控告后，公安机关对魏某等人涉嫌合同诈骗罪进行刑事立案，并将魏某等涉案人员全部抓获归案。

在该案中，被害人采取的刑事控告措施显然非常奏效。公安机关对魏某等人刑事立案后，包括李某在内的众多被害人与魏某及××公司特许经营权纠纷民事案件，法院很快作出裁定认为：被告××公司、魏某因涉嫌合同诈骗罪于××××年××月××日被××市公安局逮捕，理由系被告××公司、魏某涉嫌合同诈骗罪，故本案不属于人民法院民事诉讼的审理范围。依照最高人民法院《关于在审理经济纠纷案件中涉及经济犯罪嫌疑若干问题的规定》第11条及《民事诉讼法》的规定，裁定驳回原告的起诉。同时，法院向公安机关出具案件移送函，依照最高人民法院《关于在审理经济纠纷案件中涉及经济犯罪嫌疑若干问题的规定》第11条之规定，将案件移送至公安机关。

很快，由于被刑事羁押，面临10年以上有期徒刑的严厉刑罚，魏某及其他被告人的家属逐渐与各被害人联系，主动洽谈退赔谅解的问题，被害人也陆续得到较大部分的赔偿，挽回了大部分经济损失。

又如,张某与王某民间借贷纠纷案:

该案中,张某作为借款人,被债权人起诉要求还款。张某始终主张借款已经全部偿还完毕,是债权人王某通过收取高额手续费、制造假流水等方式隐瞒已经还款的事实。但是,张某无法提供足够的证据支持其主张,一审法院判决张某败诉,需要继续向债权人偿还巨额本息。判决后,被害人张某向公安机关进行刑事控告,控告王某涉嫌套路贷诈骗、虚假诉讼等犯罪行为。后该民间借贷案件被发回重审,被害人张某通过刑事控告的手段进行了有效维权。

在先刑后民的基调下,刑事案件对民事诉讼的影响无疑是非常重大的。很多民事诉讼陷入僵局时,诉讼各方总会想方设法地利用刑事控告手段进行"突围",如刑事控告的策略得当,维权效果无疑将非常好。因此,刑事控告对被害人民事诉讼的利好影响是显著的,既可以用于促进其他民事案件的顺利推进,排除民事诉讼中的障碍和民事执行中妨碍执行的行为,也可以影响民事诉讼进程,甚至可以直接推翻民事判决。

三、民事诉讼影响刑事控告

刑事控告维权往往对民事诉讼的影响较大,但在部分案件中,民事诉讼也会对刑事维权产生一定的影响,尤其是在被害人的损失与民事诉讼结果有直接关系时,民事诉讼会对刑事维权产生很大影响。民事诉讼尚未有定论,则被害人损失无法确定,刑事控告的条件可能尚不具备,贸然采取刑事控告措施则效果不佳。

例如,××贸易有限公司被职务侵占控告维权案:

该案中,被害单位认为,该公司原总经理任某利用职务便利,谎称××贸易有限公司日常经营周转需要,向李某等人借款100万元,并安排李某将款项全部转入任某控制的第三人账户中,任某将款项全部据为己有,用于个人用途。后任某无力偿还借款。李某等人起诉××贸易有限公司及任某,要求共同承担还款责任。一审法院认定××贸易有限公司应当承担还款责任。

于是,××贸易有限公司向公安机关进行刑事控告,控告任某职务侵占该100万元。但是,该刑事控告比较困难,还存在控告的现实障碍。民事诉讼案件还处在二审阶段,判决尚未生效,××贸易有限公司尚未支付执行款,尚未遭受损失。因此,××贸易有限公司被职务侵占的犯罪事实尚未确凿发生。该民事案件的裁判情况会直接影响刑事控告的可行性，职务侵占是否确实成立，至少需要等到民事诉讼判决生效后才具备评判条件。

被害人维权控告作为典型的刑民交叉案件，大部分案件的法律关系相对比较复杂，被害人需要通盘考虑全案的法律关系后，确定最有利的维权救济方案，适时采取适当的民事诉讼或者刑事控告手段维权，才能最大限度地维护自己的合法权益。

第四节
刑民交叉案件需要统筹应对

刑民交叉案件涉及不同领域的法律。律师只掌握刑事法律或者民事法律，可能都无法解决问题。律师只有具备跨部门法的知识和思维，并进行融合、比较和通盘判断，才能在不同的诉讼中，都提供正确的观点。在具体办案过程中，我们发现，丰富的刑事案件办案经验和以刑事为主的刑民交叉案件的办案经验，对被害人的维权救济是必不可少的。

一、案件影响的统筹

很多重大疑难复杂的刑民交叉案件，当事人需要解决的绝不仅仅是单一的民事问题或者刑事问题，往往需要应对复杂的各种纠纷、诉讼，他们需要的并不是单一的辩护或者民事应诉方案，而是该复杂案件的整体应对方案。刑事与民事相互影响，整体性的解决、应对方案才是关键。

例如，温某等人涉嫌操纵证券市场、挪用资金、违规披露、不披露重要信息案：

该案中，上市公司正在破产重整阶段，刑事案件尚未审结，证券虚假陈述索赔的民事案件正在审理阶段，众多融资贷款合同纠纷民事案件也正在审理阶段。涉案上市公司的高级管理人员、实际控制人同时面临非常复杂的刑民交叉纠纷，每一个案件处理的每一个环节都直接关系到当事人的财产权益。

其一，在证券虚假陈述索赔的民事案件应诉方面，操纵证券市场的账户和金额不属于证券索赔的范围，应当剔除，且刑民交叉案件可以考虑申请中止审理相关民事诉讼。操纵证券市场的刑事案件，将会严重影响民事案件的审理、民事赔偿数额的认定。所以,从事实看,当刑事案件确实已经影响民事赔偿金额的确定和民事案件的审理,就具备了中止民事案件审理的条件。《民事诉讼法》第150条[1]第1款第5项规定:“有下列情形之一的,中止诉讼:……(五)本案必须以另一案的审理结果为依据,而另一案尚未审结的。”在刑民交叉案件中,经常会出现刑事案件影响民事案件的情况,在刑事案件尚未审结的情况下,民事诉讼的当事人及其代理律师就可能考虑申请中止审理。

其二,在刑事辩护方面,犯罪嫌疑人、被告人挪用上市公司资金的事实客观存在,他希望通过资产变现,来归还被挪用的款项,以尽量减轻刑事处罚。一旦民事案件处理比较快,民事判决后,法院将迅速执行,将犯罪嫌疑人、被告人的资产拍卖,用于偿还债权人(投资人)。如此,刑事案件尚未结案,犯罪嫌疑人、被告人的资产就被民事法院处置,就没有多余资产可用于归还挪用的资金,刑事案件也就缺少了从轻处罚的筹码。由此可见,民事诉讼的进度、赔偿金额、执行情况都会直接影响刑事案件中犯罪嫌疑人、被告人的刑期。

其三,民事案件中止审理对该案件的整体解决也可能产生非常不利的影响。因为涉案上市公司的年度审计中,会计师事务所已经无法出具“无保留审计报告”。如果上市公司在下一个审计年度不能出具“无保留审计报告”,就会面临退市风险,一旦退市,公司将很可能无法顺利重整通过。因此,如果民事案件中止审理,就意味着无法确定上市公司在证券虚假陈述中的赔偿额(债权额),重整程序可能受阻。一旦重整失败,上市公司将进入破产程序,公司实际控制人持有的公司股权价值将贬损,也就将失去谈判的筹码。因此,民事案件的中止审理虽然在民事法律层面有理有据,对于刑事案件辩护而言也有一定益处,但对上市公司的重整是不利的,对上市公司实际控制人面对的复杂纠纷的整体解决也是不利的。

由此可见,本案纠纷的处理,必须予以刑民统筹。综合来看,中止民事案件审理,是比较糟糕的选择。最佳的选择是在民事案件中要求法院调取操纵证券市场的相关账户及相关交易数据,并对恶意操纵的交易金额予以扣除,让民事案件继续审理并尽快作出判决,以帮助上市公司通过重整方案。

---

[1] 对应2023年修正后的《民事诉讼法》第153条。

二、维权方式的统筹

被害人遭受违法犯罪行为侵害，可以选择很多种方式进行维权，但不同的维权方式显然对他实现维权诉求影响是截然不同的。代理律师需要在充分了解被害人维权诉求的基础上，为其寻求能最大限度实现其主要诉求的维权救济方案。这就面临维权方式的取舍问题、刑事控告、民事诉讼、投诉、信访等方式，未必都是可行的，未必都能助益被害人维权诉求的实现。被害人的维权救济从来不是通过累讼就能成功的，而是需要刑事手段与民事手段的统筹策划，缺乏整体统筹的盲目维权，成本高、过程艰难、效果可能也比较差。

例如，邱某财产被损害维权案：

邱某在与刘某夫妻关系存续期间，两人经营家族企业。夫妻二人继承了邱某父亲的创业成果，继续发扬光大，企业日益壮大。邱某由于照顾家庭，逐渐退出公司经营管理，且将公司的股权、其家庭名下的诸多财产也委托给刘某的亲戚张某代持。后邱某与刘某因感情纠葛离婚，双方因财产分配问题产生恩怨。由于代持期间相关股权、资产都已经被刘某通过各种方式转移、隐匿，邱某的财产权利遭受严重损害导致其维权过程极其艰难，维权之路长达10多年。

在维权过程中，邱某的维权策略是遍地开花，从离婚诉讼、公司股权的转让、公司的增资扩股、代持的房产转让，到侵占、职务侵占等每一个邱某认为侵犯其财产权利的行为都进行维权诉讼。与此同时，邱某还对其前夫刘某在夫妻关系存续期间的重婚行为进行刑事自诉。尽管邱某先后更换了多批次的代理律师，但其维权并未取得任何成果。

我们介入后发现，邱某的维权缺乏刑事与民事的统筹安排，虽然其不断提起诸多诉讼，但实际上很多诉讼都是没有必要的且很难胜诉，甚至有害无益。经分析，我们认为邱某应该集中精力针对最初侵犯邱某财产权的那一次增资扩股行为进行诉讼，要求认定该增资扩股行为无效，同时配以重婚罪的刑事自诉，这两个诉讼的配合就有较大可能取得明显的维权效果。最终，在我们介入代理一年多后，刑事自诉被法院立案，对增资扩股行为宣告无效的民事诉讼行为也得到一审法院的支持，邱某长达10多年的维权终于迎来了胜利的曙光。

又如，陈某的投资资金被诈骗控告维权案：

陈某与罗某洽谈对××公司进行增资扩股的投资，陈某按照双方洽谈的结果，向目标公司投资500万元，获得该公司0.25%的股权。陈某与目标公司都有签章,股权投资协议中也有目标公司法定代表人的签章,合同形式完备,陈某也已经向该公司的公账转入500万元。罗某并非××公司的法定代表人、股东,而是××公司的法定代表人的哥哥,但其声称其是××公司的实际控制人。陈某的投资款项支付后,目标公司迟迟没有进行工商登记变更,将陈某登记为公司的股东。后陈某发现,罗某因为其他事情涉嫌合同诈骗罪被追究刑事责任,合同诈骗的金额超过2亿元。这一次增资扩股投资,罗某也存在合同诈骗的嫌疑。

本案中,陈某的主要诉求是将股权投资款项500万元拿回来,挽回损失,他已经不再想持有目标公司的股权。陈某可以通过民事诉讼方式,起诉要求目标公司退还投资款,也可以进行刑事控告,控告罗某涉嫌合同诈骗罪并要求全部款项。陈某进行维权救济时需要充分考虑刑事诉讼与民事诉讼的不同维权手段及可能产生的影响。

其一,刑事控告方式维权。陈某可以对罗某进行合同诈骗罪的刑事控告,但挽回损失的难度比较大。一方面,由于该投资行为或诈骗行为与目标公司的经营行为无关,目标公司不涉及合同诈骗,只是罗某利用目标公司的账户收取诈骗的款项,或者罗某借用该目标公司的名义对陈某实施合同诈骗行为,陈某向目标公司主张退还投资款的难度比较大。另一方面,陈某的投资损失,只能通过刑事诉讼追缴退赔的形式,向合同诈骗的行为人罗某主张,而罗某显然已经不具备退赔这笔资金的能力。即便对罗某进行刑事控告成功,罗某在原来2亿元合同诈骗的基础上再增加500万元合同诈骗金额,对其定罪量刑也影响不大,陈某要求重判罗某的维权诉求也很难实现。[1]

其二,民事诉讼方式维权。我们仔细审查投资协议的内容,发现陈某采取民事诉讼方式维权的依据比较充分。投资协议明确规定:“如果出现下列情形,则构成本协议项下乙方的根本违约事件:乙方未能依照本协议约定就本次增资、股权变更及其他相关事项形成内部有效的决策文件;乙方违反本协议的约定,在甲方支付了有关增资款后,拒绝或未按照本协议约定办理本次增资、股权变更及其他相关事项变更登记的工商变更登记手续;乙方未按照本协议的约定回购甲方持有的乙方全部股权;在甲乙双方办理本次增资及相关事项过程

〔1〕 陈某想要增加罗某的刑期,可在罗某涉嫌合同诈骗2亿元的案件裁判生效后,再次进行刑事控告。

中,乙方向甲方出具的相关资料存在虚假记载、误导性陈述,及向甲方提供的信息存在与实施情况不符等失实或不实情形;乙方相关行为违反本协议约定、乙方公司章程规定或公司法及其他相关法律法规规定的。若出现前述乙方的违约事件时,自甲方向乙方发出书面通知之日起 7 个工作日内,乙方应当将其已经收取的甲方增资款全部一次性地归还至甲方指定的收款账户,并且依照甲方本协议增资款总额的 10% 向甲方支付违约金,且甲方有权解除本协议及其他相关协议。”

由此可见,陈某已经按照约定将全部增资款 500 万元转入了目标公司的账户,但乙方目标公司并没有履行合同约定的义务,在收到增资款之日起 3 个工作日内向当地市场监督管理局办理本协议有关注册资本增资、股权变更等相关手续,并依据当地政府部门取得当地相关市场监督管理局出具的核准通知书或相关文件批准。目标公司的行为已经属于违约,陈某可以要求目标公司退还全部的增资款,并且支付增资款总额 10% 的违约金。

相比之下,本案的维权民事诉讼显然比刑事控告的方式更优,在我们为陈某进行仔细分析后,陈某放弃刑事控告的维权方案,采取更为有效的民事诉讼方案进行维权。

三、证据材料的统筹

刑事诉讼和民事诉讼的维权方式,在证据材料搜集方面有很大的区别。刑事案件中的证据材料来源于国家公权力机关采用强制力调查取证,可以“畅通无阻”地搜集调取到非常充分的证据材料,证据的权威性、可信度较高,更容易被采信。民事诉讼的证据材料来源于当事人提供,当事人的取证能力有限,所能提供的证据材料有限,证据的权威性、可信度与公权力机关搜集的也没有可比性。因此,在刑民交叉案件中,拥有一整套刑事案卷材料的刑事律师,无疑可以从中选取对民事维权有利的证据材料,从而极大地提升民事诉讼的举证效果。

例如,马某与陈某股权代持纠纷案:

马某通过陈某设立的某泰公司代持其投资的准上市公司股权,后股权价值上升至数亿元。马某因操纵证券市场被法院判决罪名成立。刑事裁判生效后,马某和陈某双方对投资的股权归属产生争议,陈某认为虽然股权起初是其经营的某泰公司代马某持有,但陈某与马某两家有大量借贷关系,马某向陈某借款几十亿元,都被马某用于操纵证券市场。后因马某无力偿还,双方已经商定用这些代持的股权抵债。马某对此持有异议,认为双方不存在这些所谓大量债务,也不存在抵债的事实。马某为拿回这些被代持的股权采取维权行动。

在该案纠纷中,对双方权益产生关键影响的就是马某涉嫌操纵证券市场的刑事案件中的证据材料。谁掌握刑事案卷材料,谁就拥有更多的证据可以选择使用于民事诉讼中,作为民事诉讼中的重要证据。最终,该案马某的辩护律师作为代理人参与仲裁。代理人向仲裁庭提交了部分关键的刑事证据材料,证明马某的主张成立,否定了陈某所主张的出借马某几十亿元以及双方商定用股权抵债的事实。

又如,某证券虚假陈述责任纠纷案:

该案中,部分被告也是违规披露、不披露重要信息罪、操纵证券市场罪刑事案件的被告人。他们因为财务造假事宜,同时面临民事诉讼和刑事指控。在民事诉讼中,未参与刑事案件辩护的诉讼代理人,因没有刑事证据材料,并不了解刑事案件的内幕,只能根据一般的经验,提出扣除系统风险、申请对适格投资者及赔偿金额进行专项审计,对各被告是否参与及是否承担连带责任等问题,提出代理意见。而对于哪些账户被用于操纵该证券市场、哪些金额系操纵证券市场的资金,这些对赔偿金额影响更大的因素,他们无法从民事诉讼证据材料中获悉。但同时代理刑事辩护的律师,则掌握更多的事实真相内情、拥有更多证据材料,可以为民事案件的抗辩提供更多的事实和证据。

其一,部分民事诉讼被告同时涉嫌操纵证券市场罪,刑事案件尚未审结,他们利用很多自然人的账户对案涉股票价格进行操纵。案发后,被告虽然已经无法实际控制这些账户,但与这些账户的开户人仍有密切关系,可以考虑让他们声明退出证券索赔诉讼,减少赔偿金额。

其二,部分民事诉讼被告操纵证券市场所使用的一系列账户,就属于“明知虚假陈述存在而进行的投资”,根据最高人民法院《关于审理证券市场虚假陈述侵权民事赔偿案件的若干规定》的规定,这些账户的投资损失与虚假陈述之间不存在因果关系,应当在赔偿金额中予以扣除。

其三,案涉公司的股票还被其他人操纵,相关操纵证券市场罪的刑事案件已经由公安机关刑事立案侦查,部分犯罪嫌疑人已经被抓获归案、公安机关侦查得知，这部分人利用了巨额资金来操纵案涉的股票。那么，这部分账户的投资即属于恶意投资、操纵证券价格的情况。根据最高人民法院《关于审理证券市场虚假陈述侵权民事赔偿案件的若干规定》的规定，恶意投资、操纵证券价格的，人民法院应当认定虚假陈述与损害结果之间不存在因果关系，不应计入赔偿范围。

如果民事诉讼的代理律师未参与刑事案件辩护，则无法了解这些案件内幕及证据材料，无法提出这些对扣减赔偿金额影响很大的抗辩观点，这对当事人的利益影响非常大。在刑民交叉案件中，代理律师对证据材料的统筹运用是必要的技能。

第五节
刑事控告维权的优势

随着被害人权利意识的增强，社会法治化程度的提高，人们在遭受犯罪行为侵害时，用“拳头”越来越难以解决问题，往往还会引发更多的法律纠纷。因此，被害人遭遇侵害时，更倾向于通过法律途径维权。我们认为，相比于其他的维权方式，以刑事控告的手段进行维权往往是比较好的选择。

一、更可能还原真相

因民事诉讼各方了解的事实真相非常有限，民事法庭主要依赖各方提供的书面材料，当事人都很少出庭，且很少接受高强度的审讯，因此事实真相难以查实。而刑事案件侦查力度非常大，司法机关侦查的案件事实更加接近于真相。很多被害人通过民事维权难以获得成功，虽知道案件事实真相，但苦于没有足够的证据，被害人的主张难以得到支持。刑事控告维权借助司法机关的力量，能突破形式上的证据材料，直接调查表面证据背后的事实和行为，能最大限度地还原事实真相，比民事诉讼更可能实现维权诉求。

例如，A 公司与某银行债权转让纠纷案：

该银行原董事长与衣某商定，由银行以单一资金信托的方式向 B 公司发放 3 亿元贷款，A 公司和 B 公司都被衣某实际控制，衣某通过各种影子公司，成为 A 公司的实际大股东，通过向 A 公司派驻董事的方式，取得 A 公司的实际控制权,并让其下属于某担任A公司董事长。同时在银行以单一资金信托的方式向B公司发放3亿元贷款业务中,衣某安排A公司与银行签订《合作协议》,约定A公司届期受让单一资金信托项目的全部信托收益权,由A公司支付信托受益权转让价款3亿多元,作为银行发放贷款的担保。银行发放的3亿元贷款全部都被衣某实际使用。后B公司逾期未还款,银行要求A公司按照约定履行款项支付义务。

在诉讼过程中,衣某安排A公司董事长伪造A公司的印章,与银行签订和解协议,法院根据和解协议制作调解书,后经过银行的执行申请,法院对A公司采取强制执行措施。

A公司发现被法院强制执行后,更换了董事长,且迅速向公安机关进行刑事控告,控告A公司原董事长、衣某等人伪造A公司印章。公安机关刑事立案后,对侯某、衣某等人进行审讯。侯某供认其根据衣某的安排,私刻A公司公章与银行签订和解协议,造成A公司被法院强制执行债权3亿多元的犯罪事实。在A公司的沟通下,公安机关向执行法院出具告知函,告知侯某、衣某等人伪造A公司印章、相关和解协议所使用的印章并非A公司印章的犯罪事实,并建议法院中止对A公司的执行程序。

在该案中,A公司虽然得知公章被私刻,但只有印章不一致的事实和证据,并没有充分的证据证明印章被私刻的事实,对于印章基于什么原因私刻、由谁进行私刻、私刻后的印章存放在哪里等事实,通过民事诉讼手段均难以查实。这些事实只有通过刑事控告,由公安机关介入调查,才可能水落石出。很快,公安机关将相关人员抓获归案,他们都如实供述私刻A公司印章的事实,并交出私刻的印章。A公司的公章被私刻的事实真相才被证实,刑事案件才能直接让民事执行程序中止,这才为A公司后续进一步维权提供了可能。

二、具有更大震慑力

民事诉讼过程中,证据的收集、审查、举证质证工作全部都依赖于被害人的努力,而对方在长时间的民事诉讼过程中,日常生产生活几乎不受影响,即使被害人经过民事诉讼一审、二审,最终取得胜诉的结果,也可能面临执行难的问题。由此可见,民事诉讼对被告产生的震慑力比较有限。

相比之下,刑事控告维权借助国家公权力的力量,对加害人的震慑力无疑更大。一旦启动刑事诉讼程序,被控告人很可能被采取强制措施,失去自由,这将直接影响他的生活、工作,甚至改变其人生轨迹。司法机关的介入,让被害人进行刑事控告维权比民事诉讼维权在效率、举证责任分配、财产执行效率等方面,都具有明显优势。而且,司法机关介入调查案件事实经过,加害者的所有掩饰措施,都难以奏效,加害人很可能被追究刑事责任,自由和财产都将面临巨大的风险。因此,被害人采取刑事控告的方式进行维权救济,对加害人无疑具有更大的震慑力。

第二章
CHAPTER 02

被害人维权的案件洽谈

第一节
与被害人洽谈的方法

被害人和犯罪嫌疑人、被告人一样，是与案件裁判结果存在直接利害关系的特殊诉讼主体，且都处于无助状态。犯罪嫌疑人、被告人是由于国家强大公权力机关的指控而无助，被害人是由于其对案件介入程度有限、维权诉求难以实现而无助。与被害人洽谈时，律师要抱持同情之理解，怀疑之审慎，以为客户寻找维权救济方案为目的，把控和被害人洽谈的节奏。

一、为客户着想

被害人毕竟都是自认为遭受犯罪行为侵害的人，律师在与被害人洽谈时，要充分考虑他们的感受，并积极为被害人控告维权出谋划策。其一，他们作为被害人，有渴望得到同情、理解、安慰、支持的实际需求，他们渴望获得律师的专业帮助，不论是在精神上还是在行动上。因此，律师在洽谈中体现出来的“共情”很重要，不能站在被害人对立面来洽谈。其二，与被害人沟通洽谈，本质上也是双方建立合作关系的“谈判”。前来洽谈的被害人是律师的潜在客户，洽谈的过程既是律师“面试”客户，也是客户“面试”律师的过程。对律师而言，接受委托的前提是说服客户，取得客户的信任。因此，律师要时刻考虑“听众感受”，时刻体现“为客户着想”的姿态。其三，被害人预想的处理方案未必是合适的。被害人与律师洽谈时，往往会提出他们的想法与处理的方案，寻求律师的评判和支持。实际上，被害人往往并不熟悉法律，他们提出的方案很可能不是解决问题的正确方案或最佳方案。此时，律师需要为他们提供更优的解决方案。但是，对被害人的疑问，律师不宜直接给出冰冷的否定性回答，冰冷的否定性答案意味着浇灭了被害人的希望。相反，律师不仅要尽量耐心地回答问题、解答疑问，更重要的是提供专业、正确的解决方案，基于为客户着想的心态，真心实意地为他们提供比他们所想到的更好的解决方案。

例如，某公司被合同诈骗控告维权案：

被害单位员工在与律师洽谈刑事控告维权时表示，他们已经进行民事诉讼，民事诉讼中也对被告的相关财产进行了财产保全，冻结了一部分资金。因此，他们希望在刑事控告维权时，民事诉讼和刑事追责能够分开进行、互不干扰。然而，对他们的观点，法律规定其实很简单，针对同一事实的民事诉讼与刑事诉讼，都要“先刑后民”，刑事立案后，民事案件就会中止或者驳回起诉。但如果律师直接告诉他们，提起刑事诉讼会直接导致民事诉讼被中止或者被驳回起诉，言外之意就是告诉被害单位不能进行刑事控告维权，该回答显得简单粗暴，既没有考虑“听众感受”，也没有“为客户着想”；既没有考虑到被害单位此次洽谈的初衷是想要对相关人员追究刑事责任，也没有为被害单位如何统筹刑民手段解决此次纠纷提出可行的方案。

我们可以耐心地解释：该案中的刑民交叉问题确实是我们需要斟酌考虑的问题。我们不论采取刑事控告手段还是民事诉讼手段，最终的目的都是拿回被害单位损失的资金，最大限度地挽回经济损失，所以刑事控告和民事诉讼都会有效果，都是可行的方式。相比之下，刑事控告的效果更好一些，给对方造成的压迫感会更强，被害单位挽回损失的可能性会更大。在被害单位已经提起民事诉讼的情况下，继续采用刑事手段维权，有两种方式：其一，被害单位直接向公安机关提出刑事控告，要求追究相关人员的刑事责任，结果是可能影响民事诉讼的进展；其二，在民事诉讼中，向法院提交被告的行为构成合同诈骗犯罪的控告材料，要求法院将被告的犯罪线索移送公安机关立案侦查。至于采取哪种方式进行刑事控告维权更加可靠，我们可以再斟酌考虑。我们要有预判，不论采取哪种方式进行刑事控告维权，一旦刑事立案，民事诉讼就会被中止审理或者被驳回起诉。民事诉讼和刑事控告是密切相关、相互牵连、相互影响的，我们要有刑民交叉的处理思维和经验，将民事诉讼与刑事控告统筹安排，才能更好地处理这件事情。

经过耐心沟通,被害单位既获得专业的解答,也发现律师对刑民交叉案件的处理有较为丰富的经验,为该案刑民交叉问题的处理、被害单位如何挽回损失,提出了更好的解决思路。

二、控洽谈节奏

在与被害人洽谈案件时,双方需要按照一定的条理、节奏进行,才能更加高效、快速地将案件事实梳理清楚。而且,把控洽谈节奏,逐一解答被害人的疑问,就每一个分歧事项达成一致,双方更容易建立信任关系。由于对相关法律事实梳理,对法律问题进行分析律师有更丰富的经验,由律师来把控洽谈的节奏会更合适。否则,任由被害人流水账式"控诉""诉苦""漫谈",案件洽谈将会很低效,律师会认为被害人过于"啰唆""不着边际",而被害人则会认为律师"不够耐心""听不懂"他所陈述的事实,双方互相"埋怨",自然难以建立信任关系。

在某公司被职务侵占控告维权案中,此前被害单位已经委派公司的法务主管人员刘某组织团队进行刑事控告,但是最终刑事控告的效果不理想。刘某代表被害单位与我们洽谈委托代理事宜,想要让我们帮助被害单位再次进行刑事控告。

在仔细阅卷梳理后,我们发现此前刑事控告效果不理想的原因是复杂的,其中重要的原因是没有进行专业的审计,梳理相应的资金流水,导致最后公安机关无法认定大部分的犯罪金额。被害单位当时给公安机关提交的是委托会计师事务所出具的咨询报告而非审计报告。我们在汇报案件情况时,就要特别注意刘某他们的感受。他们代表公司进行了此前的刑事控告,否定他们此前的努力会让他们很难接受。在他们的认识中,此前刑事控告效果不理想,当然有他们自己不够专业的原因,但这是次要原因,主要原因是当地的司法环境以及公安机关的不作为,他们不会认为是他们自己做得不够好而导致刑事控告效果不理想。因此,我们在沟通时,着重以下几点:

其一,被控告人的犯罪手法非常复杂,很难梳理清楚其中的资金脉络,因被害单位没有梳理清楚,最终公安机关也查不清楚。但是,被控告人侵害了被害单位的财产的事实确实存在,被害单位的财产确实遭受了巨大的损失,因此,被害单位进行刑事控告是必要的且可行的。

其二,从案卷材料看,此前刑事控告不理想的原因是复杂的,有公安机关不作为的原因、有检察机关没有仔细审查等司法环境问题及司法人员的各种原因,也有被害单位提交的审计报告不合格的原因。从刑事控告的经验看,这种资金往来复杂的刑事案件,必然要有由会计师事务所进行专项审计后出具的专项审计报告,公安机关才会受理。公安机关受理案件之后,也往往需要委托会计师事务所进行专项审计。被害单位此前做的专项审计报告不符合刑事诉讼中的审计报告证据种类,内容上也无法成为对被控告人职务侵占犯罪金额进行认定的依据。各种综合的原因,导致此前被害单位的刑事控告效果不理想。

其三,本案接下来再次进行刑事控告,很重要的内容是做一份合格的专项审计报告,再以更简洁明了的方式梳理犯罪事实经过,形成刑事控告材料。

在本案洽谈过程中,尽管我们已经说得比较委婉,充分考虑刘某等被害单位员工的感受,但在沟通过程中,我们也明显感觉出来,他们内心的“抗拒”,他们认为他们此前已经非常努力,并已在他们能力范围之内尽了最大努力,没有什么过错的地方。刑事控告效果不佳,主要是办案人员的不作为,他们为此也进行了多次投诉、申诉、举报。

发现刘某等人的“反弹情绪”后,我们耐心地跟他们解释,没有着急进入下一阶段的讨论。若被害单位对律师的分析并不认同,在没有解决这个问题的情况下,下一个阶段的讨论将无法进行,也没有意义。

于是,我们再次耐心地解释,此前多次刑事控告效果不理想,我们要找到问题的根源,然后解决它,以后的刑事控告才有可能成功。此前刑事控告效果不理想,原因是多种多样的,确实有办案人员不作为的原因,但不仅仅是这个原因。其一,案件确实很复杂,对流水的梳理确实非常困难,以前的代理律师没能发挥很好的作用,我们也很理解,这是案件本身的复杂程度决定的。其二,被害单位刑事控告的经验不足未能与办案人员保持顺畅沟通。其三,被害单位刑事控告时的心态不正确。最理想的状态当然是被害单位认为遭受侵害、遭到损失,刑事控告后,一切都由公安机关接手处理,公安机关会积极进行调查取证,帮助被害单位主持公道,挽回被害单位的损失。但司法实践往往无法达到最理想的状态,一些公安机关将关键证据的取证任务(资金流水梳理、犯罪金额计算等)交给了被害单位,甚至在刑事控告时,会要求被害单位提交审计报告,否则不接收控告材料。因此,被害单位刑事控告时,不能总是提问题而不解决问题，不能总是要求公安机关做事情而自己不做事情。从案卷材料看，该案公安机关移送审查起诉及检察院提起公诉时，没有认定大部分被害单位控告的犯罪金额，重要的原因是缺少适格的专项审计报告。经过透彻分析刑事控告效果不理想的原因后，接下来的刑事控告才能尽量避免重蹈覆辙。

在我们耐心解释后，被害单位负责人员表示理解和认同。然后，我们才能继续讨论接下来的问题，很快我们就建立了委托关系。可见充分考虑听众的感受，让他们听起来舒服，案件洽谈沟通才能取得良好的效果，双方才能快速建立信任关系。

三、持审查态度

被害人陈述其所遭受犯罪侵害的事实经过时，难免有所隐瞒、难免避重就轻，律师需要抱持审慎怀疑的态度，不能完全听信被害人陈述的犯罪事实经过。我们要以常理、常情的视角，甚至以辩护的视角，审查、探究被害人为什么会遭受犯罪行为侵害、被害人做了哪些行为触怒了被控告人、犯罪行为如何发生的、被害人遭受哪些损失、被控告人可能会有哪些辩解、被害人遭受损失的事实真相是什么、犯罪事实的真相是什么等诸如此类问题，律师在洽谈时予以挖掘、评判，才能给出睿智的专业评判。毕竟，除特殊的无差别犯罪外，绝大多数犯罪不会是无缘无故的，经济犯罪案件尤其如此，往往有复杂的交易或者交往背景。

例如，某公司被合同诈骗控告维权案：

被害单位派员工与律师洽谈刑事控告委托事宜。被害单位员工所陈述的主要犯罪事实是：被控告人提供了一些不存在的应收账款权利作为动产担保，获得被害单位的融资款。被控告的嫌疑单位逾期未还款，被害单位派员催收应收账款时才发现应收账款是不存在的、犯罪嫌疑单位采用虚构应收账款的方式骗取了被害单位的融资款，导致被害单位遭受巨大的经济损失。因此，被害单位认为，他们遭到了合同诈骗，应当追究相关单位及人员的刑事责任。

从表面上看，犯罪嫌疑单位以不存在的动产作抵押骗取了被害单位的融资款，确实犯罪事实比较明显。然而，我们审查发现了几个问题：其一，融资时被害单位并没有仔细审查涉案的应收账款真实性，融资合同附件中仅仅有一份应收账款的明细表，连相关应收账款对应的合同资料、债权债务凭证、债务人信息等均没有，该融资借款的过程非常草率，不符合常理；其二，从融资行为发生到被害单位准备刑事控告，时间间隔一年，但是被害单位这笔融资业务的两位直接经手人，业务经理和审核经理均已离职，现不知去向，无法联系上，也没有其他经手人可以配合调查取证。该情况比较异常，且缺少亲历者证词对被害单位的控告维权显然会产生较大的不利影响。

于是，我们与被害单位员工进一步沟通，是否有这种可能："应收账款担保只是借款的形式要件，被害单位本身知道应收账款不真实，或者对此与嫌疑单位达成默契、心照不宣；抑或该应收账款担保并不是他们决定发放借款的因素。"该事实真相猜测是否成立，日后嫌疑单位有没有证据证明该事实真相、会不会作出这样的辩解，则对刑事控告能否成功的评判至关重要。

第二节
与被害人洽谈的内容

被害人陈述案情时可能会漫无边际、随意发挥，代理律师要掌控洽谈节奏，否则洽谈将非常低效，耗费时间且无法谈及实质性内容。掌握洽谈节奏，最简单的方式是按照洽谈的基本内容、框架进行，这也是律师代理被害人控告维权案件经验和专业性的充分体现。经验丰富的律师都有清晰的沟通洽谈框架，可以迅速抓住重点，引导与被害人洽谈的内容，高效专业地完成洽谈工作。

一、审查有没有犯罪事实

在被害人维权案件洽谈中，律师与被害人洽谈，首先需要通过洽谈判断究竟有没有犯罪事实发生。被害人自己所陈述遭受犯罪行为侵害的经过不一定是客观事实，很可能只是他的片面理解。对于有无犯罪事实，律师需要有专业判断，如果律师判断没有犯罪事实，则应该予以释明。充分告知刑事控告的可行性和效果，便于被害人决策采用刑事控告手段维权抑或其他民事手段维权。如果律师判断没有犯罪事实、难以进行刑事控告，但客户还深信可以进行刑事控告，缺少充分沟通就会造成信息误差，产生后续的沟通合作障碍。

例如，吕某被诈骗 8000 万元、项目公司被职务侵占控告维权案：

吕某与律师洽谈维权事宜，认为其合伙人邓某以投资合作建房的房地产项目、成立××投资公司作为项目公司的名义，诱骗他投入了大量的资金。最终，吕某投资的资金血本无归。对于其中已经支付的8000多万元工程款,合伙人邓某还不认账。吕某认为邓某收取了8000多万元工程款并未实际用于工程支出,属于诈骗。而且,在项目开发过程中,邓某等人还未经项目公司的允许,将正在建设的房产预先销售,将销售款据为己有,已经侵占了项目公司的资产。吕某找律师洽谈,希望律师协助维权,追究邓某诈骗、职务侵占的犯罪事实,协助其追回损失。

经过查阅资料、与吕某及其他知情人员深入了解后发现:吕某和邓某等合伙人合作的模式中,吕某负责提供项目开发所需要的全部资金,合伙人黄某负责提供涉案土地使用权,并由黄某向村集体交纳每月的租金,另外一名合伙人邓某则负责自行垫资进行项目的工程施工,待项目建成后,三名合伙人按照各自股权比例分配物业。同时,邓某也是项目施工的包工头,挂靠在××建筑公司,以××建筑公司的名义与××投资有限公司签订工程施工合同。这个房地产项目并不是商品房项目,他们建的房屋类似于“小产权”房,这些资产并不能登记到项目公司××投资公司名下。在项目开发过程中,吕某负责出借资金给项目公司,月利息2%。在项目建设过程中,吕某总共支付了2亿多元,部分支付到项目公司,部分直接支付给邓某用于工程建设。项目差不多建设完成,等待竣工验收时,各方由于资金不足,无法维系项目运作,于是产生纠纷。于是,三名合伙人召开合伙人会议,确定项目公司与邓某结算,核定工程款合计2.4亿元,除了已经支付的8000万元工程款外,还剩下1.6亿元,项目公司以项目300套物业抵偿全部工程款。邓某还需要负责建设工程的竣工验收工作,并处理与挂靠施工单位××建筑公司的债权债务关系。

然而,由于工程款只有一小部分转入了××建筑公司,××建筑公司拒绝配合竣工验收。而且,剩下的1.6亿元工程款尚未变现,仅由项目公司以300套物业抵偿,也无法支付到××建筑公司。但××建筑公司坚持需要收到全部工程款后,才同意配合竣工验收。各方发生进一步分歧,项目无法竣工验收,无法分配资产变现。

从律师了解到的案件事实看,本案难以追究邓某的刑事责任。其一,邓某并没有诈骗的犯罪事实。邓某收取的款项都是其已经垫资施工的工程款,理论上邓某也有收取这部分工程款的权利。邓某取得这部分工程款的回款并不是非法占有他人财产,难以认定邓某收取工程款8000多万元的行为属于诈骗。

其二,关于是否存在侵占项目公司资产的犯罪事实。我们经过了解发现,项目公司经营管理的控制人是吕某而不是邓某。吕某所说的擅自售卖,实际上是邓某为了筹集工程款,预先以其个人名义售卖了部分房产,售卖的房产数量并没有超出其股权比例对应的物业数量。而且,事后三方合伙人还曾召开合伙人会议,作出决议确认邓某售卖的部分作为其对自己应分的部分房产的处置。由此可见,现有证据也很难认定邓某有非法占有项目公司资产的职务侵占犯罪事实。综上可见,本案难以认定邓某的犯罪事实,双方纠纷的本质是由于资金不足引发的经济纠纷。

于是,我们跟吕某充分解释,本案难以认定邓某构成诈骗罪或职务侵占罪。如果吕某一定要进行刑事控告,以刑事控告作为谈判协商的手段,律师也可以提供协助,该判断为吕某采取纠纷处理方案的决策提供重要的参考。

二、提供可行的维权方案

被害人寻求律师帮助维权,在洽谈时考虑是否委托的主要因素就是律师能否提供具有说服力、可行性的维权方案。维权方案往往需要建立在对案件事实充分了解的基础上,结合律师的过往办案经验进行通盘考虑。如不能提出让被害人信服的维权方案,案件委托的概率就会大大降低。

例如,陈某遭受集资诈骗控告维权案:

陈某寻求律师帮助,与律师洽谈控告维权的委托。经被害人陈述,我们了解到案件事实经过:陈某与冯某系朋友关系,冯某向陈某推荐一种外汇交易的投资方式。一个投资周期 30 天至 40 天不等,可以盈利 4% 至 5%。投资很安全,每一笔投资交易都要分仓 1/3 到保险仓作为风控措施,如亏损,投资人只需要等待 1 ~ 3 天理赔到位即可。冯某表示他自己也投入了很多,现在月收入 5 万元,冯某家的阿姨也跟着她的脚步来投资,现在一个月也多赚 2500 元。在冯某的多次推销、引诱之下,陈某开始进行投资。陈某按照冯某的要求,将她的钱款转入冯某指定的不同自然人账户,然后就会在投资平台的账户中,收到换取的相应“美金”,然后陈某投资平台账户内的“美金”就可以静待收益。冯某称投资平台账户内的“美金”稳赚不赔,一年收益率可以达到 50%,复投的年收益率可以达到 80%,冯某自己的年化收益率达 100%。投资平台账户内的“美金”可以随时提现,确保投资人的临时资金需求。在投资过程中,冯某还安排陈某借用其他人的身份信息在平台开设多个投资账户,这些账户之间都是相互推荐关系,冯某可以获得所有账户的投资佣金。陈某将投资的资金分散到这些账户,以这些账户的名义投资,陈某自己也可以成为这些投资账户的经纪人,赚取自己投资款的佣金,经纪人可以拿六成的佣金。于是,陈某就借用了20多名亲戚朋友的身份信息进行开户。在将人民币转入冯某指定账户后,陈某将兑换的"美金"分散到这20多个账户中,变成了20多个账户的投资。陈某在一年内陆续投资了500万元。中间提现了一次2万"美金"。但后来陈某再想要提现时,平台账号只显示"提现成功",但是资金并不到账。陈某追问冯某,冯某以公司资金紧张、系统维护等原因,要求陈某等待。再后来,陈某就发现该投资平台被某市公安机关列为正在侦办的"特大组织、领导网络传销案"典型案例。

陈某才发现自己被朋友冯某骗了,于是寻求律师帮助进行控告维权,想办法挽回经济损失。虽本案被害人陈某刑事控告的难度不大,但是挽回损失的难度显然是极大的。并且,陈某在本案中是集资诈骗的被害人还是传销活动的参与人都存在变数。

其一,关于罪名定性对维权的影响。该案的投资平台涉嫌组织、领导传销活动罪已经被某市公安机关立案侦查,但陈某所在地区的该投资平台分支机构并没有被刑事立案,相关业务人员也还没有被追究刑事责任。这为陈某的维权留下一点空间,因为陈某一旦被公安机关认定是组织、领导传销活动的参与者,则其所有的投资款都属于传销组织的赃款赃物,应当予以没收,不会返还给陈某。

其二,关于维权的索赔对象。在投资活动中,与陈某对接的是冯某个人,而平台公司是境外的公司,平台公司的幕后老板又是在境外的外国人。该平台公司及幕后老板在境内是没有资产的,也即陈某唯一能有效索赔的对象只有与其直接对接的冯某。

其三,关于民事诉讼维权的可行性。冯某自称是该境外投资平台的经纪人,发展下线、推广业务赚取佣金。陈某与冯某之间并没有建立任何民事法律关系,相关资金也并非只有冯某本人收取,陈某没有向冯某主张退还投资款的权利基础。因此,民事诉讼维权是难以实现的。

其四,关于刑事控告的人员人数。冯某所发展的下线有100多人,投资者都面临同样的损失，因此，陈某本想纠集更多的被害人一起控告维权。对刑事控告维权而言，被害人的人数增加，刑事控告的立案成功率无疑能大幅度增加。但是，冯某的资产是有限的，被害人数量增加、损失金额总数增加，陈某等被害人可能获得的赔付金额会越低，刑事控告的人员人数众多并不利于陈某本人的止损。

其五，关于刑事控告的时机。100 多名被害人中虽然还没有人向公安机关进行刑事控告，但是，他们在长时间无法提现、等待无果的情况下，采取刑事控告手段维权的概率是很高的。因此，陈某采取维权措施的时间是急迫的，如果不能在其他被害人采取维权措施之前进行有效维权，则陈某挽回损失的可能性将大幅度降低。

其六，关于冯某行为的定性。从投资过程看，冯某确实虚构了投资稳赚不赔、年度收益率 80% 到 100% 的高额回报，且声称随时可以出金提现，诱骗陈某参与投资，并将所有的资金都是直接转入冯某指定的众多自然人账户。后陈某在投资平台中只获得无法提现、一文不值的“数字货币”。因此，如果冯某及投资平台进行真实的外汇交易，则涉嫌非法经营罪；如果冯某及投资平台并未进行真实的外汇交易，则涉嫌诈骗罪。

经过前述分析，我们帮陈某充分评估了其所有维权的方式及可能实现的维权效果。在陈某已经无法通过平台的正常运转挽回所有损失的情况下，那么就只剩下刑事手段是可行的。于是，我们在撰写好刑事控告书、准备好所有刑事控告证据材料后，让陈某拿着这些刑事控告材料与冯某协商，视其退款协商情况决定是否进行刑事控告。以刑事控告为谈判条件，促成冯某与陈某的私下退赔和解，才有可能最大限度地挽回陈某的损失。

三、梳理需要的证据材料

在与被害人维权洽谈时，经验丰富的律师懂得为被害人分析维权需要的证据材料有哪些，以及每一种证据该如何提取、固定，帮助被害人厘清维权所相关的证据材料，并协助被害人将这些关键证据材料及时收集。该过程既充分体现律师的办案水平、对案件事实的理解、对案件证据材料的搜集经验，又全面评估案件法律关系的复杂程度、案件证据材料的数量、证据材料收集难度、律师协助维权的工作量、工作难度等，为律师的合理报价提供充分的依据。

例如，刘某自诉张某重婚罪案：

刘某与张某谈恋爱两年多，两人分居，张某在境内工作，刘某在境外某国进修深造。两人在境外通过线上远程登记结婚。当时双方提交了境内的身份证、护照等资料，在境外线上办理婚姻登记手续。令刘某非常崩溃的是，就在他们通过线上境外某国登记结婚的第三天，刘某就发现在境内的丈夫张某与其他女性又在境内登记结婚。刘某想要进行刑事维权。

在洽谈过程中，我们为刘某仔细分析进行刑事自诉所需要的证据材料，以及取证的注意事项。其中，最关键的证据是境外的登记结婚资料，需要经所在国公证机关证明，所在国中央外交主管机关或者授权机关认证，并经我国驻该国使、领馆认证，才可以作为境内进行重婚罪自诉的关键证据材料。经过洽谈，刘某知悉进行刑事维权所需要的证据材料、手续以及维权的成本，也充分了解到律师确实有足够的经验和能力胜任协助控告维权工作。

又如，某公司控告南京某房地产开发有限公司合同诈骗案：

被害单位陈述其与被控告的南京某房地产开发有限公司签订了借款协议，南京某房地产开发有限公司将其应收债权作为抵押，在发放贷款后，南京某房地产开发有限公司出现逾期未偿还本息的情况。被害单位调查后发现该公司的应收债权是虚假的，因此，被害单位认为其遭到诈骗，想要对南京某房地产开发有限公司进行刑事控告，最大限度挽回损失。

我们对被害单位提供的证据材料进行初步审查评估，后认为本案进行刑事控告需要搜集的主要证据及需要注意的事项如下：

(1)借款的合同资料，包括借款合同、借款发放的转款凭证、本息收取的凭证，证明借款发生的金额、已收回金额等。

(2)应收账款为虚假的证明材料，需要被害单位向债务人调查核实的相关证据材料，证明应收账款确实系伪造的。

(3)被害单位相关经手人的证人证言，以亲历者的身份讲述，当时融资借款发生的具体经过，以及应收账款的洽谈、确定、核实过程，梳理借款洽谈的来龙去脉。

(4)由于被害单位此前已经在其住所地公安机关进行过一次刑事控告，公安机关由于统一指定管辖，将案件转移到异地公安机关，导致原受理报案的公安机关没有继续推进案件。因此，在后续刑事控告过程中，律师需要协助被害单位与当地公安机关进行沟通，将前期侦查案卷材料移送给有管辖权公安机关。

（5）涉案借款总共30笔的统计梳理。每一次的借款本金、利息均不同，逾期的情况不同，已经归还的本金、利息，拖欠的本金、利息亦有所不同。如有必要，可以进行专项审计。

（6）确定实施合同诈骗行为的具体行为人。刑事控告必须具体到犯罪行为的实施人、被控告的嫌疑单位中的具体行为人。

（7）确定刑事控告的罪名。刑事控告一旦发起，往往不可逆。被害人刑事控告的罪名错误，会造成案件后续处理的重大隐患，因此被害人在刑事控告之前需要特别慎重选择正确的罪名。

（8）预判被控告人的辩护策略，并针对他们的辩护策略提前进行防范，刑事控告才能扎实稳当。

本案在洽谈过程中，律师为被害单位详细分析了被害单位控告维权所需要搜集、调取的各种证据材料，以及控告维权过程中需要注意的事项。据此，律师也可以相对充分地评估工作难度、工作量，所需要收取的律师费用。被害人也可以感受到律师的过往办案经验以及案件的复杂程度，知悉律师能够为他们提供的帮助，从而理解律师报价的合理性。

四、释明律师的工作内容

在被害人维权过程中，律师可以作为被害人的诉讼代理人，协助被害人进行维权，但协助被害人维权与提供刑事辩护是截然不同的两种业务模式。刑事辩护是“盾”而刑事维权则是“矛”。律师开展这两种业务所需要的技能和思维模式是完全不同的。

刑事案件绝大多数是公诉案件，由公安机关、检察机关等司法机关代表国家追诉犯罪嫌疑人、被告人的刑事责任。司法机关追究犯罪嫌疑人、被告人的刑事责任与被害人的立场和诉求并不完全一致，要求犯罪嫌疑人、被告人承担刑事责任往往也只是被害人的诉求之一。因此，被害人进行控告维权并不能被动地依靠司法机关，更多地需要被害人积极主动采取维权措施。根据我们的经验，律师代理被害人进行控告维权，能提供的法律服务内容非常多，主要包括如下几个方面的内容。

（一）提供法律分析

在刑事控告之前，被害人需要对是否进行刑事控告、采取哪种控告维权策略进行决策，而作出正确的决策就需要专业律师提供的法律意见。律师通过与被害人洽谈了解案情，可以为被害人提供多方面的法律咨询意见。例如，律师可以评估被控告人的行为是否触犯刑事法律，是否符合犯罪的构成要件，构成什么犯罪，是否达到了刑事立案标准、定罪量刑的档次，有无比较充分的证据，关键证据有无留存、是否已经灭失等，以及被害人及其相关人员自身的行为是否存在法律风险等。

（二）协助收集证据

刑事控告的成功率与被害人收集证据的情况直接挂钩，但是，被害人往往缺乏足够的法律知识、证据意识、取证经验、刑事诉讼经验，他们并不清楚刑事控告维权需要哪些证据材料、这些证据材料要如何收集提取等。进行刑事控告维权时，代理律师可以协助被害人搜集、提取相关证据材料。有经验的刑事律师可以迅速分析出被控告人在实施涉案违法犯罪行为过程中可能留存下来的物证、书证、聊天记录、相关证人证言等关键证据，指导、协助被害人及时固定相关证据材料。在搜集固定完大量证据材料后，对相关证据进行梳理，围绕刑事控告的核心事实、罪名、构成要件等来梳理证据材料，组织刑事控告时需要提供的证据材料。

（三）准备控告材料

被害人及代理律师搜集的证据材料充分后，就需要撰写刑事控告的文书，准备刑事控告的全套资料，包括刑事控告书、证据清单、证据材料解释、案例检索报告、法律意见书等。撰写刑事控告文书资料，既可以帮助被害人梳理犯罪事实经过，辅导被害人如何向司法机关把案件事实讲述清楚，也可以把案件涉及的法律问题梳理清楚，方便公安机关审查案件。刑事控告的材料质量，无疑直接影响刑事控告被受理、被刑事立案的概率。

（四）现场刑事控告

律师代理被害人整理完毕刑事控告的材料后，最重要的步骤就是协助被害人到公安机关进行刑事控告。根据不同案件的性质，被害人及代理律师需要找到对应的管辖部门，携带刑事控告书、证据清单及证据材料、法律意见书等刑事控告材料，向有管辖权的公安机关提交，向司法机关解释被控告人的行为已经构成犯罪、构成何罪、应当依法追究刑事责任、属于受案公安机关管辖的依据等。刑事控告过程中，被告人难免会遇到司法机关推诿卸责等不作为情况，被害人及代理律师则需要采取进一步的侦查监督措施。

（五）跟进初查程序

公安机关受理被害人及代理律师提交的刑事控告材料后，若事实清楚、证据确实充分、案情简单，可能会现场立案。但大部分相对复杂的刑事控告案件，公安机关都不会当场立案，需要进行较长时间的立案前初步审查。在审查确有犯罪事实后，才会进行正式刑事立案。在这个过程中，代理律师需要与办案人员保持沟通，跟进立案前的初查程序，积极协助公安机关调查取证。如果公安机关有补充证据的需求，被害人及代理律师需要积极配合，及时向公安机关提供补充证据材料。

（六）跟进诉讼程序

在公安机关刑事立案后，案件就正式进入刑事诉讼程序。虽然被害人无法控制公诉案件的刑事诉讼程序，全部交由国家司法机关追究犯罪嫌疑人、被告人的刑事责任，但是，被害人及代理律师仍需要跟进各诉讼程序，并在各诉讼程序中，及时有效地表达被害人的维权诉求，才能最大限度地维护被害人的合法权益。

例如，在公安机关刑事立案后，被害人及代理律师可以向公安机关提出退赔的诉求，要求公安机关及时查封、扣押、冻结犯罪嫌疑人的财产，要求公安机关对犯罪嫌疑人采取强制措施，要求公安机关协助主持调解，督促犯罪嫌疑人退赃退赔等。又如，在检察院审查起诉阶段，被害人及代理律师可以要求阅卷、提交法律意见、提交证据材料、要求办案人员听取意见等；如果对公安机关起诉意见书中认定的犯罪事实、犯罪金额或者犯罪嫌疑人的人员等有异议，被害人及代理律师都可以与检察院进行充分沟通，表达控告维权诉求。再如，在法院审理阶段，被害人及代理律师可以提交证据材料、要求参与庭审、出庭发表意见等。

（七）协助刑事追赃

被害人进行维权，无论是刑事手段还是民事手段，挽回损失都是比较重要的维权诉求。在代理被害人跟进刑事诉讼程序过程中，代理律师还需要协助被害人积极进行追赃，包括与犯罪嫌疑人、被告人进行和解、退赔协商，提起附带民事诉讼程序要求赔偿，以及在刑事裁判后参与法院执行部门的追赃退赔程序等。

（八）协助民事追偿

当被害人进行刑事控告维权，通过和解、退赔、附带民事诉讼程序等都无法挽回全部损失时，代理律师还可以协助被害人进一步进行民事追偿，对相关人员、单位提起民事诉讼。例如，向没有被追究刑事责任的共同侵权人追偿、向被告人的监护人追偿，向相关的保证人、担保人、抵押人追偿，向其他有民事责任的人员或单位追偿等。

总之，被害人维权涉及复杂且专业的法律问题，需要律师提供的专业法律帮助。律师可以作为被害人的诉讼代理人，为被害人控告维权、挽回损失采取各种措施。其中最重要的工作，就是协助被害人将所掌握的全部案件细节以被控告人涉嫌犯罪的事实与理由，悉数向公安机关进行说明，要求公安机关对被控告人刑事立案调查、采取强制措施，协助追回赃款赃物、为被害人挽回损失。

第三章
CHAPTER 03

刑事控告的难点与失败原因

第一节
刑事控告的难点

刑事控告是被害人维权效果比较好的方式，但往往也是启动难度较大的维权方式。追究被控告人刑事责任的主动权并不在被害人，被害人只能通过刑事控告或者刑事自诉，让国家公权力来主持公道，这就必然存在众多被害人意志无法左右的因素。因此司法机关办案对被害人实现维权诉求的影响，具有较大不确定性。

刑事控告是比较复杂的维权方式。刑事控告要求被害人及代理律师拥有公安机关的侦查技能，挖掘案件事实真相，并用法律的语言予以“犯罪化”的叙述，让办案人员迅速看懂被害人遭受的犯罪侵害，被控告人实施犯罪的手法、经过及触犯的刑法罪名等。除了少数暴力型犯罪的刑事控告比较简单外，大部分经济犯罪案件的刑事控告都比较复杂。

凶杀案件中，只要有人报警，公安机关往往会立即出警、迅速刑事立案，展开全方位的调查，还经常会成立专案组。经济案件往往控告难度比较高，成功率比较低。经济案件和凶杀案件的区别，主要体现在案件事实相对复杂、法律判断含糊不清、证据收集难度较大、办案机关立案前后的态度不同等。

一、事实真相不够清晰

凶杀案件的案情往往非常简单，就是有人实施了暴力犯罪，导致被害人遭受人身、财产的重大损失。困难之处往往在于犯罪嫌疑人的锁定和追捕。经济犯罪等案件，案情往往相对更加复杂，牵涉的人员也比较多，犯罪行为持续时间也比较长，犯罪手法更加隐蔽，被害人与犯罪嫌疑人、被告人也往往各执一词、真伪难辨。在一些比较简单的轻伤害案件，也可能出现各执一词，甚至被害人无法举证，事实不明的情况。

例如，贺某涉嫌合同诈骗罪案：

贺某因卖某个不良资产债权，被购买方控告合同诈骗。该合同诈骗所涉及的行为前后延续了10年之久，背景诉讼错综复杂，牵涉到银行、国有企业、民营企业、被害人个人、当时诉讼的代理律师等多方主体，涉及的多个民事诉讼都经历了一审、二审、重审、再审、执行等。要将这些错综复杂的案情、历史脉络、各个当事人之间的关系、各个诉讼之间的关系理清楚，是非常困难的，导致被害人刑事控告屡屡受挫。同样，一旦刑事立案，犯罪嫌疑人、被告人的辩护工作也是非常复杂的。

又如，温某被故意伤害控告维权案：

温某与其前夫因为房产分割问题发生纠纷，其前夫、前夫的女友带领另外3名男子，闯入温某家中，与温某发生肢体冲突，导致温某肋骨骨折、手部受伤。案发后，双方均报警处理。经过鉴定，温某的损伤程度为轻伤二级。温某控告其遭受到故意伤害，要求追究对方5人故意伤害罪的刑事责任。然而，公安机关并未予以刑事立案，在仅出具损伤程度意见之后，案件不了了之。温某自行控告维权两年多，都无法推进案件，后寻求律师的帮助。温某将维权无果的原因归咎于对方“找关系”，我们仔细分析了案件经过，询问温某是否有可能是因为证据不足，如果双方各执一词，温某又无法提出其他证据，会导致公安机关难以认定故意伤害的犯罪事实。温某起初说，对方5个人的证词“不作数的，都在说谎”。在我们追问之下，才了解到，事发时，对方5个人，而温某只有一人。温某的两个小孩虽然当时也在现场，但他们在温某受伤后，才从房间走出来，并未看到肢体冲突的过程。在接受公安机关问话时，他们也表示不清楚肢体冲突的过程，不清楚温某受伤的原因。而本案没有其他任何证据可以证明发生了“故意伤害”的犯罪行为。在8个人的笔录中，温某自己陈述遭受殴打导致受伤，而两名证人表示不清楚温某受伤原因，如对方5人否认发生肢体冲突，没有其他证据佐证，事实真相难以还原，公安机关自然难以推进案件。

二、法律判断含糊不清

在凶杀案件中,涉案行为的法律判断往往非常清晰。涉嫌故意杀人、故意伤害、聚众斗殴、抢劫、绑架等,大家很容易作出初步的判断,即使初步判断有误,如抢劫与抢夺的定性存在争议,但也基本不会影响发生了犯罪事实应当予以刑事立案的基本判断。然而,在经济案件中,涉案行为的法律属性是否构成犯罪、构成何罪,往往可能存在争议。相比于民事法律,刑事法律具有更强的滞后性,经济行为又往往具有创新性,罪与非罪界限本身有时并非黑白分明。被害人遭受的经济损失并不能直接证明其遭受刑事犯罪侵害的结论。经济行为是否构成犯罪的判断并不清晰,需要被害人及代理律师的充分论证。

例如,南京某公司涉嫌合同诈骗罪案:

广东某公司对该公司进行收购,收购过程中,广东某公司对南京某公司进行尽职调查后认为没有问题,于是就收购了南京某公司。收购后广东某公司发现,南京某公司还有一大堆债务,这些债务虽然都由南京某公司的原股东、原实际控制人提供连带担保,但债务主体是已经被收购的南京某公司,导致广东某公司为收购的南京某公司偿还债务,支付了大量资金。

在事实方面,南京某公司是否已经将涉案债务信息都以口头或邮件方式告知了收购方,双方各执一词。在定性方面,作为南京某公司的原股东、原实际控制人是否构成合同诈骗罪,各方争议非常大。一审、二审、重审裁判的观点也截然不同。

又如,李某涉嫌职务侵占罪案:

李某是被害单位的大股东、董事长,在被害单位的地产项目开发过程中,将被害单位贷款资金及预售资金与其实际控制的其他公司的资金之间相互调配、互相拆解,最后资金周转不畅、资金链断裂。被害单位的小股东通过各种手段实际控制了被害单位,然后拟以被害单位的名义控告李某涉嫌职务侵占罪、挪用资金罪。在该案中,李某多个公司资金调配不规范的情况,是否构成犯罪,双方也是各执一词,控辩审三方的观点都有较大不同。

三、证据搜集难度较大

在凶杀案件中,公安机关会第一时间立案调查,并由经验丰富的办案人员积极主动全力侦查。然而,在经济案件中,调查程序的启动是由被害人申请、推动的,被害人与公安机关相比,无论是专业知识、办案经验还是物质、技术支持,都相差甚远。所以,被害人主导之下启动刑事程序的难度自然较大。实际上,这就存在一个悖论,在经济犯罪案件中,被害人由于知识、经验、技术、权力等不具备,无法取得足够的证据,公安机关可能会以证据不足、犯罪事实不清为由不予受理,但犯罪证据本身就需要公安机关来主导调查取证,只有公安机关才能将犯罪事实查实查清、将证据材料收集齐全。而且,由于证据不足,被害人也无法通过其他合法的途径进行有效维权。无论是通过投诉、信访、申诉、控告、自诉、民事起诉等任何方式进行维权,都需要被害人提供足够充分的证据证明相关事实,如果被害人无法提供充分的证据,则任何维权途径都无法有效维权,被害人的维权行动就会陷入僵局。

当然,被害人自身也是有责任的。这类被害人之所以会陷入维权僵局,主要原因虽是被控告人犯罪手段比较隐蔽、被控告人反侦查能力比较强,但被害人的证据意识、维权意识不足,没有及时采取维权措施,往往也是非常重要的原因。

例如,张某被诈骗控告维权案:

张某向代理律师陈述其遭受诈骗的过程:2013 年,张某因为涉嫌组织、领导传销活动罪一案,被某省某市公安机关抓获归案,羁押于当地看守所。张某的家属通过朋友介绍,认识了律师刘某某,刘某某自称系广东××律师事务所的主任。刘某某向张某的家属承诺可以将人捞出来,但需要到北京找领导活动,费用是 300 万元,且不需要签订委托合同。于是,张某的家属签署了授权书给刘某某,然后将 300 万元现金拿给了刘某某。刘某某未开具发票。后张某所涉的组织、领导传销活动罪,因事实不清、证据不足,被公安机关变更强制措施,改为取保候审。

取保候审后,刘某某向张某提出,其香港朋友吴某需要资金周转,想找张某借 600 万元,借款期限 6 个月,月利息 3%。刘某某还称吴某会提供一套香港的房产作为抵押,如果到期未还,他也会负责帮忙追回借款。出于对刘某某的信任,张某在未见过吴某,也不曾跟吴某联系过的情况下同意借款,并按照刘某某的安排,把款项打至第三人包某某的银行账户。

借款期限届满后,吴某一直未还款,也未如约支付利息。于是张某主动联系刘某某,刘某某承诺一定会帮助张某追回借款。2015 年 9 月底,吴某仍未归还相应款项，张某继续催促刘某某，刘某某仅在电话中承诺一定会帮助张某去追回借款。

追讨借款无果，张某只能求助律师。在律师的建议下，张某直接按照借款合同中借款人吴某的居住地址去寻找吴某，结果发现，吴某并未居住在借款合同所载明的地址。张某又去借款合同所载明地址寻找声称当作抵押的房产，结果发现，早在借款发生后，该房产已经出售给他人。再后来，张某继续不断向刘某某沟通，要求他将款项追回来，但刘某某均未作回复。于是，张某意识到自己被诈骗后，采取了各种维权措施，但均由于证据不足，维权均宣告失败。

张某向刘某某所在地司法局投诉刘某某违规执业、受委托后骗取当事人财产的行为，但是，当地司法局以广东省司法厅《关于律师事务所和律师执业活动投诉处理的办法》第 10 条第 3 项规定的“投诉事项已经律师协会或者其他司法行政部门受理或者正在办理”为由，决定不予受理。张某向当地律师协会投诉刘某某，当地律师协会出具复函认为，投诉事项证据不足，不成立。

张某又向当地法院提起民事诉讼，将吴某及刘某某作为共同借款人，要求他们共同偿还借款 600 万元及其利息。法院判决认为，吴某应当偿还借款本息。但是，张某要求被告刘某某对被告吴某的债务承担连带清偿责任，缺乏事实和法律依据，不予支持。

无奈之下，张某又向当地公安机关进行刑事控告，控告刘某某诈骗其 900 万元的犯罪事实。然而，张某除了其自己的陈述、其家属的证言、当时取现的记录、转账的记录、张某不断向刘某某催还的短信记录之外，没有任何证据能够证明刘某某的诈骗事实。

该案被害人张某维权的突破口在于找到名义借款人吴某以及收款账户所有人包某某，调查他们与刘某某的关系，相关资金最终的去向。如果公安机关能够找到名义借款人吴某以及收款账户所有人包某某进行调查，该笔款项与刘某某有无关联、什么样的关联，以及刘某某有无犯罪事实就非常清晰明了。然而，一方面，被害人张某无力进行这些调查取证行为，没有办法提供证据证明刘某某、吴某、包某某三人的关系，更无法证明这笔资金实际被刘某某非法据为己有；另一方面，公安机关认为刑事立案的前提是被害人张某自己进行相关核实工作、提供这些证据材料，否则难以证明存在犯罪事实。由此，刑事控告也陷入僵局，难以推进。

本案张某维权无门,既有刘某某作案手法隐蔽、反侦察能力强的原因,也有张某自己的疏忽大意,以及证据意识严重缺乏,并没有留存相关证据材料的原因。司法实践中,此类情形比较普遍,很多被害人控告维权时,都存在证据搜集障碍导致维权困难的问题。

四、立案前后思维不同

刑事立案后,为了构建完整的证据链条、有效破案,司法机关需要的办案思维往往是"有罪推定"。在"有罪推定"的思维指导下,猜测犯罪嫌疑人如果是犯罪人,他会采取什么样的手段实施犯罪、会留下哪些证据材料等。在被害人刑事控告时,办案机关基于慎重考虑,办案思维往往是"无罪推定",对刑事控告的犯罪事实、证据材料及逻辑关系进行质疑。被害人及代理律师需要进行充分的说服、解释,争取让司法机关为被害人主持公道,维护被害人的权益。凶杀案件中这种立案前后思维的差别不明显,但经济犯罪案件中,办案机关立案前后思维的差别就比较明显,这会给被害人及代理律师的刑事控告造成一定的困难。

例如,任某涉嫌职务侵占罪案:

被害单位发现自己遭受犯罪行为侵害,产生经济损失后,积极进行刑事控告维权。但是,由于被害单位没有足够的案件处理经验,无法搜集足够的证据,无法厘清任某职务侵占的具体犯罪手法和具体的犯罪金额等,只向公安机关提交了寥寥几页纸的控告材料。公安机关对被害单位提交的简单控告材料,认为现有证据不足以证明存在犯罪事实,达不到刑事立案的标准,不予立案。虽然后续被害单位多次向公安机关进行刑事控告,但办案人员都是以无罪推定的思维来质疑刑事控告材料,最终都认为被害单位虽然遭受到一些损失,但被害单位所提供的证据不足以证明任某存在职务侵占的犯罪事实,不予刑事立案。

无奈之下,被害单位委托代理律师协助刑事控告,代理律师从被害单位的众多损失中挑选其中一单犯罪金额90万元的职务侵占犯罪事实,将任某该宗犯罪事实、犯罪手法都梳理得非常清楚,证据链条环环相扣,达到充分证明任某利用职务便利,将被害单位的90万元资金非法据为已有的证据标准。于是,公安机关根据刑事控告的事实对任某进行刑事立案。刑事立案后,代理律师又协助被害单位将被任某涉嫌职务侵占的其他将近2000万元的职务侵占犯罪事实再次进行逐一梳理，证据充分的部分以补充控告的形式与公安机关沟通。证据不充分的部分，则以犯罪线索的形式，向公安机关提交，请求公安机关一并侦查。于是，公安机关就根据这些犯罪线索和证据材料，积极侦查，探究如果任某犯罪成立，他是采用了哪些犯罪手法实施犯罪的、具体作案过程如何等，公安机关采用相应的各种侦查方法去寻找证据材料、核查任某的犯罪事实。如此，被害单位的控告维权取得了初步的成果。

第二节
刑事控告失败的原因及案例

被害人刑事控告失败，既有案件本身过于复杂、证据严重缺乏、理论争议较大等客观原因，也有个别办案机关推诿卸责不作为的原因，还有被害人及代理律师自身失误的原因，包括控告的犯罪事实和证据材料未梳理清楚、法律分析不到位、缺少关键证据等。为尽量实现控告维权的诉求，被害人及代理律师首先需要尽量避免由于自身工作失误，导致刑事控告失败。

一、事实未梳理清楚

有效刑事控告，最基础的要求就是被害人及代理律师能够将案件事实的来龙去脉解释清楚，让办案人员看完刑事控告书就基本掌握犯罪事实，甚至形成确实存在犯罪事实、需要追究刑事责任的内心确信。因此，被害人及代理律师的重要工作是把案件事实讲清楚，让办案人员迅速听明白发生了什么犯罪事实，让办案人员看到刑事控告书能够马上明白发生的犯罪事实经过。如果办案人员看完刑事控告书还没有搞清楚案件事实甚至产生逆反心理，则该刑事控告书是非常不完善的，刑事控告就可能以失败告终。

（一）缺少对犯罪事实的梳理

梳理案件事实是被害人及代理律师的基础工作，刑事控告要向公安机关讲述清楚案件事实，说服公安机关予以受理、立案。如果被害人及代理律师并未梳理犯罪事实，则难以呈现被害人遭受侵害的犯罪事实，很难让办案人员认为确有犯罪事实发生而予以立案。

例如,中山某公司财产被非法侵害控告维权案:

本案中,被害单位自行起草了刑事控告书后,就拿着刑事控告书去公安机关报案,但经过多次沟通、交涉,甚至投诉,公安机关始终认为,这应该是经济纠纷,不予立案。于是,被害单位向律师请求帮助。我们了解发现,该刑事控告书并未将犯罪事实经过叙述清楚。

刑事控告书显示,被害单位控告的事实是:中山某公司存放于江西某县仓库中的货物被广州某公司的员工提走,至今未交给已经下订单购买该批货物的客户,且至今尚未归还,因此,该货物已经被工人侵占,要求追究该员工的法律责任。

从该控告的事实看,报案人中山某公司与广州某公司是什么关系?中山某公司的货物怎么会在江西某县仓库?中山某公司与江西某县仓库是什么关系?涉案的货物是谁的?为何广州某公司能够提货?货物本来是谁的?要交付给谁?是谁聘请的工人?工人为什么要将货物提走?看这份刑事控告书,我们完全不明白究竟发生了什么事情,心中产生大量疑问。这就充分说明该刑事控告书是不完善的,连基本犯罪行为的来龙去脉都没有进行梳理。

(二)犯罪事实的梳理不充分

刑事控告材料离不开事实梳理和法律分析,但事实梳理是基础,法律分析是提升,两者主次关系不能颠倒。绝大多数案件只要事实经过清楚,法律分析往往可以水到渠成。因此,如果被害人及代理律师颠倒法律分析与事实梳理的主次关系,重法律分析而轻事实梳理,那么可能会让人难以理解控告的内容,基础事实梳理不充分,法律分析的准确性存疑,刑事控告的内容会显得比较牵强。

例如,某实业有限公司财产被侵害控告维权案:

被害单位拟向公安机关对公司员工朱某等人进行刑事控告,控告朱某等人以非法占有为目的,盗窃××实业有限公司的财产,给公司造成特别巨大的财产损失。为此,被害单位撰写了刑事控告书。

根据刑事控告书,××实业有限公司认为,朱某等人的行为已经构成《刑法》第264条规定的盗窃罪,且根据最高人民法院、最高人民检察院《关于办理盗窃刑事案件适用法律若干问题的解释》第1条之规定,朱某等人盗窃的数额已经达到"数额特别巨大"的量刑档次,可能被判处10年以上有期徒刑或者无期徒刑,并处罚金或者没收财产。现请求办案机关领导依法查明案件事实,保障××实业有限公司作为被害人的合法权益,依法追究朱某等人盗窃罪的刑事责任。

从上述刑事控告书的内容看,刑事控告书将法律规定解释得比较充分,但案件事实经过描述得比较少,而且先分析法律适用,在分析法律适用过程中嵌入了案件事实经过,给阅读者带来一定的困难,很可能读者看到最后,还是没有很明白为什么朱某等人的行为构成盗窃罪。本案或许确实存在朱某等人盗窃的犯罪事实,但犯罪事实没有进行充分梳理,在大篇幅的法律分析中嵌入了部分事实细节,让法律分析的事实前提不扎实,刑事控告的内容缺乏说服力。

(三)控告线索而非犯罪事实

在刑事控告过程中,被害人经常会产生的误区是混淆了犯罪事实和犯罪线索。犯罪事实是被害人根据犯罪线索,开展调查取证工作,在已经找到了相关充分的证据材料后,刑事控告材料所呈现出来的事实经过。刑事控告应当控告具体的人、具体的犯罪事实,如果仅仅将全部的犯罪线索提交给公安机关,意味着公安机关需要承担全部的初步调查取证工作,容易令人"望而却步",而且缺少证据材料的犯罪线索可能无法达到刑事立案的要求,由此导致刑事控告遭遇困难。

例如,松某等人涉嫌职务侵占案:

被害单位向公安机关进行刑事控告,并撰写了刑事控告书。该刑事控告书显示被害单位主要控告的犯罪事实是,在松某等人被免去法定代表人后,将被害单位的印章、营业执照等拿走,并实施了包括:(1)将被害单位两台核心机器被作价×××万元的方式进行融资,融资后将款项转入其另外开设并实际控制的被害单位名下账户;(2)在被害单位未授权的情况下,将被害单位的资金以报销形式转入其实际控制的×××、×××等人名下的银行账户;(3)目前被害单位可查到但不受控制的资产依然在不断遭受盗窃。请求办案机关依法查明案件事实,保障公司作为被害人的合法权益,依法追究松某等人的刑事责任,并协助挽回被害单位的经济损失。

在该案中,被害单位的刑事控告没有详细展开犯罪事实的分析,也没有提供充分的证据,仅提供了松某的身份材料、融资的业务合同及银行流水,控告松某等人侵犯公司财产,实施了3项犯罪行为。但这仅仅是3条犯罪线索,而不是3宗详细的犯罪事实,据此进行刑事控告会遭遇较大的障碍。

(四)多单犯罪事实混合控告

刑事控告其实是组织控告的犯罪事实和证据材料,并向公安机关讲述的过程。刑事控告的犯罪事实,需要有完整、环环相扣的证据链条。在控告多宗犯罪事实时,被害人及代理律师需要将每一宗犯罪事实都分开梳理清楚,以较高的证据标准来梳理犯罪事实、整理证据材料。司法实践中,如果被害人及代理律师将多单复杂的犯罪事实混合在一起,则每一单犯罪事实对应的证据材料容易混乱,证据链条难以环环相扣,导致刑事控告的说服力不足,办案人员审查时也往往费时费力。

例如,某公司被员工张某挪用资金控告维权案:

被害单位撰写了刑事控告书,向公安机关进行刑事控告。刑事控告书的主要内容如下:

1. 基本情况。介绍被害单位的成立时间、组织架构、经营范围等基本情况,以及被控告人张某在被害单位的入职情况、劳动合同签署情况、权责范围等情况。

2. 张某的犯罪行为和犯罪金额。从××××年××月到××××年××月,张某通过伪造的被害单位印章与客户签订××产品的销售合约书,然后指令客户将货款转入其实际控制的第三人账户或者转入被害单位的公账。客户付款后,张某再利用其伪造的××文件,将支付到被害单位公账部分的资金全部骗取,最终,导致公司损失2000万元。

3. 张某的犯罪情节及证据。根据被害单位统计,列举了张某30宗挪用资金的资金数额及犯罪手法。

综上所述,张某私下收取货款、挪用被害单位公账收取的货款,导致被害单位无法向客户交货,已经引起了严重的社会治安问题,造成了被害单位严重的经济损失。为防止转移藏匿财产,恳请公安机关尽快立案调查,并采取必要措施保护被害单位的合法利益。

在该案中,被害单位控告张某30宗合计2000万元的挪用资金犯罪事实,张某的犯罪手法非常复杂。被害单位提交的刑事控告书中并没有对每一单控告的犯罪事实、犯罪手法、犯罪金额、证据材料进行分别、细致的梳理,而是非常简短地总结了张某的犯罪事实经过、犯罪手法、犯罪金额，然后就将 30 宗犯罪事实以表格的形式呈现。这就导致刑事控告的内容说服力不足，刑事控告书并没有让办案人员看到张某有挪用资金的犯罪事实。被害单位刑事控告书的内容，都无法让办案人员看到表面上的挪用资金证据链条，导致公安机关迟迟未予立案。被害单位每次与办案人员沟通，要求办案机关刑事立案侦查，办案人员都不断要求被害单位先把所有控告的犯罪事实及证据材料梳理清楚。然而，被害单位认为这是公安机关的工作，双方沟通不顺畅，导致沟通无果，控告维权迟迟没有立案。

二、证据未梳理清楚

刑事控告时，为了证明所控告的事实存在且成立，被害人及代理律师必须提供相当充分的证据，让公安机关通过证据相信确实存在犯罪事实，且需要追究被控告人的刑事责任，如此才能提高刑事控告的成功率。如果只有被害人及代理律师对案件事实的陈述和残缺的证据，没有将全案证据材料全面梳理清楚，则难以证明确实存在犯罪事实，刑事控告难以成功。即使成功立案，可能也无法推进。

在司法实践中，经常出现被害人向公安机关报案，收到公安机关的报警回执，但报案的案件最后杳无音信的情况。重要的原因就在于没有提前将证据材料收集齐全，没有帮助办案机关把定罪量刑的基本证据材料予以收集、整理。

代理律师在了解全部案件细节后，就需要按照公安机关指控犯罪、搜集证据的标准，把犯罪事实、证据材料、法律适用等材料都帮公安机关准备好，让办案人员对控告内容一目了然，没有不受理、不立案的理由，从而对刑事控告的犯罪事实予以立案侦查，追究被控告人的刑事责任。如果被害人及代理律师未能将证据材料梳理清楚，则可能难以说服办案人员予以刑事立案。

例如，吴某被诈骗控告维权案：

吴某与李某通过相亲认识，李某谎称自己未婚，在和被害人吴某处男女朋友关系期间，以父母病危、投资公司、遭到诈骗甚至绑架等多种理由，骗取了被害人吴某 300 多万元，后与吴某分手，并写了欠条，一直未还款。后吴某才意识到其遭受到“恋爱诈骗”。于是，吴某向公安机关报案，要求公安机关追究李某诈骗罪的刑事责任，并协助其挽回经济损失。但是，公安机关认为，吴某没有提供充分的证据证明其遭受到诈骗,不予立案。吴某无奈,只能通过不断投诉、申诉等方式要求公安机关予以刑事立案。经过一番努力,公安机关以诈骗罪刑事立案,拿到立案通知书后,办案人员让吴某回去等消息。吴某以为公安机关会将李某绳之以法。然而,经过了8个月漫长的等待,案件都没有任何进展,犯罪嫌疑人李某没有被采取强制措施,只被问过一次话。

无奈,吴某寻求律师的帮助。代理律师经过仔细分析发现,本案证据存在重大缺失。吴某向公安机关报案时只是陈述了案情和自己被骗的经过,然后将银行流水打印出来给公安机关,但是,没有将微信聊天记录作为证据提交,也没有帮助公安机关将持续两年多的诈骗事实每一笔都仔细梳理出来。除了吴某的陈述,完全没有其他证据证明其遭受"诈骗"的事实。

本案中,认定李某有无诈骗的犯罪事实,最直观的证据就是两人几年来的微信聊天记录,然而,分手时,吴某一气之下将手机聊天记录全部删除,手机也不知道去哪里了。很显然,本案被害人刑事控告能否顺利,其手机微信聊天记录会产生直接的影响。在代理律师的建议下,吴某经过寻找,终于找到了原来的手机。在代理律师的帮助下,吴某仔细梳理、慢慢回忆每一次被骗的过程和金额,形成吴某控告李某的详细书面刑事控告书。后吴某将手机交给公安机关,要求公安机关恢复手机中的微信聊天记录。在代理律师和吴某的积极推动下,公安机关办案人员才采取了进一步的侦查措施。

三、对证据缺少解释

被害人及代理律师是对案情比较熟悉、对证据材料比较了解的人,而公安机关在立案调查之前并不了解案情。因此,被害人及代理律师不仅要对案件事实进行详细描述,对证据材料进行梳理,而且还要对案件的所有证据都进行详细解释,解释各个证据的来源、内容、证明事项等,帮助办案人员快速了解被控告人的犯罪事实。如果缺少对证据材料的解释,则办案人员需要耗费更多的时间精力去了解案件事实、分析证据状况,无疑会给刑事控告产生负面影响。

例如,某公司控告员工职务侵占案:

被害单位向公安机关提交刑事控告书,并提供了部分证据材料,但是证据材料都以"相关线索资料"的形式作为刑事控告书的附件。刑事控告书中简单列明了证据序号、数量、名称,完全没有对证据的来源、证据内容、拟证明内容等关键问题进行解释说明,连证据清单都没有。这些证据材料究竟能证明什么内容、为何能支持刑事控告的内容、能否形成完整证据链条等问题,需要办案人员详细看完几百页的证据材料后才能有初步定论。可想而知,被害单位的刑事控告并未充分考虑办案人员的阅读感受,办案人员看到一堆证据材料,估计很难有耐心和时间看完。该案办案人员在收到案件材料后,一直都以证据不足为由未予立案调查,被害单位不得不委托代理律师继续与办案人员进行沟通,专门就证据进行解释说明。

四、法律分析不到位

刑事控告中的法律分析,实际上是将刑事控告的事实与适用的罪名、定罪量刑标准、犯罪情节等法律法规直接关联起来的分析过程,也是解释为什么被控告人实施的行为构成所控告的犯罪的过程。刑事控告相对于刑事辩护,往往是更为棘手的事情。在刑事控告过程中,有经验的代理律师需要预先想好被控告人及其辩护律师的所有可能的抗辩事由,尤其是在罪名选定方面,要仔细斟酌,最终确定一个稳妥的罪名。如果在选择罪名上犹豫,或者不同控告材料上出现不同的罪名指向,刑事控告的效果就可能受影响。因此,刑事控告材料中,代理律师对法律问题的到位分析很重要。

(一)缺乏法律分析

法律分析是刑事控告材料中必不可少的内容,部分刑事控告书只有事实描述,没有分析是否构成犯罪、构成什么犯罪及犯罪情节等法律问题,显然是刑事控告内容的重大遗漏,可能直接给刑事控告造成障碍。

例如,佛山某公司财物被抢夺控告维权案:

被害单位佛山某公司向公安机关提供的刑事控告书中,只陈述了佛山某公司的货物一直都是交给长期合作的供应商某公司负责运送,客户下单之后,佛山某公司就会下发指令要求供应商提供运送服务,将货物运送上门交给客户。被害单位佛山某公司平时也将大量货物存放在供应商的仓库。后双方因为资金结算产生分歧,无法达成一致。于是,就出现供应商某公司的员工没有按照约定送达给客户的事实,且直接将被害单位的货物转移、非法据为己有的事实。刑事控告书的最后,被害单位认为相关人员的行为已经构成抢夺罪,请求公安机关尽快立案侦查。

但是,为什么被控告人的行为构成抢夺罪?是否满足抢夺罪的构成要件?刑事控告书完全没有体现,只有被控告人属于抢夺的结论和追究被控告人抢夺罪刑事责任的诉求。其实,我们分析发现,该案涉及的供应商某公司的员工因为薪水被拖欠而实施的拒不运送货物、也不向被害单位交还货物的行为,该如何定性?能否定性为抢夺罪?本身是复杂的法律问题,办案人员都未必能很快作出准确的判断。被害单位提交的刑事控告书却没有对法律适用的问题进行分析,失去了说服办案人员的重要机会。结果,办案人员看完刑事控告书后,认为犯罪事实不清,证据不足,未达到刑事立案的标准。

(二)罪名适用不当

事实清楚、法律适用简单的案件,无疑更容易刑事控告成功。如果案件事实复杂、罪名适用争议比较大,无疑会增加刑事控告的难度。在被控告的行为可能涉嫌多个不同罪名时,被害人及代理律师应当优先选择最简单、最常见、争议最小的罪名进行刑事控告,降低办案人员的理解难度,减少发生争议的可能,无疑更可能提高控告的成功率。

例如,某公司被合同诈骗案:

被害单位在刑事控告书中认为:"××有限责任公司在签订、履行合同过程中,虚构事实、隐瞒真相,以非法占有为目的,以虚假的应收账款骗取报案人的融资款,数额巨大,已经构成合同诈骗罪。"然而,在证据材料中,被害单位出具了"关于××公司涉嫌骗取贷款犯罪的情况说明",又认为被控告人的行为涉嫌骗取贷款罪,应当追究其骗取贷款罪的刑事责任。

这次刑事控告在罪名适用方面,就存在比较大的问题。被害单位并不确定被控告人的行为应当属于哪个罪名,还在几个罪名之间徘徊。被控告的嫌疑单位涉嫌的罪名有骗取贷款、贷款诈骗、合同诈骗,几个罪名的构成要件及定罪量刑标准均有较大差别。被害单位难以确定罪名,把难题交给公安机关,公安机关无疑也犯难。

又如,松某等人涉嫌职务侵占案:

被控告人松某的具体犯罪手法有两种:(1)将被害单位的两台核心机器以作价×××万元的方式进行融资,融资后将款项转入在其另外开设并控制的被害单位公账;(2)在被害单位未授权的情况下,将资金以虚假报销的形式转入其实际控制的×××、×××等人的银行账户。被害单位在刑事控告时，选择的控告罪名是盗窃，认为松某的行为构成盗窃罪，要求追究松某盗窃罪的刑事责任。

该案罪名适用就存在很大的争议。其一，第一种手法中，由于资金仍然在被害单位的银行账户中，控告松某构成犯罪显然比较牵强。双方的争议在于这些银行账户的控制权归谁的问题，松某并没有将资金转入其个人账户或者其控制的其他账户，而是留存在以被害单位的名义开设的公司账户，这些资金本质上还是被害单位的资产。其二，第二种手法中，松某将被害单位的资金以报销的形式转入其实际控制的相关联的个人账户，如果事实成立，那也不应该认定盗窃罪，在工商登记中，松某仍然是公司总经理，认定为职务侵占罪更加合适。

本案被害单位以盗窃罪进行刑事控告就可能会遭受比较大的争议，选择该罪名进行控告无疑会自设控告障碍。如果仅仅针对第二种犯罪手法，控告松某利用职务便利，以虚假报销的手法将被害单位的资金套取非法据为己有，涉嫌职务侵占罪，则事实清晰、法律适用简单、罪名选择没有争议，刑事控告无疑更容易被办案机关接受。

五、缺少亲历者证词

刑事控告过程中，证人证言尤其是亲历者的证言是非常重要的证据材料。物证、书证等客观证据材料都需要有相关当事人的解释，才更能证明案件事实。亲历者的陈述也是办案机关快速掌握犯罪事实、锁定证据线索的重要路径。如果有犯罪行为的亲历者，则刑事控告时应尽量调取亲历者的证词，会有利于提高控告的成功率。在部分案件中，亲历者的证词是不可或缺的，缺少亲历者的证词会导致事实不清、证据不足，刑事控告难以推进。

例如，饶某涉嫌职务侵占罪案：

饶某作为被害单位的原总经理，负责被害单位的全部经营事宜。有多家合作单位为被害单位的机器设备等提供维修服务。饶某利用职务便利，与合作单位串通，通过虚高维修费用、虚构维修合同等方式将被害单位资金非法据为己有，该职务侵占行为持续了多年，职务侵占行为次数多、每次金额不高。被害单位的财务主管认为，其能证明虚高的数额和虚构的合同。被害单位据此对饶某的职务侵占犯罪事实进行刑事控告。

办案机关受理案件时,认为被害单位的财务主管并非当时工程维修费用的负责人,要求当时负责对接工程维修项目的员工作为证人配合调查。然而,被害单位的后勤人员更换频繁,当时的对接人早已经变动多次并且都已经离职,在职的后勤人员都不知道当时的工程维修情况。我们提出,被害单位的财务主管是本案的重要证人,包括当时的工程维修费用在内,每一笔支出都是他经手审批的,因此,他的证言已经能够初步证明所控告的犯罪事实。于是,办案机关受理案件,进行初查。

然而,被害单位当时具体对接工程维修项目的员工确实无法配合作证,缺少对被害单位控告维权有利的亲历者证词。办案机关受理后,向提供工程维修服务的公司及当事人调查取证,但是,提供工程维修服务的维修人员也都已经离职,无法联系。而提供工程维修服务公司的负责人则认为所有的工程维修项目都合法合规,不存在虚高工程维修费用及虚构工程维修合同的问题。因此,本案由于时过境迁、真假难辨,缺少亲历者的证词,办案机关告知,这部分职务侵占的事实难以被认定。

又如,某贸易公司印章被伪造控告维权案:

朱某和刘某共同设立某房地产开发公司,合作投资某房地产项目。朱某以其个人名义入股新设立的某房地产开发公司,持股40%;而刘某以其持有100%股份的某贸易公司入股新设立的某房地产开发公司,持股60%。在某房地产开发公司经营过程中,朱某作为监事,不参与公司实际经营管理,刘某作为董事长、法定代表人,负责公司的全部经营管理事项。后双方因为合作过程中利益分配产生纠纷,朱某组织人员强行夺取了某房地产开发公司的控制权,并伪造了某贸易公司的公章。刘某因故潜逃境外。某贸易公司想要进行刑事控告,追究朱某伪造某贸易公司印章的刑事责任。

本案刑事控告存在的障碍是,作为被害单位某贸易公司的法定代表人、持股100%的股东、董事长的刘某,是双方纠纷的当事人,是被害单位刑事控告的关键证人。因为某贸易公司实际上并无经营活动,也没有其他工作人员可以代表其进行刑事控告,于是,在代理律师的协助下,被害单位更换了工商登记,将法定代表人、执行董事变更为刘某的亲戚张某,并由张某代表被害单位去公安机关刑事控告朱某等人伪造印章一事。

在该案控告过程中,张某在涉案伪造印章行为发生几年后才担任被害单位法定代表人、执行董事,他并非与朱某等人闹纠纷的亲历者,公安机关认为张某虽然能够代表被害单位,但并非案件事实的知情人,刘某才是最清楚案件情况的人,要求刘某亲自前去报案、接受询问。为此,被害单位的刑事控告遭受较大阻力。

虽然亲历者证词是刑事控告的重要证据材料。但我们认为,本案以缺少亲历者证词、要求被害单位案发时的法定代表人、董事长刘某亲自去报案,并不妥当。伪造印章案件的犯罪事实认定,并不一定以被害单位案发时的员工作证为必备要件,只要被害单位有员工代表提供证词,配合印章的备案材料、印章真伪的司法鉴定等证据材料,已经足以认定。

六、缺少关键的证据

刑事控告过程中,缺少关键证据会直接导致控告失败,公安机关不予受理、不予立案、立案后侦查无法推进、公安机关撤案,甚至最终被不起诉、被法院判决无罪等。刑事控告时,代理律师需要充分评估案件的证据情况,将关键证据及时固定下来。如在涉及大量资金往来的刑事控告案件中,专项审计报告就是不可或缺的资料。职务侵占、挪用资金等经济犯罪的犯罪金额、犯罪事实认定,往往离不开专项审计报告。因此,此类案件中专项审计报告是刑事控告的关键证据。

例如,某公司控告前员工任某涉嫌职务侵占罪案:

被害单位向公安机关进行刑事控告,控告任某的职务侵占犯罪金额达2000多万元。但是,公安机关始终没有受理立案,认为该公司缺少基本的证据材料,证据材料极度缺乏,职务侵占犯罪的事实难以成立。

由于资金流水特别复杂,被害单位无法理清楚,具体犯罪事实无法一一落实,会计师事务所也无法确定审计的范围、具体事项等,故被害单位始终无法提供专项审计报告。后来,被害单位委托会计师事务所出具了一份商定程序报告作为审计报告使用交给公安机关。该商定程序报告不仅没有助益于职务侵占犯罪事实的认定,还产生了负面影响。

该商定程序的审计意见主要包括几个部分:“一、员工违规,造成公司损失巨大;二、员工涉嫌挪用公司资金和诈骗行为;三、资金去向的线索。”却没有提出一个确切的职务侵占、挪用资金犯罪金额,也没有提供认定犯罪金额充分的依据材料,对公安机关查明职务侵占、挪用资金的犯罪事实和金额,并未起到积极作用。

商定程序报告还指出被害单位存在“记账方式不规范、存在原始凭证缺失问题,使得账证不能一一对应,从而直接产生经济损失及或有负债风险”。对于刑事控告,该结论显然产生了负面影响,意味着可能无法梳理清楚被害单位的财务账册、资金流水,被害单位的财务状况是非常混乱的,即使做出了专项审计报告,也存在诸多漏洞,无法作为查明犯罪事实、犯罪金额、定罪量刑的依据。这无疑会让公安机关“望而却步”,怀疑即便刑事立案,后续也无法进行有效的专项审计,缺少关键证据,无法推进案件,可能会给办案人员自己带来麻烦。因此,该案刑事控告始终没有取得很好的效果。

又如,××货运代理有限公司被非法控制计算机信息系统控告维权案:

该公司发现内部报关的申报系统遭到异常的 IP 入侵,公司的部分客户资料及客户报关数据、财务数据遭到篡改。于是马上报警,公安机关介入调查。但公安机关认为目前证据并不充分,难以确定遭到非法侵入的事实,罪名也难以确定,因此未予立案。

无奈,被害单位寻求律师的帮助。我们了解情况后,建议被害单位先行委托司法鉴定机构,对公司系统被相关 IP 非法侵入次数进行司法鉴定。鉴定结果显示,从 2022 年×月×日至 2022 年×月×日,公司的系统被相关 IP 非法侵入 78 次。被害单位将司法鉴定意见提交给公安机关,公司系统被非法侵入、非法控制的事实非常明显。于是,公安机关很快就对入侵者以非法控制计算机信息系统为由进行刑事立案侦查。

在该案中,被害单位在起初刑事控告时缺少关键证据,导致犯罪事实及适用法律均不明确,公安机关在初步审查时又难以进行司法鉴定确认被害单位的内部系统遭到非法侵入、非法控制。因此,在我们的建议下,被害单位及时委托司法鉴定机构进行电子数据鉴定,出具司法鉴定意见。该司法鉴定意见作为关键证据,有助于证明被害单位的计算机信息系统遭到侵害的犯罪事实,推动公安机关立案调查。

刑事控告时,司法机关对控告材料的审查“形式重于实质”。主要原因在于,犯罪事实的审查往往仅有被害人一方的陈述,难以对犯罪事实进行充分的核查。因此,司法机关主要是对被害人所提交的刑事控告证据材料的审查,而证据材料是否齐全是最直观、最容易审查的内容。证据材料不齐备也是对被害人刑事控告的最佳“劝退”理由。

所以，从刑事控告的经验看，被害人进行刑事控告时需要提供尽量完善、周延的证据材料，尤其是审计报告、鉴定意见这一类关键证据，不论关键证据的内容是否清楚、结果是否客观、科学，这份关键证据材料务必有，这可以让刑事控告的证据材料在形式上完整、充分。

例如，在××有限公司控告原员工常某涉嫌职务侵占罪案中，在代理律师的指导下，被害单位将常某所涉及职务侵占犯罪的相关事实梳理清楚、相关证据材料也基本收集齐全。代理律师进行刑事控告已经能够将犯罪事实及证据材料阐释清楚，相关证人也表示能够随时配合公安机关的调查。

然而，根据我们的办案经验，此时进行事实控告，证据材料还不齐全、尚缺乏关键证据材料，那就是对常某涉嫌职务侵占的犯罪金额进行审计的专项审计报告。虽然本案犯罪金额的计算并不复杂，被害单位及代理律师都已经将犯罪金额的组成、计算方式，在刑事控告书及证据材料中详细解释清楚。但是，从司法机关受案的角度看，司法机关很可能会认为，本案刑事控告还缺少专项审计报告这份证据材料。因此，我们坚持要求被害单位委托会计师事务所对相关资金情况进行专项审计，出具专项审计报告，不论这份专项审计报告内容如何、效力如何、内容是否客观，只要证据形式完善，都不影响它作为刑事控告关键证据的地位，可以让本案刑事控告的证据材料足够齐全，让办案机关无法以缺少专项审计报告为由拒绝受案。

七、缺少具体行为人

刑事控告过程中，不论我们控告的是单位还是个人，最终都要锁定具体的犯罪嫌疑人。即使是控告单位犯罪，被害人及代理律师也需要锁定单位的直接负责人或者其他责任人员，这些自然人是犯罪行为的具体实施者，是公安机关调查取证的对象。刑事犯罪的认定，实质优于形式，具体的犯罪行为实施者才是需要承担刑事责任的人，空壳公司、挂名股东、挂名法人等，虽然与犯罪行为存在民事法律上的密切相关关系，但他们并不是犯罪行为的实行人，不需要承担刑事责任。如刑事控告完全不提及自然人，并未直接控告具体的犯罪行为自然人，仅仅控告某公司，或者控告某公司后将其挂名法定代表人也列为被控告人,这样的控告由于没有理解刑事犯罪的追责实质,刑事控告可能会遭到失败。

例如,某公司被合同诈骗维权案:

被害单位某公司向公安机关控告其遭受诈骗。刑事控告显示:

控告人:某公司,住所地……,法定代表人:……。

被控告人为南京某房地产开发有限公司,住所地为……,法定代表人为……。

事实与理由:控告人某公司,于2014年7月24日在天津××市场监督管理局注册成立,经营范围是……,股东为……。南京某房地产开发有限公司因资金周转需要向控告人申请融资,双方于2021年7月1日签订有追索权的保理合同,约定在南京某房地产开发有限公司销售房屋后,对部分购房业主的销售尾款债权转让给控告人,以申请保理融资,并将购房业主的应付账款明细表作为保理合同的附件。基于对南京某房地产开发有限公司的信任,在其向控告人提交了融资申请书后,双方办理了债权转让登记事宜。后控告人才知道,南京某房地产开发有限公司所说的这批客户的应收账款是虚构的,所谓的分期应收债权是虚假的。综上,南京某房地产开发有限公司在签订、履行合同过程中,虚构事实,隐瞒真相,以非法占有为目的,以虚构的应收账款骗取控告人的融资款,数额巨大,导致控告人遭受巨大的经济损失,其行为已经构成合同诈骗罪,请求公安机关追究南京某房地产开发有限公司的刑事责任。

上述刑事控告材料有一个非常明显的特点,刑事控告书中除了“法定代表人:×××”之外,其他所有的内容都不曾提及任何一个自然人,不曾提及合同签订、履行过程中的具体自然人,都是说被害单位和被报案单位之间的交易往来。我们与被害单位沟通该问题时,被害单位认为是两个公司的行为,对方具体员工的信息他们不掌握。

我们耐心与被害单位沟通、解释,刑事控告和民事诉讼是不同的,民事诉讼可能会要求提供被告的身份信息,但是刑事控告中,被害人不一定能提供被控告人的身份信息。但即使没有掌握他们的身份信息,也要锁定具体的行为人。没有锁定具体行为人,公安机关也很难进一步调查。公安机关受理案件时,也会要求被害单位说清楚究竟是谁跟谁对接的,被害单位的经手人员有哪些、分别是谁、这些人分别都做了哪些事情,被控告单位具体负责这一单业务的是谁,是哪些自然人具体作了哪些虚假陈述、如何实施欺骗行为、如何让被害单位信以为真，诸如此类问题，都需要双方自然人的证词。

又如，××有限责任公司被其原销售经理刘某职务侵占控告维权案：

刘某在担任被害单位销售经理期间，利用公司财务不规范的漏洞，以公司名义与客户签订销售合同，以公司名义销售产品，而后让客户将资金转入公司账户后，通过伪造垫付款证明的形式，将款项用于为其他人购买货物，公司将相应货物发送给刘某指定的其他购货人。后来真正的购货人支付货款后并没有收到货物，于是向法院提起民事诉讼，要求公司退还全部购货款。法院最终判决认定，客户按照公司销售经理的指示将款项支付给了公司账户，而公司并没有如约交付货物，属于违约行为，应当退还全部购货款。刘某以这种形式将公司的货款非法据为己有。

在该案中，被害单位不断向公安机关控告刘某职务侵占罪，认为刘某通过伪造垫付款证明的形式，将客户支付给公司的货款用于其他用途，将这部分公司已经收取的货款非法据为己有，构成职务侵占罪，应当追究其刑事责任。

虽然民事判决认定被垫付的款项是客户支付给被害单位的货款，被害单位收取了货款后，没有如约交付货物，被害单位应退还全部货款，且民事判决也已经认定刘某是涉案交易的经手人员，但是，被害单位刑事控告过程中一直遭遇难题，被害单位认为是刘某伪造了垫付款证明，刘某是具体行为人。公安机关认为，这只是被害单位的猜测，被害单位没有提供任何证据予以证实，也没有提供任何线索可以予以核查，无法证明伪造垫付款证明的行为人是刘某，因此，难以认定通过伪造垫付款证明将公司货款非法据为己有的行为人、犯罪嫌疑人就是刘某。最终，在该案刑事控告过程中，由于被害单位迟迟无法锁定、无法证明伪造垫付款证明的具体行为人，所以公安机关迟迟未予刑事立案。

八、控告的对象错误

刑事控告和民事诉讼不同，民事诉讼主要根据合同文本等书面材料考虑民事法律关系，而刑事控告往往需要透过合同文本等书面材料锁定真正的犯罪行为人。根据书面材料在民事上存在法律关系的人不一定是犯罪行为人，其可能并未参与实施具体的犯罪行为，仅仅是刑事诉讼中的证人。因此，刑事控告时，被害人及代理律师需要透过书面文本、选择真正的犯罪行为人作为被控告人。

例如,某公司被诈骗控告维权案:

被害单位和A公司签订合同,然后被A公司骗走了相关款项。被害单位于是控告A公司涉嫌诈骗。表面上看起来,刑事控告的对象没有问题。然而,我们审查后发现,实际上,被害单位是与A公司的母公司融资部总经理、副总经理等人商谈交易事宜,A公司只是听从母公司的命令进行盖章、签合同等手续,A公司及其负责人、员工实际上都没有参与。因此,被害单位仅仅控告A公司很难认定A公司及相关责任人员的刑事责任,A公司的人员可能对交易的细节并不知情,控告不需要承担刑事责任的人,注定不能成功。

此外,A公司很可能是没有资产的“空壳公司”,即使被害单位刑事控告成功,也无法向A公司追赃挽回损失。而且,万一被害单位对A公司刑事控告成功,发现追赃无果,被害单位继续控告A公司的母公司,在实践中已经几乎没有可能。刑事控告和刑事诉讼程序一样,往往“不可逆”,也不能就同一行为进行重复控告、重复追诉。

九、未积极协助取证

刑事控告其实是求助于公安机关,让公安机关介入调查,查明案件事实真相,让公安机关帮忙主持正义的过程。所以,被害人及代理律师要积极协助公安机关调查取证,并推动公安机关积极侦查,而不能与办案机关、办案人员对立。我们发现,部分案件中被害人及代理律师由于处理不当,导致控告的效果极差。

例如,黄某等人涉嫌职务侵占罪、伪造印章罪、挪用资金罪案:

被害单位向公安机关进行刑事控告,控告黄某等人职务侵占的犯罪金额将近3000万元。然而,最终公安机关、检察机关都仅认定职务侵占100多万元、挪用资金100多万元和伪造印章的犯罪事实,法院也根据指控作出判决。被害单位的其他控告内容并未得到支持。

我们介入后发现,被害单位遭受重大损失,但控告维权的效果差,主要原因是被害单位的控告方式、策略不妥当。在该案中,被害单位没有能够提供专项审计报告,寄希望于公安机关去出具审计报告,这无异于把查明犯罪过程、犯罪金额的难题完全交给了公安机关。被害单位作为直接遭受犯罪行为侵害的主体,应当对自己的财产如何遭受侵害、遭受侵害的具体金额完全梳理清楚。如果被害单位自己都无法梳理清楚、无法委托会计师事务所出具专项审计报告，公安机关更加无法梳理清楚。而且也给办案人员留下取证难度太大的印象，不利于案件的进一步办理。绝大多数情况下，刑事控告都需要被害单位将犯罪事实、犯罪金额大致梳理清楚，提出一个确定的结论，而不能将这个难题交给公安机关。

在该案中，被害单位在与公安机关沟通过程中，对公安机关提出了一系列的问题和取证要求，如“该笔资金已由犯罪嫌疑人转给×××，需要公安机关配合调查×××”“该笔交易未见支付记录，需要公安机关配合调查”“请公安机关查明该开票单位与付款人之间的关系，并查明开票单位相关款项的去向”，且不说这些资金去向调查对本案被控告人犯罪行为的定罪量刑的作用大小，在被害单位提出几十条资金去向需要协助调查的线索、需要公安机关配合调查的事项时，公安机关办案人员内心很可能是抗拒的。我们介入后与办案人员沟通时，办案人员坦言，被害单位提出要求办案单位配合调查的这些事情，且不说有没有用，如果全部去调查落实，办案单位所有人员全部动员也难以完成，更何况办案人员只有两位。

刑事控告过程中不断把查明案件事实的难题交给公安机关，给他们出难题，结果往往是不理想的。在该案中，由于公安机关查不清资金去向、被害单位也没有协助公安机关查清资金去向，又缺少专项审计报告，所以在公安机关起诉意见书中，仅认定职务侵占100多万元、挪用资金100多万元和伪造印章的犯罪事实。

审查起诉阶段，检察机关将案件退回补充侦查，其中明确提出让被害单位配合做一个专项的审计报告。于是，公安机关特别向被害单位出具了一份《关于对犯罪嫌疑人×××担任总经理期间的公司账证进行审计的函》，“为确保该案的顺利移送起诉，××检察院经审查该案提出要对犯罪嫌疑人×××担任你公司总经理期间其经手的公司所有资产、资金及账证进行审计，我局办案人员已经于××××年××月××日当面口头告知你公司现任总经理李某，请你公司尽快开展审计并将审计报告提交至我局，但你公司的审计报告至今未提供给我局。现书面通知你公司抓紧时间审计并尽快提交审计报告，以免耽误该案的正常诉讼。特此函告”。

然而，被害单位以资料不齐全、有待公安机关调查取证等为由，迟迟未予配合进行专项审计,未提供专项审计报告。对犯罪嫌疑人职务侵占、挪用资金犯罪事实和犯罪金额的专项审计问题,被害单位与办案机关“相互推诿”。被害单位查不清楚资金情况,无法出具专项审计报告,就要求办案机关来出具,办案机关则认为审计难以进行,将难题交回被害单位。最后的结果可想而知,缺少关键证据专项审计报告,公安机关、检察机关都只能认定最简单明了、不需要审计的200多万元犯罪金额。本案被害单位刑事控告效果不理想,原因在于被害单位既未能认识到积极协助公安机关调查取证的重要性,也未能找到解决犯罪金额计算的方式方法,未满足公安机关的要求。

由于公安机关指控的犯罪金额很少,犯罪嫌疑人也很快表示认罪认罚,最后法院也按照认罪认罚作出判决,控辩审都心平气和,只有被害单位愤愤不平,不断进行控告申诉。

十、隐瞒关键的事实

刑事诉讼是控辩审多方参与、多方抗辩博弈之后,才能认定犯罪事实的活动。犯罪嫌疑人、被告人会坚定不移地提出诸多辩解,也会坚定不移地将对他有利的事实细节和盘托出,所以,最终大部分案件事实真相都能够被还原。那么,被害人在刑事控告时,不能隐瞒关键的事实,尤其是对定罪量刑影响重大的关键事实。被害人隐瞒关键事实不仅会导致其陈述可信度、控告内容可信度打折扣,甚至还可能导致刑事控告失败。

例如,曾某涉嫌强奸罪案:

被害人追责意愿很强烈,认为其在房间睡觉过程中,曾某闯入房间,违背其意愿,强行与其发生了性关系,其醒来后进行反抗,曾某才停止侵犯。然而,曾某始终认为其并没有违背被害人的意愿。双方各执一词,我们阅卷后,发现被害人故意隐瞒了重要事实细节,前后陈述内容高度不一致,前后出现3个版本,隐瞒了很多案件事实细节。

第一个版本:报警录音显示的被害人陈述内容。案卷材料中,110报警信息显示,被害人的报警内容为:“事主(哭着)报:一名认识的男子闯进了其房间,不清楚对方对其做了什么,看到房间里有使用过的避孕套,只知道自己在上址,具体哪里不清楚,通话中称需警察到场。”

第二个版本:第一次、第二次接受询问时,被害人陈述的内容。他们两人当时在同一个复式房间，犯罪嫌疑人曾某在复式房间的一楼飘窗位置睡觉，被害人在二楼床上睡觉。被害人在睡觉过程中，感觉身上有人，一开始以为是其男朋友予以配合，醒来后发现不是其男朋友，而是犯罪嫌疑人曾某，被害人马上将曾某推开，然后就发信息向朋友求救，并报警。

第三个版本：第三次接受询问时，被害人陈述的内容。犯罪嫌疑人曾某到了他所在房间后，被害人让服务员送了两床枕头与被子，让曾某睡在一楼飘窗处，被害人就上二楼睡觉，在睡觉时，被害人听到曾某在飘窗处翻来翻去，让被害人无法入睡。犯罪嫌疑人曾某说在飘窗处睡觉不舒服，想要去楼上床上睡，被害人说不行，但曾某反复说想要到二楼床上睡，于是被害人就同意了曾某上来跟她同床睡觉，但要求各自盖一套被子，被害人还在中间放了一个枕头……

由此可见，被害人的多次陈述内容存在很大的出入，隐瞒了很多非常重要的事实细节：隐瞒了曾某经过她的同意才同住一个复式公寓房间；隐瞒了曾某经过她的同意才和她在同一张床上睡觉。被害人隐瞒关键事实细节，前后陈述关键内容不一致，导致其陈述的可信度遭到质疑，其所说其他对控告维权有利的细节可能也会被不予采纳，最终可能导致控告维权失败。如果刑事控告之初，没有隐瞒这些关键事实细节，而突出加强其他控告维权有利的事实细节，无疑是更好的选择。

综上所述，刑事控告，尤其是经济犯罪案件的刑事控告，往往需要有经验律师的专业分析、审核，在专业律师的指导下，描述案件事实、分析法律定性、收集案件证据、解释证据情况等，才能让公安机关看完控告材料就确信存在犯罪事实，需要追究被控告人的刑事责任，予以受案、立案侦查。

第四章
CHAPTER 04

刑事控告的策略与步骤

被害人的刑事控告往往并非拨个报警电话那么简单,刑事控告是启动刑事诉讼程序,让公安机关积极帮助被害人维权、追究被控告人刑事责任的过程,对公安机关办案人员而言是大大增加了工作量,没有人会非常开心地“被增加”工作量,而且一旦提起刑事控告,被控告人就会有警觉并采取各种抗辩措施。因此,被害人刑事控告需要采取正确的策略、正确的步骤,准备好相对完善的刑事控告材料,才能提高刑事控告的成功率。

第一节
区分报警、举报、报案和控告

通过刑事手段为被害人维权,第一步就是要向办案机关进行刑事控告,争取启动刑事诉讼程序。刑事诉讼程序的启动依赖被害人的积极推动。只有案件进入刑事诉讼程序,控告维权才有了依托,才能正式步入正轨,公安机关才会积极主动介入调查,追究被控告人的刑事责任。在这个过程中,代理律师能够做的就是协助被害人拟定正确的控告策略、准备控告材料,向相应的办案机关进行刑事控告。代理律师帮助被害人有效维权,需要扎实的专业知识和丰富的办案经验。

《刑事诉讼法》第 110 条第 1 款、第 2 款规定:“任何单位和个人发现有犯罪事实或者犯罪嫌疑人,有权利也有义务向公安机关、人民检察院或者人民法院报案或者举报。被害人对侵犯其人身、财产权利的犯罪事实或者犯罪嫌疑人，有权向公安机关、人民检察院或者人民法院报案或者控告。”这里涉及“举报”“报案”“控告”三个概念，司法实践中，还有一个概念更为常见，那就是“报警”。被害人及代理律师进行刑事控告维权首先要厘清这四个概念。

《人民警察法》第 21 条第 1 款规定：“人民警察遇到公民人身、财产安全受到侵犯或者处于其他危难情形，应当立即救助；对公民提出解决纠纷的要求，应当给予帮助；对公民的报警案件，应当及时查处。”报警的适用范围非常广泛，基本可以概括为“有困难找警察”。对于违法犯罪行为，公民报警后，剩下的事情都交给警察处理。报警相比于刑事控告的范围要大得多。如果是凶杀案件，报警和刑事控告几乎一致，公安机关都会第一时间介入调查，并予以刑事立案，积极破案，追究犯罪嫌疑人的刑事责任。但如果是经济犯罪案件，报警后，公安机关出警，然后出一份“报警回执”、做一份笔录，案件的其他进展就取决于证据状况。司法实践中，对经济案件进行“报警”，成功率是极低的。

举报一般是指与犯罪事实没有直接牵连的自然人或者单位发现犯罪嫌疑人、犯罪事实而向有关机关检举、揭发的行为，又称检举。[1]

被害人报案与控告是指被害人遭受犯罪行为侵害后，将有关犯罪事实、犯罪嫌疑人向有关机关揭露、揭发和报告的行为。报案针对犯罪事实的发生，被害人提供的案件事实、证据材料往往简单，而且也可能无法指出具体的犯罪嫌疑人。刑事控告则不仅需要明确指出犯罪事实，还通常有具体明确的犯罪嫌疑人，提供的犯罪事实比较清楚，证据材料比较详细具体。[2] 司法实践中，报案和控告两者比较相似，差别不大，刑事控告也俗称“报案”。律师帮助被害人维权主要做的是协助被害人进行刑事控告。

例如，遭受电信诈骗后，被害人向公安机关报案，称自己遭受电信诈骗，但并不知道对方的真实身份信息，只有与犯罪分子的聊天记录及转账记录。这认定为被害人报案更准确。被害人如果遭受合同诈骗后，向公安机关控告具体的被控告人是谁，采取什么样的手法，如何对其实施合同诈骗行为，造成其多少财产损失等，要求追究被控告人的刑事责任，并挽回经济损失。这认定为被害人刑事控告会更准确。但本质上，两者差别不大，刑事控告是准备充分的报案。

---

〔1〕 参见邓和军：《报案、举报与控告》，载《贵州警官职业学院学报》2003 年第 3 期。
〔2〕 参见兰跃军：《被害人报案与控告》，载《刑事法评论》2014 年第 1 期。

第二节
确定控告罪名

刑事控告的罪名将影响公安机关的侦查方向和公安机关对涉案行为的法律定性,影响被控告人可能采取的抗辩方案等,进而直接影响案件的处理结果、被害人的控告维权效果。罪名选择错误,无疑会对控告维权产生负面影响。因此,代理律师在协助被害人刑事控告前,要结合事实细节和证据材料,反复推敲确定控告罪名,以免控告罪名错误。

一、控告罪名影响侦查行为

被害人刑事控告的罪名会直接影响公安机关受理案件后的侦查方向和调查取证内容,影响定罪量刑标准的判断、影响公安机关对被控告人采取强制措施种类的评估,有时也会影响管辖的公安机关。在刑事控告之前,代理律师需要准确的法律分析,确定准确的控告罪名。

例如,某商业保理有限公司被诈骗控告维权案:

该案中,犯罪嫌疑单位、犯罪嫌疑人以虚假的应收账款作为担保,向某商业保理有限公司进行融资。逾期后,该商业保理有限公司才发现作为担保物的应收账款是虚假的。那么,本案该如何进行刑事控告?必须首先搞清楚刑事控告的罪名,究竟是贷款诈骗罪还是合同诈骗罪?

根据中国银保监会办公厅《关于加强商业保理企业监督管理的通知》(银保监办发〔2019〕205 号),商业保理业务是供应商将其基于真实交易的应收账款转让给商业保理企业,由商业保理企业向其提供保理融资、销售分户(分类)账管理、应收账款催收、非商业性坏账担保等。利用保理合同进行诈骗,构成贷款诈骗罪还是合同诈骗罪?司法实践中存在争议,争议焦点在于保理公司的性质。如果保理公司是金融机构,则利用保理合同进行诈骗应当认定为贷款诈骗罪。如果保理公司并不是金融机构,只是普通的公司,则利用保理合同进行诈骗应当认定为合同诈骗罪。

本案被害单位选择以贷款诈骗罪还是合同诈骗罪进行刑事控告,需要充分考虑商业保理机构是不是金融机构、商业保理机构发放的融资是不是贷款的问题。

其一,《金融机构编码规范》并未明确商业保理机构为金融机构。2014 年 9 月,中国人民银行正式发布《金融机构编码规范》,根据该文件,金融机构包括:(1)货币当局:中国人民银行、国家外汇管理局;(2)监管当局:银保监会、证监会;(3)银行业存款类金融机构:银行、信用合作社等;(4)银行业非存款类金融机构:信托公司、金融资产管理公司、货币经纪公司、汽车金融公司、金融租赁公司、贷款公司等;(5)证券业金融机构:证券公司、证券投资基金管理公司、期货公司、投资咨询公司等;(6)保险业金融机构:财产保险公司、人身保险公司、再保险公司、保险资产管理公司、保险经纪公司、保险代理公司、保险公估公司、企业年金公司等;(7)交易及结算类金融机构:交易所、登记结算类机构;(8)金融控股公司:中央金融控股公司、其他金融控股公司;(9)新兴金融企业:小额贷款公司、第三方理财公司、综合理财服务公司等。由此可见,《金融机构编码规范》并没有明确规定保理公司属于金融机构。

其二,主管部门明确商业保理公司不是金融机构。商业保理公司的主管部门是银保监会,但银保监会出台的规定中并未将商业保理公司认定为金融机构,且倾向于认为商业保理机构不是金融机构。商务部办公厅《关于融资租赁公司、商业保理公司和典当行管理职责调整有关事宜的通知》规定:自(2018 年)4 月 20 日起,商务部已将制定融资租赁公司、商业保理公司、典当行业务经营和监管规则职责划给银保监会。《银行保险机构许可证管理办法》第 3 条规定:"本办法所称银行保险机构包括政策性银行、大型银行、股份制银行、城市商业银行、民营银行、外资银行、农村中小银行机构等银行机构及其分支机构,保险集团(控股)公司、保险公司、保险资产管理公司、金融资产管理公司、信托公司、企业集团财务公司、金融租赁公司、汽车金融公司、货币经纪公司、消费金融公司、银行理财公司、金融资产投资公司以及经银保监会及其派出机构批准设立的其他非银行金融机构及其分支机构,保险代理集团(控股)公司、保险经纪集团(控股)公司、保险专业代理公司、保险经纪公司、保险兼业代理机构等保险中介机构。上述银行保险机构开展金融业务,应当依法取得许可证和市场监督管理部门颁发的营业执照。"

银保监会出台的规定没有明确规定商业保理机构属于金融机构。但是,中国银行保险监督管理委员会官网回答"请问商业保理公司是否是金融机构"这个问题时,明确认为"目前我会未将商业保理公司定性为金融机构"(答复时间:2020 年 11 月 23 日;答复单位:银保监会)。[1] 根据银保监会的官网问答,银保监会认为商业保理公司并不是金融机构。

其三,民间借贷司法解释认定商业保理公司属于金融机构。如最高人民法院《关于新民间借贷司法解释适用范围问题的批复》(法释〔2020〕27 号)明确规定:"经征求金融监管部门意见,由地方金融监管部门监管的小额贷款公司、融资担保公司、区域性股权市场、典当行、融资租赁公司、商业保理公司、地方资产管理公司等七类地方金融组织,属于经金融监管部门批准设立的金融机构,其因从事相关金融业务引发的纠纷,不适用新民间借贷司法解释。"因此,根据上述司法解释,商业保理公司属于金融机构。这些金融机构的金融业务引发的纠纷,不适用民间借贷司法解释。

其四,商业保理公司不得发放贷款或者受托发放贷款。根据中国银保监会办公厅《关于加强商业保理企业监督管理的通知》(银保监办发〔2019〕205 号),商业保理企业可受让基于真实交易的应收账款,并向转让方提供保理融资等服务,但"(四)商业保理企业不得有以下行为或经营以下业务:4. 发放贷款或受托发放贷款"。由此可见,商业保理公司不得发放贷款或者受托发放贷款,不具有金融机构的基本特征。

综上所述,商业保理公司是否属于金融机构还存在争议,商业保理公司提供融资服务过程中遭受诈骗,认定为贷款诈骗罪还是合同诈骗罪,故而也存在一定的争议。但综合这些法律法规,我们可以初步判断,即便认定商业保理公司是金融机构,由于商业保理公司不得发放贷款或者受托发放贷款,其提供融资服务中遭受诈骗,也不宜认定为贷款诈骗罪。本案从法律上认定为合同诈骗罪更加准确。

二、罪名错误导致控告失败

各罪名的定罪量刑标准不同、必备证据要求不同、是否构成犯罪及罪责大小的评估等标准不同,如果控告罪名选择错误,可能直接导致控告失败,使控告维权所作出的努力白费。

例如,张某涉嫌诈骗罪案:

张某是被害单位某公司的售后维修部员工,他去客户公司提供维修服务

---

〔1〕 参见中国银行保险监督管理委员会网 2020 年 11 月 23 日,http://www.cbirc.gov.cn/cn/view/pages/ItemDetail.html?docId=-58&itemId=948&generaltype=10。

后，伪造客户公司需要采购某些零配件的合同，并将相关合同资料拿到被害单位，由被害单位为客户采购零配件。张某将客户公司采购零配件的合同拿到被害单位销售部门审核后，销售部门向零配件的生产商下单，将货物直接发给客户收货地址，被害单位支付了货款。然而，被害单位迟迟无法收到客户公司支付的回款。涉案货物价值30,000元，公司实际支付价款26,000元左右。经过被害单位内部调查发现，该员工伪造了客户公司的采购零配件合同，然后自行收取、处置了涉案配件牟利。

被害单位向公安机关提出刑事控告，认为张某利用虚假材料骗取被害单位的款项，构成诈骗罪或者合同诈骗罪，诈骗金额是30,000元。但是，公安机关审查材料后，认为这不是诈骗罪，是职务侵占罪，且涉案金额应为26,000元，未达到30,000元。根据2022年4月29日最高人民检察院、公安部印发的《关于公安机关管辖的刑事案件立案追诉标准的规定(二)》第76条的规定："〔职务侵占案(刑法第二百七十一条第一款)〕公司、企业或者其他单位的人员，利用职务上的便利，将本单位财物非法占为已有，数额在三万元以上的，应予立案追诉。"因此，本案张某的涉案金额不足30,000元，不予立案。

刑事控告失败后，被害单位寻求律师的协助。律师审查发现，该案中员工张某的行为更加符合职务侵占罪的构成要件，利用虚假的材料、以客户公司名义将公司采购的零配件据为已有，不符合诈骗罪的构成要件。但是，律师了解到，张某用虚假材料骗取公司的资产，涉及伪造虚假材料，包括虚假的客户公司印章。那么，这就存在伪造公司印章罪的犯罪行为。公司应当搜集、固定张某伪造印章罪的相关证据资料，并再次进行刑事控告，如此追究张某刑事责任的可能性就比较大。

三、罪名错误造成维权障碍

刑事控告，基本都是"一个案件，一次司法评判"，没有回头路。刑事控告的罪名错误是重大的控告策略失误，不仅可能导致控告不成功，甚至还会造成继续控告维权的障碍。一旦司法机关审查后出具被控告人的行为不构成犯罪等对被害人控告维权极度不利的结论，就会直接导致被害人的刑事控告维权之路被彻底阻断，甚至影响后续民事维权的路径。

例如，林某和××电子贸易公司控告薛某涉嫌职务侵占罪案：

林某和××电子贸易公司控告认为，薛某与林某共同出资设立××电子贸易公司，均为该公司的股东，由薛某负责公司的日常经营管理。公司经营的主要业务是向境外采购牛肉，在境内销售。后薛某利用负责调配公司资金采购货物的便利，虚构需支付购物款，向林某等人提出支付货款的要求。为筹集资金，林某作为公司股东，将自有资金先后多次借款给××电子贸易公司，交由薛某用于采购货物，合计1000多万元。后来才发现，薛某并未将资金用于公司日常经营，而是将其中700多万元用于偿还个人贷款、个人信用卡，另有300多万元去向不明。林某和××电子贸易公司认为薛某利用经营管理××电子贸易公司的职务便利，以非法占有为目的，将公司的1000多万元资金非法占有己有，给××电子贸易公司、林某造成严重经济损失，要求依法追究薛某职务侵占罪的刑事责任。

在该案件中，林某和××电子贸易公司采取的控告策略，是控告薛某利用职务便利，将公司资金非法据为己有，涉嫌职务侵占罪，要求公安机关追究薛某刑事责任，并追回被职务侵占的资金。

根据林某和××电子贸易公司的刑事控告，公安机关对薛某刑事立案，并采取刑事拘留措施，后经检察院批准逮捕。公安机关侦查终结出具起诉意见书，认定犯罪嫌疑人薛某利用其在××电子贸易公司采购货物的职务便利，将公司本应支付给他用于公司采购货物的资金非法占为己有，用于偿还个人债务，非法侵占本单位财物，数额巨大，侵犯公司的财产所有权，其行为触犯《刑法》第271条第1款之规定，涉嫌职务侵占罪。

然而，检察院审查起诉发现：

其一，薛某和林某之间表面上是合作经营××电子贸易公司，但实际上薛某和林某之间是借贷关系，林某也长期从事个人放贷业务。涉案的1000多万元的款项往来，薛某和林某之间也约定了18%的年利率。薛某和林某之间显然是借贷关系，而不是合作经营关系。

其二，薛某和林某都是××电子贸易公司的股东，但××电子贸易公司从未开展过实际经营活动，××电子贸易公司并未与薛某签订《劳动合同》，也并未向薛某支付工资及为薛某购买五险一金。薛某一直经营他名下其他公司的业务，并未以××电子贸易公司的名义对外经营，薛某不符合职务侵占罪的主体要件，也并未利用职务便利。

其三，涉案1000多万元都是林某个人银行账户转账到薛某银行账户，且薛某和林某约定，薛某需向林某支付18%的年利息，因此，该款项能否认定为××电子贸易公司的财产存疑。

最后检察院认定，现有证据难以认定薛某的行为属于公司的职务行为，也难以认定薛某具有将单位财物非法占为己有的主观故意，因此，本案认定薛某构成职务侵占罪事实不清，证据不足，依法对薛某作出不起诉决定。

该案由于控告策略错误，最终导致检察院对被控告人薛某作出不起诉决定。这就意味着公安机关已经对该案进行调查并出具了调查结论，而检察院也作出了案件定性，认为事实不清、证据不足，不构成犯罪。虽然林某的行为更加符合合同诈骗罪的构成要件，被害人能继续向检察院提出申诉，但根据司法实践经验，被害人的控告维权之路会非常艰难。

第三节
收集控告证据

刑事控告中最关键的材料无非刑事控告书和证据材料。刑事控告书是为了让办案人员迅速了解案件事实、犯罪手法、犯罪经过、犯罪后果等信息，并且看完刑事控告书后难以找出控告的逻辑破绽。证据材料则是支撑刑事控告书的理据。证据材料收集也是刑事控告中最耗费时间和精力的工作。收集证据材料需要注意两个方面的问题：证据材料要收集齐全，且取证程序、取证形式要规范。

一、证据收集齐全

刑事诉讼法及其司法解释规定对被告人定罪量刑的标准是“事实清楚，证据确实充分”。被害人及代理律师在收集证据时，也应当采用这种高标准，确保自己收集的证据已经足以证明犯罪事实，而且证据确实、充分。对于该定罪量刑标准的把握，非常考验代理律师的专业能力和办案经验。有经验的代理律师可以将所涉及案件的关键证据及时总结到位，然后针对性地搜集、调取。

以注册商标专用权被侵害的控告维权案件为例。被害单位的注册商标被侵害时,向公安机关进行刑事控告是非常有效的维权方式,也是最严厉的维权方式,大部分注册商标权人都会首选这种维权方式。商标权人自己去刑事控告或者由律师代为刑事控告时,具体需要提供哪些证据材料?

1. 被害单位的主体资料

包括被害单位的营业执照、被害单位员工的证明等授权委托资料,证明受害的主体及其代表人的身份资料。需要特别注意的是,如果注册商标权人是外国企业,刑事控告主体是外国公司,则授权资料需要遵守境外证据的取证程序,通过公证认证方式固定。一般而言,由委托人在本国公证机构进行公证,然后再交由中国驻该国领事馆进行认证即可。此外,外文文件,还需要交由适格的翻译机构翻译成中文文件。

2. 被控告人的主体资料

包括被控告自然人的资料和被控告公司的工商登记资料,可以在国家企业信用信息公示系统下载《企业信用信息公示报告》。

3. 注册商标的权属资料

包括商标注册证书、转让证书、商标续展注册证明等,证明被害单位对涉案商标拥有专用权,且所针对的产品类型就是被控告人所生产、销售的产品类型。

4. 公证文书资料

主要是对向被控告人购买侵权产品的过程进行公证,将被控告人销售假冒注册商标产品的证据予以固定。公证文书资料是刑事控告时的主要证据,包括以下几个方面的公证资料:其一,对现场购买假冒产品全过程进行公证的证据材料。其二,对访问售假网站、向售假网站购买假冒产品的过程进行公证的证据材料。其三,对与售假网站客服人员沟通、与被控告人进行邮件沟通等过程进行公证的证据材料。

例如,张某等人涉嫌销售假冒注册商标的商品罪案:

被害单位进行控告维权时,对所有的调查取证行为都进行了全程公证,形成了公证文书材料。

(1)对现场购买假冒注册商标商品的过程公证。公证文书材料显示:"本公证员随同××公司的委托代理人黄某等人来到广州市×××三楼的相关公司,该公司招牌显示公司名称为×××。黄某在该公司购买了玩具等产品一批。该公司的销售人员出具《送货单》一张……随后,黄某将其所购上述玩具等产品及其所获票据交由随行公证员保管。公证员对上述现场相关情况进行了拍照……”

(2)对浏览销售假冒注册商标商品的网页进行公证。公证文书材料显示：“本公证员于××年××月××日在××公证处，对××公司的委托代理人黄某使用我处计算机及网络设备连接互联网，浏览并打印相关网页的过程进行了现场监督。黄某的操作步骤如下：……”

(3)对向被控告人的客服邮箱发送询价邮件的过程进行公证。公证文书材料显示：“本公证员于××年××月××日在××公证处，对××公司的委托代理人黄某使用我处计算机及网络设备连接互联网，浏览并打印相关电子邮件的过程进行了现场监督。黄某的操作步骤如下：……”

5. 鉴定书

被控告人的行为是否侵害了被害单位的注册商标，往往需要由被害单位(注册商标所有权人)进行鉴定。在刑事控告时，控告人一般只需要出具未授权声明之类的证明资料，以证明注册商标权人从未授权给被控告人生产、销售、使用相关的注册商标及相关产品。公安机关正式刑事立案后，又会委托被害单位对查扣的产品及涉案商铺、网店上销售和展示的产品是否侵犯商标专有权进行鉴定。

例如，日本某医疗器械品牌公司××株式会社控告广州市白云区某公司侵犯注册商标专用权案：

控告人出具未授权声明认为：“××株式会社是涉案商标×××的权利人。经确认，特此慎重声明，××株式会社从未直接或间接许可或授权广州市白云区某公司生产、销售携带有××株式会社在中国已经取得注册商标专用权注册商标×××标识的医疗器械及相关产品。”

在刑事立案后，公安机关又委托被害单位××株式会社对查扣的产品进行鉴定。被害单位出具的鉴定书显示：“××株式会社是涉案商标×××的权利人。经确认，特此慎重声明，2017 年 11 月 17 日，由××公安局从广州市白云区某公司查获的下列产品，经我公司进行鉴定，确认该批产品并非××株式会社或其授权单位生产、销售的产品，该批产品是冒用××株式会社的注册商标的假冒产品。”

在假冒注册商标专用权等侵犯知识产权犯罪案件中，上述证据材料基本可以形成刑事控告的证据链条,证明被控告人确实实施了侵犯知识产权的犯罪行为。公安机关据此可以刑事立案。刑事立案之后,公安机关再对涉案场所、涉案物品进行现场查封、扣押等,对犯罪嫌疑人进行审讯,对相关的销售记录、服务器数据、财务数据软件等关键证据材料进行提取、固定。

二、证据整理规范

被害人及代理律师以"事实清楚,证据确实充分"的证据标准收集了涉案证据材料后,还需要对这些证据材料进行详细整理,而且必须非常规范。对涉案证据材料的规范整理,需要重点关注证据的来源、证据的形式、取证的程序、证据的说明及证据的分组等问题。

根据《公安机关办理刑事案件程序规定》(2020 年)第 178 条的规定,"公安机关接受案件后,经审查,认为有犯罪事实需要追究刑事责任,且属于自己管辖的,经县级以上公安机关负责人批准,予以立案"。因此,刑事控告时,被害人及代理律师要帮助侦查人员把他们要做的工作、要梳理的犯罪事实、要收集的犯罪证据资料都收集好、整理好,让他们拿到刑事控告资料时,就可以轻易判断确实存在犯罪事实,需要追究被控告人的刑事责任,且属于他们管辖的范围,符合刑事立案的条件。

(一)证据的来源

刑事控告案件中,证据来源大致有几个方面:(1)被害人或被害单位提供;(2)被害人的亲戚、朋友、被害单位的员工以及其他证人提供;(3)第三方机构出具。不论证据从何而来,收集整理证据材料时,都需要清晰注明证据的来源,如有必要还可以将证明证据来源的材料(如快递单)一并收集、提取。

例如,日本某电器公司被职务侵占控告维权案:

本案中,刑事控告的主要证据是由被害单位提供的材料、被害单位员工出具的证词、经销商作为相关方提供的材料,以及第三方机构出具的专项审计报告。此时,每一份证据都需要有提供人的签认、有提交人的签章。

司法实践中,每一份证据材料上,都要能够清晰明了地反映证据的来源,并由提供人签名、捺指印或盖章以及盖骑缝章。个人提供的证据,需要由提供人签"以下证据材料由我本人提供,共多少页,原件与复印件一致,原件存于我处”，并注明日期、签名、捺指印。单位提供的资料，需要注明“本证据复印件由本单位提供，复印件与原件一致，原件存于我处”之类的说明，并且盖公章和骑缝章。确保证据来源清晰明了，对于代理律师而言，是很好的风险防范措施。一旦某一份证据被认为是伪造的，也有明确的责任主体，不会由此追究代理律师执业不规范甚至伪造证据、妨害作证等法律责任。

在刑事控告时，公安机关也往往会严格对证据的来源进行把关，要求证据提交人在每一页证据材料上都签认“复印件与原件一致，共×页，由本人提交”，并由提交人签名、注明日期、按指印。

（二）证据的形式

证据的形式是指证据的呈现形式。不同的证据种类有不同的证据形式，需要结合案件实际选择适合又不损害证据内容的证据形式予以呈现。同时，证据的呈现形式也必须符合刑事诉讼的证据要求。例如，专项审计报告就不宜以“会计咨询报告”“商定程序报告”等形式呈现。

1. 证人证言的取证形式

证人证言有侦查机关的询问笔录、辩护律师制作的调查笔录、证人自行书写的情况说明等多种呈现形式。在代理被害人控告维权过程中，如果是证人本人出具情况说明，我们往往优先选择让证人按照一定的格式自行书写情况说明的形式出具证言。例如，“本人×××，身份证号×××，家庭住址×××，单位×××，关于×××事情的经过，我向贵局/贵院作如下说明：……以上是本人对×××事情经过的情况说明，本人保证上述陈述完全属实，且自愿作出，如有不实，愿意承担相应的法律责任”。证人证言具有较大的主观性、不稳定性，容易出现失真、伪证等情况。以证人自行书写情况说明的形式呈现证人证言，能最大限度地避免被害人及代理律师的取证风险。

2. 银行流水、合同、财务账本、企业 OA 系统资料等书证的证据形式

对于书证，原则上都需要提交原件。但是，在司法实践中，被害人及代理律师往往可以通过注明“复印件与原件一致”，并加盖公章和骑缝章的方式，提交复印件即可，而证据的原件由被害人或被害单位保管，留存核对。例如，OA 系统文件，被害单位可以将 OA 系统文件导出打印，或者拍照打印出来以书证的形式提交。同样需要在证据中注明“复印件与原件一致，原件存于我处”，并加盖公章、骑缝章。此类证据，公安机关基本都会在刑事立案后进行二次取证，由

公安机关再次收集调取。

3. 手机短信、微信记录、网页、邮件记录等电子证据

这些电子证据的提取,首选的是公证提取,经过公证的电子证据效力比较高。在没有进行公证的情况下,也应将相关短信、微信记录、网页、邮件记录以拍照、截图打印的形式提交,以清晰反映该电子证据的全貌为基本要求。此类证据,公安机关也往往会在刑事立案后进行二次取证,按照公安机关的取证程序再次进行固定。

4. 监控录像等视频资料

对这些视频资料的呈现形式,有两种处理方式:其一,将涉案部分录像拷贝进光盘,提交给办案人员,作为证据使用;其二,将监控录像关键部分截图打印出来,并作一定的说明提交。司法实践中,我们建议这两种方式同时使用,既保证证据材料的完整性,也能突出重点,并且可以向办案人员作出适当的证据解释。

5. 专项审计报告、鉴定意见等资料

刑事控告中遇到的专业问题,往往需要交由专业机构出具专业意见。经济案件的刑事控告中,专项审计报告几乎是不可缺少的证据材料。例如,在职务侵占案件中,不管被害人及代理律师对涉案犯罪数额计算得多么详细、精准,刑事控告时,公安机关大多会要求被害人及代理律师提交会计师事务所出具的专项审计报告。又如,在侵犯商业秘密案件中,刑事控告时,涉案的被控告人是否侵犯商业秘密、涉案信息是否为商业秘密,也往往需要由知识产权鉴定机构出具专业鉴定意见,公安机关才能初步认可存在侵犯商业秘密的犯罪事实。

(三)取证的程序

代理律师调取证据,应当尽量参照公安机关取证的规范程序进行,被害人调查取证也需要在代理律师的指导下进行。尽量确保所取得证据的合法性,同时最大限度地规避代理律师及被害人的取证风险。

1. 向有关单位调取证据时,需要注意由相关单位对证据材料的来源予以盖章确认

如有必要,代理律师还可以采取规范的公函往来的取证模式,使每一个调取证据的环节都尽量正规,有据可查,以应对可能发生的奇葩刁难。

2. 调取证人证言

如果让证人自行书写情况说明,则取证程序相对简单。如需要对证人制作

调查笔录，则尽量由两名以上律师协同参与取证。同时，询问证人，应当分别进行。询问前，应当了解证人的身份，证人、犯罪嫌疑人、被害人之间的关系，应当告知证人其权利义务，告知证人应当如实地提供证据、证言，以及有意作伪证或者隐匿罪证应负的法律责任。调查取证时，不得向证人泄露案情或者表示对案件的看法，严禁采用暴力、威胁等非法方法询问证人。

3. 境外证据取证程序

最高人民法院《关于适用〈中华人民共和国刑事诉讼法〉的解释》（以下简称《刑事诉讼法解释》）第77条第2款规定："当事人及其辩护人、诉讼代理人提供来自境外的证据材料的，该证据材料应当经所在国公证机关证明，所在国中央外交主管机关或者其授权机关认证，并经中华人民共和国驻该国使领馆认证，或者履行中华人民共和国与该所在国订立的有关条约中规定的证明手续，但我国与该国之间有互免认证协定的除外。"因此，调取境外证据，必须经过公证认证手续。在司法实践中，除了公证认证，往往还需要委托有资质的翻译机构将外文证据翻译成中文文件，才能在中国境内刑事诉讼中成为适格的证据。

（四）证据的说明

刑事控告书都比较简短，而证据材料往往比较多，办案人员对控告犯罪事实的来龙去脉可以通过刑事控告书了解，但往往无法快速了解证据内容及证明事项。所以，代理律师需要在证据清单中，对每一份证据的来源、数量、证据内容、证明事项等，都作出清晰的说明。如有必要，可以额外提交一份关于证据材料的详细解释说明给公安机关。

例如，银行流水。被害人及代理律师提交银行流水作为证据的，其中的资金往来数量往往比较多，为方便办案人员审查，被害人及代理律师需要将银行流水中与案件有关的项目特别标注出来，或/并可以作一定的解释，既方便查找，也方便理解。

又如，微信聊天记录、转账记录等。这类证据是客观的书证，公安机关不一定能直观看到这些聊天记录是谁跟谁的聊天、谁跟谁的转账记录，以及这些人跟本案有什么关系，这些聊天记录、转账记录与刑事控告有什么关系等。对此，代理律师需要让聊天记录、转账记录的提交人作出详细解释。例如，"以上是×××给我××元的转账记录，总共转了×次，共计××元""以上是我与×××关于×××的聊天记录，共计××页"。

（五）证据的分组

证据材料往往需要按照一定的顺序分组，使证据井然有序，让办案人员一目了然。一般来说，证据可以按证据类型、证据来源、犯罪事实等方法进行分组，办案中，我们可以根据具体案件情况、犯罪事实复杂程度选择适用的分类方法。例如，在犯罪事实单一的案件中，根据证据类型分组是不错的选择。又如，在证据来源比较复杂的案件中，根据不同来源分组，是不错的选择，如此可以确保每一份证据的来源清晰。将证据分组后，代理律师可以制作证据清单，将每一份证据的证据名称、证据内容、证明目的、证据来源、页数等都详细列明。

例如，××制品有限公司被职务侵占刑事控告案：

本案中，我们第一次去公安机关刑事控告时，公安机关接收了我们的刑事控告书和部分证据材料进行初步审查。几天后，公安机关让我们到现场沟通。在现场沟通时，办案人员拿出一张"××制品有限公司控告职务侵占案需搜集的证据材料"，这份材料是办案人员根据被害单位的刑事控告书总结出来的本案需要被害单位提供的证据材料。如果我们没有提前收集好这些证据材料，刑事控告则难以继续，办案人员会要求我们提供这些资料后再受案。

实际上，我们已经准备好了一整个行李箱的证据材料，按照时间顺序，将每一宗控告的犯罪事实所对应的证据材料，都收集齐全。针对办案人员认为需要提供的证据材料，我们逐一提交并当场解释清楚，办案人员亦现场核对，沟通的效率非常高。核对完后，公安机关需要的证据材料，我们基本都提供了，于是公安机关当场就出具受案回执和接受证据材料清单，安排代理律师在每一份证据材料上签名捺指印。此次刑事控告完成得非常顺畅。

第四节 评估证据状况

刑事控告过程中，如果证据明显不充分，办案人员会很快提出质疑，甚至据此认为证据材料不够，不足以证明所控告的犯罪事实，不予受理或者不予立案。因此，代理律师协助被害人刑事控告收集、整理证据材料时，还需要对证据是否充分进行评估分析，包括评估证据链条是否环环相扣、能否支持控告的事实等，同时预测证据可能面临的质疑，并有针对性地作出弥补。

一、证据链条评估

除了凶杀案等暴力性犯罪案件犯罪事实非常明显外，其余案件的犯罪事实可能并非一目了然。对此，犯罪事实需要被害人、代理律师通过搜集、调取证据予以重构，而且证据之间需形成完整证据链条，环环相扣，较充分地证明犯罪事实，才能提高刑事控告的成功率。证据不充分、证据链条关键环节缺失，可能会导致刑事控告维权的成功率大大降低，尤其是经济犯罪案件，如果刑事控告时没有做足功夫、提供足够多的证据，立案成功率可能比较低。即使对公安机关不予立案的决定不服，提出立案监督申请，证据是否充分也是检察院审查时面对的重点问题。如证据确实不充分，被害人申请立案监督也很难有效果。

例如，王某及其公司控告张某涉嫌职务侵占罪案：

王某简单撰写了一份刑事控告书到公安机关，公安机关受理报案，并进行了认真的初查，找王某公司的一名员工作为证人配合调查。后公安机关也通知张某配合调查，并调取了张某的社保记录。社保记录显示，张某的劳动关系是在一个个体工商户的商店。根据王某的说法，个体工商户的商店和公司都是其投资的，其都是老板，张某在个体工商户那边交纳社保，但实际工作都是在公司。公安机关审查认为，认定张某职务侵占罪的控告不成立，没有犯罪事实，张某的行为属于侵占，告知王某提起刑事自诉。王某对公安机关的处理决定不服，申请检察院立案监督。

检察官在审查该案时，内心确信这个体工商户和公司都是王某个人投资的，张某也确实有将王某相关的财产据为己有的事实。但是由于证据非常薄弱，只有王某的公司出具的几份证据材料、一名员工的证词可证明张某系公司员工。被害单位并没有提供公司的人员考核表、工资发放证明、签到表、工作记录等细节证据，难以证明张某在被害单位工作的事实，证人证言并不能充分证明该事实。而且，张某的社保记录又能证明其并非公司员工，而是个体工商户的员工。

在这种证据状况下，检察官是犯难的：

其一，现在案件仅仅是初查阶段，检察官直接介入去搜集调取证据，查证张某是否存在职务侵占犯罪事实，是不合适的。其二，公安机关初查阶段也做了较多的工作，初步来看，现有证据确实不足以证明张某存在职务侵占的犯罪事实,没有达到刑事立案的证据标准,检察院难以要求公安机关立案侦查。即便检察院要求公安机关立案侦查,公安机关侦查的结果也可能是不存在职务侵占的犯罪事实,或者事实存疑达不到立案、移送起诉的标准。因此,无论如何,检察院要求公安机关立案都是不合适的。其三,让公安机关继续审查、调取更多证据来查证王某是否存在职务侵占犯罪事实也不合适,毕竟公安机关已经出具不予立案决定书,初查程序已经结束,法律上也没有明确在这种情况下,检察官可以要求公安机关继续开展初查工作、调取相关证据材料。综合各方面情况进行利弊考量,检察官最终会倾向于不支持被害单位的立案监督申请。

出现这种局面的主要原因就是刑事控告时,被害单位所做的准备工作不充分,没有搜集更加充分的证据材料,只寄希望于让公安机关帮助调查取证、查明案件事实。结果,公安机关在查找到部分证据(社保记录)后,就足以认定没有犯罪事实,因而停止调查,直接作出不予立案决定书,被害单位控告维权也就此宣告失败。

二、预测证据争议

在进行刑事控告时,代理律师应当清楚所提交的证据可能面临的控辩争议、能否经得起犯罪嫌疑人及其辩护律师的质疑,以及检察院、法院的审查。在调查取证时,代理律师应当尽量按照法院裁判的标准来收集、准备控告资料,避免证据存在重大缺陷的情况发生。

以侵害注册商标专用权的控告维权案件为例。在刑事控告时,被害单位需要出具鉴定书,该鉴定书是认定被控告人的行为侵犯注册商标专用权的关键证据。代理律师应当清楚该鉴定书可能面临的质疑,以及司法机关对该鉴定书的审查观点。

1.被控告人、辩护人对鉴定书的意见

在司法实践中,被控告人及其辩护律师往往会提出对该鉴定书的否定意见:其一,该鉴定意见的委托程序不合法,鉴定意见应当由公安机关委托鉴定,本案系被害人自行鉴定,不合法;被害单位作为鉴定机构与本案有直接利害关系,作出的鉴定意见不具备客观性、独立性、公正性。其二,该鉴定意见的鉴定主体不合法,鉴定机构和鉴定人员都不具备司法鉴定资质。其三,该鉴定意见的形式不合法,既没有附鉴定机构资质材料,也没有附鉴定人员资质材料。

2. 公诉机关对鉴定书的意见

对于辩护方所提出鉴定书不能作为定案根据的辩护意见，公诉机关往往会认为，该证据真实合法，依法可以采信，足以证明涉案产品是假冒注册商标的商品。其一，从证据种类上看，虽然该证据名称为×××鉴定意见，但本质上并不是刑事诉讼法上的鉴定意见，而是注册商标的权利人向司法机关出具的被害人陈述。其二，注册商标权人有权协助司法机关对涉嫌侵权产品是否侵权进行鉴定，并出具意见。其三，注册商标权人对其所持有的商标制作细节、防伪细节等最为清楚，注册商标权人对涉案商标是否为假冒的，具有充分的鉴定能力和条件。因此，注册商标权人出具鉴定意见，符合法律规定。

3. 司法裁判对鉴定书的意见

对于控辩双方的意见，法院很有可能裁判认为，虽然被害单位出具的书面意见有"鉴定书"的称谓，但究其实质为被害单位的辨认材料，在证据属性上属于被害人陈述，仅系案涉商标权利人向司法机关出具的被害人陈述，而非刑事诉讼法意义上的"鉴定意见"，因此可以作为定案的根据。

例如，姚某涉嫌销售假冒注册商标的商品罪案：

该案中，辩护人提出，最高人民法院、最高人民检察院、公安部印发的《关于办理侵犯知识产权刑事案件适用法律若干问题的意见》（法发〔2011〕3号）第3条第2款规定，"公安机关、人民检察院、人民法院在办理侵犯知识产权刑事案件时，对于需要鉴定的事项，应当委托国家认可的有鉴定资质的鉴定机构进行鉴定"。因此，涉案商品是否假冒，应当委托有资质的鉴定机构进行鉴定，本案却随意由被侵权厂家以及知识产权代理公司出具鉴定文件欲证明案件事实，被侵权厂家以及知识产权代理公司根本没有鉴定的资格，所出具的文书也并非法律所允许的合法、真实的鉴定。因此，其所作出的鉴定文书不能作为证据使用。

法院裁判认为，《广东省查处生产销售假冒伪劣商品违法行为条例》（2012年修订）第21条第1款后半句、第4款规定："涉嫌假冒他人商标或者厂名厂址的，可由被侵权人进行鉴别。生产者、销售者对检测结果有异议的，可以自收到检测结果之日起十五日内向监督管理部门或者其上级部门申请复检，由受理复检的部门作出复检结论；法律、法规另有规定的，从其规定。"本案3份鉴定意见均由涉案商标的权利人出具，该权利人作为被侵权人，有权对涉嫌假冒其商标的商品进行鉴别。[1]

第五节

预测抗辩焦点，防范辩护策略

为了确定正确的代理策略，代理律师除了仔细研究案件事实细节和证据材料外，还需要对全案后期诉讼过程中的抗辩焦点进行准确预测，并结合办案经验，对被控告人可能采取的辩护策略进行有效的防范。如此，既可以提高刑事控告的成功率，也可以增加后续检察院支持公诉的概率和法院作出有罪判决的概率。

例如，某某科技公司出纳涉嫌职务侵占罪案：

某某科技公司向律师咨询，希望委托律师协助控告该公司出纳李某涉嫌职务侵占罪的犯罪事实。该公司出纳李某将公司的资金非法据为己有，用于网络赌博，导致公司900多万元资金损失。在谈判没有取得实质性进展的情况下，某某科技公司希望通过刑事控告手段维权。

在确定对该公司出纳李某进行刑事控告之前，代理律师需要仔细梳理案情，预测刑事诉讼程序启动后，被控告人李某可能采取的辩护观点和辩护策略。如果被控告人能够提出有效的辩护观点，则刑事控告的维权效果会大打折扣，说明刑事控告的策略值得商榷、改进。

代理律师向被害单位某某科技公司了解了几个方面关键事实：第一，涉案资金是怎么保管的、谁保管的？第二，涉案资金如何流转？第三，涉案资金的权属是谁的？第四，该出纳在公司的合同职责和实际工作中的岗位职责是什么？

代理律师了解案情后发现，涉案资金原本确实是被害单位的资金，但资金

---

〔1〕 广东省深圳市罗湖区人民法院刑事判决书，(2015)深罗法知刑初字第13号。又如，广东省深圳市中级人民法院刑事裁定书，(2017)粤03刑终1079号。该案裁判认为："禾鸣公司就在案扣押产品的法律属性及物理状态出具的书面意见，虽冠以'鉴定书'的称谓，但究其实质，该书面意见仅系代表案涉商标权利人向司法机关出具的被害人陈述，而非刑事诉讼法意义上的'鉴定意见'。"再如，广东省中山市中级人民法院刑事判决书，(2019)粤20刑终175号。该案裁判认为："广州诚为信企业管理有限公司出具的书面《鉴定书》并非刑事诉讼证据中的鉴定意见，其内容为被害单位的辨认，其证据属性应当归类于刑事诉讼证据中的被害人陈述。"

从被害单位账户转到公司董事长的个人账户，财务做了“借款”的摘要处理，董事长收到资金后，又安排财务人员将该钱款陆续以现金方式交给公司出纳李某保管，后出纳李某将该钱款用于网络赌博，血本无归。该出纳不是公司的财务负责人，公司大额资金平时都不是他保管的。

在该案中，从现有的案情看，如果控告出纳李某挪用资金或者职务侵占，李某有可能提出比较有效的辩护策略：其一，涉案资金是公司董事长从被害单位“借”出来的钱，被害单位已经形成了公司对董事长个人的债权，那么这笔钱从法律上看已经不是被害单位的资金，而是董事长个人的资金，所有权属于董事长个人所有，而不是被害单位所有。如果这个辩护观点成立，那么，挪用资金罪或职务侵占罪，都很难成立。其二，挪用资金罪或职务侵占罪都是与职务密切相关的犯罪，都是被控告人利用职务上的便利实施的犯罪。该出纳不是公司财务负责人，被害单位大额资金平时不是他保管的，这就意味着他保管涉案900多万元，不一定是帮助被害单位保管、管理资金的职务行为，不一定是他在公司的职责范围、职务范围，而不排除是帮董事长个人保管资金的非职务行为。那么，被害单位控告李某挪用资金罪或职务侵占罪，理据是不充分的。

因此，如果以现在的案情和证据状况，被害单位匆匆向公安机关控告出纳李某挪用资金或职务侵占，刑事控告的维权效果可能并不佳。代理律师应当指导被害单位继续收集固定更多证据或选择更妥当的控告策略，有效防范李某后期可能的有效辩点，提高刑事控告的成功率。

第六节
撰写刑事控告书

在刑事控告过程中，刑事控告书是非常重要的材料。刑事控告书的写作水平直接体现代理律师的办案经验和专业能力，很考验代理律师的办案水平。优秀的刑事控告书可以促使办案人员内心确信存在犯罪事实，即使被害人提供的证据材料还有不足之处，也可以予以受理、立案、侦查。水平不高的刑事控告书，可能既没有讲清楚犯罪事实，也无法说服办案人员，甚至让办案人员产生逆反心理，对控告内容提出质疑。

根据我们的办案经验，刑事控告材料有两种写法：其一，融合事实描述与法律分析的刑事控告书;其二,刑事控告书仅陈述事实,再专门提供法律意见书。根据具体案件情况不同,两种写法各有特点。

一、事实描述与法律分析融合

将控告的犯罪事实与法律分析融合的刑事控告书,实际上是按照三段论的法律逻辑展开叙述的,代理律师通过这三个部分阐述清楚被控告人的犯罪事实,然后再进行润色提升,让刑事控告书充分展现被控告人确实处心积虑实施了犯罪行为,且事实清楚,证据确凿,应当追究其刑事责任。

(一)犯罪事实

对犯罪事实的叙述,包括描述犯罪事实的经过及对犯罪事实经过的润色。其一,论述事实经过。刑事控告的核心内容是将犯罪事实讲清楚,包括犯罪人员、犯罪时间、犯罪手法、犯罪经过、犯罪金额、犯罪后果等,将被控告人的作案事实经过讲述清楚是基础,因此,代理律师首先需要将犯罪的经过论述清楚。其二,润色犯罪事实。仅仅朴素客观描述案件发生的经过,其实也是不够的。毕竟,被害人及代理律师提起刑事控告时,并非作为居中裁判者,而是带有求刑诉求、要求追究被告人刑事责任的。因此,在梳理案件事实经过的基础上,需要进行一定的提炼,总结被控告人的犯罪故意、犯罪手法等。例如,“刻意隐瞒”“虚构”“伪造”“冒用”“非法”“欺骗”等这些能够让人马上感觉到存在犯罪事实的用词,可以让案件事实迅速具备犯罪事实的表象。讲述犯罪事实经过,既要有控方立场的表现,也要有换位思考的论证,即从公安机关、公诉机关、裁判者多角度来看,犯罪事实是否确凿无疑?是否有其他可能性?在刑事控告书撰写时,考虑他们可能的质疑。

(二)法律分析

被控告人的犯罪事实在法律上如何评判,是否达到刑事立案追诉标准,以及达到哪一档量刑档次,是否具有其他加重处罚、从重处罚的情节等,需要进行准确的法律分析。代理律师应当将相关刑法规定、司法解释规定都找到并梳理出来,在刑事控告书中阐明,让办案人员不需要再翻阅法律条文,就可以获悉本案犯罪事实相关的全部法律依据。然后,代理律师还需要将犯罪事实和法律规定之间的联系剖析清楚,即论述被控告人的行为符合犯罪构成要件,具备加重、从重处罚的理由等。这就需要代理律师对犯罪手法进行有效的总结、提炼。

（三）受理/管辖/移送或特殊问题的法律依据

为尽量避免刑事控告被推诿卸责，代理律师应该提前准备公安机关接受材料、受理本案、有管辖权的所有法律依据，必要时在刑事控告书中予以论述。万一去现场刑事控告时被拒之门外，还有法律依据可以据理力争。此外，刑事控告案件所涉及的重复控告、遗漏犯罪事实、多地管辖等特殊问题，也需要代理律师及时预判，并找到解决这些特殊问题的相关法律依据，必要时也要在刑事控告书中予以论述。这些特殊问题在刑事控告过程中很可能无法避免地要涉及、解释、解决。

例如，任某涉嫌职务侵占罪案：

该案比较特殊，被害单位已经向公安机关进行一次正式的刑事控告，公安机关已经受理案件，并且该案经过法院终审判决，任某已经在服刑阶段。只是被害单位刑事控告的犯罪单数比较多、犯罪金额也比较大，但是公安机关刑事立案侦查后仅针对一小部分犯罪事实、犯罪金额移送审查起诉，检察院也仅就这一部分犯罪事实、犯罪金额提起公诉，后法院也仅根据检察院指控的内容作出判决。

被害单位再次控告时就面临这个特殊问题：已经控告过还能不能继续控告？公安机关可能会因此拒绝受理。此时，代理律师进行刑事控告之前就需要检索相关法条依据。《公安机关办理刑事案件程序规定》（2020 年）第 175 条第 3 款规定："对于重复报案、案件正在办理或者已经办结的，应当向扭送人、报案人、控告人、举报人作出解释，不再登记，但有新的事实或者证据的除外。"根据该规定，本案被害单位以存在新的犯罪事实、新的证据为由，再次进行刑事控告就完全有法律依据。

犯罪事实、法律分析、受理/管辖/移送或特殊问题的法律依据三个方面的内容，几乎是每一次刑事控告之前，代理律师都需要做好充分准备的内容，刑事控告书需要清晰展示这三个方面内容。这三方面内容能让刑事控告书变得逻辑清晰、理据充分，公安机关没有拒绝受理、不予立案的理由。

例如，王某等人涉嫌虚假诉讼罪案：

我们在二审庭审后向法庭提交移送王某等人虚假诉讼犯罪线索的申请书，这份申请书本质上就是刑事控告书。在该申请书中，我们着重阐述王某承认的犯罪事实、阐述法律规定以及论证王某等人构成虚假诉讼罪的理由三个方面的问题。

其一,犯罪事实经过。我们将王某隐瞒债务已经清偿的事实作为重点予以梳理论述,其中包括:我们提交的微信聊天记录,证明涉案的两笔贷款就是向王某偿还借款而办理的,款项也全部转入王某指定的收款人账户;一审、二审的庭审记录,证明王某在一审、二审庭审中都明确表示,这两笔贷款与他无关,与本案无关,王某否认这两笔还款的事实得到确认。王某隐瞒债务已经偿还的事实被论述清楚。

其二,法律分析。《刑法》第307条之一第1款规定:"以捏造的事实提起民事诉讼,妨害司法秩序或者严重侵害他人合法权益的,处三年以下有期徒刑、拘役或者管制,并处或者单处罚金;情节严重的,处三年以上七年以下有期徒刑,并处罚金。"最高人民法院、最高人民检察院《关于办理虚假诉讼刑事案件适用法律若干问题的解释》第1条第2款规定:"隐瞒债务已经全部清偿的事实,向人民法院提起民事诉讼,要求他人履行债务的,以'以捏造的事实提起民事诉讼'论。"最高人民检察院印发的《〈关于办理虚假诉讼刑事案件适用法律若干问题的解释〉重点难点解读》明确指出:"司法实践中存在的隐瞒债务已获全部清偿、仍然起诉要求原债务人履行债务的情况,属于消极的捏造事实行为,其社会危害性与积极的捏造事实行为并无实质不同,有必要通过刑罚手段予以惩治。"

最高人民法院、最高人民检察院《关于办理虚假诉讼刑事案件适用法律若干问题的解释》第2条规定:"以捏造的事实提起民事诉讼,有下列情形之一的,应当认定为刑法第三百零七条之一第一款规定的'妨害司法秩序或者严重侵害他人合法权益'……:(二)致使人民法院开庭审理,干扰正常司法活动的;(三)致使人民法院基于捏造的事实作出裁判文书、制作财产分配方案……"第3条规定:"以捏造的事实提起民事诉讼,有下列情形之一的,应当认定为刑法第三百零七条之一第一款规定的'情节严重':……(二)有本解释第二条第二项至第四项情形之一,严重干扰正常司法活动或者严重损害司法公信力的……"

王某隐瞒债务已经全部清偿的事实,向人民法院提起民事诉讼,导致一审法院作出民事判决书,并导致二审法院进行开庭审理,严重干扰正常司法诉讼活动、损害司法公信力,并对上诉人李某的财产权利造成实质性侵害，已经构成虚假诉讼罪，且系情节严重，依法应当追究其虚假诉讼罪的刑事责任。

其三，移送依据。最高人民法院《关于深入开展虚假诉讼整治工作的意见》（法〔2021〕281号）第5条中规定："人民法院在办理案件过程中发现虚假诉讼涉嫌犯罪的，应当依法及时将相关材料移送刑事侦查机关。"本案中，王某将法院当作犯罪工具实施犯罪行为，严重损害了人民法院的公信力，严重扰乱正常诉讼活动，人民法院发现虚假诉讼行为构成犯罪的，应当依法及时将相关材料移送刑事侦查机关。

经过对这三方面内容的梳理，王某构成虚假诉讼罪的"控告"就逻辑清晰、有理有据，阅读者看这份文书就可以充分了解王某所涉虚假诉讼罪的事实经过、犯罪构成、犯罪情节及法院应当移送的依据等，不需要再检索其他资料。

二、事实描述与法律分析独立

刑事控告材料还有另外一种写法，是将刑事控告书和法律意见书分成两份控告文件。这种写法主要考虑被害单位的刑事控告书与以代理律师名义提交的法律意见书并不完全相同，有其各自的特点，而且大多用在法律适用特别复杂、需要单独分析论述的案件中。

（一）刑事控告书的内容

刑事控告书是以被害人或被害单位亲历者的角度将整个犯罪行为细节、过程、背景、后果、证据、证据线索等描述出来的书面材料，法律分析内容比较少或者没有。刑事控告书往往包括以下几个部分：

1. 双方当事人的身份信息、案情、背景介绍

刑事控告的当事人之间的关系往往比较复杂，双方当事人的关系、大致案情、案发的具体背景等都需要解释清楚，让看到刑事控告书的人能明白事情的起因。

2. 犯罪行为实施的整个过程细节

犯罪行为实施的具体过程，需要由被害人、被害单位进行详细描述。

3. 被害人、被害单位遭到犯罪行为侵害导致的损失情况及侵害所造成的后果

被害人、被害单位因为犯罪行为的侵害，遭受了什么样的损失，产生了什么

样的后果，需要在刑事控告书中展现，让办案人员明白犯罪行为的恶劣程度。

4. 被害人、被害单位所掌握的被控告人实施犯罪行为的证据以及相关证据线索

被害人、被害单位自己已经掌握的证据需要梳理清楚，提交给办案机关。部分证据被害人、被害单位自己无法搜集固定的，则需要将相关证据线索提供给办案机关，并要求办案机关及时提取、固定，避免出现关键证据灭失的结果。

5. 被害人、被害单位的控告诉求

被害人、被害单位进行刑事控告的目的和诉求要明确。一般来说，主要诉求就是追究被控告人的刑事责任，退还相关财产，或者赔偿相关损失等。

（二）法律意见书的内容

律师提供的刑事控告法律意见书和刑事控告书有很大差别，法律意见书是律师以专业人员的身份和角度来分析被控告人的行为是否构成犯罪、构成什么犯罪、是否达到立案追诉标准等问题。一般来说，法律意见书应当包括以下几个组成部分：

1. 案件基础内容

概括被控告人的犯罪经过、作案手法、涉案金额或造成的损失等犯罪事实，可以参考起诉意见书、起诉书的写法，力求清晰、简明切中要害。

2. 分析被控告人行为的犯罪构成要件符合性

这是对被控告行为的法律分析，可以参考司法解释、刑法理论教材，对被控告行为的模式、侵害法益、罪名适用等进行深度剖析。

3. 分析被控告人的行为是否达到刑事立案追诉标准，以及对应的犯罪情节、量刑档次等

把被控告人的行为和刑法及司法解释结合起来，直接明了地认定被控告人的行为触犯的刑法条文、达到的立案追诉标准和量刑档次以及应当追究的刑事责任。

4. 分析被控告人行为的级别管辖与地域管辖

代理律师需要提供充分的法律依据论证接受刑事控告的公安机关是否有权管辖，以尽量防范可能发生的推诿卸责情况。

5. 提供类案裁判观点

同类裁判案例不仅对检察官、法官办案有影响，在刑事控告阶段，对公安机

关办案人员办案也有影响。被控告的行为是否构成犯罪、法院是否判决罪名成立，通过对同类案件的裁判案例整理，可以帮助办案人员形成内心确信和办案底气，让他们相信并认可被控告人的行为确属犯罪行为，应当追究其刑事责任。

6. 法律意见结论

通过上述的事实梳理、法律分析、类案检索等，得出被控告的行为已经构成犯罪，应当追究被控告人的刑事责任，而且属于“有犯罪事实发生，属于本单位管辖”的情形，公安机关应当受理案件、立案侦查。

第七节
向公安机关提起控告

在细致研究案件事实细节、梳理证据材料、确定恰当控告策略并全面准备刑事控告材料后，代理律师要做的工作就是协助被害人向公安机关提出刑事控告，争取启动刑事诉讼程序。每一个案件都有对应的司法机关管辖。为了尽量避免被推诿不受理，被害人及代理律师应当向有管辖权的司法机关提出刑事控告。

一、提交控告材料

根据法律规定，被害人可以向任何司法机关提出刑事控告，不论接受刑事控告的司法机关对该案是否有管辖权，司法机关都应当场接受刑事控告，进行接报案件登记，接受证据材料，当场出具接报案回执，并告知查询案件进度的方式和途径。接受被害人的刑事控告材料之后，接报单位再进行审查，如果审查发现有犯罪事实且属于本单位管辖的案件，则应当予以立案侦查；如果审查发现不属于本单位管辖，也不得退回给被害人，应当主动移送给有管辖权的司法机关处理。

例如，《刑事诉讼法》第 110 条第 3 款规定：“公安机关、人民检察院或者人民法院对于报案、控告、举报，都应当接受。对于不属于自己管辖的，应当移送主管机关处理，并且通知报案人、控告人、举报人；对于不属于自己管辖而又必须采取紧急措施的，应当先采取紧急措施，然后移送主管机关。”

又如，最高人民检察院、公安部《关于公安机关办理经济犯罪案件的若干规定》第 14 条规定：“公安机关对涉嫌经济犯罪线索的报案、控告、举报、自动投案,不论是否有管辖权,都应当接受并登记,由最初受理的公安机关依照法定程序办理,不得以管辖权为由推诿或者拒绝。经审查,认为有犯罪事实,但不属于其管辖的案件,应当及时移送有管辖权的机关处理。对于不属于其管辖又必须采取紧急措施的,应当先采取紧急措施,再移送主管机关。"

再如,公安部《关于改革完善受案立案制度的意见》(公通字〔2015〕32 号)第 2 条第 1 项第 1 目中规定:"对于群众报案、控告、举报、扭送,违法犯罪嫌疑人投案,以及上级机关交办案件或者其他机关移送的案件,属于公安机关管辖的,各办案警种、部门都必须接受并依照有关规定办理,不得推诿……涉嫌犯罪的,按照刑事案件进行立案审查;涉嫌行政违法的,按照行政案件进行受案审查。群众上门报案的,应当当场进行接报案登记,当场接受证据材料,当场出具接报案回执并告知查询案件进展情况的方式和途径。"

二、讲解证据材料

代理律师协助被害人刑事控告、提交控告材料时,公安机关仅受理刑事控告,进行立案前的审查。刑事案件立案审查期限原则上不超过 3 日;涉嫌犯罪线索需要查证的,立案审查期限不超过 7 日;重大疑难复杂案件,经县级以上公安机关负责人批准,立案审查期限可以延长至 30 日;对于经济犯罪,特别重大、疑难、复杂或者跨区域性的线索,经上一级公安机关负责人批准,立案审查期限可以再延长 30 日。[1] 在立案审查期间,代理律师不仅需要跟进案件办理流程,还有诸多重要工作需要做,以推动公安机关进行刑事立案。对被害人而言,

---

〔1〕 公安部《关于改革完善受案立案制度的意见》第 2 条第 1 项第 2 目中规定:"接报案件后,应当立即进行受案立案审查。对于违法犯罪事实清楚的案件,公安机关各办案警种、部门应当即受即立即办,不得推诿拖延。行政案件受案审查期限原则上不超过 24 小时,疑难复杂案件受案审查期限不超过 3 日。刑事案件立案审查期限原则上不超过 3 日;涉嫌犯罪线索需要查证的,立案审查期限不超过 7 日;重大疑难复杂案件,经县级以上公安机关负责人批准,立案审查期限可以延长至 30 日。法律、法规、规章等对受案立案审查期限另有规定的,从其规定。决定不予受案立案后又发现新的事实证据,或者发现原认定事实错误,需要追究行政、刑事责任的,应当及时受案立案处理。"

最高人民检察院、公安部《关于公安机关办理经济犯罪案件的若干规定》第 15 条第 1 款规定:"公安机关接受涉嫌经济犯罪线索的报案、控告、举报、自动投案后,应当立即进行审查,并在七日以内决定是否立案;重大、疑难、复杂线索,经县级以上公安机关负责人批准,立案审查期限可以延长至三十日;特别重大、疑难、复杂或者跨区域性的线索,经上一级公安机关负责人批准,立案审查期限可以再延长三十日。"

如果公安机关顺利立案，则控告维权正式进入刑事诉讼程序。如果公安机关不予立案，则刑事控告维权仍任重道远。

现场提交刑事控告材料时，由于公安机关还未详细了解所控告的犯罪事实，对被害人提交的证据材料也无法现场进行深入了解，所以只能通过刑事控告书及证据材料清单初步了解控告的犯罪事实。因此，提交刑事控告材料时，公安机关往往只能对被害人或代理律师做一份最简单的询问笔录，主要是确定刑事控告的基本情况及刑事控告材料的来源。公安机关收取控告材料后，通常还会与被害人及代理律师详细沟通刑事控告的事实和证据情况。

在刑事控告过程中，代理律师需要与办案人员保持联系，适时向办案人员逐一讲解每一件犯罪事实的经过，以及每一份证据材料的具体内容、证明事项，以方便办案人员审查。

三、配合制作控告笔录

在刑事控告过程中，被害人或其代理律师需要配合公安机关制作刑事控告的询问笔录。大部分简单案件或者侵犯自然人的人身权利、财产权利的案件，都会倾向于让被害人接受询问制作询问笔录，因为他们是犯罪行为的亲历者，必须接受询问。在被害人是单位的案件中，被害单位的员工，不一定能将犯罪事实经过讲述清楚，此时就需要代理律师配合公安机关制作刑事控告的询问笔录，将刑事控告的内容解释清楚。

尤其是在复杂的经济犯罪案件中，被害单位进行刑事控告更加需要代理律师协助配合公安机关制作控告的询问笔录。此时，代理律师需要协助办案人员尽量完善询问笔录，将犯罪事实更加清晰、完整地呈现出来。

（一）询问笔录的内容尽量全面

因被害人及证人的询问笔录，以及犯罪嫌疑人、被告人的讯问笔录是重要且直观的言词证据，办案人员阅卷时往往会从笔录开始，以便最高效快捷地了解案件事实过程。在刑事控告案件中，被害人及代理律师是最清楚犯罪事实经过的人，因此需要将询问笔录的内容制作得尽量细致全面。一般而言，我们都不建议以“详见刑事控告书”“详见刑事控告证据材料”等之类的表述来概括刑事控告的事实、证据，否则后续办理案件的办案人员，看到被害人的控告笔录完全不明白发生了什么犯罪事实，以及有什么证据材料。公安机关根据刑事诉讼程序正式制作的询问笔录,在证据效力、证据公信力上,无疑都会优于被害人提交的刑事控告书及证据材料。因此在刑事控告接受询问时,询问笔录应当尽量全面细致地记录全部的犯罪事实,让办案人员一目了然。

例如,××有限公司被陈某职务侵占控告维权案:

被控告人实施的犯罪事实数量达几十例,作案手法比较复杂。代理律师代表被害单位向公安机关进行刑事控告、配合制作询问笔录时,代理律师与办案人员协商后,确定在询问笔录中尽量记载全部的控告事实、证据,详细描述被控告人的每一单犯罪事实,并在每一单犯罪事实后解释每一宗犯罪事实的证据材料,力求让询问笔录全面展现被控告人的犯罪事实。

民警:你这次因何来公安机关?

律师:我接受被害单位××有限公司的委托,来控告陈某在被害单位××有限公司任职期间,实施了××单职务侵占犯罪行为。其中,第一宗犯罪事实是:陈某在2018年××月×日,将××客户交付给公司的××万元货款非法据为已有的犯罪事实。具体犯罪过程是:……

民警:公司控告陈某的上述犯罪事实,有没有相关证据?

律师:有的,陈某在2018年××月×日,将××客户交付给公司的××万元货款非法据为已有的犯罪事实,有下列证据可以证明。

1. 销售合约书,证明:2018年××月×日,陈某以公司名义与客户××签订销售合约书,约定客户××向公司购买……合计价格为××万元。

2. 客户××的银行流水,证明:2018年××月×日,陈某指示客户××向其控制的刘某账户支付了货款××万元。

3. 刘某的银行流水,证明:刘某账户收到客户××支付的货款××万元后,将其×万元用于购买彩票,其中×万元转入××账户等。

4. 客户××起诉被害单位的起诉状、××号民事判决书、××号民事判决书,证明:客户××支付货款后并未收到货物,向法院起诉被害单位,要求被害单位退还全部货款。法院判决认定转入刘某账户的××万元为客户××支付给被害单位的货款,被害单位未交付货物,应退还全部货款××万元。

5. 确认函及执行材料,证实××××年××月×日,被害单位履行判决,支付了执行款××万元。

6. ……

按照这种叙述完整的方式制作询问笔录，后续公安机关、检察院、法院的办案人员审查案卷时，从询问笔录中就可以很清晰地看到所有犯罪事实及证据材料，以及对证据材料的详细解释说明，只有办案人员对相关证据有疑惑时，才需要去逐一核对证据材料，极大方便了办案人员。

（二）询问笔录的内容尽量周延

刑事控告的询问笔录内容要紧紧围绕所控告罪名及犯罪事实，将案件相关事实细节都解释清楚，甚至将辩方可能提出的质疑、漏洞都予以提前弥补。毕竟，司法机关办案人员很可能会带着怀疑的眼光来审查被害人的控告材料，他们对于犯罪嫌疑人、被告人涉嫌的犯罪事实、证据、逻辑链条会产生很多质疑，被害人在刑事控告材料中提前预判到这些质疑，并予以回应，无疑是控告案件顺利推进的有效方法。

例如，某公司刑事控告员工林某挪用资金案：

被害单位内部调查发现，林某将公司资金转入了其控制的销售经理××的个人账户及林某控制的多家其他公司账户，导致被害单位遭受重大资金损失。于是，代理律师协助被害单位向公安机关进行刑事控告。其间，代理律师配合公安机关制作刑事控告的询问笔录。代理律师将所有犯罪事实及对应证据材料逐一解释、办案人员将其记载在询问笔录后，还需要考虑将犯罪事实相关的其他事实、细节固定在笔录内容中。

民警：被害单位控告林某挪用公司资金××万元的犯罪事实，除了控告人林某，公司还有无其他人员参与？

律师：从银行流水看，还有当时的销售经理××，他的账户就是涉案款项的收款账户之一，被林某用于收取被害单位的资金××万元。

民警：被害单位××公司与林某还有没有债权债务关系？

律师：××公司与林某没有债权债务关系，林某在被害单位任职期间的所有工资、奖金，被害单位都已经按照公司规章制度及林某的劳动合同全部支付，不存在未结清的债权债务。

民警：被害单位××公司与林某指定收款的公司是什么关系？

律师：被害单位××公司与林某指定收款的公司，都是独立的法人主体，不存在关联关系，不是关联公司，也没有发生实际的业务往来。

民警：被挪用转入销售经理××个人账户及林某控制的多家公司账户的资

金,有无回流给被害单位××公司?或者用于被害单位××公司的经营?

律师:经过公司核查财务资料,被挪用转入销售经理××的个人账户及林某控制的多家公司账户的资金,没有回流给被害单位××公司,也没有用于被害单位××公司的经营。

民警:你们有没有找当时的销售经理××核实相关情况?

律师:被害单位口头询问过当时的销售经理××,他表示都是按照公司领导林某的要求,借用其账户给林某使用,对相关资金情况不知情,他拒绝出具书面证词,被害单位现在无法提供当时销售经理××的书面证词。但表示愿意配合公安机关调查。

民警:林某的情况?

律师:林某的身份证号是……他于××××年××月通过社会招聘入职被害单位,后因涉嫌××犯罪被××人民法院一审、××人民法院二审判处有期徒刑3年6个月,听说现在正在××监狱服刑。

民警:当时的销售经理××的情况?

律师:当时的销售经理××身份证号是……他已经于××××年××月离职,目前不知去向,联系电话是……

代理律师在询问笔录中将被控告人的犯罪事实及证据材料、其他与案件事实、被控告人、证人、被害单位的有关情况解释清楚之后,才能让刑事控告的内容更加清晰明了。同时,将影响定罪量刑的其他细节或辩点予以回应,可以让刑事控告的内容更加周延。在该案中,被害单位控告林某将公司资金挪用,转入了林某实际控制的个人及单位账户。那么,被害单位与林某的债权债务关系、相关资金有无回流给公司、有无实际用于公司的生产经营等,就会直接影响林某行为的罪与非罪评判,这也是后期林某及其辩护律师可能提出的抗辩观点。因此,在询问笔录中将这部分可能的辩点予以提前回应,刑事控告的内容会更加“无懈可击”。

四、配合补充证据材料

代理律师准备刑事控告材料时,虽然会根据办案经验,将刑事控告的证据材料准备得尽量完善,证据链条尽量环环相扣,但办案机关也是非常有经验的,他们在查看、研究刑事控告材料时,还是有可能发现刑事控告材料中存在的不足，提出要求控告人继续完善、补充证据材料。有时，办案机关出于他们的办案习惯，认为办理此类刑事案件某些证据必不可少，会要求被害人及代理律师予以补充。有时办案机关为了减轻他们办案工作量，也会向被害人及代理律师提出一些协助取证的要求。此时，代理律师需要积极配合办案机关补充这些证据材料，协助办案机关推动案件进展。

例如，某有限公司刑事控告其原总经理职务侵占罪案：

我们作为被害单位代理律师向公安机关提交刑事控告书及完整的证据材料。公安机关接受了控告材料，也找我们制作了刑事控告笔录，我们向公安机关详细解释了被控告人的犯罪事实，以及提交的每一份证据材料。办案人员在后续审查材料时提出，希望被害单位及代理律师能补充以下相关资料：

其一，被害单位提交的公司账户银行流水不全，只提交了被害单位认为与刑事控告的犯罪事实相关的那几页银行流水。办案人员要求被害单位补充所有的公司账户的全部银行流水，确保证据的完整性。

其二，被害单位的工商档案资料不全，被害单位刑事控告时只提交了证明被控告人身份资料、任职情况的那几页工商档案资料。办案人员要求被害单位能够协助提交全套工商档案资料，且最好是原件。

其三，关于被控告人的身份资料，被害单位提交了工商档案资料中被控告人的身份信息、任职信息，也提交了被控告人的劳动合同。然而，办案人员要求被害单位再出具一份任职证明，将被控告人在被害单位过往任职、职务的全部情况以任职证明的形式详细描述。

其四，被害单位提交了代理律师向相关证人调查取证所制作的调查笔录。公安机关在立案审查阶段需要依照刑事诉讼法重新对相关证人进行调查取证，办案人员认为代理律师的调查笔录非常详细，可以给他们制作调查笔录提供参考，提出让代理律师把调查笔录的电子版文稿发送给他们，方便他们工作。

其五，办案人员要求被害单位能够提供所有证人及被控告人的所有有效联系方式，方便办案人员联系证人了解案件情况及通知被控告人接受调查。

被害单位的全部银行流水和完整的工商档案资料，一般是办案人员持调取证据通知书自行调取的，办案人员为减轻工作量，希望被害单位协助去调取提交也无可厚非。任职证明往往并非必备的材料，被控告人的身份、任职情况，被害单位提供的工商档案资料已经足以证明，以被害单位的名义再出具任职证明对于办案人员来说可有可无,这是办案人员基于其办案习惯提出的要求。本案中,被害单位及代理律师都积极配合公安机关,及时补充提交了所有的证据材料。

第八节

提出诉求,介入诉讼程序

如果被害人刑事控告后顺利启动刑事诉讼程序,则被害人及代理律师只需要跟进诉讼程序,与办案人员保持沟通,积极配合办案人员,适时提出被害人的意见,应对各种控告维权不利的局面即可。但如果被害人事后才知道刑事诉讼程序已经启动,其控告维权的第一步就是向办案机关提出诉求,介入已经开始的刑事诉讼程序,让办案机关认可被害人的身份及遭受犯罪行为侵犯的事实。

在诈骗、非法吸收公众存款、集资诈骗等涉众型案件中,由于涉及的被害人人数众多,部分被害人向公安机关提出刑事控告,公安机关据此予以刑事立案,对犯罪嫌疑人采取强制措施。此时,由于被害人的数量无法确定,公安机关往往会发布公告公开征集被害人的线索。

例如,××有限公司、林某、张某等人涉嫌集资诈骗罪案:

该案中,公安机关对林某、张某等人采取强制措施之后,向社会公开征集被害人的线索。"2021年8月,××市公安局××区分局立案侦查××有限公司涉嫌集资诈骗罪一案。目前,该案的主要犯罪嫌疑人林某、张某等人已经被采取刑事拘留的强制措施,并已经陆续接到50多名被害人的报案。为彻底查清犯罪嫌疑人林某、张某等人的所有犯罪事实,切实维护被害人的合法权益,现向社会广泛征集相关被害人线索及证据材料。请本案尚未报案的被害人携带身份证及相关证据材料到××公安分局进行登记报案,并根据要求提交相关证据材料。"

看到公告的被害人可以提交证据材料,迅速介入刑事诉讼程序,成为刑事案件的被害人,参与控告维权。在司法实践中,被害人在侦查阶段、审查起诉阶段甚至审判阶段才发现自己也是刑事案件的被害人时,首先要做的就是介入刑事诉讼程序。但每个阶段被害人介入诉讼程序的方式方法有所区别。

一、侦查阶段，如何介入

犯罪嫌疑人已经被刑事立案、进入诉讼程序，被害人才想起进行刑事控告维权，此时对应的办案机关是公安机关。被害人可以直接找到经办的公安机关提出刑事控告，涉案犯罪属于一人犯有密切关联的数罪或者数单犯罪事实的情况，被害人可以要求公安机关并案侦查，确认自己遭受犯罪行为侵害的事实，确立被害人身份，介入诉讼程序。

例如，马某涉嫌诈骗罪案：

马某利用同一手法、同一批物资，诈骗了多人，其中部分被害人向公安机关控告后，马某被公安机关刑事立案调查。其他被害人此时就可以向该公安机关刑事控告马某的诈骗犯罪事实，要求公安机关一并侦查，确立自己被害人的身份和确认被诈骗的事实。

该做法的法律依据是比较充分的。《公安机关办理刑事案件程序规定》(2020 年)第 21 条规定：一人犯数罪的，几个公安机关都有管辖权的刑事案件，由最初受理的公安机关，在职权范围内并案侦查。当然，在办案过程中，偶尔会出现各地办案机关相互推诿、拒不受理的情况，被害人及代理律师只能尝试通过立案监督等方式进一步救济。

二、审查起诉阶段，如何介入

刑事案件已经处于审查起诉阶段时，被害人才想起进行刑事控告维权，此时对应的办案机关是检察院。被害人可以到检察院，提交相关证据材料和诉求，要求认定自己遭受犯罪行为侵害的事实，确立被害人身份，介入诉讼程序。

例如，袁某等人涉嫌非法吸收公众存款罪案：

被害人人数众多，部分被害人到公安机关刑事控告后，公安机关将涉案的犯罪嫌疑人袁某等人全部抓获归案。后公安机关发布公告，要求被害人去各地派出所登记被吸收存款的信息、提交证据材料。不少被害人主动前往，配合调查，渴望通过追赃程序，挽回损失。该案由公安机关侦查终结后，移送检察院审查起诉时，部分被害人才发觉犯罪嫌疑人已经被抓获归案，他们错过了向公安机关登记、提交材料的时间。因此，公安机关的证据材料认定的被害人中，并不包括这些人。这部分被害人的犯罪金额没有被认定，被害人身份没有被确立。

此时，被害人该怎么办？有以下两个途径：

途径一：被害人可以继续向公安机关提供证据材料，证明自己也是被害人。但是，公安机关已经侦查终结，将案卷材料移送检察院，有时可能不愿意再接收材料，需要被害人、代理律师与公安机关耐心沟通，协商解决。

途径二：被害人联系检察院的办案人员，提交书面证据材料，要求认定被害人也是该非法吸收公众存款案件遭受侵害的一方，要求并案处理，确认其被非法吸收的金额。找经办检察官，有两种可以参考的途径：第一，代理律师向检察院提交作为被害人诉讼代理人的所函授权资料，然后约见检察官，要求听取意见。《刑事诉讼法》第 173 条第 1 款规定："人民检察院审查案件，应当讯问犯罪嫌疑人，听取辩护人或者值班律师、被害人及其诉讼代理人的意见，并记录在案。辩护人或者值班律师、被害人及其诉讼代理人提出书面意见的，应当附卷。"第二，被害人到检察院控告申诉部门提出申诉，要求检察院控告申诉部门将自己的证据材料和诉求，移交给经办检察官，要求认定自己被害人身份和损失金额，这也是行之有效的方法。

例如，苏某涉嫌集资诈骗罪案：

该案中，部分被害人到审查起诉阶段才发现犯罪嫌疑人已经被抓获归案，想起要通过刑事手段维权，加入该诉讼程序。于是，被害人到检察院的控告申诉部门提交书面材料，证明自己也是该院正在办理的苏某等人涉嫌集资诈骗罪一案的被害人，要求将书面材料转交给经办检察官。于是，该检察院控告申诉部门就出具××人民检察院移送单，内容大致为："公诉×处，现将××等人就××涉嫌集资诈骗一案提交的情况说明书面材料转去，请依法处理。"如此，该被害人就顺利加入诉讼程序中，成为苏某涉嫌集资诈骗罪一案的被害人，被害人的涉案金额也顺利被认定，后期也顺利参与诉讼，追回部分款项。

三、审判阶段，如何介入

集资类、诈骗类被害人在法院审理阶段，才发现自己也是刑事案件的被害人，该如何介入诉讼程序呢？例如，网络诈骗、P2P 集资诈骗类案件，被害人众多，部分被害人由于信息不畅，没有发现诈骗者被抓获归案，直到审判阶段，才发现诈骗者已经受审，而自己没有被认定为被害人，自己的那部分损失没有被认定为骗子的犯罪数额。

2019 年 1 月 30 日，最高人民法院、最高人民检察院、公安部联合发布的《关于办理非法集资刑事案件若干问题的意见》（高检会〔2019〕2 号）第 10 条规定："集资参与人，是指向非法集资活动投入资金的单位和个人，为非法集资活动提供帮助并获取经济利益的单位和个人除外。人民法院、人民检察院、公安机关应当通过及时公布案件进展、涉案资产处置情况等方式，依法保障集资参与人的合法权利。集资参与人可以推选代表人向人民法院提出相关意见和建议；推选不出代表人的，人民法院可以指定代表人。人民法院可以视案件情况决定集资参与人代表人参加或者旁听庭审，对集资参与人提起附带民事诉讼等请求不予受理。"根据这个司法解释，法院、检察院、公安机关都应当保障集资参与人的合法权利，集资参与人可以推选代表人向法院提出意见和建议，也可以申请参加或者旁听庭审。因此，在法院审理阶段，集资案件、诈骗案件被害人都可以参照这个司法解释，向法院提出意见，申请参加或者旁听庭审。

刑事案件已经处于审判阶段时，被害人才想起进行刑事控告维权，此时对应的办案机关是法院。被害人可以委托律师协助其到法院联系办案人员，提交作为诉讼代理人的授权委托材料，提交书面诉求和相关证据资料，要求法院确认自己遭受诈骗等被害事实，确立被害人身份，介入诉讼程序。

例如，杨某等人涉嫌诈骗罪案：

该案中，包括杨某等 50 多名犯罪嫌疑人全部被抓获归案，他们通过同一手法，诈骗了几百人。在侦查阶段，有 520 多名被害人陆陆续续到公安机关控告。公安机关根据被害人提供的合同材料、支付凭证，结合在被告人杨某等人处收集到的证据材料，委托司法鉴定机构进行了司法会计鉴定，显示涉案被诈骗的金额为 500 多万元。

在法院审理阶段，部分被害人才发现自己也被这家公司诈骗了，但是由于他们没有向公安机关或检察院提供过合同资料、支付凭证，因此，他们被骗的事实没有被认定，司法鉴定意见中并没有核算他们被诈骗的损失金额。

这部分被害人不知道如何挽回损失，找到律师，希望律师能够帮助他们尽量挽回损失。虽然案件已经到了法院审理阶段，但诉讼程序还没有结束仍有机会，确立被害人身份和被诈骗的事实。律师帮助他们整理合同资料、支付凭证等材料，迅速向法院提交这些资料，要求确认自己被诈骗的事实。

在法庭审理过程中，法官将该等证据拿出来，供控辩双方举证质证，由于该案各方当事人都认罪认罚，所以对该等证据没有提出否定意见，这部分被害人被诈骗的事实和金额，顺理成章地被确认。最终，法院判决：公诉机关指控的犯罪数额是依据审计报告确认的数额500万元予以认定，但公诉机关对未提供合同、收据等材料的刘某等20人的被骗金额100万元未予认定。审理过程中，上述被害人向法院提交了报警回执及合同、收据等证据材料，经过庭审举证、质证，可以证实刘某等20名被害人被骗的事实和金额，该金额和已经起诉的金额都是被害人的实际损失数额，应当予以认定。所以，诈骗总金额为600万元，公诉机关指控的犯罪数额有误，法院予以纠正。

我们倾向于认为，被害人在案件审判阶段才加入控告维权，直接向法院提交证据材料，并由法院在庭审中出示供控辩双方质证，并不妥当。每一个被害人遭受犯罪侵害的事实，都是一个独立的犯罪事实，都应当由公诉机关提起公诉，法院才能进行审判，作出裁决。在公诉机关并没有针对这些后加入控告维权的被害人变更起诉或者补充起诉的情况下，法院不宜认定这些犯罪事实。因此，我们认为比较符合法律规定的方式是被害人直接联系检察院办案人员，向检察院提交证据材料，检察院据此向法院变更起诉或者提起补充起诉，直接增加被告人的相关犯罪事实。

例如，李某龙、卢某、苏某3人被合同诈骗控告维权案：

该案中，公诉机关已经对被告人夏某等人合同诈骗100多人的犯罪事实提起公诉。法院也已经进行两次开庭，全部庭审环节都已经结束，案件正在等待法院作出判决。而在判决之前，被害人李某龙发现联系不上夏某等人，认为自己遭受诈骗，于是向公安机关报案，公安机关告知李某龙直接联系检察院的经办检察官。于是，李某龙将自己遭受诈骗的经过写成一份简单的报案书，并将与夏某等人签订的合同资料、付款记录、聊天记录等证据材料提供给检察院的经办检察官。经办检察官据此提起补充起诉。而后，被害人卢某、苏某也先后以同样的方式，向经办检察官提交遭受夏某等人合同诈骗的报案书及相关证据材料，检察院据此又补充起诉两次。该案中，李某龙、陆某、苏某3名被害人在夏某等人的案件已经庭审结束后，才先后提起想要提起刑事控告，检察院根据他们提供的资料最后3次补充起诉。法院也根据补充起诉的内容，再次安排庭审。虽然比较烦琐、法庭审理的期限冗长，但相比于被害人直接向法院提交证据材料，该案由检察院补充起诉，在诉讼程序上无疑更加符合法律规定。

第五章
CHAPTER 05

被害人的诉讼权利及其救济

被害人、诉讼代理人有效开展控告维权，首先需要熟知作为刑事案件的被害人在刑事诉讼中拥有哪些诉讼权利、诉讼义务，以及诉讼权利实现受阻时该如何进一步采取救济措施，尤其是在刑事诉讼的各个阶段维权救济效果不理想时，被害人、诉讼代理人该如何充分运用现有法律法规、采取哪些措施，才能最大限度地影响刑事诉讼的进程和结果，以实现被害人的维权诉求。

第一节
被害人的刑事诉讼权利和义务

刑事诉讼法律法规中对犯罪嫌疑人、被告人的权利及其辩护律师的权利、权利保障等有相对较细致明确的规定。例如，《刑事诉讼法》及司法解释明确规定，被告人有委托辩护人的权利；自审查起诉之日起，辩护律师可以查阅、摘抄、复制本案的案卷材料，可以申请法院、检察院调取司法机关收集但未提交的证据材料；辩护律师经证人或者其他有关单位和个人同意，可以向他们收集与本案有关的材料等。相比之下，《刑事诉讼法》及其司法解释，对被害人权利的规定及权利保障条款相对较少。为有效进行刑事维权、参与刑事诉讼，被害人需要对自己的诉讼权利义务有清晰的认识。被害人比较常见的刑事诉讼权利和义务主要有以下内容。

一、报案控告

被害人发现自己的人身、财产、名誉等权利遭受犯罪行为侵害后，有权向司法机关进行刑事控告,请求司法机关启动刑事诉讼程序进行维权救济,追究加害人的刑事责任,并为被害人挽回损失。这是被害人最基本的诉讼权利。例如,《刑事诉讼法》第110条第2款规定:“被害人对侵犯其人身、财产权利的犯罪事实或者犯罪嫌疑人,有权向公安机关、人民检察院或者人民法院报案或者控告。”

二、作证权利

被害人刑事控告后,必然面临作证的问题。公安机关需要向被害人调查取证,相关物证、书证等证据材料也需要被害人进行签认。作证对于被害人而言既是义务,也是权利。被害人有权要求将其陈述作为证据固定,有权要求将其提交的材料作为证据使用。而且,被害人在作证、配合调查时也享有诸多诉讼权利。

例如,被害人有使用本民族语言文字进行诉讼及获得翻译的权利。如果被害人是聋、哑人或者不通晓当地通用语言文字,公安机关、检察机关应当为被害人聘请通晓聋、哑手势或者当地通用语言文字且与本案无利害关系的人员为被害人提供翻译。

又如,被害人有知悉证明文件、核对笔录和亲笔书写陈述的权利。被害人有权要求对其进行询问的司法人员向其出示相关证明文件。如果询问笔录的记载有遗漏或者差错,被害人有权提出补充或者改正,经核对无误后,应当在询问笔录上逐页签名、捺指印。如果被害人没有阅读能力,司法人员应当向被害人宣读。如果记载有遗漏或者差错,被害人有权要求补充或改正。被害人有权请求自行书写陈述,司法人员应当准许。

再如,未成年被害人享有适格成年人陪同的权利。若被害人未满18周岁,询问被害人时,应当通知被害人的法定代理人到场,法定代理人可以代为行使被害人的诉讼权利。无法通知、法定代理人不能到场或是共犯的,可以要求通知被害人的其他成年亲属,所在学校、单位或者居住地的村民委员会、居民委员会、未成年人保护组织的代表到场。被害人若是未满18周岁的女性,询问时应当有女工作人员在场。

三、获得保护

被害人进行刑事控告有权获得办案机关的保护。保护的范围,包括人身安全、身份信息、商业秘密等。被害人本人或其近亲属人身安全面临危险时，有权请求办案机关予以保护，办案机关应当受理并及时审查，审查发现确实存在人身安全危险的，则应当采取必要的保护措施。采取的保护措施包括但不限于：不公开真实姓名、住址、工作单位等个人信息；以不暴露外貌、真实声音等方式出庭作证；禁止特定人员接触被害人及其近亲属；对被害人的人身和住宅采取专门性保护措施等。办案机关应当保证被害人有客观充分地提供证据的条件，并为其保守秘密。如果被害人的作证内容涉及国家秘密、商业秘密或个人隐私，办案机关应予保密。

四、法律帮助

被害人进行刑事控告维权有权获得法律帮助，包括被害人可以委托律师作为诉讼代理人协助进行控告维权，也包括申请法律援助的权利。被害人可以随时委托律师提供法律帮助。《刑事诉讼法》第46条第1款第1句规定："公诉案件的被害人及其法定代理人或者近亲属，附带民事诉讼的当事人及其法定代理人，自案件移送审查起诉之日起，有权委托诉讼代理人。"被害人及被害人的法定代理人或者近亲属有权委托一至二名律师、人民团体或所在单位推荐的人作为诉讼代理人，被害人的监护人、亲友也可以作为被害人的诉讼代理人。在司法实践中，被害人往往在刑事控告之前就已经可以委托代理律师，提供法律咨询意见，并为被害人进行的控告维权提供各种协助。实际上，任何人在任何时候都有权寻求律师的法律帮助，只是在不同阶段，律师提供法律帮助的方式、内容及介入案件的权限不同。

被害人因经济困难无法自行委托律师的，也可以获得法律援助。《法律援助法》第29条规定："刑事公诉案件的被害人及其法定代理人或者近亲属，刑事自诉案件的自诉人及其法定代理人，刑事附带民事诉讼案件的原告人及其法定代理人，因经济困难没有委托诉讼代理人的，可以向法律援助机构申请法律援助。"但因证明经济困难的材料及证明过程相对繁琐，被害人控告维权获得法律援助的案件并不常见。

五、知情参与

被害人有效参与刑事诉讼，维护其合法权利的重要前提是被害人享有充分的知情权,即对刑事诉讼的各阶段有知晓并参与的权利。充分保障被害人的知情权,如此才可能真正参与到刑事诉讼程序中,才可能在刑事诉讼程序中及时提出自己的意见和诉求。

在侦查阶段,被害人有向公安机关了解案件办案进度的权利,包括办案程序、办案时限、办案进展以及办案结果等;也有与办案人员沟通、提交证据材料、提交法律意见和表达诉求的权利。

在审查起诉阶段,被害人的诉讼代理人有阅卷获取诉讼文书的权利,并有权与办案人员进行充分沟通、提交证据材料、提交意见和表达诉求等。《刑事诉讼法解释》第 65 条第 1 款规定:"律师担任诉讼代理人的,可以查阅、摘抄、复制案卷材料。其他诉讼代理人经人民法院许可,也可以查阅、摘抄、复制案卷材料。"部分观点认为被害人本身也是证人,被害人亲自对案件材料进行查阅、摘抄、复制,掌握案情后,可能会影响其证词,因此,《刑事诉讼法解释》并未赋予被害人阅卷权。我们认为,《刑事诉讼法解释》仅明确规定诉讼代理人可以阅卷,但并不排斥被害人自行阅卷的权利。即便限制被害人的阅卷权,被害人也可以通过诉讼代理人的阅卷获悉案卷情况,仍然可能改变其陈述内容。因此,限制被害人的阅卷权并不能起到避免其改变陈述的效果。从理论上看,诉讼代理人的诉讼权利来自被害人的委托,被害人无疑更应当拥有阅卷权。从实务角度看,被害人通过阅卷才能充分了解案件证据情况,有效参与刑事诉讼程序。检察院所作出的起诉书、不起诉决定书等,也都需要向被害人送达。如果检察院在审查起诉阶段认为没有犯罪事实或者犯罪事实并非犯罪嫌疑人所为,将案卷退回侦查部门或监察委调查部门,理论上也应当通知被害人,被害人后续有权向法院提起刑事自诉。

六、申请回避

被害人认为办案人或其近亲属因为各种原因与本案有利害关系,可能影响公正办案的,都可以申请有关人员回避。回避的对象包括审判人员、检察人员、侦查人员、公安机关负责人、书记员、翻译人员和鉴定人等。在任何办案阶段,只要办案人员具有符合法律规定的回避情形,可能影响公正办案的,被害人就有权申请其回避。

七、鉴定异议

被害人在控告维权过程中，对于可能导致维权不利的证据材料，都可以及时提出异议，并与办案人员沟通交涉。若不赋予被害人此等权利，证据一旦固定，会对后续被害人维权产生极其不利的影响。不论是在公安机关侦查阶段、检察院审查起诉阶段还是在法院审判阶段，被害人对直接关系到其切身利益的事实、证据、程序等不服，都有权向办案机关提出异议。在所有证据中，对被害人维权产生比较大影响的证据就是鉴定意见。在大部分案件中，鉴定意见都是对犯罪嫌疑人、被告人定罪量刑的关键证据。例如，人身伤害类案件，如果鉴定意见显示轻微伤，则未达到刑事立案的追诉标准，被害人的控告维权无疑将陷入巨大的困境。

因此，办案机关应当向被害人及其法定代理人、近亲属或诉讼代理人告知用作证据的鉴定意见。被害人及其法定代理人、近亲属、诉讼代理人有权申请补充鉴定或者重新鉴定。

例如，相某被殴打控告维权案：

相某被殴打后报警，公安机关对相某进行损伤程度鉴定。鉴定意见认为，相某经全身检查，未见明显外伤及骨折；主要伤情为左侧颧弓约 1cm 的挫伤。于是，公安机关出具鉴定意见，认定相某的损伤程度为轻微伤，并告知相某如有异议，在 3 个工作日内提出重新鉴定的申请。

此类人身伤害案件，刑事立案最重要的证据就是人体损伤程度鉴定意见，如果鉴定意见为轻微伤，则尚未达到故意伤害罪的刑事立案标准，刑事控告维权比较艰难。此时，代理律师需要做的就是指引被害人及时申请重新鉴定或补充鉴定，争取改变人体损伤程度鉴定的结果。本案中，被害人相某对该鉴定意见不服，主要理由在于，他的牙齿被打掉一小块，而且被殴打后相某头痛不止、流泪不止、视力下降，相某想要提出重新鉴定，寻求律师的帮助。在该案中，根据现有病历资料，被害人相某的伤情仅有左侧颧弓约 1cm 的挫伤，申请重新鉴定很难得到支持。在律师的建议下，相某赶紧去医院检查头痛、流泪、视力下降等伤情及原因，利用医生诊断书等病历资料，才能促成重新鉴定或补充鉴定。

其一，相某再次去医院诊断，详细描述病情和案情。相某向医生讲述伤情时，将被人殴打的时间、所殴打的部位、殴打导致的伤害等，详细描述，让医生如实记录在病历材料中，这些病历资料就可以作为伤情鉴定的重要材料，而且是将相某的受伤、伤情与殴打事件紧密联系起来的重要辅助证据。

其二,医生诊断的结论,很大程度上会影响伤情鉴定意见。对于法医鉴定而言,最重要的鉴定材料就是病历资料和人体检查。虽然被害人相某牙齿被打掉一小块、头痛、流泪、视力下降等,但这些伤情对损伤程度鉴定的影响不大,相某需要到医院就医,由医生对这些病症的病因进行详细诊断,出具诊断结论。医生记录在病历材料中的诊断结论,会在较大程度上影响法医鉴定。

在对各种证据持有异议时,被害人按照法律之内的路径,申请复议、复核、重新鉴定、补充鉴定等是非常重要的方式。但要实现这法律之内的路径,往往必不可少的是法律之外的路径。法律之外的路径即法律没有禁止的可以采取的救济措施。司法实践中表现为被害人、代理律师通过各种渠道与经办人、经办部门及相关部门进行沟通、交涉,甚至是投诉,反馈被害人对相关证据的异议,并提出重新鉴定、补充鉴定等明确的诉求。

例如,刘某酒后死亡控告维权案:

刘某与其男性朋友张某约会喝酒、吃夜宵后,两人去酒店开房。当晚刘某死亡。此时,刘某是被强奸致死还是醉酒意外死亡,直接关系到张某的定罪量刑,更直接关系到刘某家属的切身权益。

公安机关迅速介入侦查,并对被害人的死因进行鉴定。鉴定意见显示:被害人刘某的死因是乙醇重度中毒导致急性呼吸、循环功能衰竭。这个鉴定意见就意味着刘某的死亡与被告人张某之间没有任何因果关系,张某不用为刘某的死亡负刑事、民事责任。刘某的家人收到这样的鉴定意见通知书后,表示完全无法接受。

于是,被害人家属向公安机关多个部门进行多次申诉、信访、投诉,甚至采取了一些不太理性的手段反馈其对鉴定意见的异议。结果,效果是显著的。该案引起了公安机关的高度重视,省级公安部门很快组织了多位法医专家一起研讨,并进行了第二次法医学死因鉴定。第二次法医学死因鉴定意见认为:被害人刘某的死因是乙醇重度中毒导致急性呼吸、循环功能衰竭。在乙醇重度中毒导致中枢性呼吸抑制的情况下,发生性行为可压迫胸腹部,促进胃内容物反流和吸入,促进死亡的发生。

第二次法医学意见出来后,张某的牢狱之灾已然无可避免。正因为这份鉴定意见将发生性行为与被害人的死亡结果之间建立起了因果关系,刘某家属的控告维权诉求才可能实现。

最终,公安机关对张某以涉嫌强奸罪刑事立案。最后,法院裁判认为,张某在被害人刘某乙醇重度中毒并处于昏迷的状态下,强行与被害妇女发生性关系;在乙醇重度中毒导致中枢性呼吸抑制的情况下,发生性行为可压迫胸腹部,促进胃内容物反流和吸入,促使死亡的发生。虽然被害人的死因是乙醇重度中毒导致急性呼吸、循环功能衰竭,但张某的强奸行为也是造成被害人死亡的原因之一,张某应当对被害人死亡的严重后果承担法律责任。因此,张某违背妇女意志,强行与妇女发生性关系,造成被害人死亡的严重后果,其行为已经构成强奸罪,判处有期徒刑12年。

八、侵权控告

被害人控告维权过程中,如果办案人员有侵犯被害人诉讼权利和人身侮辱的行为,或者采用羁押、暴力、威胁、引诱、欺骗等非法方法收集证据的行为,导致被害人的诉请权利、人身权利遭受侵害,被害人有权提出控告申诉。办案机关对被害人提供的侵权线索应当予以调查核实,并将调查结果及时反馈给被害人。如发现被害人的诉讼权利或人身权利确实遭到侵害,则办案机关应当按照相关规定予以处理。例如,《刑事诉讼法》第14条第2款规定:"诉讼参与人对于审判人员、检察人员和侦查人员侵犯公民诉讼权利和人身侮辱的行为,有权提出控告。"

九、要求听取意见

被害人在刑事控告维权过程中,可以在刑事诉讼的各个阶段与各个经办部门、办案人员进行沟通、发表意见,沟通的内容包括但不限于涉嫌的犯罪事实、罪名及法律适用的意见,从轻、减轻或者免除处罚等量刑的意见,认罪认罚案件审理适用程序的意见,认罪认罚的量刑意见,退赃退赔的意见,被害人因为遭受犯罪行为导致的损失情况等与案件相关的内容。

不同阶段被害人向办案人员沟通的内容重点应有所区别。在侦查阶段,被害人可以与办案人员保持沟通,随时提交证据材料和关于案件处理的意见,要求公安机关进行刑事立案、对相关人员采取强制措施。在审查起诉阶段,被害人则可以要求经办检察官听取被害人意见,要求检察机关对犯罪嫌疑人提起公诉,发表对犯罪嫌疑人的量刑意见。

例如,《刑事诉讼法》第282条第1款最后1句规定:“人民检察院在作出附条件不起诉的决定以前,应当听取公安机关、被害人的意见。”又如,《人民检察院刑事诉讼规则》第269条第1款规定:“犯罪嫌疑人认罪认罚的,人民检察院应当告知其享有的诉讼权利和认罪认罚的法律规定,听取犯罪嫌疑人、辩护人或者值班律师、被害人及其诉讼代理人对下列事项的意见,并记录在案:(一)涉嫌的犯罪事实、罪名及适用的法律规定;(二)从轻、减轻或者免除处罚等从宽处罚的建议;(三)认罪认罚后案件审理适用的程序;(四)其他需要听取意见的事项。”然而,“司法实践中,基层检察机关往往面临考核压力,听取被害人意见流于形式,办案人只是按规定进行书面记录,长此以往也就变成了仅是‘听听而已’”〔1〕。

十、参与庭审

被害人是刑事诉讼中的法定当事人,具有独立的诉讼主体地位。理论上,“被害人作为案件的关键人证,其兼具诉讼当事人和案件证据来源双重身份,这一特殊性决定了被害人调查是刑事庭审调查的重点和难点”〔2〕。被害人参与刑事庭审,知悉了全案其他证据状况,尤其是其他言词证据的状况,确实可能在一定程度上影响被害人作证的客观性。但这一制度设计,是立法者在立法时利益权衡的结果,是一种价值选择,即在保障被害人作为诉讼主体的程序参与权与确保其作为证人的客观性这两个价值目标无法兼顾的情况下,立法者优先选择了保障其作为诉讼主体的程序参与权,为此,立法者宁愿承担因被害人作证丧失客观性而导致案情晦暗不明的风险。〔3〕被害人作为犯罪后果的直接承担者,有着不同于国家利益、公共利益的独立诉求,法院有义务通知被害人参加庭审,并为被害人参与庭审提供相应的保障。〔4〕

当前《刑事诉讼法》及其司法解释,也明确规定被害人及其诉讼代理人拥

〔1〕闫秀锁、黄河、康晨朝:《认罪认罚案件被害人权利保护的思考》,载《中国检察官》2021年第19期。

〔2〕关倚琴:《被害人庭审调查规则的反思与重构》,载《人民检察》2020年第16期。

〔3〕参见万毅:《刑事被害人诉讼权利保障若干问题研究》,载《兰州学刊》2016年第12期。

〔4〕参见孙仲玲、郭永亮:《刑事被害人庭审参与权及其完善》,载《云南民族大学学报(哲学社会科学版)》2018年第6期。

有参与庭审的权利。《刑事诉讼法》第108条第2项规定："'当事人'是指被害人、自诉人、犯罪嫌疑人、被告人、附带民事诉讼的原告人和被告人。"刑事诉讼法将被害人与自诉人、被告人、附带民事诉讼的原告人、附带民事诉讼被告人并列为刑事诉讼中具有独立诉讼地位的当事人。《刑事诉讼法》第187条第3款第1句规定："人民法院确定开庭日期后，应当将开庭的时间、地点通知人民检察院，传唤当事人，通知辩护人、诉讼代理人、证人、鉴定人和翻译人员，传票和通知书至迟在开庭三日以前送达。"法院确定开庭时间，需要通知被害人的诉讼代理人，而诉讼代理人就包括被害人及其法定代理人或者近亲属委托代为参加诉讼的人。在庭审中，被害人经审判长许可，可以向被告人发问。[1] 足见，被害人当然有权参与庭审，只是被害人经过传唤或者通知未到庭的，不影响刑事案件的开庭审理。[2]

被害人拥有参与庭审的权利包括：审判信息的知情权，案卷材料的查阅权，以及参与庭审过程中享有的诉讼当事人权利，包括申请排除非法证据的权利，参加庭前会议的权利，申请鉴定人出庭的权利，申请回避的权利，申请证人、专家证人出庭的权利，申请调取证据的权利，向证人、鉴定人、被告人发问的权利，对证据发表意见的权利，提交证据材料的权利，进行辩论的权利，获取裁判文书的权利等一系列诉讼当事人应当拥有的权利。

在当前司法实践中，涉众型诈骗案件、集资案件由于被害人人数众多，法院无法让全部被害人参与刑事诉讼，被害人委托的诉讼代理人也难以参加庭审。此类案件被害人往往只能根据最高人民法院、最高人民检察院、公安部《关于办理非法集资刑事案件若干问题的意见》（高检会〔2019〕2号）的规定，向法院申请批准集资被害人代表参加庭审或者旁听庭审。

十一、民事诉讼

被害人既可以进行刑事控告，要求追究被控告人的刑事责任，也可以提起民事诉讼维权，包括提起附带民事诉讼和单独提起民事诉讼。被害人死亡或者

---

〔1〕《刑事诉讼法》（2018年）第191条第2款规定："被害人、附带民事诉讼的原告人和辩护人、诉讼代理人，经审判长许可，可以向被告人发问。"

〔2〕《刑事诉讼法解释》第225条第1款规定："被害人、诉讼代理人经传唤或者通知未到庭，不影响开庭审理的，人民法院可以开庭审理。"

丧失行为能力的，被害人的法定代理人、近亲属有权提起民事诉讼，对加害人进行索赔追偿。只是被害人的控告维权具有强烈的刑民交叉属性，附带民事诉讼的案件范围、赔偿项目有严格限制，单独提起民事诉讼也需要充分考虑刑民相互影响、先刑后民等问题。

十二、请求抗诉

被告人、自诉人及其法定代理人，不服地方各级人民法院第一审判决、裁定的，有权通过书面或者口头形式向上一级法院上诉。被告人的辩护人及其近亲属经过被告人的同意后，可以提出上诉。被害人及其亲属提起附带民事诉讼后，对附带民事诉讼部分有权提出上诉。但是，被害人不能对公诉案件进行上诉、抗诉。对刑事部分判决不服，只能申请人民检察院进行抗诉。因此，被害人作为刑事诉讼中的当事人，缺少上诉权，拥有请求检察院提起抗诉的权利。《刑事诉讼法》第229条规定："被害人及其法定代理人不服地方各级人民法院第一审的判决的，自收到判决书后五日以内，有权请求人民检察院提出抗诉。人民检察院自收到被害人及其法定代理人的请求后五日以内，应当作出是否抗诉的决定并且答复请求人。"被害人申请检察院抗诉的诉讼权利，对应的是被告人的上诉权。被告人没有申请检察院抗诉的权利，被告人对一审刑事判决不服可以提出上诉，如果同时向检察院申请抗诉，检察院往往会认为这不属于检察院的受理范围。

十三、自诉权利

自诉是指被害人亲自向法院提起刑事诉讼，直接要求法院通过审判责令加害人承担刑事责任的一种诉讼方式。[1] 在被害人死亡或者丧失行为能力的情况下，被害人的法定代理人、近亲属可以代为行使自诉权，向法院提起刑事自诉。根据《刑事诉讼法解释》第1条，刑事自诉的案件类型具体有以下三种：(1)告诉才处理的案件；(2)人民检察院没有提起公诉，被害人有证据证明的轻微刑事案件；(3)被害人有证据证明对被告人侵犯自己人身、财产权利的行为应当依法追究刑事责任，且有证据证明曾经提出控告，而公安机关或者人民检

---

〔1〕 参见俞亮、张驰：《论我国刑事被害人自诉权的保护与规制》，载《法律适用》2011年第11期。

察院不予追究被告人刑事责任的案件。

十四、索赔权利

被害人因为犯罪行为的侵害遭受的经济损失，有权对加害人进行索赔，既有权在刑事诉讼中获得赔偿，包括赔偿和解、追缴退赔，也有权提起附带民事诉讼或者单独提起民事诉讼，但各种索赔方式的程序、性质，以及能获得的赔偿项目、赔偿金额有所区别。

十五、和解权利

《刑事诉讼法》规定了刑事和解制度，在符合刑事和解适用条件的案件中，被害人与犯罪嫌疑人、被告人可以进行和解，犯罪嫌疑人、被告人赔偿损失、赔礼道歉，被害人出具谅解书，双方进行和解。[1] 即便不符合刑事和解的条件，被害人也可以与犯罪嫌疑人、被告人及其家属进行赔偿和解，对被害人而言可以弥补损失，对于犯罪嫌疑人、被告人而言，可以获得从宽处理。赔偿和解是被害人的一种刑事诉讼权利，虽然被害人与犯罪嫌疑人、被告人刑事和解并不能直接实现案结事了的结果，但被害人可以通过赔偿和解更大限度地挽回经济损失。

十六、申诉权利

刑事诉讼中的当事人及其法定代理人、近亲属，对已经发生法律效力的判决、裁定有异议，认为判决、裁定确实有错误，据以定罪量刑的证据不确实、不充分、依法应当予以排除，或者证明案件事实的主要证据之间存在矛盾，生效判决、裁定适用法律确有错误，原审诉讼程序违法等，均有权向法院或者检察院提出申诉。刑事诉讼中的当事人包括被害人、自诉人、犯罪嫌疑人、被告人、附带民事诉讼的原告人和被告人。因此，理论上被害人对生效判决、裁定不服，享有申诉的权利。[2]

刑事诉讼中被害人的权利有一个明显的特点，就是被害人对刑事诉讼没有提出独立诉讼请求的权利，被害人无权增加或者减少控告的事实，无权撤销案

---

〔1〕 参见杨旭亮：《被害人刑事诉讼权利研究》，吉林大学2016年博士学位论文。

〔2〕 《刑事诉讼法》第108条第2项。

件、无权撤回公诉案件。[1] 犯罪嫌疑人、被告人在刑事诉讼中都可以提出独立的诉讼请求,如无罪或者罪轻的请求,自诉人也有独立的刑事诉讼请求权,即使被害人与犯罪嫌疑人、被告人达成和解,要求不予追究犯罪嫌疑人、被告人的刑事责任,司法机关也应当依法继续追究犯罪嫌疑人、被告人的刑事责任,绝大多数案件双方和解只能作为犯罪嫌疑人、被告人酌情从宽处理的情节。

十七、诉讼义务

被害人刑事控告维权过程中,既有各项诉讼权利,也有相应的各项诉讼义务。结合《刑事诉讼法》及其司法解释等法律法规,被害人的诉讼义务主要有以下几个方面:

1. 作证的义务

《刑事诉讼法》第 62 条第 1 款规定:"凡是知道案件情况的人,都有作证的义务。"该规定适用于所有诉讼参与人。被害人作为刑事控告维权的推动者和直接获益者,无疑更有作证、配合调查取证的义务。被害人未能积极配合司法机关调查取证,刑事案件则难以推进,那么刑事案件的处理结果将不利于被害人的利益。

2. 如实提供证据、如实陈述的义务

被害人应当如实向公安机关、人民检察院、人民法院及其工作人员作出陈述,故意捏造事实,提供虚假陈述,情节严重的,应当承担法律责任。如实提供证据、如实陈述的义务实际上也适用于所有诉讼参与人。

3. 在询问笔录上签字和按要求书写陈述的义务

被害人配合司法机关调查取证时有权对笔录进行修改,但经核对无误后,被害人也应当在询问笔录上逐页签名、盖章或者捺指印,没有正当理由不能拒绝在笔录上签字、捺指印。必要时,经办案人员要求,被害人还应当配合亲笔书写相关案件情况。对被害人提供的证据材料,被害人也应当配合作为证据提供人签名确认。

4. 接受检查、搜查的义务

部分犯罪案件中,办案机关为调查取证,需要对被害人的人身或物品进行检查,提取被害人或犯罪嫌疑人、被告人的指纹信息、血迹、尿液等生物样本,以

---

[1] 参见裴仕彬:《刑事被害人身份困境及改革思路》,载《社科纵横》2018 年第 11 期。

确定被害人或犯罪嫌疑人、被告人的某些特征或者生理状态。如果被害人是女性,应当由女工作人员或者医师进行人身检查。部分案件中,办案机关则需要对相关场所进行勘验、检查、搜查,被害人都应当予以积极配合。

5. 其他义务

被害人作为刑事控告的发起者,本就应当积极配合办案机关的调查取证,根据办案机关的要求搜集并提交相关证据材料,这是被害人的诉讼权利,同时也是被害人配合调查的义务。例如,在职务侵占、挪用资金等案件中,办案机关在侦查过程中,往往会要求被害单位对资金被侵占、挪用的情况进行梳理,并委托第三方机构进行专项审计,向办案机关提供专项审计报告。此时,被害人不能因为资金去向复杂、无法核查清楚等原因推诿卸责,或者要求公安机关自行委托专项审计。被害人的不积极配合,无疑会直接导致控告维权效果不理想。又如,刑事自诉案件中,法院往往会要求自诉人提供被告人的联系方式等个人信息,此时虽然困难重重,但自诉人也需要积极搜寻,尽量提供被告人的有效联系方式,避免刑事自诉案件无法推进。

第二节
代理人的诉讼权利

在刑事诉讼过程中,被害人及其法定代理人或者近亲属几乎可以参与诉讼的所有环节。但是,刑事诉讼是非常专业的诉讼活动,被害人及其法定代理人、近亲属,如果缺乏相应的法律专业知识,很难有效参与刑事诉讼程序,提出有效的诉求。此时委托律师作为被害人的诉讼代理人,就显得尤为必要。

一、代理人的诉讼权利

我国刑事诉讼中的代理人具有特殊的含义。《刑事诉讼法》第 108 条第 5 项规定:"'诉讼代理人'是指公诉案件的被害人及其法定代理人或者近亲属、自诉案件的自诉人及其法定代理人委托代为参加诉讼的人和附带民事诉讼的当事人及其法定代理人委托代为参加诉讼的人。"刑事诉讼的代理人既包括被害人委托的代理人,也包括被害人的近亲属委托的代理人。因此,严格意义上来说,即便被害人死亡,律师仍然可以作为家属的诉讼代理人参与诉讼。

（一）诉讼代理人的权利来源

现行法律法规并没有明确规定诉讼代理人的诉讼权利与被害人的诉讼权利完全等同，也没有明确规定诉讼代理人的诉讼权利全部来源于被害人的诉讼权利。有观点认为，诉讼代理人的诉讼权利来源有两种：一是当事人的授权；二是法律的授权。实践中存在两种观点：一种观点认为，当事人的诉讼权利都可以委托诉讼代理人行使，但是为方便诉讼代理人履职，法律还专门规定诉讼代理人参加诉讼活动时所享有的特殊权利，如开庭审理中对有关诉讼参与人的发问权、法庭辩论权等。[1] 这种观点在理论上有一定合理性。然而，在《刑事诉讼法》中，被害人等当事人同样拥有发问权、法庭辩论权等，如《刑事诉讼法》第191条第2款规定："被害人、附带民事诉讼的原告人和辩护人、诉讼代理人，经审判长许可，可以向被告人发问。"第198条第2款规定："经审判长许可，公诉人、当事人和辩护人、诉讼代理人可以对证据和案件情况发表意见并且可以互相辩论。"另一种观点认为，诉讼代理人权限不应超出被代理人的权利范围，否则与诉讼代理人的诉讼主体地位并不相符，也与诉讼代理制度的原理不符。[2]

我们倾向于认为，被害人的诉讼代理人的角色本身是为了更好地保障被害人的诉讼权利，被害人的诉讼权利理论上都可以委托诉讼代理人来行使，诉讼代理人的权利依据是向司法机关提交的"授权委托书"，来自被害人的委托，因此，诉讼代理人的诉讼权利并不能超越被害人的诉讼权利。

（二）诉讼代理人的委托时机

《刑事诉讼法》第34条第1款规定："犯罪嫌疑人自被侦查机关第一次讯问或者采取强制措施之日起，有权委托辩护人……"第46条规定："公诉案件的被害人及其法定代理人或者近亲属，附带民事诉讼的当事人及其法定代理人，自案件移送审查起诉之日起，有权委托诉讼代理人……人民法院自受理自诉案件之日起三日以内，应当告知自诉人及其法定代理人、附带民事诉讼的当事人及其法定代理人有权委托诉讼代理人。"由此可见，遵照法条理解，犯罪嫌疑人可以委托辩护人的时机远早于被害人可以委托诉讼代理人的时机。犯罪

---

〔1〕 参见陈国芳：《试论刑事诉讼代理人的有关问题》，载《湖南省政法管理干部学院学报》2002年第6期。

〔2〕 参见杨立新：《辩护人与刑事诉讼代理人权利本源探析》，载《广西政法管理干部学院学报》1999年第3期。

嫌疑人早在被侦查机关第一次讯问或者采取强制措施之日起，就有权委托辩护人。被害人只有在审查起诉之日起，才能委托诉讼代理人，在此之前，被害人委托的律师并不是严格意义上的“诉讼代理人”，律师协助代理被害人参与诉讼活动，多少有点“名不正言不顺”。

在司法实践中，刑事案件被害人的诉讼代理人的委托时点范围实际远超出法律规定，被害人可以随时委托律师作为诉讼代理人，提供法律帮助，尤其是在刑事控告阶段，律师往往就已经以诉讼代理人的身份出现，协助被害人向公安机关进行刑事控告，以最大限度地维护其合法权益。

二、被害人死亡案件代理人的权利

诉讼代理人参与刑事诉讼经常出现这样一个争论：被害人已经死亡，被害人家属委托的诉讼代理人参加刑事诉讼，能不能对刑事部分发表意见？还是只能提起附带民事诉讼并只能就民事赔偿部分发表意见？这个问题直接关系到被害人的诉讼权利，有必要予以厘清。

办案过程中，我们发现部分法官认为，被害人既然已经死亡，就不存在被害人的诉讼代理人的问题，被害人家属只能提起刑事附带民事诉讼，以刑事附带民事诉讼原告的身份参与刑事附带民事诉讼程序，相应地，律师作为被害人家属的诉讼代理人，只能代理刑事附带民事诉讼部分，因此只能就民事部分发表意见，不能就刑事部分发表意见。

例如，黄某被故意杀害案：

该案被害人黄某已经死亡，黄某的家属提起刑事附带民事诉讼，并委托律师作为诉讼代理人参与诉讼。在庭审中，诉讼代理人多次向法官解释，他既是以被害人近亲属的诉讼代理人身份参加刑事庭审，同时也是以刑事附带民事诉讼原告的诉讼代理人身份参加民事部分诉讼。在法庭辩论阶段，公诉机关宣读公诉意见，被告人的辩护律师发表辩护意见，随后诉讼代理人针对刑事定罪量刑部分和民事赔偿部分均发表代理意见。在对刑事部分发表意见时，审判长予以制止，认为诉讼代理人只能就民事赔偿部分发表意见，由此诉讼代理人与审判长发生意见分歧。

诉讼代理人提出：审判长，我既是附带民事诉讼原告的诉讼代理人，也是被害人近亲属在刑事部分的诉讼代理人，因此有权对刑事部分发表意见。

审判长反驳认为:被害人已经死亡,不存在被害人的诉讼代理人,因此,你是被害人近亲属的诉讼代理人,只能是附带民事诉讼的代理人,只能就民事部分发表意见。

对审判长的该反驳意见,诉讼代理人不能接受。被害人近亲属委托的诉讼代理人不能参与刑事庭审?不能对刑事部分发表意见?诉讼代理人参加刑事庭审的权利,来自被害人近亲属的委托。如果诉讼代理人不能参加刑事庭审,则意味着被害人近亲属也不能参加刑事庭审。这显然有待商榷。

按照该案审判长的观点,被害人近亲属如果不提起刑事附带民事诉讼,那么他们就不能参加刑事诉讼,不能对刑事部分发表意见,不能要求严惩凶手,委托的诉讼代理人也不能参加刑事庭审。这种理解不符合法律规定,也不符合情理。被害人的近亲属惨痛地失去亲人,连在法庭上发言要求严惩被告人的资格都没有?相反,检察院对被害人近亲属参与刑事诉讼的权利的认识是比较正确的。起诉书已经明确,检察院受理审查起诉后,“于××××年××月××日告知被害人近亲属有权委托诉讼代理人”。检察院告知被害人近亲属有权委托的诉讼代理人显然不是刑事附带民事诉讼代理人,而是作为参与刑事诉讼程序的诉讼代理人。

我们认为,刑事诉讼代理人的委托主体可以是被害人本人,被害人死亡的案件,其近亲属或法定代理人也可以委托律师作为诉讼代理人参加诉讼。诉讼代理人的权限是法定的、一致的,诉讼代理人的权限不会因为被害人是否死亡而有所不同。从法律规定上看,被害人的法定代理人、近亲属委托诉讼代理人参与刑事诉讼的权利是非常明确的。

1.诉讼代理人的委托主体

诉讼代理人既可以是被害人委托的,也可以是被害人近亲属、法定代理人委托的。《刑事诉讼法》第46条规定:“公诉案件的被害人及其法定代理人或者近亲属,附带民事诉讼的当事人及其法定代理人,自案件移送审查起诉之日起,有权委托诉讼代理人……”第108条第5项规定:“‘诉讼代理人’是指公诉案件的被害人及其法定代理人或者近亲属、自诉案件的自诉人及其法定代理人委托代为参加诉讼的人和附带民事诉讼的当事人及其法定代理人委托代为参加诉讼的人。”根据上述法律规定,诉讼代理人的委托人可以是:被害人本人、被害人的法定代理人、被害人的近亲属、附带民事诉讼的当事人、附带民事诉讼当事人的法定代理人。因此,被害人已经死亡的,被害人的近亲属仍然可以委托诉讼代理人参与刑事诉讼,对刑事部分的事实、证据、法律适用等问题发表意见。

2. 刑事案件的诉讼代理人与附带民事诉讼案件的代理人

被害人近亲属、法定代理人委托的诉讼代理人与刑事附带民事诉讼原告委托的诉讼代理人,并不是一回事。《刑事诉讼法》第 46 条规定:“公诉案件的被害人及其法定代理人或者近亲属,附带民事诉讼的当事人及其法定代理人,自案件移送审查起诉之日起,有权委托诉讼代理人……”从上述法律规定可知,被害人的近亲属、法定代理人可以委托诉讼代理人参与诉讼,如果提起附带民事诉讼,那么,可以委托诉讼代理人;如果不提起附带民事诉讼,当然也可以委托诉讼代理人参加刑事诉讼。言外之意是,被害人的近亲属、法定代理人可以委托律师作为诉讼代理人参加刑事诉讼,还可以在提起刑事附带民事诉讼时另行委托其他律师作为附带民事诉讼的诉讼代理人参加民事部分的诉讼。由此可见,近亲属的诉讼代理人和附带民事诉讼原告人的诉讼代理人,并不能等同。

3. 诉讼代理人可以对刑事部分发表意见

《刑事诉讼法》第 198 条第 1 款、第 2 款规定:“法庭审理过程中,对与定罪、量刑有关的事实、证据都应当进行调查、辩论。经审判长许可,公诉人、当事人和辩护人、诉讼代理人可以对证据和案件情况发表意见并且可以互相辩论。”由此可见,诉讼代理人可以对与定罪、量刑有关的事实、证据发表代理意见,也可以参与法庭辩论。即便被害人没有提起刑事附带民事诉讼,被害人仍然可以根据上述法律规定,出席刑事庭审,对刑事部分的事实、证据和法律适用发表意见。相应地,被害人当然可以将这种权利委托给诉讼代理人,由诉讼代理人参与刑事庭审发表意见。因此,无论是否提起刑事附带民事诉讼,律师作为被害人近亲属、法定代理人的诉讼代理人可以参与刑事诉讼,对事实、证据、法律适用等问题发表意见。即便被害人死亡,被害人的近亲属也可以在不提起刑事附带民事诉讼的情况下参与刑事庭审,对刑事部分发表意见,被害人的近亲属当然可以将该权利委托诉讼代理人行使。

例如,夏某涉嫌交通肇事罪案:

该交通肇事案的被害人已经死亡,被害人的家属委托律师作为诉讼代理人参加刑事庭审,本案的争议焦点在于:被告人夏某在倒车过程中是否存在二次碾压,是构成故意杀人罪还是交通肇事罪;是否具有交通肇事后逃逸及逃逸致人死亡情节;被告人夏某是否构成自首;如何对被告人夏某量刑。法院充分听取了被害人诉讼代理人、辩护人及公诉机关对争议焦点的意见。[1]

又如,美的集团股份有限公司被假冒注册商标案:

被害单位并未提起刑事附带民事诉讼,庭审中,被害单位也委托律师作为诉讼代理人参加刑事庭审,并对各被告人进行讯问。一审判决后,被告人上诉认为,"原审法院在美的集团股份有限公司未提起刑事附带民事诉讼的情况下,让该公司的代理律师参加庭审并对各被告人进行讯问,程序严重违法,本案应发回重审或撤销原审判决、依法改判"。二审裁判认为:"美的集团股份有限公司虽未在本案中提起附带民事诉讼,但其作为被害单位,根据《中华人民共和国刑事诉讼法》第一百八十六条的规定,可以出席庭审,经审判长许可,可以向被告人发问,审判人员也可以讯问被告人。"[2]即二审认为此情形不属于程序违法。

第三节
被害人维权受阻的救济经验

被害人控告维权是漫长的过程,维权途中遍布需要解决的难题。从刑事控告、侦查、审查起诉、审判直至裁判生效后的刑事财产执行,被害人都可能会面临各种各样的不如意结果。面对控告维权受阻的不如意结果,每个阶段都需要寻求有效的救济手段,救济手段运用恰当就可以顺利推进刑事控告维权,如果不懂得运用救济手段或者运用不当,则刑事控告维权将难以推进。

一、控告阶段的权利救济

刑事控告是被害人刑事维权的第一步。这个阶段经常遇到的问题是公安机关拒绝受理,或者受理后不予立案。公安机关审查认为没有犯罪事实、犯罪事实不清或者不是被控告人实施的,作出不予受理或者不予立案的决定。此

---

〔1〕 参见江西省铅山县人民法院刑事判决书,(2015)铅刑初字第177号。
〔2〕 广东省佛山市中级人民法院刑事裁定书,(2018)粤06刑终235号。

时，被害人刑事控告无法推进。被害人不服，可以寻求申请立案监督等其他救济。立案监督既包括向作出不予立案决定的公安机关提出复议，也包括向其上级公安机关提出复核。同时，被害人也可以向检察机关提出申诉，要求检察机关对公安机关不予受理或不予立案的行为进行立案监督。

（一）拒绝受理

对于公民扭送、报案、控告、举报或者犯罪嫌疑人自动投案自首的，公安机关都应当接受，接受相关证据材料，制作受案登记表和受案回执，并且将受案回执交给扭送人、报案人、控告人、举报人。该类规定已经非常具体、明确。[1] 然而，在办案过程中，被害人及代理律师遭受刑事控告受理难的问题也偶有发生，此时，被害人及代理律师只能通过公安机关和检察院的立案监督进行救济。

例如，某贸易公司被职务侵占控告维权案：

我们接受被害单位的委托到当地派出所进行刑事控告。当地派出所办案人员收取刑事控告书及部分证据材料后，还对代理律师制作询问笔录、出具接受证据材料清单。然而，办案人员表示因为不是正式受理案件，只是暂时收取证据材料，因此不能出具受理回执。我们不同意，认为是正式报案，办案人员也收取了证据材料，还制作报案的笔录，当然应该出具受理回执，这有明确的法律规定。经过沟通争取，办案人员最终才同意出具受理回执。

---

〔1〕《公安机关办理刑事案件程序规定》（2020 年）第 169 条规定：“公安机关对于公民扭送、报案、控告、举报或者犯罪嫌疑人自动投案的，都应当立即接受，问明情况，并制作笔录，经核对无误后，由扭送人、报案人、控告人、举报人、投案人签名、捺指印……”第 171 条规定：“公安机关接受案件时，应当制作受案登记表和受案回执，并将受案回执交扭送人、报案人、控告人、举报人。扭送人、报案人、控告人、举报人无法取得联系或者拒绝接受回执的，应当在回执中注明。”

公安部《关于改革完善受案立案制度的意见》（公通字〔2015〕32 号）中规定：“……各省级公安机关依托警务信息综合应用平台，建立完善全省区市统一的接报案、受案立案功能模块。对于群众报案、控告、举报、扭送，违法犯罪嫌疑人投案，以及上级机关交办案件或者其他机关移送的案件，属于公安机关管辖的，各办案警种、部门都必须接受并依照有关规定办理，不得推诿。对于上述接受的案件以及工作中发现的案件，除性质和事实涉及国家秘密的以外，都必须进行网上登记。涉嫌犯罪的，按照刑事案件进行立案审查；涉嫌行政违法的，按照行政案件进行受案审查。群众上门报案的，应当当场进行接报案登记，当场接受证据材料，当场出具接报案回执并告知查询案件进展情况的方式和途径。对明显不属于公安机关职责范围的报案事项，应当立即告知报案人向其他有关主管机关报案。对重复报案、案件正在办理或者已经办结的，应当向报案人作出解释，不再重复接报案登记。”

又如,刘某被诈骗控告维权案:

被害人刘某向张某购买一批二手车,交付款项后,刘某收取车辆,将车辆放置在其仓库中。某天夜里,该批车辆被人全部“盗窃”,经过报警处理,公安机关介入了解情况,才发现“盗窃”车辆的人,是该批车辆的所有权人和债权人,刘某无法要求他们返还车辆。此时,刘某才发现,张某并无车辆的处置权,其谎称是该批二手车辆的所有权人,骗取刘某的信任,让刘某陷入错误认识,交付了款项。最终,刘某遭受诈骗,钱货两空。无奈之下,刘某拟向公安机关刑事控告张某诈骗的犯罪事实。于是,代理律师协助被害人刘某到当地A市公安机关进行刑事控告,然而,公安机关告知犯罪嫌疑人张某已经因为其他的诈骗案件被B市公安机关立案侦查,因此拒绝受理,要求被害人刘某去B市公安机关刑事控告。于是,代理律师又陪同被害人刘某到已经对犯罪嫌疑人张某刑事立案的B市公安机关继续报案,要求予以立案。然而,办案人员告知,刘某被诈骗的犯罪事实并未发生在其辖区,不属于其管辖的刑事案件,因此拒绝受理,告知刘某向A市公安机关进行刑事控告。沟通无果后,刘某只能向公安机关或者向检察院以申请立案监督的方法,来解决公安机关拒绝受理的问题。

再如,某公司印章被伪造控告维权案:

该公司系日某公司的大股东,日某公司另外几名股东为梁某等人。梁某等小股东为了获得日某公司的控制权,变更工商登记,伪造了大股东被害单位的印章,并用该印章召开了日某公司的股东会,通过了变更执行董事、法定代表人、财务负责人、修改公司章程等重大事项的股东会决议,并顺利进行了日某公司的工商登记变更,获得了日某公司的实际控制权。被害单位的经营注册地址在A市,而日某公司的经营注册地址在B市,犯罪行为发生在B市日某公司。

事后,被害单位向犯罪行为所在地B市公安机关某派出所控告梁某等人伪造被害单位印章的犯罪事实。公安机关收取了刑事控告材料,但是始终以正在调查、属于经济纠纷等理由未予正式受理,更未刑事立案。无奈之下,被害单位向其经营注册所在地A市公安机关某派出所进行刑事控告,A市公安机关要求被害单位到犯罪行为所在地公安机关进行刑事控告。我们告知A市公安机关,被害单位已经到B市公安机关进行刑事控告,但无果。于是,A市公安机关办案人员告知被害单位,既然已经先行向B市公安机关进行刑事立案,那么只有等到B市公安机关的立案审查有了不予受理、不予立案的结果后,A市公安机关才能受理立案。因此，办案人员要求被害单位出具B市公安机关不予受理、不予立案的书面材料，才能予以受理。无奈之下，被害单位只能继续向公安机关及检察机关申请立案监督。

（二）不予立案

对于被害人的刑事控告，公安机关都应当受理案件，并进行审查，出具审查结果。对于违法犯罪事实清楚的案件，公安机关各办案警种、部门应当即受即立即办，不得推诿拖延。行政案件受案审查期限原则上不超过24小时，疑难复杂案件受案审查期限不超过3日。刑事案件立案审查期限原则上不超过3日；涉嫌犯罪线索需要查证的，立案审查期限不超过7日；重大疑难复杂案件，经县级以上公安机关负责人批准，立案审查期限可以延长至30日。法律、法规、规章等对受案立案审查期限另有规定的，从其规定。[1] 公安机关立案审查的结果既可能是作出刑事立案的决定，也可能是作出不予立案的决定。公安机关如果认为没有犯罪事实，或者犯罪事实显著轻微不需要追究刑事责任，或者具有其他依法不追究刑事责任的情形，就会作出不予立案的决定。对有控告人的案件，决定不予立案的，公安机关应当制作不予立案通知书，并在3日以内送达控告人。决定不予立案后又发现新的事实或者证据，或者发现原认定事实错误，需要追究刑事责任的，应当及时立案处理。

对于公安机关不予立案的处理结果，被害人可以进一步采取救济措施，包括复议、复核及立案监督。被害人可以向作出不予立案决定的公安机关申请复议；如复议决定维持不予立案的决定，被害人仍然不服，则可以向上一级公安机关申请复核。[2] 经过公安机关复议、复核仍然不予立案的，被害人还可以申请检察院进行立案监督。检察院应当受理，并进行审查。在审查过程中，检察院可以要求公安机关说明不予立案的理由，检察院认为应当立案而公安机关不予立案的，应通知公安机关立案，公安机关接到通知后应当予以刑事立案。[3]

例如，彭某控告张某涉嫌非法经营罪案：

彭某认为张某的非法经营行为损害了其利益，因此委托律师向公安机关

〔1〕 参见《公安机关办理刑事案件程序规定》（2020年）第178条；公安部《关于改革完善受案立案制度的意见》（公通字〔2015〕32号）。

〔2〕 参见《公安机关办理刑事案件程序规定》（2020年）第179条。

〔3〕 参见《人民检察院刑事诉讼规则》第557条、第561条。

经侦部门控告彭某涉嫌无证经营加油站的非法经营事实。后公安机关经过审查出具了不予立案通知书，认为经审查没有犯罪事实，决定不予立案。彭某认为张某的非法经营罪犯罪事实清楚、证据确实充分，对公安机关不予立案通知书不服，于是在收到不予立案通知书后向作出不予立案通知书的公安机关申请复议，公安机关作出复议维持结论后，控告人就向上一级公安机关提出复核。复核结果如果依然是不予刑事立案，则彭某只能向检察院申请立案监督。

又如，李某家属控告维权案：

李某被发现在某个小区坠亡，死亡3天后才被群众发现，公安机关介入调查，调查结论认为，未发现他杀迹象。法医鉴定机构对被害人李某进行死因鉴定，鉴定意见显示被害人“符合高坠致重度头部、胸腹部损伤死亡”。李某的家属认为公安机关没有尽责调查，明显是他杀，不可能是自杀，公安机关应当进行刑事立案。尽管被害人家属提出诸多诉求，但公安机关仍然认为没有他杀迹象，迟迟不予刑事立案。李某的家属维权无果，向律师寻求帮助。

代理律师向被害人家属提出以下三点建议：

第一，与公安机关办案人员保持充分沟通，并提出明确的调查建议与维权诉求。律师需要特别建议被害人家属与公安机关办案人员保持密切沟通。不论采用什么方法，沟通过程中，被害人家属都需要达到两个目的：首先，了解公安机关都做了哪些工作、调查了哪些人、收集了哪些证据、走访了哪些群众、调取了哪些监控录像、调取了哪些聊天记录等，对于为什么没有他杀迹象的理由应当具有充分的说服力。据此，被害人家属就可以推敲、判断公安机关调查取证工作是否充分，公安机关的调查结论是否准确。其次，提出建议或要求公安机关继续调查的方向和内容，提出明确的诉求。在了解公安机关调查取证工作内容后，家属或律师可以提出公安机关没有做足的工作、遗漏搜集的证据，提出公安机关应当继续调查的方向和调查事项，要求公安机关去做这些调查取证的工作。毕竟，刑事案件侦查取证的权力和资源都在公安机关，不论是与办案人员沟通，还是要求检察院侦查监督，最终目的还是督促公安机关办案人员努力办案、尽职调查。

第二，走访相关人员、寻找相关证据。尽管被害人家属、律师与公安机关办案人员充分沟通，要求他们尽职调查取证，但有效沟通的前提是被害人家属、律师非常了解案件情况，甚至有相关办案经验，必要时，家属需要实地走访案发地点、走访相关人员、寻找相关证据线索和材料，如此，才能够给办案人员提出明确的侦查方向和建议。

第三，向具有专业知识的人员求助。刑事案件中涉及的法律外问题，如果影响到案件的定性、被害人的控告维权，则被害人需要及时寻求专业人员的帮助，如会计师、医生、法医专家等。在损伤程度、死亡原因、精神状况等法医鉴定事宜与刑事控告维权息息相关时，律师首先建议家属向法医专家求助。在该案中，我们建议被害人家属首先寻求法医专家的帮助，让法医专家对被害人的死因鉴定意见、被害人的身体受伤情况等进行专业分析，复核审查死因、被害人的身体受伤情况（生前伤与死后伤）、损伤成因等方面问题。经过法医专家的复核审查意见，被害人家属的接受程度会更高。如果被害人家属自己委托的法医专家复核审查意见也认为排除他杀的可能，被害人家属接受程度也会更高；如果复核审查意见认为被害人死因存疑，提出诸多疑点和意见，这些是被害人家属与公安机关办案人员进一步沟通的重要依据，也可以作为家属申请重新鉴定的重要依据。

再如，林某家属控告维权案：

被害人林某在羁押场所死亡，办案机关委托司法鉴定机构对林某的死亡原因进行鉴定，鉴定意见显示"林某符合因慢性硬脑膜下出血致急性中枢神经系统功能障碍死亡，死亡数天前的摔跌可致上述死亡"。办案机关也出具情况说明，证明林某在死亡前3天摔倒一次。

林某的家属对该死因鉴定意见非常不满意，但与相关办案机关沟通无果，于是寻求律师的帮助。我们马上建议林某的家属寻找法医专家沟通，听取法医专家的意见。沟通之后，法医专家也对被害人的死亡原因提出质疑。于是，被害人家属委托法医专家作为有专门知识的人对死因鉴定意见进行文证审查。法医专家审查之后，出具了法医学书证审查意见书，认为"被审查人林某系慢性硬膜下血肿死亡，慢性硬膜下血肿的形成时间在3周以上，与3天前的所谓'跌倒'无关；××人员缺乏必要的谨慎注意，存在明显的救治延误，其过失行为与被审查人林某最终死亡存在一定的因果关系"。该审查意见有力地支持了林某家属的诉求，且暴露了相关监管人员的过失行为，为后续家属继续维权提供了有力的支持。

二、侦查阶段的权利救济

对被害人来说，公安机关对犯罪嫌疑人刑事立案是控告维权成功的第一步，但并不意味着对犯罪嫌疑人刑事立案就一定能够控告维权成功。很多时候，由于犯罪嫌疑人的抗辩、案件证据、法律适用等多种问题，刑事案件很可能无法推进。公安机关刑事立案后，常见的问题是案件迟迟无法推进，或者公安机关直接撤销刑事案件，并未继续侦查，更未将案件移送检察院审查起诉。此时，被害人刑事控告维权就难以推进。

（一）立案后未推进

公安机关刑事立案后可能由于证据收集难度大、侦查方向不准确、犯罪嫌疑人辩解、相关证人拒不配合等多种主客观原因，案件迟迟无法推进。此时，从维权的有效性出发，被害人及代理律师需要做两方面的工作：其一，积极搜集证据及证据线索，提供给侦查机关，帮助侦查机关顺利推进案件；其二，催促侦查机关积极搜集调取证据。如此，或许可以在一定程度上推动案件顺利侦办。

例如，倪某被故意伤害控告维权案：

倪某和王某因生活琐事口角纠纷，两人发生肢体冲突，后倪某被送往医院救治，被诊断出喉骨严重骨折，在医院住院将近一个月，后声音沙哑异常，无法恢复正常，日常生活工作都受到严重影响。法医鉴定意见显示，损伤程度暂定为轻伤一级，等伤情稳定后，再进一步鉴定。根据法医专家介绍，再次鉴定可能会鉴定出重伤的伤情结果。

倪某案发后第一时间报案维权，控告林某对其实施故意伤害行为，要求追究林某故意伤害罪的刑事责任。轻伤的伤情鉴定意见出具后，公安机关就对林某以涉嫌故意伤害罪为由刑事立案，案件顺利进入侦查阶段。然而，林某对双方争执的过程、被害人倪某受伤的原因等，有另外一番解释，林某讲述了另外一个版本的案发经过。因为找不到其他证人，事发现场也没有监控录像，林某和倪某双方又各执一词。公安机关并没有对犯罪嫌疑人林某采取任何强制措施，案件无法推进，倪某的控告维权效果不佳。

被害人及代理律师需要在分析证据状况的基础上，做两方面的工作：其一，积极与办案机关沟通，配合公安机关寻找目击证人，为公安机关提供证人，协助公安机关搜集更多证言，并要求公安机关对犯罪嫌疑人林某采取强制措施。其二，代理律师向公安机关提交法律意见，虽然本案缺少监控录像，但犯罪嫌疑人承认与被害人发生过肢体冲突，现场只有犯罪嫌疑人与被害人，被害人的受伤部位特殊——喉部，该部分受伤极有可能不是被害人自伤自残导致的，可以认定为犯罪嫌疑人造成的，犯罪嫌疑人的行为已经构成故意伤害罪。

（二）撤销刑事案件

刑事控告过程中，被害人也可能会遇到公安机关立案后认为没有犯罪事实或者事实不清、证据不足、不需要继续追究刑事责任等原因而撤销刑事案件，此时，被害人刑事控告维权失败。被害人不服公安机关撤销案件的决定，想要进一步维权，可以做两方面工作：

其一，积极搜集新事实、新证据，继续控告，要求予以立案调查。不可否认，这种情况下被害人继续控告要求公安机关继续侦查的难度是比较大的，案件毕竟经过一次侦查，公安机关也给出侦查处理结论，被害人想要推翻该结论，认为公安机关撤销案件的决定是错误的，难度可想而知。但以新犯罪事实或者证明犯罪事实的新证据为由继续控告，是比较有效的救济路径。

其二，对于公安机关不予立案的刑事案件，被害人只要有证据证明遭受犯罪行为侵害，证明被控告人的行为已经构成犯罪，被害人可直接向法院进行刑事自诉，追究被控告人的刑事责任。

例如，朱某等人涉嫌强迫交易罪案：

公安机关对朱某等人的强迫交易事实刑事立案，但调查后认为“情节显著轻微，危害不大，不认为是犯罪”，于是，公安机关对朱某等人的强迫交易刑事案件作撤案处理。几年后，朱某等人被指控涉嫌组织、领导黑社会性质组织罪，相关被害人在公安机关征集犯罪线索过程中，向公安机关控告朱某等人这两宗强迫交易的犯罪事实。最后，该两宗违法事实，被重新立案调查，继续被指控为犯罪，并且作为黑社会性质组织犯罪的重要组成部分。辩护人提出，这两宗指控的强迫交易事实，公安机关已经调查清楚，认为“情节显著轻微，危害不大，不认为是犯罪”，已经案结事了，因此不能重新立案，继续追究朱某等人的刑事责任。裁判认为，案件撤销后，公安机关发现了新的事实和证据，重新立案侦查，检察院提起公诉，均符合有关规定。

又如，张某等人涉嫌职务侵占罪案：

作为被害人的邱某多次以公司名义到公安机关控告张某等人职务侵占，但公安机关立案侦查后，认为张某等人的行为不构成犯罪，予以撤案。根据《刑事诉讼法》相关规定，被害人有证据证明对被告人侵犯自己人身、财产权利的行为应当依法追究刑事责任，而公安机关或者人民检察院不予追究被告人刑事责任的案件，属于自诉案件。于是，邱某转而以张某涉嫌侵占罪为由向法院提起刑事自诉。

三、审查起诉阶段的权利救济

公安机关将案件侦查终结，移送检察院审查起诉，已经是刑事维权取得的重要成果和进展。但检察院的审查结果也不一定符合被害人的控告维权诉求。例如，检察院决定对全案不起诉，对部分犯罪事实提起公诉，或者虽然提起公诉但认定了对被害人维权不利的罪名等，出现此类情形时，被害人的控告维权诉求并未完全实现，被害人还需要进一步采取维权救济措施。

（一）三种救济方式

检察院对案件进行审查起诉，作出是否提起公诉以及提起公诉的具体事实、罪名、金额等，该审查结论对被害人控告维权都可能产生重大影响。检察院对案件审查起诉时，对被害人维权产生重大影响的情形有很多种，被害人的维权救济途径也因此有所不同。

从救济方式上看，对审查起诉的结果不服，被害人有三种救济方式可以选择：既可以向检察院提起申诉，也可以通过参与刑事庭审要求法院支持被害人的诉求，还可以向法院提起刑事自诉。

从救济内容上看，可以分为被害人对起诉书内容不服和对不起诉决定书不服，被害人需要救济的内容不同，相应能采取的救济方式亦有所不同。

其一，对起诉书不服。如果起诉书仅支持被害人的部分控告内容，则被害人可以向检察院提起申诉或者直接就未指控部分向法院提起刑事自诉。又如，检察院起诉所适用的罪名与被害人刑事控告的罪名不同，被害人不服时，由于检察院已经对该事实提起公诉，被害人不能再重复提起刑事自诉。此时，被害人除了向检察院提起申诉，提出变更起诉罪名的诉求外，还可以通过参与刑事庭审，提出罪名适用的意见，要求法院判决时予以变更罪名。

其二，对不起诉决定书不服。对检察院作出的不起诉决定书不服，被害人可以向上一级检察院提出申诉，请求提起公诉。上一级检察院对不起诉决定书进行复查，并将结果告知被害人。被害人也可以不经过申诉，直接向法院提起刑事自诉。被害人提起刑事自诉后，检察院应当将有关案件材料移送法院。《刑事诉讼法》第171条第1项规定："人民检察院审查案件的时候，必须查明：（一）犯罪事实、情节是否清楚，证据是否确实、充分，犯罪性质和罪名的认定是否正确。"因此，被害人对不起诉决定书不服的申诉，应该着重论述两个方面的问题：首先，不起诉决定书是否正确，是否符合法律规定；其次，犯罪嫌疑人是否构成其他罪名，是否存在犯罪事实需要追究刑事责任。检察院作为法律监督机关，不仅要审查公安机关移送审查起诉的犯罪事实、罪名是否成立，还应当审查犯罪嫌疑人是否构成其他犯罪，如果构成其他犯罪，应当一并提起公诉。对不起诉决定书不服向检察院提出申诉时，被害人应当立足于犯罪嫌疑人的行为构成犯罪而提出追究刑事责任的诉求，理由既包括犯罪嫌疑人的行为构成原指控的罪名，也包括犯罪嫌疑人的行为构成其他犯罪。

例如，薛某涉嫌职务侵占罪案：

检察院认为公安机关认定薛某涉嫌职务侵占罪的事实不清、证据不足，不符合起诉条件，决定对薛某不起诉。被害人对该不起诉决定不服，向上一级检察院提出申诉。

此时，被害人申诉应当着重提出两个方面的问题：其一，对薛某涉嫌职务侵占罪，事实是否清楚、证据是否充足，进行充分论述；其二，即使薛某不构成职务侵占罪，薛某也符合其他犯罪（如合同诈骗罪），在存在犯罪事实需要追究刑事责任的情况下，检察院还以薛某涉嫌职务侵占罪事实不清、证据不足为由，对薛某作出不起诉决定是不恰当的。

（二）救济方式选择

对检察院不起诉决定或者起诉的内容有异议的，被害人可以选择申诉、刑事自诉、参与庭审提出诉求等方式进行权利救济，各种救济方式各有优劣，需要根据具体案件情况选择适用，但需要由专业律师进行仔细审核后再提起，避免导致更加不利的救济结果，进而严重影响整体维权的效果。

例如，马某涉嫌职务侵占罪案：

被害单位刑事控告的犯罪金额将近3000万元，控告的犯罪事实共几十宗。然而，公安机关虽然将全部刑事控告材料移送检察院审查起诉，但起诉意见书仅认定其中100万元的职务侵占犯罪事实。检察院也仅就这100万元职务侵占犯罪事实提起公诉。

对于此类案件，被害单位维权救济的渠道很有限。其一，由于公安机关的起诉意见书未接受被害单位的控告内容，因此，被害单位无法获得公安机关或检察机关不予追究刑事责任的书面材料，提起刑事自诉难度较大。其二，由于检察院并没有对其他的职务侵占犯罪事实提起公诉，该案被害单位无法通过参与刑事庭审让法院支持其控告维权诉求。在法庭上，被害单位多次提交意见，要求法院全案审查或者要求法院让检察院补充侦查其他犯罪事实，但很显然，这些意见是无效的，法院只能就检察院起诉的内容进行审理，作出裁决。因此，被害单位只能对起诉书的内容持有异议，不断向检察院提出申诉，要求检察院全案审查、对马某的全部犯罪事实提起公诉。但与此同时，被害单位还可以继续向公安机关就马某的其他职务侵占犯罪事实进行控告维权。

又如，马某被故意伤害案：

2018 年 5 月某一天深夜，马某在聚会喝酒后，去位于××市××区××路的某便利店购物，由于马某醉酒，情绪无法自控，在购物过程中因购买香烟的问题与便利店老板刘某发生争吵，后双方发生拉扯，在肢体冲突过程中，被害人马某倒地受伤。经过法医鉴定，被害人马某的损伤程度为轻伤二级，伤残等级为九级。

公安机关介入调查后，对便利店老板刘某以涉嫌故意伤害罪刑事立案。经过调查，公安机关将刘某涉嫌故意伤害罪一案移送检察院审查起诉。公安机关审查起诉意见书认为，便利店老板刘某在与被害人马某肢体冲突过程中，将被害人马某推倒在地，导致被害人马某受轻伤。因此，刘某已经涉嫌故意伤害罪。

检察院审查起诉后，以事实不清、证据不足为由，决定对犯罪嫌疑人刘某不起诉。被害人马某对检察院的不起诉决定不服。此时，被害人马某该如何决策？申请刑事复查，或者提起刑事自诉，抑或只提起民事侵权诉讼？选择不同，结果差别巨大。

被害人马某选择向检察院申诉，检察院复查认为，被害人马某提出要求依法追究被不起诉人刘某的刑事责任的申诉理由不成立，不予支持。从本案现有的证据来看，被害人马某在醉酒的状态下进入被不起诉人刘某的便利店，对刘某进行挑衅、殴打、掐脖子、扇耳光等行为，而被不起诉人刘某只是制止被害人马某对他个人的侵犯，反扭被害人马某的双手将其推出便利店，刘某并没有对马某实施反击殴打。因此，被害人马某在便利店外摔倒受伤是由刘某推倒所致还是被害人马某自己跌倒所致，没有证据予以证实。即使是刘某推倒所致，刘某的行为也符合《刑法》第20条第1款之规定，属于正当防卫，而且其行为没有超过必要限度。因此，综合不法侵害的性质、手段、强度、危害程度及防卫行为的性质、时机、手段、强度、所处环境和损害后果来看，被不起诉人刘某的行为不构成防卫过当。因此，对申诉人马某的申诉诉求不予支持。

该申诉复查结果让被害人马某始料未及。刘某的不起诉理由从“事实不清，证据不足”变成“正当防卫”。这意味着，被害人马某再提起刑事自诉或者单独提起民事侵权诉讼，都没有胜算。刘某的正当防卫行为已经被认定，不再需要承担刑事责任，也不再需要承担民事侵权责任。

司法实践中，一旦司法机关认定犯罪嫌疑人、被告人的行为属于正当防卫，则被害人往往会直接失去其他的维权渠道，既难以追究被控告人的刑事责任，也无法让被控告人承担民事责任。

例如，鲁某涉嫌故意伤害罪案：

检察院审查起诉后作出不起诉决定，认为“犯罪嫌疑人鲁某为了使本人人身免受正在进行的不法侵害，而采取的制止不法侵害的行为，符合《刑法》第二十条第一款的规定，属于正当防卫，不负刑事责任。依据《刑事诉讼法》第一百七十三条第一款的规定，决定对鲁某不起诉”。后被害人向法院提起民事侵权诉讼，要求鲁某承担赔偿责任，法院裁判认为，被告的行为系正当防卫，没有过错，对原告的损失不应承担赔偿责任，其损失由原告自行承担，判决驳回原告的诉讼请求。[1]

需要注意的是，对于检察院作出罪轻不起诉的决定，被害人如果不服，符合刑事自诉受案范围，被害人可以直接向人民法院提起刑事自诉。被害人的这一权利对检察院的罪轻不起诉权力产生一定的监督作用。由于检察院的不起诉决定书也认定犯罪嫌疑人的行为构成犯罪，只是情节轻微、认罪认罚等因素不予起诉，被害人提起刑事自诉就有很大胜算，法院应当依法受理、审查是否构成犯罪并作出判决。[2]

---

〔1〕 参见四川省攀枝花市东区人民检察院不起诉决定书，攀东检刑不诉(2013)19号；四川省攀枝花市东区人民法院民事判决书，(2015)攀东民初字第376号。

〔2〕 例如，浙江省宁波市北仑区人民法院刑事判决书，(2018)浙0206刑初247号。

当然,如果被害人与犯罪嫌疑人、被告人达成赔偿和解协议,明确表示不再追究犯罪嫌疑人、被告人的刑事责任,赔偿和解协议也已经履行完毕,后检察院才作出犯罪情节轻微、不需要判处刑罚的不起诉决定书,若被害人还继续提起刑事自诉,表面上是对不起诉决定不服,实际上是对赔偿和解协议的反悔,如赔偿和解协议合法有效,则不属于"被害人有证据证明对被告人侵犯自己人身、财产权利的行为应当依法追究刑事责任,而公安机关或者人民检察院不予追究被告人刑事责任的案件"的情形,不属于刑事自诉的受案范围,被害人不能再提起刑事自诉。[1]

四、审判阶段的权利救济

被害人控告维权在审判阶段遇到的救济问题,主要是庭审参与权的救济和对判决书不服的救济。一个毋庸置疑的事实是,由于各种原因,司法实践中并不是所有案件的被害人都能参与庭审,能否实质参与庭审,对被害人维权会产生很大的影响。一审判决后,被害人对刑事判决内容不服时,也面临权利救济的问题。

(一)争取参与庭审

在被害人诉讼权利中,核心权利是被害人参与庭审的权利。如果被害人不被允许参与庭审,不享有参与庭审的权利,则其他所有庭审相关权利都将丧失。司法实践中经常出现法院未通知被害人出庭引发的争议,争议的焦点在于法院未通知被害人出庭是否属于诉讼程序违法。实际上,被害人作为诉讼当事人和直接利害关系人,《刑事诉讼法》赋予了他们知悉刑事案件进展、参与刑事庭审、获取法律文书等诉讼权利,赋予了被害人出庭就刑事部分的事实、证据、法律适用等问题发表意见的权利。因此,被害人可以在刑事案件庭审阶段争取参与庭审。

例如,某材料装饰有限公司被职务侵占控告维权案:

某材料装饰有限公司的产品在工作日被公司主管生产的部门经理梁某擅自倒卖,公司部分员工以为是正常业务,还帮忙将相关产品搬上车运走,梁某将

---

[1] 例如,湖北省长阳土家族自治县人民法院刑事判决书,(2018)鄂0528刑初112号;湖北省宜昌市中级人民法院驳回申诉通知书,(2019)鄂05刑申12号。

公司的产品运出厂区倒卖。直到公司后期调配、交付产品时，才发现公司产品异常减少，核查监控录像，公司才发现相关丢失的产品被梁某擅自倒卖。被害单位刑事报案时，控告的罪名是盗窃罪。然而，公安机关、检察院均认定构成职务侵占罪，被害单位不服。

在法庭审理阶段，被害单位委托诉讼代理人出庭参加诉讼，就刑事部分提出意见认为：其一，在罪名定性上，本案被告人梁某并不经手、保管、管理涉案的产品，他的行为应当认定为盗窃罪，而不是职务侵占罪，公诉机关指控的罪名错误。其二，在盗窃次数上，公诉机关仅起诉一起犯罪事实，对其他几次犯罪事实未予起诉，是错误的。实际上，被害单位的报案材料以及提供的证据材料都充分显示，梁某盗窃的次数是三次，而不是一次，盗窃货物的货值金额也远大于公诉机关所指控的金额。因此，被害单位要求法院对梁某以盗窃罪追究刑事责任，从重处罚。

被害单位诉讼代理人发表意见后，审判长主持控辩双方对被害单位诉讼代理人发表的意见进行回应，控辩双方均作出简单回应。

审判长：被害单位一方提供了法律意见，认为被告人的行为属于盗窃，被告人和公诉人有什么意见？

辩护人：本案应该认定为职务侵占罪，不是盗窃。被告人已经认罪认罚，签署认罪认罚具结书，应当依照认罪认罚的事实和罪名、量刑作出判决。至于被害单位诉讼代理人所提其余两次犯罪事实的问题，公诉机关并未指控，而且也没有相关证据予以支持，请法庭不予审查。

公诉人：本案被告人的行为认定应当是职务侵占罪，被害单位向公安机关报案的时候所指控的其余两次犯罪事实，公诉机关审查后发现事实不清，证据不足，不予支持。

该案最后法院以职务侵占罪对被告人梁某作出判决。梁某并未上诉，裁判生效。然而，被害单位还是不服，不断向法院、检察院继续提出申诉。

司法实践中，经常出现法院未通知被害人参与庭审的情况，这是否属于诉讼程序违法？当前裁判观点并不统一。

例如，王某被故意伤害案：

该案中，一审法院并未通知被害人参与庭审。二审裁判认为，一审法院没有通知被害人到庭参加诉讼，也没有给被害人送达判决书，致使被害人的诉讼权利被剥夺，违反诉讼程序的相关规定。于是，法院裁定撤销原判、发回重审。重审阶段，法院通知被害人参与诉讼。[1]

然而，在其他很多案件中，法院却持相反的观点，认为法院只要在庭审中就被害人陈述、被害人提供的证据、与被害人有关的证据材料都进行了举证质证，符合法律规定即可采信作为定案的根据，被害人并非必须参加刑事庭审的当事人。

例如，吴某甲涉嫌招摇撞骗、敲诈勒索案：

该案中，一审法院开庭时并没有通知被害人，被害人未参与诉讼。一审判决后，检察机关提出抗诉，认为"原审法院在开庭前未依法将开庭的时间、地点按照法律规定通知被害人王某某，在判决作出后亦未将判决书依法送达被害人，剥夺了被害人在庭审中享有的陈述、举证、质证、发表意见、要求抗诉等权利，严重违反法定程序，可能影响案件公正审理"。

对于抗诉意见，二审法院裁判认为："一审法院在审理本案过程中关于被害人诉权行使的程序保障确有不足，但是一审法院就有关被害人在公安机关所做的询问笔录、手机检查笔录等证据材料组织控辩双方进行了当庭举证质证，原审被告人吴某甲对被害人王某某陈述的基本内容亦表示认可，一审判决亦采信了王某某的陈述作为定案依据。且就本案而言，被害人并非必须到庭的当事人。故抗诉机关认为一审法院未依法告知被害人开庭的时间、地点，在宣判后又未将判决书依法送达被害人，严重违反了法定程序，可能影响案件公正审理的观点，理由不充分，本院不予采纳。"[2]

我们倾向于认为，根据《刑事诉讼法》及其司法解释规定，刑事庭审必须通知被害人到庭参加诉讼，经过传唤或者通知未到庭的，才可以缺席审理。被害人获得法院的出庭传票，获得必要的法律文书，是法律赋予被害人的基本诉讼内容。如果法院未通知被害人出庭参加诉讼，不论出于何种主观动机，都违反了刑事诉讼法和司法解释。[3] 法院没有通知被害人到庭参加诉讼，就是剥夺被害人参与庭审的权利，确实会剥夺被害人享有的陈述、举证、质证、发表意见等一系列诉讼权利，属于严重违反法定程序的情形。

---

〔1〕 安徽省蚌埠市中级人民法院刑事裁定书，(2015)蚌刑终字第00183号；安徽省蚌埠市中级人民法院刑事裁定书，(2016)皖03刑终134号。

〔2〕 安徽省安庆市中级人民法院刑事裁定书，(2016)皖08刑终135号。

〔3〕 参见张利兆主编：《公诉案件控审观点分歧辨析》，中国检察出版社2012年版，第374页。

需要注意的是，在被害人人数众多的群体性案件，被害人的庭审参与权往往会因为各种主客观因素，而遭受到极大的限制，当前司法实践中采取的是被害人代表诉讼制度。《人民法院办理刑事案件第一审普通程序法庭调查规程（试行）》第9条第1款规定："申请参加庭审的被害人众多，且案件不属于附带民事诉讼范围的，被害人可以推选若干代表人参加或者旁听庭审，人民法院也可以指定若干代表人。"最高人民法院、最高人民检察院、公安部印发的《关于办理非法集资刑事案件若干问题的意见》第10条第2款中规定："集资参与人可以推选代表人向人民法院提出相关意见和建议；推选不出代表人的，人民法院可以指定代表人。"法院往往倾向于"逃避"集资参与人被害人权利的问题，一方面，由于集资账目不明、各报案人是否受到实际财产损失难以一一查明，适格被害人的认定难度比较大，而证人的身份更容易确认，法院更倾向于将集资参与人认定为证人而不是被害人。[1] 另一方面，集资参与人动辄数百数千甚至数万、数十万，让集资参与人全部实现被害人的诉讼权利，无疑将耗费大量司法资源、降低诉讼效率。

在部分重大疑难复杂案件中，司法机关在立案之初就已经充分考虑被害人的身份认定及后续退赔障碍的问题，并据此作为评估案件定性的重要"维稳"因素，避免出现被害人人数众多，难以处理的局面。

例如，在黄某等人非法集资案中，我们审查发现黄某等人的行为，本质上是以高额的回报为诱饵，以网络传销为手段，实施的非法集资行为，认定为非法吸收公众存款罪更加符合法律规定。然而，集资参与人的人数达890万人，数量非常庞大，早期的集资参与人大部分是获益者，而后期的集资参与人几乎都遭受重大损失。司法机关在立案之初就已经充分考虑后续被害人身份认定及退赔障碍的问题。如果本案性质认定为集资类犯罪，集资参与人、被害人数额巨大，诉讼进展需要考虑他们的诉讼权利，而且刑事判决后，法院的退赔几乎是不可能完成的工作。该案司法机关最终以组织、领导传销活动罪刑事立案，并作出判决。如此，所有参与的会员都被认定为传销组织活动的参与者而不是集资参与人，自然避免了后续所有的被害人退赔与处置等次生问题。

---

〔1〕 参见张文波、林强：《刑事被害人代表诉讼制度的构建——以集资诈骗罪为例》，载《人民检察》2019年第7期。

(二)申请提起抗诉

一审判决后，被害人对刑事判决内容不服，法律也规定了比较明确的权利救济途径。对于民事部分不服，被害人既可以申请检察院抗诉，也可以自行上诉。但对于刑事部分不服，被害人没有上诉权，只能申请检察院进行抗诉，检察院应当作出是否抗诉的决定并答复请求人。[1]

例如，刘某被故意伤害控告维权案：

被害人刘某被故意伤害导致重伤，刘某报案后公安机关进行刑事立案侦查。案件在审判阶段，被害人刘某参与刑事庭审，提出对被告人定罪量刑的意见。被害人认为，被告人作案手法恶劣、犯罪后果严重，而且认罪态度差、并未作出赔偿请求谅解等，要求对被告人从重处罚。但一审判决以被告人作案时系未满18周岁的未成年人为由，判处比较轻微的刑罚。被害人刘某对一审判决结果非常不满意。此时，由于没有提起附带民事诉讼，被害人只能申请检察院提出抗诉。然而，检察院办案人员很快就答复，检察院认为法院的判罚在法定量刑幅度内，没有明显不当，不宜提起抗诉，因此不同意被害人提出的抗诉申请。

又如，黄某家属控告维权案：

一审法院认定被告人故意杀人罪成立，判处死刑，缓期二年执行。被害人黄某的家属对该判决结果非常不满意，认为应当判处被告人死刑立即执行。于是，被害人家属不断与办案人员沟通，坚决要求检察院提起抗诉。在代理律师的协助下，经历一番波折后，检察院终于出具抗诉请求答复书，同意提起抗诉。该案二审法院撤销原判，改判被告人死刑立即执行，最后，最高人民法院也复核核准了被告人的死刑。本案中，被害人的控告维权诉求得到法院的全部支持。

(三)民事上诉以全案审查

对于刑事附带民事诉讼案件，被害人对刑事部分的判决内容不服时，除了向检察院申请提起抗诉之外，理论上还有另外一种救济的途径，那就是对刑事附带民事部分提起上诉，由二审法院全案审查刑事部分和民事部分，如刑事部分确有错误，法院也应当依照审判监督程序进行再审。

---

[1] 参见《刑事诉讼法》第229条。

该救济途径的理由在于：首先，对于民事部分判决，被害人拥有上诉权，可以提起二审程序。因此，不论刑事案件被告人是否上诉、检察院是否提起抗诉，刑事附带民事诉讼原告提起上诉，都可以引发整个案件的二审程序。其次，二审法院对一审判决的事实和法律适用采用的是全面审查原则，不受上诉或者抗诉范围的限制。《刑事诉讼法》第 233 条规定："第二审人民法院应当就第一审判决认定的事实和适用法律进行全面审查，不受上诉或者抗诉范围的限制。共同犯罪的案件只有部分被告人上诉的，应当对全案进行审查，一并处理。"《刑事诉讼法解释》第 409 条规定："第二审人民法院审理对附带民事部分提出上诉，刑事部分已经发生法律效力的案件，应当对全案进行审查，并按照下列情形分别处理：（一）第一审判决的刑事部分并无不当的，只需就附带民事部分作出处理；（二）第一审判决的刑事部分确有错误的，依照审判监督程序对刑事部分进行再审，并将附带民事部分与刑事部分一并审理。"由此可见，虽然被害人仅就民事部分提起上诉，但二审法院依然需要同时审查刑事部分和民事部分的裁判。如果二审法院发现刑事部分判决认定的事实、法律适用、诉讼程序等方面存在错误，也应当通过审判监督程序进行再审，予以纠正。[1]

根据上述法律规定，被害人可以就刑事附带民事部分提起上诉，并在二审程序中对刑事部分事实、证据、定罪、量刑、法律适用等刑事裁判存在的问题发表意见，要求就民事部分发回重审，就刑事部分进行再审。这也是被害人对刑事部分裁判不服的重要救济途径。

例如，范某某涉嫌故意伤害罪案：

被害人提起刑事附带民事诉讼，在刑事庭审中对被告人的定罪、量刑等刑事部分发表意见。后法院作出一审判决，被告人没有上诉，检察院没有抗诉。被害人不服，申请检察院抗诉，但检察院不予支持。于是，被害人就民事部分提起上诉，在二审程序中，被害人认为刑事部分对被告人量刑不当，民事部分事实不清、程序违法、赔偿数额过低等，要求二审法院发回重审或指令再审。二审法院受理后组成合议庭进行审理，对刑事部分和民事部分进行全案审查。二审法院裁判认为，原审判决民事部分认定事实不清，程序违法，刑事部分对被告人量

---

〔1〕 刑事诉讼和民事诉讼二审的审查范围有所不同。《民事诉讼法》中对民事诉讼二审审理范围仅限定在上诉请求有关的事实和法律适用。《民事诉讼法》第 175 条规定："第二审人民法院应当对上诉请求的有关事实和适用法律进行审查。"

刑不当。于是,二审法院裁定撤销原判、对附带民事部分发回重审、指令对刑事部分进行再审。[1]

在二审阶段,被害人及代理律师需要提出推翻刑事部分判决的充分依据,包括但不限于事实认定、证据采信、法律适用、诉讼程序等方面存在严重错误或违法情况,才有可能推翻判决。例如,在诉讼程序方面,法院有无告知被害人可以参加诉讼的权利义务、有无通知被害人到庭参加诉讼,就是需要审查的重要诉讼程序合法性问题。如果没有,则应属于诉讼程序的严重违法,被害人可以据此要求全案发回重审。

五、裁判生效后的救济

刑事裁判已经生效,但被害人依然认为自己的维权诉求并未实现,生效的裁判并未保障其合法权益。此时虽然刑事裁判已经尘埃落定,但并不意味着被害人维权无门。在现有的法律框架下,被害人也有诸多方式可以进一步救济。

(一)事实被认定但诉求未实现

被害人参与了刑事诉讼,其遭受犯罪行为侵害的事实已经被刑事判决认定,但生效判决的内容没有保障被害人的合法权益,或者并未实现其维权诉求,被害人对生效刑事裁判不服,包括对犯罪行为的犯罪事实认定、罪名定性、量刑、赔偿金额等问题持有异议。此时,被害人可以对生效裁判提起申诉,包括向法院及检察院提出申诉。《刑事诉讼法》第252条规定:"当事人及其法定代理人、近亲属,对已经发生法律效力的判决、裁定,可以向人民法院或者人民检察院提出申诉,但是不能停止判决、裁定的执行。"第108条第2项规定:"'当事人'是指被害人、自诉人、犯罪嫌疑人、被告人、附带民事诉讼的原告人和被告人。"因此,所有的当事人对生效裁判有异议,都可以提出申诉。只要有充分的依据证明生效裁决确有错误,被害人也可以向法院或者检察院提出申诉。

例如,"百香果女童"被害案:

广西壮族自治区灵山县10岁女童杨某于2018年10月4日下午,在回家途中被同村男子杨某毅奸杀。案发后,杨某毅在其父亲的陪同下,到广西壮族自治区灵山县公安局伯劳派出所自首。2019年7月12日,广西壮族自治区钦

---

[1] 参见河南省洛阳市中级人民法院刑事裁定书,(2011)洛刑二终字第128号。

州市中级人民法院以强奸罪判处杨某毅死刑。2020年3月25日，广西壮族自治区高级人民法院作出二审裁判撤销了一审法院的死刑判决，根据杨某毅具有自首情节等案件具体情况，改判杨某毅犯强奸罪，判处死刑，缓期二年执行。为此，被害人杨某的家属不服生效判决，向最高人民法院申诉，要求判处杨某毅死刑。2020年11月，最高人民法院审查决定，指令广西壮族自治区高级人民法院另行组成合议庭对该案进行再审。2020年12月28日，广西壮族自治区高级人民法院公开宣判，撤销原二审判决，改判杨某毅死刑，剥夺政治权利终身，并依法报请最高人民法院核准，后最高人民法院核准死刑。2021年2月2日，广西壮族自治区钦州市中级人民法院对杨某毅执行死刑。

在该案中，刑事裁判认定了杨某毅的强奸杀人犯罪事实，也作出了有罪判决，但二审生效裁判对被告人判处死刑缓期二年执行，被害人家属有异议，而后通过刑事申诉的方式得到了有效的救济。[1]

又如，张某等人涉嫌非法经营罪案：

该案中，法院作出终审判决认定：洪某（另案处理）、张某等人以广州××分公司的名义，以投资咨询为名，通过打电话邀约不特定客户到公司参加投资讲座等方式，向客户宣传常州××公司为增资扩大生产规模，委托广州××分公司代为募集资金，客户以每股人民币5元的价格认购常州××公司股票，可获得高额收益，洪某、张某等人则收取一定比例的咨询费。洪某、张某等人通过这种方式收取被害人的投资款800多万元，造成被害人损失800多万元。据此，法院判决张某等人无视国家法律，未经国家证券监管部门批准，共同非法经营证券业务，扰乱市场秩序，情节特别严重，其行为已经构成非法经营罪。从扣押在案的张某银行存款中追缴8万元的违法所得，按照比例退赔给各被害人。

在该案中，法院没有判决张某应当以其个人合法财产退赔给各被害人，而是认为张某名下的存款属于赃款或者违法所得的证据不足，因此张某名下的存款不予追缴，仅追缴有证据证明的张某违法所得8万元。

被害人对刑事裁判认定的犯罪事实、定罪量刑均没有异议，但对刑事追缴退赔的判项有异议，由于该案主犯在逃，被害人的投资款已经不知去向，无法追

---

〔1〕 参见《严护今日苗，方有百花香！十大案件之百香果女童被害案》，载百度网2023年1月11日，https://baijiahao.baidu.com/s?id=1723188678316203814&wfr=spider&for=pc。

回,而张某等其余被告人并没有足够的资产可以退赔给被害人。刑事裁判的退赔追缴判项,导致被害人认为其合法权益并未得到充分保障,退赔的诉求落空,经济损失并未挽回。因此董某等被害人对生效裁判不服,寻求律师的帮助。

此时,被害人提出理据充分的维权诉求,亦有相应的维权路径。根据《刑法》第 64 条第 1 句的规定,"犯罪分子违法所得的一切财物,应当予以追缴或者责令退赔;对被害人的合法财产,应当及时返还;违禁品和供犯罪所用的本人财物,应当予以没收"。张某等人的犯罪行为导致涉案 800 多万元未被追回,犯罪行为严重损害被害人的合法权益,人数众多的被害人遭受经济损失,应当以所有被告人的个人财产对各被害人的经济损失承担共同退赔责任。裁判仅仅判决张某等人以其违法所得为限进行追缴,退赔给被害人,并不妥当。据此,代理律师建议被害人向法院申请审判监督、向检察院申请抗诉。一方面,积极提供证据,证明张某等人名下的财产属于赃款,应当依法予以追缴。另一方面,提出明确主张,即便张某等人名下的财产不是赃款,张某等人侵犯被害人的财产,导致被害人遭受经济损失,也应当承担共同退赔的法律责任。该案经过被害人的多次不懈申诉后,最终法院裁定对本案进行再审,主要审查张某名下银行卡中的资金是否属于赃款赃物、能否用于退赔等问题。[1]

再如,宋某涉嫌职务侵占罪案:

被害单位系某包装公司(工厂),被害单位向公安机关刑事控告,宋某系其工厂厂长,负责工厂的生产管理,将公司的生产原材料私自出售,并将所获得的利益非法据为己有。涉案原材料的价值为 79,500 元,宋某销售所得 39,000 元。公安机关以职务侵占罪刑事立案。后公诉机关以宋某职务侵占罪提起公诉,宋某认罪认罚。法院判决宋某犯职务侵占罪,判处有期徒刑 6 个月,宋某并未上诉,检察院亦未提出抗诉,一审判决生效。

在该案中,生效刑事裁判认定了指控的犯罪事实,但是,被害单位对裁判认定犯罪事实的罪名持异议,认为本案应当认定为盗窃罪,而不是职务侵占罪。但被告人与公诉机关达成认罪认罚协议,签署认罪认罚具结书,庭审也按照简易程序进行。对于被害单位提出的意见,法院、检察院都没有支持。

---

〔1〕 同类案件如吉林省吉林市龙潭区人民法院再审决定书,(2018)吉 0203 刑申 3 号;吉林省梨树县人民法院刑事决定书,(2018)吉 0322 刑申 2 号;河南省濮阳县人民法院再审决定书,(2016)豫 0928 刑监 1 号。

裁判生效后，被害人不断申诉，重申被害人的犯罪事实及罪名定性。宋某并没有管理涉案原材料的职责权限，工厂的原材料由专人看管，宋某仅仅负责工厂车间的生产工作。宋某在工厂员工午休无人值班的时间，秘密盗取倒卖了工厂的原材料，并没有利用职务便利，不应当认定为职务侵占罪，应当认定为盗窃罪。后检察院支持被害单位的申诉，向法院提出抗诉。

检察院抗诉认为：其一，从主体身份看，宋某虽然被称为厂长，但实际上仅为生产二部的经理，仅负责公司生产二部的日常生产、人员管理，公司原材料的进出仓管理并不是他的权限。因此，他对被盗窃的原材料没有管理的职权。其二，宋某将涉案的原材料占为己有，并没有利用职务便利，而是利用工作中形成的熟悉作案环境的机会，将单位财物予以窃取，其行为应当认定为盗窃罪。其三，本案如按照原审判决认定的79,500元来量刑，认定盗窃罪应当处以2年4个月，并处罚金。原审判决却仅认定构成职务侵占罪，判处其有期徒刑6个月。因此，本案罪名认定错误影响量刑，应当予以再审。

本案中，检察院在与被告人宋某签署了认罪认罚具结书后，提出了判处宋某有期徒刑6个月的量刑建议，法院已全部支持了检察院的指控内容。此时，检察院的所有诉求都已经得到支持，没有任何法院不予支持的内容，检察院还能不能提出抗诉，认为法院全盘支持其指控内容作出的裁判确有错误，理论上还存在较大争议。然而，从被害人维权的角度看，这不失为被害人对生效裁判不服的有效救济途径。

（二）参与诉讼但事实未被认定

被害人进行控告维权，并参与了整个刑事诉讼程序，在刑事庭审中充分发表了意见。但最终法院生效裁判以没有犯罪事实或证据不足、犯罪情节显著轻微不需要追究刑事责任、超过诉讼时效等原因，没有认定被害人遭受犯罪行为侵害、因犯罪行为遭受损失的事实，或者仅认定被告人的其他犯罪事实，进而作出刑事判决，致被害人控告维权失败，经济损失未能挽回。此时理论上被害人利益受损，也可以进行申诉。

例如，袁某涉嫌集资诈骗罪案：

一审判决认定袁某构成集资诈骗罪，并认定犯罪数额为170多万元。对于其中被害人所主张的部分犯罪数额不予认定，法院认为“仅有被害人报案陈述，没有相应转账凭证等其他证据佐证，且被告人未确认该数额的，不予认定，故公诉机关指控的报案人江×、潘××、徐××、龙××等相应数额不予认定”。在二审期间,虽然被害人对一审判决不服,又继续向法院提交了诸多证据材料及诉求意见,要求认定其遭受袁某集资诈骗的犯罪金额,但是,二审法院对犯罪数额部分,维持了一审判决。二审阶段,上诉人袁某将法院认定的170多万元集资款全部退缴给法院,由法院就判决认定的被害人损失组织退赔。

裁判生效后,袁某到监狱服刑。在本案中部分人没有被认定为被害人,以及部分被害人的损失没有被认定为袁某的犯罪金额,被害人遭受损失,控告维权失败,想要进一步维权,寻求律师的帮助。在律师的建议下,参与诉讼但未被裁判认定江的×、潘××、徐××、龙××等被害人在刑事执行过程中,不断向法院、检察院进行申诉,要求进行审判监督,重审认定他们也是袁某集资诈骗案的被害人。结果,法院执行部门也比较慎重,迟迟未将袁某退赔的170多万元发还给其他已经认定的被害人。江×、潘××、徐××、龙××等被害人除了信访、申诉,还向公安机关继续提出诉求,要求公安机关再次立案、要求检察院提起补充起诉等,采取了诸多救济手段。

首先,被害人不宜向公安机关继续控告。本案所有被害人的刑事控告,公安机关都已经受理、立案,移送检察院审查起诉,因此,不属于公安机关遗漏侦查,所以被害人不能再次要求公安机关刑事立案。

其次,被害人可以向检察院申诉。本案江×等人遭受集资诈骗的事实,不属于检察院遗漏审查起诉或者不予支持的事实,因此,被害人也不能要求检察院再次提起公诉。但是,被害人可以向检察院申诉,要求检察院根据刑事诉讼法规定,对生效刑事判决提出抗诉。

最后,被害人可以向法院申诉。江×等人遭受集资诈骗的事实已经经过法院的审判,最后法院认为证据不足不予认定,如果原审判决存在事实认定错误、诉讼程序违法等情况,则应当通过审判监督程序进行再审。因此,被害人可以原审判决确有错误、诉讼程序违法等理由向法院提出申诉。

对于生效裁判不服,向检察院及法院申诉的,其成功率取决于案件的事实与证据材料。在事实清楚、证据充分,能够证明生效裁判确有错误的情况下,向检察院及法院申诉,已经是被害人可选的有限救济途径。

例如,徐某涉嫌非法吸收公众存款罪案:

一审判决徐某非法吸收公众存款罪成立,判处徐某有期徒刑5年。判决生效后，被害人王某甲等人对刑事判决不服，向检察院进行申诉，检察院重新审查后，支持了被害人王某甲的申诉，对被害人王某甲遭受诈骗的犯罪事实进行补充起诉。裁判文书显示："公诉机关因王某甲等人不服本院（2012）绍越刑初字第568号刑事判决书进行申诉，经重新审查，发现被告人徐某有遗漏的罪行应当一并起诉和审理，故根据查明的事实对绍越检刑诉（2012）552号起诉书作如下补充：2011年1月，被告人徐某因资不抵债，向被害人王某甲谎称需要帮助朋友转贷，要求王某甲以其名义从银行贷款300万元并转借给其使用……"〔1〕

（三）裁判生效后才发起的维权

被害人由于各种原因并未及时参与被告人犯罪案件的刑事诉讼，等到被告人犯罪案件的裁判生效后，被害人才发现自己原来也是该案的被害人或者被害人才开始进行维权救济。由于被害人没有及时介入，生效刑事裁判并未审判其遭受犯罪行为侵害的事实，遗漏了犯罪人的部分犯罪事实。此时，被害人该如何介入控告维权，法律尚无明确规定，各地、各案件的裁判观点往往并不统一。

有观点认为，这属于生效裁判遗漏犯罪事实的情况，只能按照审判监督程序进行再审，对应的救济措施是，被害人向检察院或者法院对生效裁判进行申诉，以申请启动审判监督程序。

还有观点认为，在性质上，这属于生效裁判遗漏犯罪事实的情况，应当进行重新立案侦查、审查起诉、审判，最后再对被告人进行数罪并罚。对应的救济措施是，被害人应当向公安机关进行刑事控告，由公安机关再次发起案件的刑事立案、侦查，侦查终结之后将案件证据材料移送检察院审查起诉，最后移送法院审判。

我们倾向于认为，被害人在刑事裁判生效后，才后知后觉介入维权，应当进行刑事控告，司法机关对新的犯罪事实进行立案侦查、审查起诉、审判。

其一，原审判决并没有错误。原审判决根据检察院的指控事实、证据作出裁决，新的犯罪事实在原审判决时尚未被发现，尚未进入刑事诉讼程序，因此，原审判决并没有错误。启动审判监督程序的基本原因是原审判决确有错误。

其二，漏罪是否确凿需要侦查。原审判决遗漏的犯罪事实是否清楚，证据是否确实充分，需要公安机关介入进行侦查取证，搜集证据材料，并由检察院审

---

〔1〕 浙江省绍兴市越城区人民法院刑事判决书，（2015）绍越刑抗再字第1号。

查起诉。否则,新犯罪事实的证据材料收集尚未完成,直接启动审判监督程序,难以查清犯罪事实作出裁决。

其三,漏罪的数罪并罚不需要通过审判监督程序进行。最高人民法院《关于判决宣告后又发现被判刑的犯罪分子的同种漏罪是否实行数罪并罚问题的批复》(法复〔1993〕3 号)规定:“人民法院的判决宣告并已发生法律效力以后,刑罚还没有执行完毕以前,发现被判刑的犯罪分子在判决宣告以前还有其他罪没有判决的,不论新发现的罪与原判决的罪是否属于同种罪,都应当依照刑法第六十五条的规定实行数罪并罚。”因此,对于裁判生效以后发现漏罪的处理,无论是同种漏罪还是异种漏罪,依法都应当进行数罪并罚,而数罪并罚都是“把前后两个判决所判处的刑罚,依照本法第六十九条的规定,决定执行的刑罚”,完全不需要也不应当撤销原审判决。如果在裁判生效以后刑法执行完毕以前发现漏罪,则按照《刑法》第 70 条的规定处理。〔1〕 如果在刑罚执行完毕以后才发现漏罪,则不适用数罪并罚的原则处理,只能针对漏罪单独进行定罪处罚。〔2〕

例如,刘某等人被集资诈骗控告维权案:

根据多个被害人的陈述,犯罪嫌疑人王某设立了某某投资有限公司,并以该投资有限公司的名义,使用虚构事实、隐瞒真相的方法实施非法集资行为。公安机关破案后,认定的集资金额是 750 万元,被害人人数是 33 人。法院对该集资事实作出生效判决,认定王某设立该投资公司实施集资诈骗犯罪行为,诈骗人数为 33 人,集资诈骗金额为 750 万元。

然而,在刑事裁判生效后,刘某等被害人才查到相关案件信息,发现王某及某某投资有限公司的犯罪事实,才知悉他们遭受集资诈骗犯罪行为侵害,于是介入控告维权。

这种情况就属于遗漏犯罪事实的情况,而并非同一个犯罪事实,生效裁判

---

〔1〕《刑法》第 70 条规定:“判决宣告以后,刑罚执行完毕以前,发现被判刑的犯罪分子在判决宣告以前还有其他罪没有判决的,应当对新发现的罪作出判决,把前后两个判决所判处的刑罚,依照本法第六十九条的规定,决定执行的刑罚。已经执行的刑期,应当计算在新判决决定的刑期以内。”

〔2〕例如,《刑事审判参考》第 1217 号“朱韩英、郭东云诈骗案”。裁判观点认为:“在刑罚执行完毕后发现漏罪,不得适用刑法第七十条、第七十一条规定的数罪并罚制度,发现行为人在判决宣告以前还有其他犯罪没有判决的,应当就漏罪单独进行定罪处罚。”参见中华人民共和国最高人民法院刑事审判第一、二、三、四、五庭:《刑事审判参考》(总第 111 集),法律出版社 2018 年版。

并没有错误，被害人不宜对生效裁判以提出申诉的方式进行维权，而以其遭受集资诈骗的犯罪事实进行刑事控告维权更加符合法律规定。于是，在代理律师的协助下，刘某等被害人向公安机关进行刑事控告，后陆陆续续有 109 名被害人进行报案，均声称自己也遭到诈骗，也是王某利用这个投资公司进行集资诈骗的被害人，涉案金额达到 2000 万元。此时，公安机关应当对遗漏的犯罪事实进行重新立案侦查。

笔者认为这种处理方式，理论上是比较适当的。王某利用该投资公司进行集资诈骗犯罪活动，不论认定为单位犯罪还是个人犯罪，对每一个被害人进行集资诈骗，实际上都实施了一个犯罪行为。王某连续对多人实施集资诈骗犯罪行为，属于基于同一或者概括的犯罪故意，连续实施数个独立的犯罪行为，触犯同一罪名的情况。在刑法理论上属于连续犯。连续犯，本来就是数个犯罪行为，当作一个犯罪处理而已。因此，此类遗漏的犯罪事实往往都会被当作为独立的犯罪事实来认定，实行数罪并罚。

第六章
CHAPTER 06

被害人追偿的四种方式

刑事案件中被害人的诉求，主要有两大类：一类是“报复”，满足被害人的心理抚慰需求，体现为被害人要求追究犯罪嫌疑人、被告人的刑事责任，并严惩、重判，甚至要求判处死刑。另一类是“赔偿”，满足被害人的经济赔偿诉求，体现为被害人要求犯罪嫌疑人、被告人赔偿因犯罪所遭受的经济损失，或以经济损失弥补其精神损害。对于严惩、重判的诉求，被害人、代理律师争取实现的方式比较单一，往往只能通过参与刑事诉讼提出定罪量刑的意见，或者通过提起刑事自诉要求法院对被控告人进行定罪量刑。对于挽回经济损失的赔偿诉求，实现方式则相对比较多样。被害人既可以通过刑事和解的方式实现，也可以通过刑事执行阶段的追缴退赔实现，还可以通过提起刑事附带民事诉讼或单独提起民事诉讼的方式实现。被害人可以根据具体案件情况，选择最有利的方式，最大限度地挽回经济损失。

第一节 赔偿和解

一、赔偿和解与刑事和解

“刑事和解是指在刑事诉讼中，犯罪嫌疑人、被告人与被害人或其近亲属通过协商，达成由犯罪嫌疑人、被告人认罪悔过，被害人或其近亲属给予谅解宽恕的和解协议，经人民法院、人民检察院审查认可，依法对犯罪嫌疑人、被告人从轻或者免除处罚的案件处理方式。"[1] 2001 年我国学者将国外的刑事和解理论引入国内,2005 年我国试行刑事和解制度,2012 年《刑事诉讼法》修改正式确立刑事和解制度。[2]

对于公诉案件而言,被告人在刑事诉讼过程中缺乏赔偿被害人损失的现实动力,赔偿只能获得酌定的从轻量刑情节,并不能豁免刑事责任。同时,我国现阶段又缺乏系统的被害人国家救助机制。这就导致被害人在遭受犯罪行为的侵害后无法获得有效的救济,进而引发了诸多的社会矛盾和社会问题。[3] 刑事和解制度曾一度被寄予厚望,既有助于化解矛盾纠纷,确保被害人获得损失赔偿的权利,也能够具体体现宽严相济的刑事政策,还契合了和谐社会的理念,有助于有效化解社会矛盾,体现司法和谐的价值,契合了恢复性司法的国际潮流。[4] 传统刑事司法模式"偷走了矛盾",剥夺了被害人通过参与诉讼而寻求心理康复和争取经济赔偿的能力。[5] 刑事和解制度则使被害人介入案件处理的过程,能够在一定程度上影响案件的处理结果。

在当前刑事诉讼制度中,可以进行刑事和解的法定案件包括两类:其一,因民间纠纷引起的,涉嫌《刑法》分则第四章侵犯公民人身权利、民主权利的犯罪和《刑法》分则第五章侵犯财产犯罪,可能判处 3 年以下有期徒刑的刑事案件;其二,除了渎职犯罪以外的可能判处 7 年有期徒刑以下的过失犯罪案件。[6] 其他刑事案件,并不适用刑事和解制度,即使双方当事人和解,也不能认定为刑事诉讼法意义上的刑事和解。

对于双方达成刑事和解的案件,公安机关可以向检察院提出从宽处理的建议,检察院也可以向法院提出从宽处理的建议。对犯罪情节轻微、不需要判处

---

〔1〕 广东省高级人民法院、广东省人民检察院《关于刑事诉讼中适用和解的指导意见(试行)》(粤高法发〔2008〕23 号)第 1 条。

〔2〕 参见胡丽蓉:《论刑事和解的适用范围——基于 3000 个刑事案件裁判文书的分析》,载《中国案例法评论》2016 年第 1 期。

〔3〕 参见张军主编:《〈中华人民共和国刑事诉讼法〉适用解答》,人民法院出版社 2012 年版,第 408 ~ 409 页。

〔4〕 参见张军主编:《〈中华人民共和国刑事诉讼法〉适用解答》,人民法院出版社 2012 年版,第 408 ~ 409 页。

〔5〕 参见陈瑞华:《刑事诉讼的私力合作模式——刑事和解在中国的兴起》,载《中国法学》2006 年第 5 期。

〔6〕《刑事诉讼法》第 288 条规定,双方当事人可以和解的案件包括两种:(1)因民间纠纷引起,涉嫌《刑法》分则第四章、第五章规定的犯罪案件,可能判处 3 年有期徒刑以下刑罚的;(2)除渎职犯罪以外的可能判处 7 年有期徒刑以下刑罚的过失犯罪案件。

刑罚的轻微刑事案件,刑事和解可以作为检察院不起诉的理由。[1] 法院对被告人定罪量刑时也需要考虑刑事和解的情节。[2]《刑事诉讼法》还专章规定了"当事人和解的公诉案件诉讼程序",刑事和解制度在我国刑事诉讼法中具有重要的地位。

在司法实践中,最通常适用和解制度的就是轻伤害案件,如因民间纠纷引发造成轻伤的故意伤害案件、造成轻伤或轻微伤的聚众斗殴案件等。此类因民间纠纷引起的轻伤害案件,经过双方当事人同意,公安机关可以调解结案,无须追究当事人的刑事责任。[3] 刑事和解确实可以起到对犯罪嫌疑人、被告人从轻、减轻刑罚或者免予刑事处罚的效果。

几乎所有涉及被害人的案件都可以进行赔偿和解,犯罪嫌疑人、被告人及其家属都可以与被害人签订《和解协议》,被害人也都可以出具谅解书。赔偿和解本质上是被害人与犯罪嫌疑人、被告人及其家属的民事法律行为,赔偿协议具有民事法律效力,因此,赔偿和解定义为刑事诉讼过程中的民事维权手段更合适。这种和解虽然不符合《刑事诉讼法》规定的刑事和解制度的适用范围,但也值得鼓励,且被害人的谅解情节也应当采纳,作为重要的从宽处理情节。所有刑事案件都应当允许存在双方和解的空间,只有在满足严格的刑事和解条件的情况下,才能按照刑事和解的诉讼程序进行,其余刑事案件中双方的和解,都可以作为对被告人酌情从轻处罚的情节。因此,赔偿和解也可以理解为广义上的刑事和解。

---

〔1〕《刑事诉讼法》第290条规定:"对于达成和解协议的案件,公安机关可以向人民检察院提出从宽处理的建议。人民检察院可以向人民法院提出从宽处罚的建议;对于犯罪情节轻微,不需要判处刑罚的,可以作出不起诉的决定。人民法院可以依法对被告人从宽处罚。"《人民检察院刑事诉讼规则》第503条第1款规定:"人民检察院拟对当事人达成和解的公诉案件作出不起诉决定的,应当听取双方当事人对和解的意见,并且查明犯罪嫌疑人是否已经切实履行和解协议、不能即时履行的是否已经提供有效担保,将其作为是否决定不起诉的因素予以考虑。"

〔2〕例如,《广东省高级人民法院〈关于常见犯罪的量刑指导意见〉实施细则》第3条第19项规定:"对于积极赔偿被害人经济损失并取得谅解的,综合考虑犯罪性质、赔偿数额、赔偿能力以及认罪、悔罪程度等情况,可以减少基准刑的40%以下。积极赔偿但没有取得谅解的,可以减少基准刑的30%以下;尽管没有赔偿,但取得谅解的,可以减少基准刑的20%以下……"

〔3〕《公安机关办理伤害案件规定》(公通字〔2005〕98号)第29条规定:"根据《中华人民共和国刑法》第十三条及《中华人民共和国刑事诉讼法》第十五条第一项规定,对故意伤害他人致轻伤,情节显著轻微、危害不大,不认为是犯罪的,以及被害人伤情达不到轻伤的,应当依法予以治安管理处罚。"

例如，邓某甲涉嫌诈骗罪案：

被告人与被害人签订《和解协议》，检察院认定被告人与被害人双方达成刑事和解的事实，据此提出对被告人邓某甲的量刑建议。但是，法院认为，本案虽然属于《刑法》分则第五章规定的财产犯罪，但并不是因民事纠纷引起的犯罪案件，也非过失犯罪案件，故不属于刑事和解的案件范围。因此，公诉机关认定被告人邓某甲与被害人已经达成刑事和解的意见，不符合法律规定，不予支持。但是，鉴于案发后被告人邓某甲与被害人谢某甲的双方亲属签订《刑事和解协议书》，邓某甲的亲属代其退赔被害人全部经济损失，据此对被告人邓某甲酌情从轻处罚。[1]

二、赔偿和解可挽回损失

赔偿和解对犯罪嫌疑人、被告人的意义与对被害人的意义，是截然不同的。对于犯罪嫌疑人、被告人而言，赔偿和解的达成只是司法机关在刑事诉讼程序中对其定罪量刑时考虑的一个情节。赔偿和解与从宽处理之间并不能画等号，赔偿和解后能否从轻、减轻或者免除处罚，以及在多大幅度上从轻、减轻处罚，是不确定的。然而，对被害人而言，赔偿和解对于帮助其挽回损失的作用是确定的，是被害人维权挽回经济损失的重要方式。

例如，李某涉嫌故意伤害罪案：

李某与邻居王某因口角纠纷发生肢体冲突，经鉴定，李某受轻微伤，而邻居王某达轻伤二级。派出所找来两名当事人，对他们进行调解，双方当事人都认为调解结案也可以，于是都接受调解，在调解下签订和解协议。和解协议记载："李某和王某于××××年××月××日××时许，在×××门口因邻居纠纷引发打架，发生纠纷。经调解，双方自愿达成如下协议……李某赔偿王某3万元，双方就纠纷一事互不追究对方法律责任，事后也不得因此事再起纠纷，否则将追究主动挑起纠纷一方的责任。"

本案从和解协议的内容看，调解后双方都互不追究对方的法律责任，双方相安无事，一切如常。然而，事情并非如此。实际上，双方只能互不追究民事责任而已，是否追究刑事责任是公安机关根据损伤结果而定的，只要损伤程度鉴

[1] 广东省徐闻县人民法院刑事判决书，(2015)湛徐法刑初字第199号。

定结果为轻伤以上,公安机关就有权继续追究李某故意伤害罪的刑事责任。

和解协议签订后,李某还接受公安机关的多次调查询问。一年后,李某收到公安机关的移送审查起诉告知书,将他的案件移送检察院审查起诉;后被法院判决故意伤害罪成立,被判处有期徒刑 12 个月。

本案中,李某始终无法理解,案件双方都已经和解,且都承诺不再追究对方任何法律责任,李某也为此向王某赔偿 3 万元损失,他却还要被判决故意伤害罪成立。其实,在公诉案件中,双方的赔偿和解并不能免除当事人的刑事责任,无论赔偿金额多少,都不能豁免犯罪嫌疑人的刑事责任,都不会影响公安机关继续刑事立案、侦查、移送审查起诉。相反,赔偿和解协议中的内容,还是充分证明李某承认与被害人发生肢体冲突的重要证据。该案在后期辩护中,李某始终辩解他并未与被害人发生肢体冲突,是被害人主动拉扯他导致被害人自己摔倒而受伤的,李某不构成故意伤害罪。但该赔偿和解协议已然成为裁判者内心确信双方发生肢体冲突的重要证据。

三、赔偿和解非出罪事由

在司法实践中,赔偿和解并不是犯罪嫌疑人、被告人的法定出罪理由,在涉案行为已经达到刑事立案追诉标准的公诉案件中,犯罪嫌疑人、被告人与被害人达成和解,不是豁免其刑事责任的事由也不是法定的撤销案件、不起诉或者无罪的理由,只是从轻、减轻或者免除处罚的情节,而且具体是从轻、减轻还是免除处罚,自由裁量权在司法机关。

被害人与犯罪嫌疑人达成赔偿和解后,司法机关即便不追究犯罪嫌疑人的刑事责任,也往往不会出具案件终结的法律文书。这就导致赔偿和解仅是犯罪嫌疑人、被告人与被害人内部之间的行为,严格来说只对双方有效,对国家司法机关不具备法定的约束力。办案过程中,我们也发现民间纠纷双方赔偿和解多年后,公安机关认为应当追究刑事责任时,还可以继续将已经赔偿和解的案件进行立案、侦查、追诉的情况。

对于较轻微的刑事案件,基层公安机关会有调解的规定动作,促成加害人与被害人的和解。但这种赔偿和解并不能阻止公安机关的立案与继续侦查。在公安机关认为有必要的情况下,还可以继续刑事立案,并将案件移送审查起诉。[1] “对于公诉案件的刑事和解的法律后果，公安机关只具有建议从宽处罚的权力，并不具有撤销案件的权力。”[2]公安机关背书的“双方就纠纷一事互不追究对方法律责任”，效果并不佳。毕竟，从理论上看，赔偿和解的前提是存在刑事案件，已经符合刑事立案追诉标准，犯罪嫌疑人已经达到犯罪的标准，达到犯罪标准却撤案处理，不予追究刑事责任，公安机关难免有违法办案之嫌。

在审查起诉阶段，赔偿和解是考虑犯罪嫌疑人是否从宽处理、是否提起公诉考虑的因素之一。在检察院提起公诉后，被害人与被告人达成赔偿和解，即便被害人要求检察院不再追究被告人的刑事责任，检察院也没有撤回起诉的法定事由，是否撤回起诉由检察院根据全案事实、证据、情节综合考虑，赔偿和解只是其中一个因素而已。对于该问题，《人民司法》研究组认为：“属于《刑法》第 234 条第 1 款规定的故意伤害案件已经由人民检察院向人民法院提起公诉的，被害人不得擅自变更公诉机关的公诉意见，但可以将自己的意见向人民检察院反映，请求人民检察院撤回起诉。人民检察院根据《人民检察院刑事诉讼规则》第 351 条规定的‘可以要求撤回起诉’条件，决定是否向人民法院申请撤诉。”[3]

例如，谢某涉嫌故意伤害罪案：

2009 年 5 月 2 日晚，被告人谢某的亲戚蔡某在××市××路段被陈某驾驶的摩托车碰撞受伤。被告人谢某等人将蔡某送到医院进行救治。同时，谢某等人在医院与肇事者陈某就医药费赔偿金额问题发生争执，进而发生肢体冲突，将肇事者陈某殴打致伤，经法医鉴定被害人陈某的损伤程度为轻伤。公安机关对谢某等人以故意伤害罪刑事立案侦查。十几天后，被害人陈某在家中突然死亡，公安机关并未对被害人进行死因鉴定。后在派出所的调解下，谢某与陈某的家属达成和解协议，由谢某向陈某的家属赔付 30 万元，陈某的家属表示不再追究谢某的任何法律责任，并在派出所办案人员的主持下亲笔书写撤案申

---

〔1〕《公安机关办理刑事案件程序规定》第 338 条规定：“对达成和解协议的案件，经县级以上公安机关负责人批准，公安机关将案件移送人民检察院审查起诉时，可以提出从宽处理的建议。”

〔2〕徐启明、孔祥参：《公安机关刑事和解实证研究——以广东公安机关刑事和解实践为样本》，载《中国人民公安大学学报（社会科学版）》2014 年第 2 期。

〔3〕《人民司法》研究组：《按公诉程序提起的轻伤害案件，被害人是否有权决定追究或不追究被告人的刑事责任？》，载《人民司法》2004 年第 4 期。

请书,表示要求公安机关撤销案件,不再追究谢某的刑事责任。于是,派出所考虑到是村民之间的邻里纠纷,为化解矛盾,以调解结案处理,并未继续追究谢某的刑事责任。

在该案中,赔偿和解很好地挽回了被害人家属的经济损失,也在一定程度上化解谢某和陈某家属之间的矛盾纠纷。然而,10 年后,谢某被抓获归案,被指控涉嫌组织、领导黑社会性质组织罪,而这一起已经赔偿和解结案的故意伤害案件,被旧案重提,成为公诉机关指控以谢某为首的黑社会性质组织行凶作恶的重要犯罪事实,再次追究谢某故意伤害罪的刑事责任。

又如,郑某涉嫌故意伤害罪案:

2005 年 7 月 28 日,郑某与张某因工程纠纷发生肢体冲突,郑某带领朋友几人,在工地现场将张某打伤,经过法医鉴定,张某的损伤程度为轻微伤。报警后,派出所出警调查取证。在派出所办案人员主持之下,郑某等人与张某达成赔偿和解协议,由郑某赔偿张某 3 万元,双方互不追究刑事责任及民事责任。派出所办案人员还为双方制作了调解协议。

张某和郑某两家是同村村民,抬头不见低头见,还是互有往来。时间可以治愈一切,却无法阻碍法之公器。因为 13 年后,公安机关将郑某抓获归案,指控他涉嫌组织、领导黑社会性质组织罪,办案机关发动群众到村里、镇上征集郑某等人的违法犯罪事实和线索。郑某和张某 13 年前的这起打架斗殴事件在部分村民的脑海中记忆深刻。于是,被害人张某及部分村民向公安机关讲述了这起已经和解结案处理的轻微伤案件。公安机关据此指控郑某等人涉嫌聚众斗殴罪,作为黑社会性质组织犯罪的组成部分。

2012 年,《刑事诉讼法》修正正式确立刑事和解制度后,各地公安机关跃跃欲试,其中广东某地公安机关首先做出尝试,结果却不尽如人意。2012 年 5 月,在 S 市某国道上发生一起交通肇事案件,致一人死亡,两人重伤,死者为家中唯一经济支柱,其近亲属要求高额赔偿,犯罪嫌疑人愿意积极赔偿。案件由交通警察进行立案侦查,经过调解,犯罪嫌疑人向被害人家属赔礼道歉、赔偿损失,签订《和解协议书》并实际履行,被害人家属一致要求减轻对犯罪嫌疑人的刑事处罚。公安机关认为符合刑事和解条件,在刑事和解后撤销案件。然而,当地新闻媒体了解到此事后大肆报道,对刑事和解的合法性和合理性进行拷问,给公安机关带来了不良影响。自此当地公安机关对刑事和解的适用极为慎重，不再轻易适用。[1]

四、赔偿协议的执行保障

被害人维权时经常遇到这样一个问题，犯罪嫌疑人、被告人为获得谅解情节，经常与被害人商谈分期还款、分期赔偿、附条件赔偿等问题，此时，这些分期还款、分期赔偿、附条件赔偿的协议是否有法律效力、执行力，当前法律和司法实践的操作尚未完善，经常出现各种协议履约争议。

例如，潘某涉嫌合同诈骗罪案：

被害人被诈骗的金额为人民币200万元，在刑事诉讼过程中，潘某与被害人沟通，希望签订分期还款协议，能够获得被害人的谅解。经过多次沟通，潘某与被害人签订了分期付款的和解协议，先行支付部分款项后，潘某获得被害人出具的刑事谅解书。潘某在刑事判决中，就拥有被害人谅解从宽处罚情节，然而，潘某在刑事判刑后不再履行和解协议。

被害人该如何进一步维权救济，这就涉及以下几个问题。

其一，能否另行起诉？潘某反悔后，被害人能否针对该诈骗事实或者根据该和解协议，另行提起民事诉讼。答案是不能的，侵犯财产类案件，被害人只能通过退赔的方式获得赔偿，不能提起附带民事诉讼，也不能另行提起民事诉讼。刑事案件判决潘某退赔被害人的损失，针对同样的诈骗事实，被害人不能再次提起民事诉讼。

其二，能否强制执行？被害人能否要求法院出具裁判文书，确认潘某分期还款的事实，在潘某反悔时予以强制执行？答案也是否定的。被害人与犯罪嫌疑人、被告人在签订分期还款协议、出具谅解书后，犯罪嫌疑人、被告人获得相应从轻处罚的情节，但裁判后反悔时，被害人对该赔偿和解协议是没有民事救济渠道的，只能通过刑事追缴退赔程序获得赔偿。

其三，能否刑事申诉？原审判决考虑了被告人退赔、被害人谅解的情节，才作出相应的量刑裁判。但实际上，被告人并没有完全履行退赔协议，能否据此认为原审判决量刑错误，进行刑事申诉？我们认为这并不是适格的刑事申诉理

---

〔1〕 参见徐启明、孔祥参：《公安机关刑事和解实证研究——以广东公安机关刑事和解实践为样本》，载《中国人民公安大学学报（社会科学版）》2014年第2期。

由。只有因为签订赔偿和解协议后，刑事裁判误以为已经债权债务两清，存在遗漏责令退赔的判项时，才能针对遗漏判项的问题进行刑事申诉。

例如，付某涉嫌挪用资金罪案：

付某与被害单位达成还款协议，后被害单位出具刑事谅解书，法院考虑该量刑情节据此作出判决。判决生效后，付某并没有实际履行还款协议，判决书中也没有记载责令退赔挪用资金的判决项，导致被害单位的经济损失无法得到挽回。于是，被害单位以没有判决付某退赔其占有的款项，严重影响其合法权益为由提出申诉。法院审查后，决定对该案进行再审。但是，法院裁定再审的理由，并非付某未履行还款协议，而是认为判决中应责令退赔，本案判决遗漏该判项，导致判决确有错误。[1]

由此可见，赔偿和解后，犯罪嫌疑人、被告人获得从宽处理的情节却拒绝继续履行和解协议，导致赔偿和解协议执行困难，被害人的救济渠道比较有限。我们认为，为最大限度地保证赔偿和解协议能执行到位，可以有以下三种方式：

其一，增加赔偿和解的签约主体。在被害人与犯罪嫌疑人、被告人洽谈赔偿和解时，需要特别注意的是增加履约的主体，不能仅与犯罪嫌疑人、被告人本人签署赔偿和解协议，应当将犯罪嫌疑人、被告人的家属列为赔偿和解协议的签约主体，也不能仅由家属代替犯罪嫌疑人、被告人签署赔偿和解协议。如此，才能让犯罪嫌疑人、被告人的家属承担赔偿义务。否则，犯罪嫌疑人、被告人获得刑事谅解书后拒绝继续履行赔偿和解协议，被害人也无能为力，只能继续按照刑事追缴、退赔程序要求犯罪人退赔。

其二，增加赔偿和解的保证人。在赔偿和解协议中，尽量要求其他案外人提供担保或者债务加入，同意自愿承担还款责任。后续如犯罪嫌疑人、被告人拒绝履行和解协议，被害人可以针对该和解协议提起民事诉讼，要求担保人承担担保责任。

其三，赔偿和解升级为民事调解。在赔偿和解时，如案件符合附带民事诉讼的条件，被害人可以提起刑事附带民事诉讼，在诉讼中让法院确认刑事赔偿和解协议的内容，将赔偿和解协议变成具备法律强制执行力的民事调解书，就

---

〔1〕 参见吉林省梨树县人民法院刑事决定书，(2018)吉0322刑申2号；吉林省梨树县人民法院刑事裁定书，(2018)吉0322刑再2号。该案再审期间，付某向被害单位返还挪用的资金70万元，被害单位放弃主张剩余款项，且出具谅解书，故再审法院作出维持原判的裁决。

能最大限度地保障赔偿和解的法律效力。具体而言，被害人提起附带民事诉讼，在附带民事诉讼过程中，被害人与犯罪嫌疑人、被告人达成和解、谅解，要求法院出具刑事附带民事调解书，调解书经双方当事人签收后即具有法律效力。《刑事诉讼法解释》第 190 条规定："人民法院审理附带民事诉讼案件，可以根据自愿、合法的原则进行调解。经调解达成协议的，应当制作调解书。调解书经双方当事人签收后即具有法律效力。调解达成协议并即时履行完毕的，可以不制作调解书，但应当制作笔录，经双方当事人、审判人员、书记员签名后即发生法律效力。"

例如，杨某涉嫌交通肇事罪案：

杨某驾驶机动车在没有交通信号的道路上行驶时未在确认安全的原则下通行，致使其驾驶的机动车与被害人周某身体发生碰撞，导致被害人倒地受伤。事故发生后，杨某与周某的家属一起将周某送往医院进行救治。当天被害人周某经抢救无效死亡。经鉴定，周某系因颅脑重度损伤死亡。经认定，杨某承担事故的全部责任，周某无责任。公诉机关提起公诉，认为杨某违反交通运输管理法规，因而发生重大交通事故，致一人死亡，且负事故的全部责任，其行为触犯了《刑法》第 133 条之规定，应当以交通肇事罪追究其刑事责任。

被害人周某的家属多次与杨某沟通赔偿事宜，但是，杨某并没有购买保险，也没有足够的经济赔偿能力。双方就赔偿的金额始终无法达成一致。最后，杨某与周某的家属达成赔偿 12 万元的赔偿和解协议。但是，杨某只能接受分期还款，每年支付 3 万元赔偿款，每月支付 1000 元以上。周某的家属担心出具刑事谅解书后杨某不履行赔偿和解协议，因此要求杨某一次性支付赔偿款，双方关于赔偿款的谈判再次陷入僵局。

后我们建议周某的家属向法院提起刑事附带民事诉讼，然后在法院的调解下，将赔偿和解协议的内容固定为刑事附带民事调解书的内容，该调解书具备强制执行力，一旦杨某违约，周某的家属就可以申请法院强制执行。最终，法院出具刑事附带民事调解书："在本案审理过程中，经本院主持调解，双方当事人就附带民事赔偿部分自愿达成如下协议：被告人杨某赔偿附带民事诉讼原告人周某因本案造成的损失共计人民币 12 万元，除了杨某已经支付的 3 万元，剩余的 9 万元分三年支付，即从 2020 年 1 月至 2022 年 12 月 31 日止支付完毕，每年支付 3 万元，每月支付 1000 元以上，每年 12 月 31 日之前支付完每年的 3 万元。上述协议,不违反法律规定,本院予以确认。"

综上所述,对于犯罪嫌疑人、被告人而言,赔偿和解与从宽处理之间并不能画等号,赔偿和解后能否从轻、减轻或者免除处罚,以及在多大幅度上从轻、减轻处罚,是不确定的。然而,对被害人而言,赔偿和解对于帮助其挽回损失的作用是确定的,赔偿和解无疑是被害人维权的重要方式。被害人要充分利用赔偿和解的手段,才能最大限度地挽回经济损失。

第二节
追缴退赔

《刑法》第 64 条中规定:"犯罪分子违法所得的一切财物,应当予以追缴或者责令退赔;对被害人的合法财产,应当及时返还;违禁品和供犯罪所用的本人财物,应当予以没收。"因此,追缴退赔是对犯罪分子违法所得的一切财物进行追缴,返还给被害人,如涉案赃款赃物已经灭失、挥霍等无法追缴到案、未能足额退还的赃款赃物及其收益,则责令犯罪分子用其合法财产赔偿给被害人的过程。追缴退赔实际上是三个环节,即追缴、退、赔。

刑法中的追缴主要有两种含义:其一,针对赃款赃物及其收益的追缴,包括将赃款赃物用于投资或者置业形成的财产及其收益。犯罪分子将赃款赃物与其他合法财产共同投资或者置业,对因此形成的财产中与赃款赃物对应的份额及其收益,人民法院应予追缴。其二,针对罚金的追缴,对犯罪分子被判处的罚金进行追缴。例如,《刑法》第 53 条第 1 款规定:"罚金在判决指定的期限内一次或者分期缴纳。期满不缴纳的,强制缴纳。对于不能全部缴纳罚金的,人民法院在任何时候发现被执行人有可以执行的财产,应当随时追缴。"

责令退赔中的"退",是指将追缴的犯罪分子违法所得返还给被害人的过程。法院在刑事财产执行过程中,追缴的财物要么上缴国库,要么用于退还给被害人。责令退赔中的"赔",是指犯罪分子已将违法所得使用、挥霍或者毁坏,则责令犯罪分子按违法所得财物的价值赔偿给被害人。

追缴退赔的目的是保护公私财产,不让犯罪分子在经济上占便宜。[1] "责

---

〔1〕 参见郎胜主编:《〈中华人民共和国刑法〉理解与适用》,中国民主法制出版社 2015 年版。

令退赔在因法律或事实原因不能追缴原标的物或者对价物,以及原标的物贬值时适用,旨在命令行为人缴纳本应追缴之物的价额或者差额,具有补充性与等值性的特点。"[1]对于没有被害人损失的案件,违法所得追缴后直接上缴国库;对有被害人损失的案件,追缴和退、赔在程序上是递进关系,在责任上是补充关系。"追缴到的财物不足以赔偿被害人损失的,则触发责令退赔的机制;追缴到的财物不能覆盖行为人违法所得数额的,产生持续性追缴的法律后果(不区分财产合法与否)。"[2]

从理论上说,被害人的损失都可以通过对犯罪分子追缴退赔予以挽回。司法实践中,追缴退赔主要涉及三个问题:追缴退赔的财物范围、追缴退赔的权利顺位以及追缴退赔的司法程序。

一、追缴退赔的财物范围

在司法实践中经常出现,由于有资产的犯罪嫌疑人、被告人逃匿,资产不足的犯罪嫌疑人、被告人被抓获判处刑罚,导致犯罪分子被查扣在案的财物往往不足以弥补被害人的全部损失。此时被害人的挽回损失的进一步救济则是要求将犯罪分子的个人合法财产用于退赔。

追缴的财物范围主要是犯罪分子的违法所得及违法所得的收益,包括:通过实施犯罪行为直接或者间接产生、获得的任何财产;违法所得已经部分或者全部转变、转化为其他财产的,转变、转化后的财产;来自违法所得转变、转化后的财产收益,或者来自已经与违法所得相混合财产中违法所得相应部分的收益。即便违法所得的赃款赃物已经用于偿还债务、转让或者设置其他权利负担,只要存在第三人明知是涉案财物而接受、第三人无偿或者以明显低于市场的价格取得涉案财物、第三人通过非法债务清偿或者违法犯罪活动取得涉案财物等第三人通过其他恶意方式取得涉案财物的情形,相关财物也应是法院追缴的违法所得范围。将违法所得继续用于违法犯罪活动产生的收益,如使用聚敛、获取的财产赌博赢利所得收益、非法放贷所得收益、购买并贩卖毒品所得收

[1] 李鑫源:《论责令退赔措施的适用》,载《中国刑警学院学报》2021 年第 1 期。
[2] 左袖阳:《违法所得投资收益的追缴:判断标准与追缴范围》,载《中国法律评论》2022 年第 4 期。

益等,也属于违法所得追缴的财物范围。[1]

退赔被害人损失的财物范围,不仅包括违法所得及违法所得收益,而且包括犯罪分子的个人合法财产。刑事退赔的赔偿范围仅限于刑事犯罪中认定的被害人损失,而不包括被害人根据民事法律关系所认定的损失。最高人民法院《关于刑事裁判涉财产部分执行的若干规定》(法释〔2014〕13 号)第 10 条第 4 款规定:“对于被害人的损失,应当按照刑事裁判认定的实际损失予以发还或者赔偿。”而不是被害人实际遭受的所有直接损失与间接损失或物质损失与精神损失。例如,在一房多卖的诈骗案件中,刑事退赔的范围是刑事案件中认定的被害人损失,即被害人遭受诈骗的本金,而被害人根据民事关系可能存在其他更多的损失,如因被诈骗导致的同期同地段同类房屋差价等其他间接损失,但这些均不在退赔范围内。

例如,王某涉嫌非法经营罪案:

王某和李某等人在某公司从事非法证券经营活动,收取了投资者总额 3000 多万元的投资款,这笔投资款大部分资金都被公司老板李某转移。案发后,李某逃匿,公安机关无法追回这些投资款。但是,公安机关将王某银行账号中的个人合法财产 500 多万元冻结。众多被害人强烈要求王某承担全部退赔义务,将冻结的王某的 500 多万元资金用于退赔。

王某认为,他在该公司属于高管角色,李某才是公司的老板,李某是涉案犯罪行为的最大获益人,涉案资金都被老板李某占有,他并没有获得工资收入之外的额外收入,被冻结的银行账号并未用于涉案违法犯罪行为,被冻结的 500 多万元是其个人合法财产,不应用于退赔。

该案的争议焦点在于:王某是否需要承担全部的退赔责任?王某的个人合法财产 500 多万元,能否强制用于退赔给众多被害人?该案经历了一审、二审、申诉、再审多个诉讼程序,控辩审三方对此分歧很大。

一审法院裁判认为,李某、王某等人无视国家法律,未经国家证券监管部门批准,共同非法经营证券业务,扰乱市场秩序,情节特别严重,已经构成非法经

---

〔1〕 参见最高人民法院、最高人民检察院《关于适用犯罪嫌疑人、被告人逃匿、死亡案件违法所得没收程序若干问题的规定》;最高人民法院《关于刑事裁判涉财产部分执行的若干规定》(法释〔2014〕13 号);最高人民法院、最高人民检察院、公安部、司法部《关于办理黑恶势力刑事案件中财产处置若干问题的意见》。

营罪。王某受他人指派、安排参与犯罪,在共同犯罪中起次要、辅助作用,是从犯。依法应当追缴王某名下的银行存款,按比例退赔给各被害人。

王某不服,提出上诉,认为被查扣的银行存款,是他自己的个人合法财产,与涉案犯罪行为无关,法院不应当处置,不能用于退赔给各被害人。

二审法院认为,在案证据确实无法证明涉案的王某名下银行存款属于赃款或者违法所得,因此,不能根据《刑法》第 64 条的规定,将王某名下银行存款按比例退赔给被害人。于是,二审法院判决从王某银行存款中追缴他的违法所得 40 万元,按照比例退赔给各被害人。

二审判决后,众多被害人一直不服,不断申诉、信访,认为他们的财产没有得到保护,虽然法院判决王某、李某等人非法经营罪成立,但是没有依法将财产退赔给他们。众多被害人进行了多年的申诉、信访,给法院造成较大的压力,法院终于认为原审判决确有错误,决定再审。再审的主要内容在于对王某名下存款该如何处理的问题。

再审诉讼中,王某坚持认为,他的非法经营犯罪行为已经受到法律追究,承担的刑事责任,已经服刑完毕,他在非法经营犯罪行为期间获得的违法所得 40 万元也已经被法院予以追缴、发还给被害人,剩下的钱款都是他的个人合法财产,与犯罪行为无关,应当返还给他,被害人的其他损失应当继续向其他同案人追缴,不应该将他的个人合法财产追缴退赔给各被害人。

再审法院裁判认为,根据《刑法》第 64 条的规定,犯罪分子违法所得的一切财物,应当予以追缴或责令退赔;对被害人的合法财产,应当及时返还;违禁品和供犯罪所用的本人财物,应当予以没收。没收的财物和罚金,一律上缴国库,不得挪用和自行处理。因此,在被告人非法占有、处置被害人财产的情况下,为了保护被害人的合法权益,应当依法追缴被告人的违法所得或者责令被告人退赔。本案中,王某名下的银行存款,虽然不能认定为赃款或者违法所得,但是,王某参与非法经营犯罪行为,涉案金额 3000 多万元,大部分没有被追回,该犯罪行为严重损害被害人的财产权益,大多数被害人遭受重大的经济损失。因此,应当以王某的个人财产对各被害人的经济损失承担退赔责任。

二、追缴退赔的权利顺位

在追缴退赔案件中,经常遇到犯罪分子除了刑事追缴退赔的义务外,还有其他诸多债务需要偿还的问题。此时,追缴退赔与抵(质)押优先债权、普通债权等各种债权共存,应该如何确定清偿顺位,直接关系到被害人的财产利益及其他债权人的合法利益。该问题争议非常大,要准确理解追缴退赔在其中的权利顺位,需要从以下几个层次来理解。

(一)追缴退赔的优先性

根据当前司法解释及司法实践经验,抵(质)押债权和人身损害赔偿中的医疗费用优先于刑事退赔被害人的损失,退赔被害人的损失又优先于其他普通债权。主要依据在于:最高人民法院、最高人民检察院、公安部《关于办理非法集资刑事案件若干问题的意见》。该司法解释第 9 条第 4 款明确规定:"根据有关规定,查封、扣押、冻结的涉案财物,一般应在诉讼终结后返还集资参与人。涉案财物不足全部返还的,按照集资参与人的集资额比例返还。退赔集资参与人的损失一般优先于其他民事债务以及罚金、没收财产的执行。"最高人民法院《关于刑事裁判涉财产部分执行的若干规定》第 13 条亦明确规定:"被执行人在执行中同时承担刑事责任、民事责任,其财产不足以支付的,按照下列顺序执行:(一)人身损害赔偿中的医疗费用;(二)退赔被害人的损失;(三)其他民事债务;(四)罚金;(五)没收财产。债权人对执行标的依法享有优先受偿权,其主张优先受偿的,人民法院应当在前款第(一)项规定的医疗费用受偿后,予以支持。"

上述司法解释直接确定人身损害赔偿中的医疗费用和优先受偿权的债权优先于其他民事债权,且优先于退赔被害人损失的顺位。据此,在财产执行过程中,被执行人同时承担刑事责任、民事责任时,清偿顺位如下:(1)人身损害赔偿中的医疗费用,债权人对执行标的依法享有优先受偿权的债权;(2)退赔被害人所遭受的损失;(3)其他民事债务;(4)罚金;(5)没收财产。

例如,某财富有限公司涉嫌非法吸收公众存款罪案:

公安机关查封了某财富有限公司的一系列资产,其中有很多资产是该财富有限公司向某农村商业银行融资时提供的抵押物,并且办理了抵押登记。该农村商业银行向该财富有限公司及其关联公司总共发放 100 多亿元的贷款。该财富有限公司涉嫌非法吸收公众存款罪一案被刑事立案后,公安机关查封扣押了该财富有限公司及其实际控制人相关的资产,其中就有该农村商业银行享有抵押权的诸多资产。那么,在抵押资产处置过程中,优先偿还银行融资本息,还是优先退赔非法吸收公众存款罪的被害人损失？也即已经办理登记手续、合法有效的抵质押权，能否优先于被害人刑事退赔的权利？

根据前述司法解释的规定，该案被害人退赔的权利优先于其他普通债权，但次于该农村商业银行享有抵押权的债务。设置合法抵押的资产进行处置所产生的资金，应优先偿还该农村商业银行的本息，其次用于退赔被害人的损失，最后用于偿还其他普通债权。

（二）权利顺位的二分法

刑事追缴退赔是递进关系的三个环节：追缴、退（发还）、赔（赔偿），三个环节针对的财产及处置方式是有差别的。刑事追缴退赔不能理解为一个执行措施，应当理解为三个措施。笼统地认为刑事追缴退赔无条件地优先于普通债权，有时并不太公允，笼统地认为刑事追缴退赔无条件地劣后于人身损害赔偿中的医疗费用、债权人对执行标的依法享有优先受偿权的债权，有时也不太公允。

从法理上看，前述司法解释规定并不意味着追缴退赔绝对优先于其他普通债权，也不意味着追缴退赔绝对劣后于人身损害赔偿中的医疗费用、债权人对执行标的依法享有优先受偿权的债权。上述规定实际上仅明确"被害人所遭受的损失的刑事赔偿"与其他债权的追偿权利顺位，以及"被害人所遭受的损失的刑事赔偿"与违法所得及其收益的追缴、发还显然有所不同。

从财产性质上看，应当区分犯罪人的赃款赃物及其收益与犯罪人的其他合法财产；从执行措施上，应当区分犯罪人的赃款赃物及其收益的追缴、发还，与用犯罪人的其他合法财产赔偿被害人损失。不宜认为"追缴退赔"措施一概优先于普通债权，也不能认为"追缴退赔措施"只优先于普通债权，而绝对次于人身损害赔偿中的医疗纠纷和其他法定优先债权。

我们认为，刑事追缴退赔与其他债权的清偿顺位关系，应当作出两种区分：

其一，赃款赃物及其收益的追缴发还给被害人，优先于所有的债权。如果能够确定涉案的财产是赃款赃物及其收益，则裁判应当直接确定"退还"或"发还"给被害人。"从理论上来说，'退'的部分以赃款赃物的追缴为前提，追缴的对象是违法所得，用特定的财物发还特定的受害对象，具有明确的针对和指向，故刑事追缴优先于其他民事债务具有一定的合理性。"[1]"对于应当退赔的被害人损失，如果刑事裁判中已经查明犯罪分子的违法所得的财物，则该部分违法所得的财物变价款只能用于退赔被害人，这属于物权性质的财产返还。"[2]对这部分资产，被害人享有的是物权性质的权利，本应属于被害人的财产或者被害人财产的转化财产，只需要通过刑事追缴发还程序即可处置，与其他债权都不存在权利顺位的交叉问题，追缴发还优先于其他民事债务。

例如，被犯罪人侵占、处置的是特定物（如汽车、手表、玉石、字画等），且特定物还在犯罪人控制下或被第三人合法取得等原因尚未灭失，则特定物是退赔的特定标的，被害人对特定物拥有的是物权，无疑可以排除其他所有债权，包括人身损害赔偿中的医疗纠纷，在追缴退赔时不应该先将本属于被害人的特定物变价，将变价款优先退赔给人身损害赔偿中的医疗费用，剩余款项再退赔给被害人。即便犯罪人在非法占有特定物后，以特定物向他人融资设置了抵押权、质押权等法定优先权，也需要考虑法定优先权是否善意且合法成立，如善意且合法成立，才能优先于特定物的退赔追缴，即便合法成立但并非善意，抵押权、质押权等也不宜优先于被害人拥有的物权。

其二，赃款赃物及其收益之外的财产赔偿被害人的损失。在犯罪人被执行的财产无法区分来自被害人的赃款赃物及其收益与其他合法财产，或者能够查实系犯罪人的合法财产时，需要用犯罪人的这部分财产赔偿给被害人。由于此时赔偿被害人的损失本质是民事侵权、违约的赔偿义务，在性质上为侵权之债、违约之债等民事债务，没有物权的优先性。"'赔'是指赃款赃物退还不足后，以被执行人个人合法财产予以赔偿，故理论上'赔'的部分并不具备优先于其他民事债务的特性，执行标的物应按债权的一般原则进行分配，否则容易造成合法债权人在最后的执行分配中因劣后受偿而未分配到任何财产。"[3]

因此，"退赔被害人的损失"的优先性，仅限于对被执行人违法所得的财物或该财物的转化物的"退还"，而不包括"赔偿"。对于被执行人名下其他合法

---

〔1〕 李书静：《非法集资案件中"退赃退赔"的司法困境与制度完善》，载《国家检察官学院学报》2022年第2期。

〔2〕 范春忠：《刑事裁判中"退赔被害人损失"的执行问题》，载《人民法院报》2022年6月29日，第7版。

〔3〕 李书静：《非法集资案件中"退赃退赔"的司法困境与制度完善》，载《国家检察官学院学报》2022年第2期。

财产的处置或者被执行人名下无法认定赃款赃物及其收益的其他性质不明的财产，刑事裁判确定的被害人可就其未获清偿的损失部分，与其他普通债务人一并参与处置，平等清偿，不享有优先性。[1]

这种观点在破产实务中亦有所体现。破产财产处置时，要区分赃款赃物与企业合法财产，如果破产企业的财产能确定系犯罪所得或由犯罪所得转化而成、第三人非善意取得、赃款赃物的清晰流向并能明显剥离或区别出来，则应认定为赃款赃物或其转化物，不属于破产财产，应当通过刑事追赃程序收缴发还给被害人，不纳入破产企业的财产处置程序中，不产生刑事与破产程序的交叉。如果赃款赃物及其转化物与企业合法财产无法区分，则应纳入破产程序统一处理，由适格的主体申报债权，所申报债权按照普通债权的顺位予以清偿。至于适格的申报主体，根据破产企业与违法犯罪的关系而定。比如，破产企业是非法集资企业，则以集资参与人名义申报债权；如破产企业没有非法集资行为，而是非法集资犯罪赃款流入破产企业，则应当以非法集资犯罪嫌疑人、被告人名义申报（判决生效前）或执行法院以自己名义申报债权（刑事执行阶段）。[2]

例如，浙江某公司及其实际控制人涉嫌非法吸收公众存款罪案：

公安机关对某公司实际控制人进行刑事立案，并未追究该公司的单位犯罪刑事责任，公安机关查封扣押了该公司及其实际控制人的大量资产。同时，该公司对外负有巨额债务，大量债权人向法院提起民事诉讼，要求浙江某公司偿还债务，部分民事案件还在审理中，部分民事案件已经进入执行程序，法院对部分财产采取了财产保全或执行措施。在浙江某公司资不抵债的情况下，债权人申请该公司进入破产程序。此时，作为非法吸收公众存款罪的被害人的刑事退赔问题与破产程序密切相关，比较复杂，刑事退赔与涉案公司其他债权的清偿顺位直接决定被害人的损失能否挽回。

按照权利顺位二分法，该案被害人的权利保障存在两种可能性：第一，需要区分涉案财物是否为违法所得的财物或者其转化物，能确定的部分直接根据刑事追赃程序，将这部分财物优先处置，予以追缴后“退还”或“发还”给被害人，

---

〔1〕 参见范春忠：《刑事裁判中“退赔被害人损失”的执行问题》，载《人民法院报》2022 年 6 月 29 日，第 7 版。

〔2〕 参见李红芬：《涉非法集资企业破产案件中刑事追赃问题》，载微信公众号“中国破产法论坛”2020 年 9 月 10 日，https://mp.weixin.qq.com/s/fVLReTOEHM_zLAAd8Jxzkg。

被害人退赔的权利具有优先性。第二,对于无法区分、无法确定为违法所得的财物及其转化物的部分财产,则被害人退赔的权利与普通债权平等,不享有优先权。该权利顺位二分法的观点具有一定的合理性。

从程序上看,当涉案财产既涉及破产问题又涉及犯罪及刑事执行问题时,应当适用"先刑后民"原则,在破产程序中暂停对该部分财产的处理,等待刑事案件对该部分财产作出处理后,才能顺利进行破产程序。破产程序处置的必须是违法所得及其转化物之外的债务人浙江某公司的财产,而当涉案财产既涉及破产问题又涉及犯罪及刑事执行问题时,该部分财产就可能是违法犯罪所得及其转化物,需要先经过刑事案件处理,确定其是否为违法犯罪所得及其转化物。

从破产法角度看,被害人有权向破产管理人取回财产。《企业破产法》第38条规定:"人民法院受理破产申请后,债务人占有的不属于债务人的财产,该财产的权利人可以通过管理人取回。但是,本法另有规定的除外。"因此,刑事案件处理后,法院确定的违法所得及其转化物实际上就属于债务人占有的不属于债务人的财产,应当发还给被害人,被害人作为该财产的权利人可以通过管理人取回。

从性质上看,在非法吸收公众存款、集资诈骗类案件中,刑事判决书确定的往往是犯罪人将款项发还被害人的义务,不足部分由被告人赔偿,这实际上有两种性质的权利义务:其一,发还的是"物权";其二,赔偿的是普通债权。例如,"责令被告人向被害人退还其所分得的赃款""继续追缴本案的违法所得,按比例发还本案被害人""冻结的违法所得及孳息,按比例发还集资参与人,不足弥补部分,责令被告人退赔"等多种裁判,判项中确定的"发还""赔偿"是性质不同的判项。在刑事财产执行中,能确定系违法所得及其转化的财产部分不属于破产企业的合法财产,破产企业需要"发还"相关财物给被害人,不能进入破产程序与其他普通债权共同分配相关财产。

三、追缴退赔的司法程序

(一)追缴退赔的判项

追缴退赔应该在刑事判决书的判决主文中予以明确,刑事财产执行时才拥有明确的执行依据。最高人民法院《关于适用刑法第六十四条有关问题的批复》规定:“追缴或者责令退赔的具体内容,应当在判决主文中写明;其中,判决前已经发还被害人的财产,应当注明。”司法实践中偶尔会出现刑事判决判项对于追缴退赔问题未作出判决,或者裁判的内容不明确的情况,此时,被害人需要进一步采取救济措施。

一种观点认为,被害人可以另行提起民事诉讼。例如,最高人民法院研究室法研〔2008〕104 号答复中明确:“人民法院在刑事裁判中未对罪犯的违法所得作出追缴或者责令退赔的处理决定,被害人在刑事裁判生效后单独就民事赔偿问题向人民法院起诉的,人民法院应当受理。”

另一种观点认为,只能通过审判监督程序予以纠正。追缴退赔的判项如果在裁判文书的判决主文中遗漏,则法院刑事执行时缺乏明确的执行依据,就无法落实追缴退赔的执行,这属于对司法文书制作内容要求的违反,那么刑事案件应当经过审判监督程序予以纠正。“如果通过另行提起民事诉讼的程序解决,会导致民事裁判结果与刑事裁判结果上的冲突,不仅增加了当事人的诉累,还浪费了有限的司法资源。”[1]

例如,邹某涉嫌诈骗罪案:

一审、二审认定,邹某以非法占有为目的,采取欺诈的手段骗取他人财物,数额特别巨大,其行为已构成诈骗罪。判决:被告人邹某犯诈骗罪,判处有期徒刑 11 年 6 个月,并处罚金 20 万元。但是,刑事裁判中并没有对赃款进行处理,没有明确责令被告人邹某向被害人退赔的判项。广东省高级人民法院再审认为,原一、二审判决、裁定认定事实清楚、证据确实充分,定性准确,审判程序合法,但裁判主文中没有继续追缴赃款或责令被告人邹某向被害人退赔非法所得属适用法律错误。再审改判:(1)维持二审裁定和一审判决对被告人邹某的定罪量刑;(2)责令被告人邹某于该判决发生法律效力之日起 30 日内向被害人许某、钟某退赔违法所得 190 万元。[2]

我们认为,对非法侵占、处置被害人财产案件之外的其他案件,刑事判决不

---

〔1〕 李玉林:《民刑交叉案件并行处理原则的理解与适用——以〈九民会议纪要〉第 128 条的规定为中心》,载《法律适用》2022 年第 8 期。

〔2〕 广东省广州市荔湾区人民法院刑事判决书,(2013)穗荔法刑初字第 360 号;广东省广州市中级人民法院刑事裁定书,(2013)穗中法刑二终字第 542 号;广东省高级人民法院刑事判决书,(2017)粤刑再 3 号。

能作出追缴退赔的判项。此时，被害人往往难以通过刑事追缴退赔的方式弥补经济损失，而且不能因为刑事判决中缺少追缴退赔判项而进行刑事申诉。此时，被害人如何维权救济、挽回经济损失，就存在不小的争议。

比较典型的是侵犯知识产权犯罪案件，侵犯知识产权犯罪案件并非被告人非法占有、处置被害人财产的犯罪，部分裁判不会在刑事判决中作出责令退赔的判项；部分裁判则认定被告人退赔被害人经济损失；部分裁判则认为应当追缴、没收被害人的违法所得，上缴国库，而不是责令退赔给被害人。

例如，天津市高级人民法院发布的《天津法院知识产权司法保护典型案例》中的“绪某可等侵犯商业秘密罪案”：

该案判决认为：六被告人违反权利人有关保守商业秘密的要求，使用掌握的商业秘密，给权利人造成重大损失，其行为已构成侵犯商业秘密罪，系共同犯罪。责令被告人绪某可、张某齐、赵某春、袁某军、靖某青、张某防共同退赔被害单位直接经济损失1,202,858.16元。[1]

又如，最高人民检察院发布的2018年度检察机关保护知识产权典型案例之四“广东宋某等二人假冒注册商标案”：

该案中，江门市新会区法院于2018年6月15日作出刑事判决，以假冒注册商标罪判处被告人宋某有期徒刑3年，缓刑3年，并处罚金18万元；判处被告人卢某有期徒刑1年2个月，缓刑1年2个月，并处罚金5万元。同时判决扣押在案的假冒注册商标物予以没收、销毁，但未对宋某、卢某的违法所得判决追缴或责令退赔。江门市新会区检察院及时提出抗诉，江门市中级人民法院于2018年11月7日作出判决，采纳了检察院的抗诉意见，增加判项，追缴宋某、卢某违法所得6.3万元，依法予以没收，上缴国库。[2]

而且，侵犯知识产权犯罪案件由于认定犯罪成立及定罪量刑的侵权手法、量刑标准等均存在较大不同，犯罪金额的认定标准与被害人损失的认定标准亦不同。犯罪金额的认定标准有违法所得数额、非法经营数额、直接经济损失数额、未销售商品的货值等。民事诉讼中被害人所遭受的损失，不仅需要参考侵

---

〔1〕 参见天津市高级人民法院：《天津法院知识产权司法保护典型案例》，载澎湃网2020年10月22日，https://m.thepaper.cn/baijiahao_9666517。

〔2〕 最高人民检察院发布的2018年度检察机关保护知识产权典型案例之四：“广东宋某等二人假冒注册商标案”。

权人的违法所得、非法经营数额、被侵权人能证明的直接经济损失数额、被侵权人制止侵权行为所支付的合理开支（对侵权行为进行调查、取证的合理费用，符合国家有关部门规定的律师费用等），还包括被侵权人可以获得的惩罚性赔偿。[1] 所以，刑事案件认定的犯罪金额往往不是被害人的损失金额。刑事裁判也就无法准确认定被害人的损失金额，无法直接判决退赔被害人的经济损失。即便刑事判决有退赔被害人损失的判项，该退赔金额也很可能无法弥补被害人的实际损失。

人民法院审理侵犯知识产权民事纠纷案件中，如发现涉案民事侵权行为本身涉嫌犯罪，也会以涉嫌经济纠纷为由，不予受理或者驳回起诉，将有关材料移送公安机关或者检察机关。

例如，温州市某仪器仪表有限公司与莆田市某电子仪器有限公司侵害商标权纠纷案：

法院于2017年9月15日立案。后发现，2017年8月2日原告已向公安机关报案。公安机关已于2017年8月21日作出立案决定书，故本案明显存在经济犯罪嫌疑，应驳回原告的起诉，移送公安机关处理。根据最高人民法院印发的《关于在审理经济纠纷案件中涉及经济犯罪嫌疑若干问题的规定》等规定，法院裁定驳回起诉。[2]

我们认为，此类案件即便被害人通过民事诉讼维权时被不予受理或者驳回起诉，只要刑事判决中并未确定退赔的金额，或者判决退赔的金额无法弥补被害人的全部损失，被害人经济损失没有得到挽回，就应当有权继续提起民事诉讼，人民法院应当将案件当作侵犯知识产权民事纠纷案件予以审理并作出判决。

（二）追缴退赔的执行

退赔一般是在刑事裁判生效后，由第一审法院刑事执行部门追缴罪犯的财

---

〔1〕 例如，最高人民法院《关于审理侵害知识产权民事案件适用惩罚性赔偿的解释》第1条第1款规定："原告主张被告故意侵害其依法享有的知识产权且情节严重，请求判令被告承担惩罚性赔偿责任的，人民法院应当依法审查处理。"《著作权法》第54条第1款规定："……对故意侵犯著作权或者与著作权有关的权利，情节严重的，可以在按照上述方法确定数额的一倍以上五倍以下给予赔偿。"

〔2〕 浙江省温州市鹿城区人民法院民事裁定书，（2017）浙0302民初12661号。类似案件又如：浙江省温州市鹿城区人民法院民事裁定书，（2017）浙0302民初14859号。

产后进行统一分配,第一审人民法院可以委托财产所在地的同级人民法院执行。[1] 在司法实践中,追缴退赔难点多集中在人数众多的诈骗类案件、非法集资类案件中,尤其是不同法院分开审判处理涉案财产的退赔处置的案件。

很多非法吸收公众存款、集资诈骗等犯罪案件,涉及的被害人动辄几百人、几千人、几万人甚至更多,并涉及全国多个地域。此类案件审判时,往往在多地分开进行审判,涉案的资产也比较分散。此时,在各地法院分开审判、资产不足以全部清偿的情况下,众多被害人如何才能获得公允的退赔是比较复杂的。

例如,千木灵芝公司非法吸收公众存款罪案:

全某、袁某(均另案处理)等人利用在湖北省成立的千木灵芝公司非法吸收公众存款。该公司宣称,对投资给公司的客户,在一年半的投资期限内,每月都有返利,总返利数额为投资总额的300%,以此高息为诱饵吸收公众存款。千木灵芝公司在东莞等地设分公司,并在各地设服务中心进行宣传、组织,以吸引被害人投资。2015年9月起,被告人黄某锋的父亲黄某汉(在逃)在珠海市香洲区设立珠海千木灵芝服务中心,以上述方式非法吸收公众存款。截至案发,珠海千木灵芝服务中心共吸引被害人投资者400余人,非法吸收公众存款总额为人民币1421.95万元。珠海千木灵芝服务中心共收到总公司给予的服务费、房租补贴等返利约人民币138万元。被告人黄某锋共获取非法所得人民币30,000元。公安机关冻结黄某锋银行账户内19,898.17元。

该判决对应的被害人损失了大部分投资款,但案件冻结的资金仅有19,898.17元,如果仅将这19,898.17元按照各投资人的投资比例予以退赔,显然将严重损害被害人的利益。

最终,法院判决认为:被告人黄某锋的非法所得人民币30,000元依法应当予以追缴,并且按比例返还投资人。但本案中,涉案的款项均系由千木灵芝公司直接收取。被告人黄某锋以及珠海千木灵芝服务中心通过非法集资行为所获的款项均系千木灵芝公司收取后,依照公司的奖励制度或者比例直接发放到被告人黄某锋的账户或者返还到珠海千木灵芝服务中心。因而,本案中追缴被告人黄某锋的非法所得,其返还的对象应当是千木灵芝公司的全体被害人,而

---

[1] 最高人民法院《关于刑事裁判涉财产部分执行的若干规定》(法释〔2014〕13号)第2条规定:"刑事裁判涉财产部分,由第一审人民法院执行。第一审人民法院可以委托财产所在地的同级人民法院执行。"

非仅限于珠海千木灵芝服务中心的被害人。对被告人黄某锋的非法所得,待追缴后本院将依法移交审理千木灵芝公司主犯的人民法院一并处理。[1]

第三节
附带民事诉讼

在当前刑事诉讼制度中,被害人由于被告人的犯罪行为而遭受物质损失的,在刑事诉讼过程中有权提起附带民事诉讼。被害人死亡或者丧失行为能力的,被害人的法定代理人、近亲属有权提起附带民事诉讼。如果国家财产、集体财产遭受损失,人民检察院在提起公诉时可以提起附带民事诉讼。被害单位也可以通过提起附带民事诉讼的方式挽回自己的经济损失。

除了附属于刑事诉讼程序的特点外,附带民事诉讼和单独提起的普通民事诉讼还有其他重要区别。“现行法律将附带民事诉讼的赔偿范围限定为‘物质损失’,使得被害人既无法获得任何精神损害赔偿,也无法就其所受的间接损失得到赔偿。赔偿范围过于狭窄导致附带民事诉讼越来越与普通民事侵权诉讼脱节,因而背离了民事侵权法的一般归责原则。”[2]长期以来,附带民事诉讼的案件备受争议,争议的焦点主要在于:附带民事诉讼的案件适用范围、赔偿的项目和金额,恰恰是这两个争议焦点,对被害人挽回经济损失具有非常重大的影响。

一、适用的案件范围

《刑事诉讼法》第 101 条第 1 款中规定:“被害人由于被告人的犯罪行为而遭受物质损失的,在刑事诉讼过程中,有权提起附带民事诉讼。”根据该规定,任何因为犯罪行为遭受物质损失的案件,被害人都可以提起附带民事诉讼。按照表面理解,附带民事诉讼适用的案件范围是非常宽泛的。然而,实际并非如此。《刑事诉讼法解释》第 176 条规定:“被告人非法占有、处置被害人财产的,应当依法予以追缴或者责令退赔。被害人提起附带民事诉讼的,人民法院不予受理。追缴、退赔的情况,可以作为量刑情节考虑。”被告人非法占有、处置被

---

〔1〕 广东省珠海市香洲区人民法院刑事判决书,(2016)粤 0402 刑初 1746 号。
〔2〕 陈瑞华:《刑事附带民事诉讼的三种模式》,载《法学研究》2009 年第 1 期。

害人财产的,被害人只能通过追缴或者责令退赔的方式挽回损失,不能提起附带民事诉讼。因此,被害人因遭受诈骗、非法集资、职务侵占等犯罪行为而遭受物质损失的,不能提起附带民事诉讼。

司法实践中,争议比较大的是侵犯知识产权犯罪案件,被害人、被害单位能否提起附带民事诉讼的问题。由于侵犯知识产权犯罪案件并非直接侵害被害人、被害单位财产的犯罪案件,刑事判决只认定犯罪金额的问题,大部分案件都不会处理刑事退赔的事宜。在××有限公司被侵犯注册商标案中,法院认定被告人张某销售假冒注册商标的商品,按照销售价格统计共价值人民币29万多元。法院判决:“被告人张某犯销售假冒注册商标的商品罪,判处有期徒刑二年三个月,并处罚金人民币拾伍万元;缴获的假冒注册商标的商品、作案工具办公电脑、手机(详见扣押清单),予以没收(由××市公安局××区分局执行)。”在此类非直接侵害财产的案件中,裁判大多不考虑被害人的经济损失挽回问题。被害人该如何挽回经济损失?是直接提起附带民事诉讼还是另行提起民事诉讼?首先需要考虑侵犯知识产权犯罪案件,被害人、被害单位能否提起附带民事诉讼。

我们在办案过程中发现,该问题争议很大,裁判观点并不统一,两种观点都非常普遍。

第一种观点,被害人可以提起附带民事诉讼。该观点认为,被害人、被害单位因为遭受侵犯知识产权犯罪行为所遭受的经济损失,属于“由于被告人的犯罪行为而遭受物质损失”的情况,依法可以提起附带民事诉讼要求被告人赔偿经济损失。

例如,最高人民法院1999年的公报案例“王安涛侵犯著作权案”:

该案裁判支持附带民事诉讼。该裁判认为“王安涛未经软件著作权人天利公司的同意,擅自复制、修改天利公司软件作品,并将这一软件作品作为自己公司的产品进行销售,并将这一软件作品作为自己公司的产品进行销售,非法获利达20万元以上,其行为已触犯刑法第二百一十七条的规定,构成侵犯著作权罪,应当承担刑事责任。被害单位天利公司由于王安涛的犯罪行为而遭受物质损失,在刑事诉讼过程中有权提起附带民事诉讼。王安涛对因自己的犯罪行为使天利公司遭受的销售损失和为制止侵权而支出的合理费用,应当承担赔偿责任”[1]。

又如，最高人民法院2006年的公报案例“裴国良侵犯商业秘密案”：

该案裁判支持附带民事诉讼。裁判认为，行为人窃取他人技术秘密供自己所在的公司使用，从而给技术秘密权利人造成特别严重后果的，在追究行为人侵犯商业秘密罪的刑事责任时，可以根据附带民事诉讼原告人的请求，将行为人所在公司列为附带民事诉讼被告人一并追究侵权的民事赔偿责任。[2]

第二种观点，被害人不能提起附带民事诉讼。该观点认为，《刑事诉讼法解释》第175条第1款规定：“被害人因人身权利受到犯罪侵犯或者财物被犯罪分子毁坏而遭受物质损失的，有权在刑事诉讼过程中提起附带民事诉讼；被害人死亡或者丧失行为能力的，其法定代理人、近亲属有权提起附带民事诉讼。”该规定对附带民事诉讼范围作出明确的限制，可以提起附带民事诉讼的情形只有两类：其一，被害人因人身权利受到犯罪行为侵犯而遭受物质损失；其二，被害人因财物被犯罪分子毁坏而遭受物质损失。按照该界定，侵犯知识产权犯罪案件中被害人不能提起附带民事诉讼，被害人的知识产权遭到侵犯，既不属于“人身权利受到犯罪侵犯”的情形，也不属于“财物被犯罪分子毁坏”的情形。

例如，邵某等人侵犯注册商标权案：

法院在审理检察院指控被告人邵某等人涉嫌犯销售假冒注册商标的商品罪一案中，被害单位××公司向法院提起附带民事诉讼。裁判认为，根据司法解释，被害人因人身权利受到犯罪侵犯或者财物被犯罪分子毁坏而遭受物质损失的，有权在刑事诉讼过程中提起附带民事诉讼，“人身权利”主要包括：生命健康权、姓名权、名称权、肖像权、名誉权、荣誉权、婚姻自主权等权利，而本案被害单位所遭受的损失不是因人身权利受到犯罪侵犯而遭受的物质损失。被害单位诉请要求被告人邵某等人赔偿的经济损失及维权费用亦不是财物被犯罪分子毁坏而遭受的物质损失。因此，被害单位的诉讼请求不符合人民法院受理

---

〔1〕 王安涛侵犯著作权案，载《最高人民法院公报》1999年第5期。

〔2〕 西安市人民检察院诉裴国良侵犯商业秘密案，载《最高人民法院公报》2006年第12期。又如，陕西省高级人民法院刑事附带民事裁定书，(2017)陕刑终29号；云南省文山壮族苗族自治州中级人民法院刑事附带民事裁定书，(2015)文中刑终字第65号；安徽省六安市裕安区人民法院刑事判决书，(2018)皖1503刑初281号等案件。

附带民事诉讼的范围,裁定不予受理被害单位的起诉。[1]

侵犯知识产权犯罪案件被害人以提起附带民事诉讼还是单独另行提起民事诉讼的方式进行主张,法律法规并无明确规定,司法裁判观点并不统一,但可以肯定的是,被害人拥有起诉侵权人赔偿经济损失的权利。我们倾向于认为,第二种观点更加符合当前法律规定,侵犯知识产权并非直接侵害被害人的人身权利,也并非直接毁坏被害人的财物。同时,刑事追责与民事索赔分开处理,也能避免裁判的混乱。毕竟,侵犯知识产权犯罪案件中的犯罪金额与被害人的实际损失之间往往有较大差别,分开处理可以避免在同一份刑事附带民事判决书中,出现刑事部分采用刑事诉讼证据标准认定犯罪事实、犯罪金额与民事部分采用民事诉讼证据标准认定的侵权事实和损失金额不同的"双标"混乱局面。

二、赔偿项目和金额

根据《刑事诉讼法》及其司法解释,刑事附带民事诉讼应当根据犯罪行为造成的直接物质损失确定被告人的赔偿数额,即被害人因犯罪行为而遭受的精神损害抚慰金、间接损失都不属于附带民事诉讼的赔偿范围。除了交通肇事刑事案件[2],其他刑事案件的被害人提起附带民事诉讼,能获得赔偿的项目和金额很有限,死亡赔偿金、残疾赔偿金、精神损害抚慰金[3]等赔偿项目都不在赔偿范围内,被害人能获得的赔偿集中在医疗费、营养费、误工费、丧葬费等少数赔偿金额少的项目。因此,被害人通过刑事附带民事诉讼能获得的赔偿数额往往非常少。

以被害人死亡的犯罪案件为例,刑事附带民事诉讼赔偿的项目和金额,基

[1] 湖南省益阳市中级人民法院刑事附带民事裁定书,(2014)益法刑二终字第8号。

[2] 2014年最高人民法院研究室《关于交通肇事刑事案件附带民事赔偿范围问题的答复》(法研〔2014〕30号)规定:"根据刑事诉讼法第九十九条、第一百零一条和《最高人民法院关于适用〈中华人民共和国刑事诉讼法〉的解释》第一百五十五条的规定,交通肇事刑事案件的附带民事诉讼当事人未能就民事赔偿问题达成调解、和解协议的,无论附带民事诉讼被告人是否投保机动车第三者强制责任保险,均可将死亡赔偿金、残疾赔偿金纳入判决赔偿的范围。"可见,在交通肇事案件中法院可以将死亡赔偿金、残疾赔偿金纳入赔偿的范围。

[3] "精神损害抚慰金是指被害人或者死者近亲属因被害人的生命权、健康权、名誉权等人格利益遭受不法侵害而导致其遭受肉体和精神上的痛苦、精神反常或生理、心理上的损害而依法要求侵害人赔偿的精神抚慰费用,即精神损害抚慰金的目的在于以物质形式弥补和减轻被害人精神上的痛苦和心灵上的创伤,慰藉被害人的感情世界,而对侵权人予以制裁。"参见贵州省毕节市中级人民法院民事判决书,(2019)黔05民终5027号。

本上局限于医疗费、误工费、死亡赔偿金等,充其量几万元。死亡赔偿金、精神损害抚慰金等赔偿金额较高的赔偿项目,鲜有获得法院支持的。法院大多在判决书中认为,死亡赔偿金或残疾赔偿金、精神损害抚慰金等不属于刑事附带民事诉讼中规定的赔偿项目,不予审查或不予支持。

例如,北京市第三中级人民法院(2016)京03刑初87号案中,裁判认为,死亡赔偿金、被抚养人生活费、精神损失费,因无法律依据,不予支持。被告人需赔偿附带民事诉讼原告各项经济损失共计人民币47,519元。

又如,广东省东莞市中级人民法院(2017)粤19刑初138号案中,裁判认为,死亡赔偿金、精神损失费、伙食补助费不属于刑事附带民事诉讼中规定的赔偿项目,法院不予审查。被告人应当赔偿52,147.55元。

再如,吉林省长春市中级人民法院(2018)吉01刑初49号案中,裁判认为,死亡赔偿金、精神损失费不属于附带民事诉讼赔偿范围,不予支持。被告人需赔偿附带民事诉讼原告各项经济损失共计人民币28,049元。

司法实践中,只有在少数案例中,法院才会裁判被告人赔偿附带民事诉讼原告所主张的死亡赔偿金、残疾赔偿金等赔偿项目。

例如,虞某涉嫌强奸罪案:

被害人家属提起刑事附带民事诉讼,要求虞某赔偿死亡赔偿金、丧葬费等经济损失300多万元。法院裁判认为,被告人虞某无视国家法律,违背妇女意志,以其他手段强行与妇女发生性关系,造成被害人死亡的严重后果,其行为已构成强奸罪,依法应予惩处。公诉机关指控被告人虞某犯强奸罪的犯罪事实清楚,证据确实、充分,罪名成立,本院予以支持。被告人虞某对其犯罪行为造成附带民事诉讼原告人的直接经济损失,依法应予赔偿。对附带民事诉讼原告人的诉讼请求,本院依法核定如下:(1)关于死亡赔偿金,被害人×××生前为非农业家庭户口……按照20年计算,计得死亡赔偿金共计604,534.2元……死亡赔偿金、丧葬费、误工费、住宿费、伙食费、交通费等共计63万多元,超出的部分本院不予支持。[1]

三、赔偿项目新动态

《〈关于适用刑事诉讼法的解释〉的理解与适用》中进一步明确解释不支持

〔1〕 广州市海珠区人民法院刑事附带民事判决书,(2013)穗海法刑初字第353号。

死亡赔偿金、残疾赔偿金，这是“基于被告人普遍无力赔偿以及‘空判’所引发的系列问题等而不得已作出的务实选择”[1]。长期以来的司法实践都将被告人现在及将来的赔偿能力作为影响被告人赔偿项目、赔偿金额的重要参考因素，以避免数额过大引发空判的负面效应作为剥夺被害人索赔权利的“正当理由”。[2] 这是我国刑事诉讼被害人所能获得赔偿问题多年来一贯的“倔强”。我们认为，该理由说服力有限，该做法对被害人的维权救济是制度性障碍。从近年司法实践现状看，刑事附带民事诉讼中的被害人可以获得的赔偿项目有扩大的趋势。死亡赔偿金、残疾赔偿金、精神损失抚慰金，都有被纳入附带民事诉讼赔偿项目的趋势，未来也有逐渐普及的可能。

（一）关于死亡赔偿金和残疾赔偿金

四川省高级人民法院2020年印发的《关于刑事附带民事诉讼赔偿范围的意见》（川高法〔2020〕209号）第3条明确规定：“因被告人的犯罪行为造成被害人人身损害的，应赔偿医疗费、护理费、交通费、营养费、住院伙食补助费等为治疗和康复支出的合理费用，以及因误工减少的收入。造成被害人残疾的，还应当赔偿辅助器具费和残疾赔偿金；造成被害人死亡的，还应当赔偿丧葬费和死亡赔偿金。”该规定直接将死亡赔偿金、残疾赔偿金归之为被害人因犯罪行为而遭受生活资源减少的物质损失范畴，被害人死亡、残疾的案件，被害人可以获得死亡赔偿金、残疾赔偿金的赔偿，这为被害人挽回经济损失提供了非常重要的救济方式。

例如，荣某涉嫌故意伤害罪案：

法院裁判认为，关于万某、侯某提出请求判令荣某赔偿丧葬费、死亡赔偿金、精神损害抚慰金、误工费、交通费等全部经济损失791,421.45元的理由。

---

〔1〕 除驾驶机动车致人伤亡或者造成公私财产重大损失的案件外，“两金”不在附带民事诉讼的判赔范围，但调解、和解的赔偿范围、数额不受限制。不判赔“两金”是基于被告人普遍无力赔偿以及“空判”所引发的系列问题等而不得已作出的务实选择。在刑事附带民事诉讼过程中未提起附带民事诉讼，另行提起民事诉讼的，人民法院应当优先进行调解。达成调解协议的，赔偿范围、数额不受限制；如果作出判决，则应当根据物质损失情况作出判决，即除因驾驶机动车致人伤亡或者公私财产遭受重大损失的案件外，不应判赔“两金”。姜启波、周加海等：《〈关于适用刑事诉讼法的解释〉的理解与适用》，载《人民司法》2021年第7期。

〔2〕 例如，《全国法院维护农村稳定刑事审判工作座谈会纪要》（1999年）规定：“被告人的赔偿能力包括现在的赔偿能力和将来的赔偿能力，对未成年被告人还应考虑到其监护人的赔偿能力，以避免数额过大的空判引起的负面效应，被告人的民事赔偿情况可作为量刑的酌定情节。”

法院审查认为:"根据《刑事诉讼法》的规定,附带民事诉讼的赔偿范围系由于被告人的犯罪行为而遭受的物质损失。死亡赔偿金是对被害人近亲属因被害人死亡导致的生活资源的减少和丧失的补偿,即对收入损失的赔偿,其本质上系财产损害赔偿,属于物质损失范畴,亦与本院发布的《关于刑事附带民事诉讼赔偿范围的意见》中将死亡赔偿金纳入刑事附带民事诉讼赔偿范围的规定相契合。对万某、侯某提出的赔偿死亡赔偿金的上诉请求依法予以支持。"〔1〕

(二)关于精神损害抚慰金

值得注意的是,虽然四川省高级人民法院2020年印发的《关于刑事附带民事诉讼赔偿范围的意见》(川高法〔2020〕209号)已经突破了死亡赔偿金、残疾赔偿金的赔偿限制,但并未突破精神损害抚慰金的赔偿限制,该意见并没有规定被害人可以获得精神损害抚慰金的赔偿项目。因此,在前述在荣某涉嫌故意伤害罪案中,法院虽然支持了被害人家属死亡赔偿金的诉讼请求,但并没有支持被害人家属要求赔偿精神损害抚慰金的请求。法院裁判认为:"万某、侯某提出应当判令荣某赔偿精神损害抚慰金的上诉请求,经审查,该项请求属于精神损害赔偿的范畴,不属于刑事附带民事诉讼赔偿的范围,依法不予支持。"〔2〕

尽管如此,附带民事诉讼案件中精神损害抚慰金的赔偿项目也已经在《刑事诉讼法解释》层面有了本质的变动。2012年的《刑事诉讼法解释》第138条第2款规定:"因受到犯罪侵犯,提起附带民事诉讼或者单独提起民事诉讼要求赔偿精神损失的,人民法院不予受理。"根据该规定,对于遭受犯罪行为侵害的被害人,不论是附带民事诉讼还是单独提起民事诉讼,都不能获得精神损害赔偿。然而,2021年修订的《刑事诉讼法解释》发生了本质变化。修改后的《刑事诉讼法解释》第175条第2款规定:"因受到犯罪侵犯,提起附带民事诉讼或者单独提起民事诉讼要求赔偿精神损失的,人民法院一般不予受理。"

由此可见,"人民法院不予受理"变更为"人民法院一般不予受理",这就让被害人拥有获得精神损害赔偿的空间,法院也可以受理并支持被害人的精神损害赔偿诉求。实际上,司法实践中也逐渐出现支持被害人的精神损害赔偿诉求的裁判案例。

例如,最高人民检察院发布的《未成年人检察工作白皮书(2020)》披露,对

---

〔1〕 四川省高级人民法院(2020)刑事附带民事判决书,川刑终427号。

〔2〕 四川省高级人民法院(2020)刑事附带民事判决书,川刑终427号。

于未成年人遭受严重精神创伤，侵害行为给被害人家庭造成极大影响的，检察机关探索支持被害人及其法定代理人提起精神损害赔偿诉讼。白皮书中提到，上海市宝山区人民检察院在对牛某某涉嫌强奸案依法提起公诉的同时，支持被害人提起刑事附带民事诉讼，最终，牛某某被判处有期徒刑10年，剥夺政治权利1年，一次性赔偿被害人精神损害抚慰金3万元。[1]

又如，2022年1月，黑龙江省北安市人民检察院发布首例支持未成年人提起刑事附带民事诉讼请求精神损害赔偿的案件。黑龙江省北安市人民法院以强奸罪判处孙某有期徒刑3年6个月，并赔偿陈某某医药费、护理费、营养费、精神损害费等经济损失共计人民币3万元。[2]

第四节
单独民事诉讼

被害人遭受犯罪行为侵害导致损失，被害人及家属可以不经过附带民事诉讼，直接当作普通民事纠纷向法院提起民事诉讼进行索赔追偿，以挽回经济损失。单独提起民事诉讼需要考虑刑民先后、刑民交叉的问题。刑事诉讼与民事诉讼的证据标准不同，法庭审理的重点不同，提起刑事附带民事诉讼与单独提起民事诉讼各有优劣，部分复杂的索赔案件可能在刑事诉讼后单独提起民事诉讼更为适宜。

一、单独民事诉讼与附带民事诉讼的异同

（一）能起诉索赔的案件不同

相比于普通民事诉讼，刑事附带民事诉讼的适用范围更窄，仅限于被害人因人身权利受到犯罪侵犯或者财物被犯罪分子毁坏而遭受物质损失的情形。绝大部分案件，被害人因犯罪行为遭受损失的，都可以根据《民法典》等民事法律提起民事诉讼，要求获得赔偿，挽回经济损失。因此，可以提起刑事附带民事诉讼的案件，都可以选择单独提起民事诉讼；能单独提起民事诉讼索赔的案件，

〔1〕 最高人民检察院发布的《未成年人检察工作白皮书（2020）》。
〔2〕 参见《性侵未成年人被判检察机关支持起诉成功追索精神损害赔偿》，载黑龙江省北安市人民检察院网，http://www.hhba.hljjcy.gov.cn/html/20220214/1784.html。

不一定可以提起附带民事诉讼。

（二）不能起诉索赔的案件相同

根据最高人民法院《关于适用刑法第六十四条有关问题的批复》（法〔2013〕229 号）的规定，因被告人非法占有、处置被害人财产引发的案件，被害人只能通过刑事诉讼中的刑事追缴退赔的方式挽回经济损失。被害人既不能提起附带民事诉讼要求返还被非法占有、处置的财产，也不能单独另行提起民事诉讼要求返还被非法占有、处置的财产。

（三）理论上赔偿项目应当相同

根据《刑事诉讼法解释》，刑事附带民事诉讼的赔偿项目与单独民事诉讼的赔偿项目应当一致。《刑事诉讼法解释》第 192 条第 1 款、第 2 款规定："对附带民事诉讼作出判决，应当根据犯罪行为造成的物质损失，结合案件具体情况，确定被告人应当赔偿的数额。犯罪行为造成被害人人身损害的，应当赔偿医疗费、护理费、交通费等为治疗和康复支付的合理费用，以及因误工减少的收入。造成被害人残疾的，还应当赔偿残疾生活辅助器具费等费用；造成被害人死亡的，还应当赔偿丧葬费等费用。"第 200 条规定："被害人或者其法定代理人、近亲属在刑事诉讼过程中未提起附带民事诉讼，另行提起民事诉讼的，人民法院可以进行调解，或者根据本解释第一百九十二条第二款、第三款的规定作出判决。"由此可见，即便被害人及其法定代理人、近亲属在刑事诉讼过程中没有提起刑事附带民事诉讼，而是另行提起民事诉讼，法院审理此类案件，也应当根据刑事附带民事诉讼的赔偿项目和赔偿金额作出判决，理论上被害人所能获得的赔偿项目和金额应当是一致的。

二、单独民事诉讼与附带民事诉讼的悖论

根据上述《刑事诉讼法解释》的规定，理论上，同样的犯罪行为引发的民事纠纷，不论当事人采取刑事附带民事诉讼的方式维权还是采取单独提起民事诉讼的方式维权，所获得的赔偿项目和金额都是一致的。然而，司法实践中，我们发现，不论民事法庭是否遵照该《刑事诉讼法解释》的规定进行裁判，都同样会产生各自的悖论，不遵照《刑事诉讼法解释》的规定，就会导致同一个事实，被害人单独提起民事诉讼与提起附带民事诉讼所获得的赔偿项目和金额不同；遵照《刑事诉讼法解释》的规定，会导致共同侵权中，构成犯罪的共同人赔偿责任

远低于不构成犯罪的共同侵权人，违背基本法理。

（一）不同诉讼方式赔偿金额不同

因犯罪行为侵害导致被害人遭受损失时，被害人是单独提起民事诉讼还是提起附带民事诉讼往往面临艰难的选择。原因在于司法实践中经常会出现这样的悖论：被害人因为犯罪行为遭受损失，提起附带民事诉讼和单独提起民事诉讼，获得的赔偿项目是不同的，而赔偿项目直接影响被害人能获得的赔偿金额，这是对被害人挽回损失产生重大影响的因素。

被害人家属提起附带民事诉讼时，绝大多数案件中被害人诉求的死亡赔偿金、残疾赔偿金、精神损害抚慰金，都不能获得支持，然而，这与《民法典》规定的侵权赔偿责任不一致。因此，被害人单独提起生命权、健康权、身体权纠纷民事诉讼获得死亡赔偿金或残疾赔偿金、精神损害抚慰金的案例，却屡见不鲜。“在我国，刑事附带民事诉讼与当事人另行提起民事诉讼的法律适用不统一，比较突出的问题是赔偿范围不一致，通过民事诉讼获得的赔偿数额往往高于刑事附带民事诉讼赔偿数额。”[1]

例如，麦某被故意杀害案：

麦某遭到伤害经抢救无效死亡。刑事判决认定被告人构成故意杀人罪，判处死刑，缓期二年执行。刑事判决后，被害人麦某的家属提起生命权、健康权、身体权纠纷案，索赔死亡赔偿金等各项损失，合计70多万元。法院裁判认为，公民的生命权受法律保护，被告故意杀害原告，非法剥夺了原告的生命权，故被告应承担侵权赔偿责任，原告的诉请符合法律规定。[2]

又如，最高人民法院公报案例“尹瑞军诉颜礼奎健康权、身体权纠纷案”：

裁判认为，尹瑞军与颜礼奎因小区菜地问题发生口角并厮打，颜礼奎持刀将尹瑞军捅伤，法院判决颜礼奎犯故意伤害罪，判处有期徒刑1年3个月。后尹瑞军另行提起民事诉讼，要求赔偿残疾赔偿金、精神损害抚慰金。法院认为，被害人今后的生活和工作必然受到影响，导致劳动能力下降，造成生活成本增

---

〔1〕 李玉林：《民刑交叉案件并行处理原则的理解与适用——以〈九民会议纪要〉第128条的规定为中心》，载《法律适用》2022年第8期。

〔2〕 广东省佛山市高明区人民法院民事判决书，（2015）佛明法更民一初字第69号。又如，广东省广州市白云区人民法院民事判决书，（2016）粤0111民初9290号、（2017）粤0111民初14981号、（2018）粤0111民初15129号、（2019）粤0111民初22350号、（2020）粤0111民初2328号。

加，进而相应减少物质收入，残疾赔偿金应属于物质损失的范畴，对残疾赔偿金的诉求予以支持。该案裁判虽没有支持精神损害抚慰金，但支持了残疾赔偿金的诉请。最高人民法院通过这个案例，确立了通过单独提起民事侵权诉讼，可获得残疾赔偿金的原则，是对被害人救济范围和数额的极大突破。[1]

实际上，我们检索发现，同一法院审判的因犯罪案件引发的刑事附带民事诉讼案件和单独提起的民事诉讼案件，裁判的观点也有较大出入，赔偿的项目也经常不同。

例如，广东省广州市白云区人民法院裁判的人身伤害引发的纠纷案件中，该法院往往在附带民事诉讼中裁判不支持原告的精神损害抚慰金[2]，但被害人及其家属另行提起生命权、身体权、健康权纠纷诉讼索赔，该法院则往往裁判支持精神损害抚慰金的赔偿诉求。[3]

又如，广东省广州市越秀区人民法院的裁判案件也存在这样的问题。广州市越秀区人民法院2015年在卢某某故意伤害罪案中，法院裁判认为"原告人要求赔偿的残疾赔偿金和精神损害抚慰金，不属于刑事附带民事诉讼的范围，本院予以驳回"。[4] 然而，广东省广州市越秀区人民法院2017年刘某被故意伤害案中，我们就尝试在刑事判决后，另行提起生命权、健康权、身体权纠纷诉讼，被害人要求赔偿医疗费、陪床费、误工费、护理费、伙食补助费、营养费、交通费、鉴定费、残疾赔偿金、精神损失费等费用，合计约40万元。经过审理和漫长的等待，法院支持了我们全部索赔项目。法院审理认为，根据刑事判决书查明的事实，被告的故意伤害行为导致了原告的损害结果，被告的伤害行为和原告的损害结果之间具有直接的因果关系，因此被告应当承担损害赔偿责任。法院审理过程中也没有发现被告存在可以不承担责任或者减轻责任的情形，因此，原告要求被告承担全部的赔偿责任，符合法律规定。最终，判决侵权人赔偿被害

〔1〕 尹瑞军诉颜礼奎健康权、身体权纠纷案，载《最高人民法院公报》2019年第3期。

〔2〕 例如，广东省广州市白云区人民法院刑事附带民事判决书，(2014)穗云法刑初字第2121号、(2015)穗云法刑初字第1280号、(2016)粤0111刑初2328号、(2017)粤0111刑初597号、(2020)粤0111刑初89号、(2020)粤0111刑初2879号。

〔3〕 例如，广东省广州市白云区人民法院民事判决书，(2014)穗云法民一初字第285号、(2016)粤0111民初9290号、(2017)粤0111民初14981号、(2017)粤0111民初909号、(2018)粤0111民初15129号、(2019)粤0111民初25322号、(2020)粤0111民初2328号。

〔4〕 广东省广州市越秀区人民法院刑事附带民事判决书，(2015)穗越法刑初字第697号。

人近 40 万元。[1]

广东省广州市越秀区人民法院 2019 年在苏某故意伤害罪案中,被害人提起刑事附带民事诉讼,法院裁判认为"关于残疾赔偿金、被扶养人生活费均不属于刑事附带民事的处理范围。故该二项诉讼请求不符合法律规定,本院不予支持"[2]。然而,广东省广州市越秀区人民法院 2020 年在张某被故意伤害案中,刑事案件判决被告冯某故意伤害罪成立,判处有期徒刑 1 年 6 个月,张某未提起刑事附带民事诉讼。在刑事判决后,张某单独提起民事诉讼索赔残疾赔偿金、被扶养人生活费等费用,法院予以支持。[3]

(二)犯罪的赔偿低于侵权的赔偿

附带民事诉讼中被害人可以获得的赔偿项目、赔偿金额受到极大限制,这就导致在共同侵权案件中,被追究刑事责任的共同侵权人则按照附带民事诉讼的赔偿项目、赔偿金额承担民事责任,然而,那些没有被追究刑事责任的共同侵权人被起诉时,还需要赔偿死亡赔偿金或残疾赔偿金、精神损害抚慰金等项目。

例如,张某刚与郭某容、邓某、彭某、张某生命权、健康权、身体权纠纷案:

张某刚在与郭某容、邓某、彭某、张某等人发生纠纷过程中,被殴打受伤。经过损伤程度鉴定,张某刚因外伤致左侧颞骨粉碎性骨折并硬膜外血肿,伴脑受压症状和体征,属重伤二级;因外伤致颅脑损伤遗留轻度智能减退属九级伤残,因外伤致颅脑损伤行开颅术后遗留脑软化属十级伤残,因外伤致颅脑损伤继发视神经损伤遗留左眼中度视力损害属十级伤残。案发后,郭某容、邓某、彭某、张某被公安机关刑事拘留,但后检察院认为郭某容、彭某、张某不构成犯罪,决定不批准逮捕。法院判决邓某犯故意伤害罪,判处有期徒刑 3 年 7 个月。

刑事裁判后,被害人张某刚向法院提起民事诉讼,要求认定郭某容、邓某、彭某、张某四人构成共同侵权,对被害人张某刚遭受的损失应当承担连带责任,赔偿张某刚医疗费、误工费、护理费、营养费、被抚养人生活费、精神损害抚慰金、残疾赔偿金等合计 90 万多元。

关于责任划分的问题。民事诉讼裁判认为,原告张某刚自身存在不理智并

[1] 广东省广州市越秀区人民法院民事判决书,(2017)粤 0104 民初 10183 号。
[2] 广东省广州市越秀区人民法院刑事附带民事判决书,(2019)粤 0104 刑初 1105 号。
[3] 广东省广州市越秀区人民法院民事判决书,(2020)粤 0104 民初 6030 号。

对被告郭某容一方的人员进行殴打的行为，其损失应自行承担10%的赔偿比例为宜。根据刑事判决书可以认定，造成原告受伤系被告邓某的直接侵权行为所致，故原告受伤的损害赔偿责任应由直接侵权人邓某承担主要责任，邓某承担60%赔偿比例为宜。郭某容、张某夫妻的行为对于涉案损害结果的发生负有不可推脱的责任，其夫妻二人应对原告的损害承担相应的过错责任，共同承担30%的赔偿比例为宜。被告彭某虽参与了涉案打架事件，但没有证据证明被告彭某对原告的受伤存在过错或因果关系，故被告彭某对原告张某刚的损失不需要承担赔偿责任。

责任划分完之后，赔偿项目和赔偿金额还存在较大争议。对于未被追究刑事责任的郭某容、张某夫妻二人，他们并不是刑事犯罪，按照普通民事侵权纠纷审理，他们应当赔偿残疾赔偿金，还可能需要承担精神损害抚慰金。但是，被害人无论是提起刑事附带民事诉讼还是单独提起民事诉讼，理论上都应当按照附带民事诉讼的赔偿项目进行赔偿，无须承担残疾赔偿金、精神损害抚慰金的赔偿责任。如此，有罪的侵权人需要承担的赔偿责任小于无罪的侵权人。

这显然是不符合法理的。犯罪行为本质上是更为严重的侵权行为，犯罪行为的社会危害性无疑比普通侵权行为更大，犯罪行为对被害人造成的损害也无疑比普通侵权行为更严重。普通侵权行为对被害人造成损害的，应当赔偿医疗费、护理费、误工费、残疾赔偿金、死亡赔偿金、精神损害抚慰金等所有赔偿项目，那么，作为对被害人造成更大伤害的犯罪行为，无疑更加应当赔偿残疾赔偿金、死亡赔偿金、精神损害抚慰金等。然而，由于刑事附带民事诉讼赔偿项目和金额的人为立法限制，导致普通侵权行为人需要承担的赔偿责任，远大于犯罪行为人所需要承担的赔偿责任。这无疑也是明显的悖论。赔偿范围过于狭窄导致附带民事诉讼越来越与普通民事侵权诉讼脱节，因而背离了民事侵权法的一般归责原则。[1]

我们倾向于认为被害人无论是通过刑事附带民事诉讼，还是另行提起民事诉讼寻求司法救济，虽然审理案件的审判业务庭不同，但都是人民法院的审判组织，应当适用同样的法律规定，裁判尺度应当保持统一。[2] 因此，同样的犯

---

〔1〕 参见陈瑞华：《刑事附带民事诉讼的三种模式》，载《法学研究》2009年第1期。

〔2〕 参见李玉林：《民刑交叉案件并行处理原则的理解与适用——以〈九民会议纪要〉第128条的规定为中心》，载《法律适用》2022年第8期。

罪行为导致经济损失或者人身伤害的结果是固定的，犯罪人所承担的赔偿义务也是固定的，不会因为被害人维权方式的不同而变化。共同侵权中不论是被追究刑事责任的侵权人还是违背追究刑事责任的侵权人，所承担的赔偿义务也应当是相同的。不同的诉讼方式赔偿金额不同和犯罪的赔偿低于侵权的赔偿，这两个悖论是非常怪异的裁判现象，有希望未来予以统一。对于被害人的权利救济问题，刑事附带民事诉讼裁决应当与《民法典》规定的一般归责原则、赔偿项目、赔偿金额看齐，让刑事附带民事诉讼的赔偿与单独提起的民事诉讼的赔偿保持一致，才能确保裁判观点的统一、法秩序的统一，以及实现对被害人权利救济的公平性。

第五节
追偿方式的选择与适用

被害人挽回经济损失的方式主要有赔偿和解、追缴退赔、附带民事诉讼、单独提起民事诉讼，四种方式各有特点，部分案件可以同时适用几种追偿方式，部分案件则可能只适宜选择其中某一种追偿方式。具体选择哪种追偿方式，需要根据个案情况具体分析。被害人通过民事诉讼方式向有关责任主体进行追偿，要求他们承担民事责任时，需要慎重考虑追偿的对象和理由，避免采取追偿措施败诉后无法继续追偿。民事诉讼和刑事诉讼类似，往往存在这样的特点，一次草率的诉讼，不仅可能导致败诉的结果，还可能阻碍其他追偿的途径。

一、赔偿和解与民事追偿

部分案件中，被害人为了尽量挽回损失，先与犯罪嫌疑人、被告人及其家属签订和解协议，收取部分赔偿款，减少损失。剩余的损失再继续通过协商、起诉等方式追偿。此时在被害人已经和犯罪嫌疑人、被告人及其家属达成赔偿和解的情况下，还能否就赔偿和解外的损失继续追偿，经常出现争议。

例如，周某等人涉嫌合同诈骗罪案：

公诉机关指控的合同诈骗金额1600多万元。在审判阶段，众多被害人与周某的家属洽谈退赔和解事宜，双方沟通后，被害人同意仅收取一部分赔偿款后出具谅解书。双方就此签订了《和解协议》，双方约定："双方在自愿、平等、合法的基础上协商一致，并充分考虑周某的给付能力，达成如下和解协议：1. 周某等人退还本人××万元；2. 双方自愿解除合同（合同编号为：×××）。至此，双方纠纷已经完全解决，债权债务已经两清，本人自愿不再追究周某的刑事责任。”

该案中，在被害人已经同意解除合同、债权债务两清之后，就其剩余的损失能否继续追偿，周某等人是否需要继续赔偿，存在较大争议。

一种观点认为，既然双方签订《和解协议》，已经明确债权债务两清，周某等人自然就不再需要退赔其余款项。理由有两点：其一，被害人与犯罪嫌疑人、被告人的和解协议已经履行完毕，则双方债权债务两清，即使和解赔偿的金额不足以弥补被害人的损失，也应当视为被害人主动放弃主张权利，被害人不能再参与追缴退赔。除非在和解协议中明确，犯罪嫌疑人、被告人仅先行支付部分和解款项，剩余的款项由法院审查处理，刑事裁判文书中对这部分和解款项予以扣减，如有此类约定，则被害人的剩余损失还可以通过参与追缴退赔程序予以挽回。其二，《刑事诉讼法解释》第 594 条规定：“双方当事人在侦查、审查起诉期间已经达成和解协议并全部履行，被害人或者其法定代理人、近亲属又提起附带民事诉讼的，人民法院不予受理，但有证据证明和解违反自愿、合法原则的除外。”因此，在被害人与犯罪嫌疑人、被告人及其家属已经和解，且和解协议已经履行完毕的情况下，被害人不能另行提起民事诉讼或者提起附带民事诉讼。

另一种观点认为，该和解协议在民事法律上有效，影响被害人通过民事诉讼继续索赔，但并不影响刑事裁判，不影响法院继续作出追缴退赔的裁判。主要理由有两点：其一，此类案件并不是法定可以适用刑事和解制度的案件。“当事人和解的公诉案件诉讼程序”仅适用于符合刑事和解制度适用范围的案件。本案合同诈骗金额为 1600 多万元，显然不是判处 3 年有期徒刑以下刑罚的案件，不属于刑事和解制度的适用案件。其二，根据《刑法》的规定，对于犯罪分子违法所得的一切财物，都应当予以追缴或者责令退赔；对被害人的合法财产，都应当及时返还。因此，本案刑事判决认定周某合同诈骗的犯罪金额后，全部的犯罪金额都需要退赔，扣减被害人已经获得的赔偿款后，法院继续追缴退赔。

这种案件在实践中较为普遍，我们倾向于认为，在定罪量刑方面，无论退赔金额多少,都只是量刑的情节,不影响法院对被告人的定罪。但在退赔金额方面,只要双方当事人对和解协议内容认可,和解协议内容是双方真实、自愿的意思表示,并未违反法律行政法规的强制性规定,都应当认定合法有效。该和解协议表明,被害人收到部分赔偿款后主动放弃剩余赔偿款,这是被害人对其索赔权利的处分,刑事裁判在退赔方面应当尊重其意思自治。如一概以刑事裁判优先的原则来处理,其实违背了被害人与犯罪嫌疑人、被告人的意思自治,不利于促成双方的赔偿谅解,不利于激励犯罪嫌疑人、被告人及其家属积极赔偿被害人的损失。

二、追缴退赔与民事追偿

经过刑事判决追缴退赔,但被害人并未挽回损失,此时被害人能否继续采用民事诉讼方式追偿,司法实践中存在较大争议。影响被害人继续民事追偿的观点主要障碍在于最高人民法院《关于适用刑法第六十四条有关问题的批复》规定:“被告人非法占有、处置被害人财产的,应当依法予以追缴或者责令退赔……被害人提起附带民事诉讼,或者另行提起民事诉讼请求返还被非法占有、处置的财产的,人民法院不予受理。”我们倾向于认为,如果除追缴退赔犯罪人之外,还有其他责任主体的自然人或者单位,则追缴退赔与民事追偿可以并用。

在合同诈骗、职务侵占、挪用资金等案件中,法院判决被告人合同诈骗罪等罪名成立,判令被告人退赔被害人的经济损失。但是,被告人没有退赔时,如果存在保证人、担保人,则被害人可以起诉合同的保证人、担保人等其他非同案人进行民事追偿。

三、附带民事诉讼与单独民事诉讼

被害人通过某一种追偿方式采取措施,但仍然未能挽回全部经济损失时,法律是否支持被害人同时或先后采用不同的维权方式进行维权,司法实践中裁判观点存在一定的分歧。最典型的是在犯罪行为导致被害人死亡或者残疾的案件中,被害人及其家属提起刑事附带民事诉讼,索赔死亡赔偿金或者残疾赔偿金、精神损害抚慰金时,法院往往会以“不属于刑事附带民事诉讼的处理范围”为由不予支持。此时,被害人及其家属该如何进一步索赔救济?被害人或其家属又提起侵权诉讼,属不属于重复起诉?司法实践中存在完全相反的裁判观点。

在广东省高级人民法院的诸多裁判中,有裁判观点认为,在被害人及其家属已经提起刑事附带民事诉讼的情况下,又提起侵权诉讼,索赔死亡赔偿金或残疾赔偿金、精神损害抚慰金的,由于诉讼主体相同,涉及同一侵权事实,诉讼标的均系侵权损害赔偿责任,已经构成重复起诉,驳回被害人及其家属的起诉。以下列举四个裁判案例:

案例1 李某初与黄某洪等生命权、健康权、身体权纠纷案:

法院裁判认为,李某初曾在被告人黄某洪犯故意杀人罪一案诉讼过程中提起附带民事诉讼,请求黄某洪等连带赔偿丧葬费27,842元、死亡赔偿金210,856.8元、被抚养人生活费244,890元、精神抚慰金50万元。法院作出刑事附带民事判决,认定可以列入赔偿范围的项目包括丧葬费等合计35,672.5元,李某初的其他诉讼请求不属于刑事附带民事诉讼的处理范围,不予支持。一审判决后,附带民事部分判决没有上诉、抗诉,已发生法律效力。后李某初提起民事诉讼,要求黄某洪等支付死亡赔偿金、被抚养人生活费、精神抚慰金,属于重复起诉,法院裁判驳回起诉,且驳回其再审申请。[1]

案例2 蔡某珍与谢某春健康权纠纷案:

法院裁判认为,蔡某珍已提起过刑事附带民事诉讼,且法院作出刑事附带民事裁定已经发生法律效力,残疾赔偿金属于人身损害赔偿请求权的一个具体赔偿项目,并非一项独立的请求权。既然蔡某珍在之前的刑事附带民事诉讼中已主张过人身损害赔偿请求权,其就残疾赔偿金另行起诉,实际上是对诉讼请求的拆分。根据《刑事诉讼法解释》的规定,因受到犯罪侵犯,提起附带民事诉讼或者单独提起民事诉讼要求赔偿精神损失的,人民法院不予受理。据此,法院驳回蔡某珍的起诉,且驳回其再审申请。[2]

案例3 刘某荣、谢某娇与莫某钦机动车交通事故责任纠纷案:

刘某荣、谢某娇曾在被告人莫某钦犯交通肇事罪一案诉讼过程中提起附带民事诉讼,请求莫某钦赔偿死亡赔偿金、丧葬费、家属处理后事误工费、被抚养

---

〔1〕 广东省高级人民法院民事裁定书,(2016)粤民申2720号。
〔2〕 广东省高级人民法院民事裁定书,(2018)粤民申2035号。

人生活费、精神抚慰金等,法院作出刑事附带民事判决,莫某钦赔偿刘某荣、谢某娇丧葬费、误工费33,467.85元;驳回刘某荣、谢某娇的其他诉讼请求。后刘某荣、谢某娇再次就莫某钦交通肇事罪引起的侵权损失诉请莫某钦赔偿死亡赔偿金、被扶养人生活费,法院裁判认为,刘某荣、谢某娇已违反民事诉讼一事不再理原则,属于重复诉讼。法院裁定驳回其起诉,且驳回其再审申请。[1]

案例4　何某琚、吴某芳与张某央等人生命权、健康权、身体权纠纷案:

何某琚、吴某芳在刑事案件中均提出附带民事诉讼,请求判令张某央等人赔偿死亡赔偿金、丧葬费、精神损害抚慰金等共计867,686元,法院也判决张某央等人连带赔偿何某琚、吴某芳经济损失人民币52,784.5元,驳回其他诉讼请求。在判决生效后,何某琚、吴某芳又提起诉讼,请求判令张某央等人共同连带赔偿死亡赔偿金、精神损害抚慰金等。法院裁判认为,虽然本案是何某琚、吴某芳向张某央等人另行主张承担刑事附带民事判决支持部分以外的其他损失,但是本案与上述刑事附带民事判决的诉讼主体相同,涉及同一侵权事实,诉讼标的均系侵权损害赔偿责任,在上述刑事附带民事判决已对张某央等人应承担的民事责任作出判决的情形下,何某琚、吴某芳提起本案诉讼构成《关于适用〈中华人民共和国民事诉讼法〉的解释》第247条规定的重复起诉,法院裁定驳回起诉,且驳回其再审申请。[2]

然而,以广州市白云区人民法院为例,很多案件裁判观点均认为,不同的赔偿项目,在刑事附带民事诉讼与单独提起的民事诉讼中可以并存。刑事附带民事诉讼中不予支持的残疾赔偿金、死亡赔偿金、被扶养人生活费、精神损害抚慰金、残疾鉴定费等费用,被害人及其家属可以再通过提起民事诉讼索赔,不构成重复起诉,且应当予以支持。以下列举四个裁判案例:

案例1　魏某华、耿某分与华某亮、龙某欣等生命权、健康权、身体权纠纷案:

法院裁判认为,原告在刑事附带民事诉讼中主张的死亡赔偿金、精神损害抚慰金,因不属于刑事附带民事诉讼的处理范围而另行在本案中主张,没有违

---

〔1〕 广东省高级人民法院民事裁定书,(2019)粤民申345号。
〔2〕 广东省高级人民法院民事裁定书,(2020)粤民申9452号。

反法律强制性规定，故本院对其主张上述两项损失予以支持。[1]

案例2　谭某、刘某花等与文某生命权、健康权、身体权纠纷案：

在相关刑事附带民事判决认定中，法院只是支持了丧葬费、交通费、住宿费，但对于死亡赔偿金、被抚养人生活费及精神损失费并未支持。后被害人家属提起民事诉讼，索赔死亡赔偿金、被扶养人生活费、精神损害抚慰金。法院裁判认为，原告在本案中所提赔偿请求内容并无与刑事附带民事判决处理的赔偿请求内容相重复的内容，原告就本案的起诉及赔偿请求的提出符合上述法律规定，予以支持。[2]

案例3　王某亮与唐某程生命权、健康权、身体权纠纷案：

刑事附带民事诉讼判决认为原告所提出的残疾赔偿金、被扶养人生活费、精神损害抚慰金诉讼请求，不属于刑事附带民事诉讼受理的范围，法院不予支持。后被害人提起民事诉讼，法院裁判认为：生效刑事判决已认定因唐某程故意实施的犯罪行为导致王某亮的损害后果，故唐某程应对王某亮的损害后果承担全部赔偿责任，判决支持原告所诉请的残疾赔偿金、伤残鉴定费、精神损害抚慰金。[3]

案例4　江某香与蔡某瑜生命权、健康权、身体权纠纷案：

江某香在刑事诉讼过程中，提起附带民事诉讼，法院作出刑事附带民事诉讼判决，判决蔡某瑜赔偿丧葬费、交通费、住宿费等共计56,878.5元。后江某香再次提起民事诉讼，要求被告蔡某瑜应赔偿丧葬费、被扶养人生活费、死亡赔偿金等。法院裁判认为，生效刑事判决和刑事裁定已认定曾某死亡的损害后果系因蔡某瑜故意实施的犯罪行为所致，故蔡某瑜应对曾某死亡的损害后果承担全部赔偿责任，判决蔡某瑜赔偿江某香死亡赔偿金共计337,600元。[4]

我们倾向于认为，如果确实属于被害人及其家属有法律依据应当可以获得的赔偿项目、赔偿金额，在通过某一种维权救济方式并未获得足额赔偿时，被害

[1] 广东省广州市白云区人民法院民事判决书，(2014)穗云法民一初字第285号。
[2] 广东省广州市白云区人民法院民事判决书，(2017)粤0111民初909号。
[3] 广东省广州市白云区人民法院民事判决书，(2019)粤0111民初25322号。
[4] 广东省广州市白云区人民法院民事判决书，(2020)粤0111民初9637号。

人及其家属可以继续通过其他救济方式进行追偿。但是,我们必须意识到,单独提起民事诉讼与刑事附带民事诉讼在赔偿项目、赔偿金额方面存在较大的争议,两种追偿方式能否并用,也存在较大的争议,被害人及其家属在维权时需要考虑这些争议,并尽量避免在争议中处于劣势。

第七章
CHAPTER 07

被害人民事追偿的对象和理由

民事追偿所依据的法律和刑事追责所依据的标准并不同。被害人在进行民事追偿、挽回损失时，可以选择追偿的对象和理由并非单一，并非只能向被认定为有罪的犯罪人追偿。即便被控告人无罪，被害人也可以向其追偿。同时，被害人还可以向单位犯罪中的相关自然人、自然人犯罪中的相关单位、未被追究刑事责任的共同犯罪人，以及向其他有关的单位或个人进行民事追偿，关键是需要寻找到索赔的法律依据。

第一节
向无罪的被控告人追偿

被害人提出刑事控告后，被控告人可能会被认定无罪。既可能是公安机关不予立案或者立案后予以撤案，侦查阶段就不予追究他们的刑事责任，也可能是检察机关不予起诉或者撤回起诉，审查起诉阶段就不予追究他们的刑事责任，还可能是法院以犯罪情节轻微或者未达到刑事追诉标准、事实不清、证据不足等理由，直接作出无罪判决。这几种结果都属于被控告人无罪的情形。

一、刑事无罪不能豁免民事责任

被控告人在刑事案件中无罪，并不意味着其不需要承担民事责任，也不意味着被害人不能向被控告人进行民事追偿。刑事追责与民事追责的证据标准和法律依据不同,刑事无罪并不能直接豁免民事责任,是否需要承担民事责任需要根据民事法律进行评判。

(一)不予立案或撤案

公安机关不予立案或者撤案的理由很多,可能是超过追诉时效、没有达到立案追诉标准、事实不清、证据不足、犯罪嫌疑人死亡等原因。公安机关是否立案、是否撤案,是对涉案被指控的犯罪行为是否符合刑事案件立案条件、是否达到追诉标准、能否继续追诉的审查,而不是对涉案行为是否构成民事侵权或者违约、被控告人是否需要承担民事责任的审查。因此,公安机关不予立案或撤案,均不是豁免民事责任的理由。

(二)检察院不起诉

检察院审查后对案件作出法定不起诉、酌定不起诉或者存疑不起诉的决定时,都意味着犯罪嫌疑人无罪的处理结果。但不起诉并不意味着犯罪嫌疑人不需要承担民事责任,对犯罪嫌疑人是否起诉与是否构成民事侵权或民事违约等进行审查所适用的法律、认定的角度和标准均不相同。

从证据采信的角度看,检察机关对案件作出不起诉决定,不一定是对公安机关调取的相关证据真实性、合法性的否定,故检察机关的不起诉决定不影响民事法庭对相关证据的审查和采信。在民事诉讼中,法院可以在审查该等证据后对被告是否需要承担民事责任作出判断。因此,从证据审查和采信的角度看,不起诉并不意味着被控告人不需要承担民事责任。

从不起诉决定的性质看,不起诉决定仅是检察机关从刑事犯罪角度、依据公诉的标准对本案被控行为是否构成犯罪,是否已达到提起公诉的条件进行的认定。该认定与本案被控行为是否构成民事侵权或者违约,应否承担民事赔偿责任所适用的法律及认定的角度和标准均不相同。

实际上,部分不起诉决定恰恰是犯罪嫌疑人需要承担民事责任的重要证据。例如,酌定不起诉的前提是犯罪嫌疑人的行为构成犯罪,但犯罪情节轻微、认罪态度好,而不予起诉。酌定不起诉的决定,其实已认定犯罪嫌疑人实施了一定的犯罪行为,不起诉决定书可以直接作为认定其需要承担民事责任的重要证据。酌定不起诉虽然免除了犯罪嫌疑人的刑事责任,但并没有免除民事责任。

（三）法院判决无罪

法院作出无罪判决，也不意味着被控告人不需要承担民事责任。以侵犯知识产权犯罪为例。侵犯知识产权的民事侵权行为与刑事犯罪行为是有很大区别的。法院对侵犯知识产权犯罪案件作出无罪判决，是法院根据犯罪构成要件、定罪量刑的证据标准等作出罪名是否成立的判断。但是否有罪的判断标准与是否构成民事侵权的判断标准存在本质区别。无罪判决只意味着行为人不需要承担刑事责任，并不意味着行为人不需要承担民事责任。与刑事犯罪相比，民事侵权的行为类型更宽泛、认定标准更低，即便刑事上无罪也可能构成民事上对知识产权的侵权行为。

二、刑民追责标准不同

刑事案件无罪并不能豁免犯罪嫌疑人、被告人的民事责任，主要原因在于民事行为与犯罪行为的界定不同，刑事案件的追责与民事案件的追责，在行为界定、证据规则、责任性质、审查标准等方面亦存在差异。

（一）行为界定不同

犯罪行为是违反《刑法》规定，故意或者过失地实施具有一定社会危害性并应受刑罚处罚的行为；违法行为则是泛指违反国家现行法律规定的行为；民事法律行为是民事主体通过意思表示设立、变更、终止民事权利和民事义务关系的行为。犯罪行为与侵权行为、违约行为等民事行为是不同的，不仅有违法程度的区别，还有行为界定的区别。例如，侵犯知识产权的犯罪行为与侵犯知识产权的民事侵权行为的区别，不仅仅是侵权的金额、侵权的数量以及侵权违法所得的金额的区别，两者的行为界定也存在重大区别。

（二）证据规则不同

刑事犯罪主要由国家公权力机关介入进行立案、侦查、审判，追究犯罪者的刑事责任。刑罚直接关系到公民的生命、自由、财产，因此要在定罪量刑上采取非常严格的证明标准，刑事诉讼必须排除一切合理怀疑，坚持疑罪从无原则，证明标准必须达到“犯罪事实清楚，证据确实、充分”。相比之下，民事诉讼仅调整平等主体之间的经济纠纷，不涉及当事人的自由、生命，法院进行居中裁判，各方当事人自行搜集、调取证据，采取“谁主张，谁举证”的证据规则，而且法院裁判无须排除一切合理怀疑，裁判的证据标准无须达到“事实清楚，证据确实充分”的定罪量刑程度，只需要达到证据的高度盖然性就足以认定案件事实，作出裁决。

（三）责任性质不同

无须承担刑事责任并不意味着无须承担民事责任，承担了刑事责任也不能免除民事责任。刑事责任和民事责任的性质和处罚目的并不相同，并行不悖。刑事追责是国家机关行使公权力的表现，目的在于对犯罪人进行惩罚，而民事责任属于私权救济，是公民私权利的救济，目的在于补偿被害人所受的损害。

（四）审查标准不同

刑事责任与民事责任的审查标准存在差别。司法机关对刑事案件作出是否需要追究被控告人的刑事责任、被控告人是否有罪的裁决，是司法机关根据犯罪构成要件、定罪量刑的证据标准等作出罪名是否成立的判断。但是，犯罪的审查标准与民事侵权的审查标准存在本质的区别。相比于刑事犯罪，民事侵权的行为类型更宽泛、认定标准更低。无罪只意味着行为人不需要承担刑事责任，并不意味着行为人不需要承担民事责任。

以侵犯商标权为例。侵犯商标权的民事侵权与刑事犯罪的审查标准存在本质区别。《刑法》第 213 条规定：“未经注册商标所有人许可，在同一种商品、服务上使用与其注册商标相同的商标，情节严重的，处三年以下有期徒刑，并处或者单处罚金；情节特别严重的，处三年以上十年以下有期徒刑，并处罚金。”根据最高人民法院、最高人民检察院、公安部《关于办理侵犯知识产权刑事案件适用法律若干问题的意见》第 5 条的规定，名称相同的商品以及名称不同但指同一事物的商品，可以认定为“同一种商品”。“名称”是指国家知识产权局商标局在商标注册工作中对商品使用的名称，通常即《商标注册用商品和服务国际分类》中规定的商品名称。“名称不同但指同一事物的商品”是指在功能、用途、主要原料、消费对象、销售渠道等方面相同或者基本相同，相关公众一般认为是同一种事物的商品。认定“同一种商品”，应当在权利人注册商标核定使用的商品和行为人实际生产销售的商品之间进行比较。

然而，《商标法》第 57 条第 2 项规定：“未经商标注册人的许可，在同一种商品上使用与其注册商标近似的商标，或者在类似商品上使用与其注册商标相同或者近似的商标，容易导致混淆的”，属侵犯注册商标专用权的民事侵权行为。

对比可见,假冒注册商标罪的成立前提,是“在同一种商品上使用与其注册商标相同的商标”。侵犯注册商标专用权的民事侵权行为,既包括“在同一种商品上使用与其注册商标相同的商标”,也包括“在类似商品上使用与其注册商标相同或者近似的商标”,民事侵权行为的范围更加广泛。这就意味着,刑事上认定被控告人不构成假冒注册商标罪的行为,也可能属于侵犯注册商标专用权的民事侵权行为,行为人也需要承担民事赔偿责任。

例如,某饮品厂与某药物公司侵害商标权纠纷案:

被害单位认为其注册商标遭受侵权,以侵犯注册商标罪为由进行刑事控告,公安机关侦查后以被控告人不构成犯罪为由,将案件及查扣物品移交工商部门处理。后某药物公司提起民事诉讼,要求侵权方某饮品厂承担侵权责任。裁判认为:某饮品厂的行为未经商标注册人的许可,在同一种商品上使用与其注册商标近似的商标,或者在类似商品上使用与其注册商标相同或者近似的商标,容易导致混淆,属于侵犯注册商标专用权的行为,应当承担侵权赔偿责任。[1]

又如,杜某公司、心某公司与某印刷科学有限公司侵害商标权纠纷案:

刑事诉讼部分,检察院指控谢某周、谢某标、李某诗等犯假冒注册商标罪,一审法院判决罪名成立,二审法院裁定发回重审,重审一审法院判决谢某周、谢某标、李某诗等人犯假冒注册商标罪。最终,重审二审法院判决谢某周、谢某标、李某诗等人无罪。理由是:杜某公司生产、销售的喷码机属于《类似商品和服务区分表》中的第 7 类商品,与某印刷科学有限公司第 G7××885 号注册商标核定使用的第 9 类商品并非“同一种商品”。杜某公司生产、销售涉案喷码机的行为不构成假冒注册商标罪。[2]

在民事诉讼中,法院裁判认为被诉侵权喷码机与某印刷科学有限公司涉案的注册商标所核定使用商品类别不同,但构成近似类别,最高人民法院《关于

---

〔1〕 最高人民法院民事裁定书,(2017)最高法民申 1908 号;甘肃省高级人民法院民事判决书,(2017)甘民终 34 号。

〔2〕 广东省广州市越秀区人民法院刑事判决书,(2015)穗越法审监刑再字第 1 号、(2015)穗越法审监刑再字第 3 号、(2015)穗越法审监刑再字第 4 号、(2015)穗越法审监刑再字第 5 号、(2015)穗越法审监刑再字第 6 号、(2015)穗越法审监刑再字第 7 号、(2017)粤 0104 刑再 3 号、(2017)粤 0104 刑再 2 号。

审理商标民事纠纷案件适用法律若干问题的解释》(2002 年)第 11 条第 1 款规定:《商标法》第 52 条第 1 项规定的类似商品,是指在功能、用途、生产部门、销售渠道、消费对象等方面相同,或者相关公众一般认为其存在特定联系、容易造成混淆的商品。未经商标注册人的许可,在同一种商品或者类似商品上使用与其注册商标相同或者近似的商标的,属侵犯注册商标专用权的行为。最终,法院裁判认定侵权行为成立,侵权人应当承担侵权责任。[1]

第二节 向单位犯罪的自然人追偿

在公司被认定构成单位犯罪的情况下,相关自然人会作为直接负责的主管人员或者直接责任人员被追究刑事责任。此时,被害人进行维权需要考虑的是,如果单位退赔能力不足无法弥补被害人损失,相关自然人是否承担民事责任,需要承担多大的民事责任。被害人能否要求犯罪单位的相关自然人承担连带责任,或者被害人能否在刑事追偿过程中,直接要求被认定承担刑事责任的自然人承担民事责任,这将直接关系到被害人的损失能否挽回的问题。

一、单位犯罪自然人免责的抗辩观点

在单位犯罪中,被害人向相关责任人员追究民事责任时,他们往往会提出,承担刑事责任并不等同于需要承担民事责任,犯罪行为的实施主体是单位而非个人,他们个人并未与单位实施共同犯罪,不需要承担连带责任。而且,作为单位员工履行职责而实施的涉案行为,民事法律后果应该由单位承担,而不应该由他们个人承担。

(一)犯罪不一定需要承担民事责任

刑事责任与民事责任的归责原则不同,承担刑事责任并不能当然推定在民事诉讼中也需要承担民事责任。承担刑事责任与民事责任并不完全等同。自然人被追究刑事责任,并不意味着他们个人需要承担民事责任,以他们被裁判构成刑事犯罪为由要求他们承担民事责任的依据不充分。

---

[1] 广东省高级人民法院民事判决书,(2017)粤民终 2659 号。

在章某销售假冒注册商标的商品刑事案件引发的民事侵权责任纠纷案中，裁判认为，“刑事责任与民事责任的归责原则不同。虽然章某在刑事案件中构成销售假冒注册商标的商品罪，并被处以刑罚，但这并不能当然推定其在民事诉讼中亦应承担民事责任”[1]。

（二）犯罪行为主体是单位而非个人

自然人免责抗辩认为，在单位犯罪的情况下，刑事裁决并没有认定自然人构成个人犯罪，也没有认定自然人与单位构成共同犯罪，反而已经认定犯罪行为的实施主体是单位而不是他们个人。自然人作为直接负责的主管人员或者直接责任人员被追究刑事责任，是基于刑法对单位犯罪中具有特定身份的责任人所作出的特别规定，并非基于自然人实施了犯罪行为。

单位中的相关责任人并不是犯罪行为的实施主体，单位犯罪行为引发的民事责任应该由犯罪行为的实施主体单位来承担，自然人不需要承担民事责任。从犯罪行为的决策看，单位犯罪中的犯罪决策是代为决策层的单位意志，并不是个人意志。从犯罪行为的事实看，单位犯罪已经完整评价了全部的犯罪行为和责任人员，犯罪行为的责任主体已经确认为单位，相应的民事责任也应当由单位承担，而非由个人承担。因此，相关人员的行为已经全部被评价到单位犯罪行为中，如果没有证据证明单位的主要负责人或直接责任人员个人在单位行为之外有独立实施相应的侵权、违约等民事行为，则单位犯罪的主要负责人或直接责任人员不是侵权、违约等民事行为的实施主体，不应该单独承担民事责任。

（三）员工职务行为由单位承担责任

单位犯罪中的相关自然人还会提出免责抗辩认为，企业法人是具有独立法人财产权并以其全部财产对公司的债务承担责任的主体。职务行为指单位工作人员行使职务权力，履行职务职责的活动，单位工作人员履行职务行为所产生的民事法律后果应当由单位承担。例如，《民法典》第 1191 条第 1 款规定：“用人单位的工作人员因执行工作任务造成他人损害的，由用人单位承担侵权责任。用人单位承担侵权责任后，可以向有故意或者重大过失的工作人员追偿。”因此，在单位犯罪中，自然人作为公司的员工，所参与的涉案行为不是其

[1] 浙江省高级人民法院民事判决书，(2015)浙知终字第 52 号。

个人行为,而是单位职务行为,因执行职务而发生的民事侵权、违约等行为,相关的民事责任应当由单位承担,他们不论是否有过错,都不需要对外承担民事责任。即便因为他们的过错才导致单位承担刑事责任和民事责任,也应当在单位对外承担民事责任后,再向他们进行追偿。

例如,某环保科技公司与某环保技术公司、杨某、何某等侵害商标权纠纷案:

该案裁判认为,根据刑事判决,某环保技术公司未经许可,在同一种商品上使用与某环保科技公司注册商标相同的商标,又销售该假冒注册商标的商品,情节特别严重;杨某、何某是某环保技术公司假冒注册商标期间该公司的法定代表人及总经理、股东,是直接负责的主管人员,蒋某、杨某礼、吴某、严某是直接责任人员,其行为已构成假冒注册商标罪。由此可见,该刑事判决所确认的基本事实是:某环保技术公司是未经许可使用涉案注册商标并销售假冒注册商标商品的主体,即本案被诉侵权行为的实施者;对杨某等人追究刑事责任的法律依据是《刑法》第220条的规定,即在单位犯假冒注册商标罪的情况下,直接负责的主管人员或直接责任人员亦要受到相应的刑事处罚。因此,对杨某等人追究刑事责任的依据,是基于《刑法》对单位犯罪中具有特定身份的责任人所作出的特别规定,并非因杨某等人实施了自然人犯罪行为。事实上,该刑事判决中也没有认定杨某等人以个人名义实施本案的被诉侵权行为。某环保科技公司以杨某等人已经承担刑事责任为由,主张其同时应成为本案民事赔偿的责任主体,系混淆了刑事诉讼程序中具有特定身份或职责的自然人因单位犯罪而应承担刑事责任的条件,与民事诉讼程序中因实施被诉侵权行为而应承担民事侵权责任的条件。故某环保科技公司主张杨某等人应承担连带赔偿责任,缺乏事实与法律依据。[1]

二、单位犯罪中自然人承担责任的依据

刑事责任和民事责任的判定标准是不同的,是否承担民事责任需要考察的是民事法律,而不是刑事法律。在单位犯罪的情况下,员工是否需要承担民事责任需要看法律依据是否充分,既不能因员工承担刑事责任而认为当然需要承担民事责任,又不能因认定单位犯罪而一概认定自然人无须承担民事责任。单

---

〔1〕 最高人民法院民事裁定书,(2016)最高法民申1556号。

位犯罪不能成为自然人规避民事责任的“挡箭牌”，也不能将单位犯罪中所有被追究刑事责任的人都一并认定为应当承担民事责任。刑事裁决认定单位犯罪，不能豁免民事诉讼中原告的举证责任，原告还需要举证证明单位犯罪中自然人需要承担民事侵权、违约等民事责任的事实和依据。

（一）共同侵权行为

部分观点认为，单位犯罪比较特殊，单位犯罪的犯罪主体是单位而不是个人，单位犯罪的刑事裁判中并未认定单位与自然人构成共同犯罪，而且认定单位犯罪本身排斥单位与自然人共同犯罪的认定。单位犯罪是否排斥共同侵权？如果两者是互斥关系，刑事裁决认定涉案犯罪行为是单位犯罪而不是单位与自然人共同构成犯罪，那么单位与自然人共同侵权主张不成立。不少裁判案件都认可这种观点。

我们认为，这种观点认为犯罪行为主体必然是民事责任主体，不是犯罪行为主体则必然不是民事责任主体，混淆了犯罪行为主体与民事责任主体。前者是正确的，犯罪行为主体必然是民事责任的承担主体，然而，后者是有待商榷的。刑事责任与民事责任的归责原则不同，没有被认定为犯罪行为的主体，是根据刑事责任的追责标准进行审查后作出的结论，而不是根据民事法律的审查结果作出的结论。根据刑事法律无须承担刑事责任的主体，也可能根据民事法律而需要承担民事责任。并没有法律规定单位犯罪中，单位与个人不能构成共同侵权。实际上，被认定构成单位犯罪的案件中，单位本身是一个具有一定经营能力的公司，不是主要以违法犯罪为主的公司，而是一个拥有独立法人资格以合法业务为主的公司。此时，自然人与该单位完全存在共同侵权的可能性。因此，对于单位犯罪的案件，被害人在民事追偿过程中，可以提供证据证明自然人与犯罪单位之间存在共同侵权的故意和行为，以要求自然人承担连带侵权责任。

单位犯罪并不能排斥共同侵权，自然人也可以与犯罪单位构成共同侵权，一般可以从持股比例、是否为实际控制人、是否为犯罪单位的实际经营者、公司与个人是否财务混同等综合考察，如果自然人是公司的大股东、实际控制人、实际经营者，公司的侵权行为完全是在其控制之下实施的，其对侵权行为的发生起决定性作用,则可以认定其与公司构成共同侵权,自然人应当承担连带责任。[1] 仅持有公司少量股份或者并未持有股份,并非公司的实际控制人、实际经营者,仅作为公司员工参与涉案犯罪行为,往往不宜认定其与公司构成共同侵权,不应承担连带责任。

例如,某电机株式会社与陈某1、陈某2、李某、菱某设备公司、龙某科技公司、欧某科技公司侵害商标权纠纷案:

刑事判决认定,菱某设备公司、龙某科技公司、欧某科技公司构成假冒注册商标罪的单位犯罪,陈某1、陈某2、李某作为单位直接负责的主管人员和其他直接责任人员,被认定构成假冒注册商标罪。后被害单位某电机株式会社起诉要求菱某设备公司、龙某科技公司、欧某科技公司以及相关责任人员陈某1、陈某2、李某承担连带侵权责任。

裁判认为,陈某1与菱某设备公司、龙某科技公司、欧某科技公司实施侵权行为的主观恶意明显。陈某1在刑事讯问笔录中自述其为菱某设备公司、龙某科技公司、欧某科技公司的实际控制人,并雇请陈某2等人负责公司整体运作,且其陈述内容与其配偶李某、出纳员、会计、销售员等人在刑事讯问笔录中的陈述一致。菱某设备公司、龙某科技公司、欧某科技公司由一套人员整体运作,彼此间分工合作,初期主要销售正品,为获得更高利益,擅自将某电机株式会社注册商标使用在其组装生产的产品上并予以销售,陈某1从事的涉案行为并非代表菱某设备公司、龙某科技公司、欧某科技公司意志的职务行为,而是通过其对3个公司的控制,利用3公司实施涉案侵权行为,故陈某1与菱某设备公司、龙某科技公司、欧某科技公司之间存在共同的意思联络,共同实施本案侵权行为,陈某1应就经济损失承担连带责任。

李某虽为菱某设备公司、龙某科技公司、欧某科技公司股东,且与陈某1为夫妻关系,但李某作为公司股东,参与公司管理属职务行为,尚无证据表明李某从事了超出其职务范围的侵权行为,亦无证据表明李某在主观方面与菱某设备公司、龙某科技公司、欧某科技公司存在共同过错。因此,在无其他证据相佐证的情况下,不足以认定其与单位构成共同侵权。

陈某2从事侵权产品的研发业务,为业务负责人,其实施了订购产品配件

---

〔1〕 类似案例如:江苏省无锡市新吴区人民法院民事判决书,(2017)苏0214民初2203号;江苏省无锡市中级人民法院民事判决书,(2018)苏02民终17号。

和标签并组织菱某设备公司、龙某科技公司、欧某科技公司生产侵权产品等行为。涉案行为与其担任龙某科技公司法定代表人及作为业务负责人而经营管理公司具有时间、地点和内容上的关联。某电机株式会社未能提供证据证明陈某2从事上述行为系以其个人名义,或所获收益归其个人所有。因此,陈某2的涉案行为系因执行职务而发生的侵权行为,属公司法人的侵权行为,不足以认定其与单位构成共同侵权。[1]

(二)超出履职范围

实际上,单位实施的犯罪行为,归根结底都是相关自然人实施的行为。公司员工的真正职务行为,确实需要由单位对外承担民事责任。但前提是要准确认定职务行为,认定确属职务行为,且没有超越其职务的行为,才能由单位对外承担民事责任。职务行为是单位工作人员为了单位的利益,按照单位意思,行使职务权力,履行职务职责的活动。职务行为的认定,需要综合是否在职权范围内、是否为了单位利益、是否以单位名义等各因素予以评判。如果实施的涉案犯罪行为,不利于增进和维护单位利益,甚至还明显有悖于单位的经营利益,则不宜认定为职务行为。是否为职务行为,关键是评判自然人的行为有无超出职务的范畴。

例如,孔某等人涉嫌销售假冒注册商标的商品罪案:

孔某经营的公司被认定为构成单位犯罪,孔某系公司的总经理,作为主要负责的主管人员承担刑事责任。在民事诉讼中,商标权人要求孔某承担连带侵权责任。主要依据在于:其一,刑事案卷材料中,孔某自认是公司的实际控制人,并雇用了张某等人参与公司经营,刑事案卷中各同案人的供述及证人的陈述,都可以印证孔某是公司实际控制人的事实。其二,涉案侵权行为的收入有大量资金也直接转入了孔某及其妻子的私人账户,孔某及其妻子的财务与公司财务完全混同,孔某及其妻子是侵权行为的直接、最大受益人。其三,涉案公司实施侵权行为是孔某一手组织、策划、指挥的,孔某为了获得高额的非法收益,招募员工积极追求侵权结果的发生,孔某控制涉案单位,利用该单位实施侵权行为,孔某与侵权单位具有共同的侵权故意。综上,孔某的行为已经不是职务行为,而是利用公司实施的侵权行为,其行为已经完全超越了职务行为,应当承担连带赔偿责任。

---

[1] 广州知识产权法院民事判决书,(2019)粤73民终2622号。

涉案自然人孔某则抗辩认为,涉案侵犯商标权的侵权行为主体是单位,而不是自然人。孔某等自然人均在自己的职责范围之内履职,并未超出其职务权限,相应的责任应该由单位承担。

(三)法人人格否认

单位犯罪中,被害人可以主张"公司人格否认制度",要求承担刑事责任的主要负责人及直接责任人员承担连带民事责任,也可以要求未承担刑事责任的股东承担民事责任,该主张被支持的重要条件,就是被害人举证证明涉案单位存在经营、财务上的混同。如《公司法》第 20 条第 3 款规定:"公司股东滥用公司法人独立地位和股东有限责任,逃避债务,严重损害公司债权人利益的,应当对公司债务承担连带责任。"因此,单位犯罪中,被害人向自然人主张承担民事责任非常重要的依据在于证明自然人与单位在经营或者财务上存在混同。

在一人公司构成单位犯罪的情况下,股东是否为公司的犯罪行为承担连带赔偿责任,除了共同侵权理论外,也可以根据一人公司的股东连带责任特殊规定进行主张。《公司法》第 63 条规定:"一人有限责任公司的股东不能证明公司财产独立于股东自己的财产的,应当对公司债务承担连带责任。"因此,一人有限责任公司成立单位犯罪时,该公司的股东,应当提供证据证明公司的财产独立于自己的财产,公司财产与股东财产不存在混同。如果没有提供足够的证据,则被害人可以主张公司股东对公司的债务承担连带责任。

例如,五粮液公司与佑某公司、刘某、陈某侵害商标权纠纷案:

刑事判决认定,佑某公司销售明知是假冒注册商标的商品,销售数额巨大,其行为构成销售假冒注册商标的商品罪,刘某系直接负责的主管人员,销售人员苏某系直接责任人员,也构成销售假冒注册商标的商品罪。

在民事诉讼中,五粮液公司要求佑某公司、刘某及佑某公司的另一股东陈某共同承担民事赔偿责任,其认为在佑某公司销售假冒注册商标商品的过程中,陈某利用个人账户收、付款,刘某个人注册网站推销涉案假冒五粮液酒,且以个人名义筹款,公司财产与股东个人财产混同,影响佑某公司对外承担民事责任,损害了债权人的利益,佑某公司、刘某、陈某应当对公司债务承担连带责任。

法院认为,佑某公司系有限责任公司,有限责任公司具有独立于公司股东的人格是《公司法》确立的一般原则。根据该原则,佑某公司的侵权行为产生的责任应由公司承担，公司股东刘某、陈某以其认缴的出资额为限承担有限责任。但该原则亦有例外，即《公司法》第20条规定的公司人格否认制度。本案被告刘某、陈某作为佑某公司股东是否以其个人财产对公司承担连带责任取决于二人是否有滥用公司法人独立地位和股东有限责任的行为。原告提交的证据不足以证明公司财产与股东财产发生混同，更不足以证明公司财产与股东财产的混同达到了导致公司丧失独立财产不能独立承担民事责任的程度。因此，不能要求刘某、陈某就佑某公司的侵权行为承担连带责任。[1]

（四）违法代理责任

单位犯罪中，被追究刑事责任的员工与公司之间可以成立代理与被代理的关系。即使员工的行为是在职务行为之内，没有超出其职务范围，但如果构成违法代理，员工也需要承担连带责任。《民法典》第167条规定："代理人知道或者应当知道代理事项违法仍然实施代理行为，或者被代理人知道或者应当知道代理人的代理行为违法未作反对表示的，被代理人和代理人应当承担连带责任。"在被害人维权过程中，也可以考虑运用违法代理的理论要求相关自然人与公司承担连带责任。

例如，王某等人非法经营案：

该案刑事裁判认定，王某出资设立某国际咨询公司，该公司为某贵重金属交易公司提供居间代理服务，王某招募了何某等人担任销售经理和培训讲师，吸引客户在交易平台上进行变相的黄金、白银等贵重金属的交易。后经中国人民银行出具认定书，王某所设立的某国际咨询公司以及其代理的某贵重金属交易公司都不具备经营期货业务资格。某贵重金属交易公司及其代理商所从事的黄金交易行为属于非法黄金期货交易活动。据此，刑事判决认定，某国际咨询公司的行为符合单位犯罪，王某等人作为公司的主管人员和其他直接责任人员，已经构成非法经营罪。

在被害人对犯罪单位及其工作人员进行民事索赔的案件中，王某等公司工作人员认为，他们的行为是履行职务的行为，并没有超出职务的范围，公司财务与个人财务也不存在混同的情况，相关民事法律后果应该由公司承担，他们个人不需要承担连带责任。

---

〔1〕 重庆市第一中级人民法院民事判决书，(2012)渝一中法民初字第00434号。

此时,被害人可以采用违法代理的理论主张相关自然人与公司承担连带责任。即便王某等人的行为属于履行职务的行为,但他们作为贵重金属交易的从业者,明知进行黄金、白银等贵金属的期货交易,需要具备法定资质,他们却没有资质,明知变相进行黄金、白银等贵金属期货交易违法,仍然从事相关非法经营活动,属于明知代理行为的实施系非法仍然代理的情况,应当与被代理单位承担连带责任。[1]

(五)合同条款约定

在很多单位犯罪案件中,自然人以单位的名义实施犯罪活动,利益归属于单位,最终刑事裁判认定为单位犯罪。但同时,在犯罪行为过程中,相关责任人员也与被害人签订担保合同,约定自然人承担担保责任。此时,单位犯罪中退赔及民事责任的主体是单位,但相关责任人员因为合同的约定也需要承担民事责任。最典型的是非法集资犯罪、合同诈骗类犯罪、贷款诈骗类犯罪,此类犯罪行为,往往存在相关自然人作为担保人承担民事责任的问题。

例如,吴某等人涉嫌非法吸收公众存款罪案:

被告人吴某系某证券有限公司某分公司负责人,被告人陈某系某天使投资有限公司负责人。2019年至2021年,被告人吴某、陈某以某天使投资有限公司发行证券类私募基金产品的名义募集资金。双方签订正规的《私募证券投资基金合同》,私募基金也有正规牌照。但与此同时,某天使投资有限公司与投资人签订《投资合作合同》,约定投资人只需出资70%,另外30%由某天使投资有限公司出资并作为保证金,私募基金产品盈亏均由某天使投资有限公司承担,客户享受固定0.9%~1.2%月息。同时,吴某通过其在某证券有限公司某分公司的同事和投资人口口相传的介绍,让同事进行宣传拉拢,先后认识何某、邓某、杨某等被害人,以保本付息的投资形式,非法吸收何某、邓某、杨某等人合计约4.36亿元。后因股价大跌导致基金全面亏损,吴某等人无力偿还本息。资金链断裂后案发前,投资人与吴某等人进行多次沟通谈判,协商还款计划和方案,最终,双方达成一致,包括吴某在内的全部合伙人共同与投资人签订《还款协议》,约定吴某等全部合伙人共同为投资人的投资本息偿还承担无限连带责任。

[1] 类似案件例如:广东省佛山市中级人民法院民事判决书,(2019)粤06民终3608号。

在吴某等合伙人无力偿还后，被害人何某、邓某、杨某等人遂向公安机关对吴某等人进行刑事控告，控告吴某等人涉嫌非法吸收公众存款罪，要求追究吴某等人的刑事责任，并追回赃款，挽回损失。

该案认定为某天使投资有限公司的单位犯罪行为，吴某等人作为单位直接负责的主管人员和其他直接责任人员被追究刑事责任，某天使投资有限公司对被害人承担退赔责任。然而，对被害人而言，某天使投资有限公司承担刑事退赔责任显然并不能充分保障他们的权益，犯罪单位已经没有足够资产去偿还投资者的投资本息。

此时，被害人可以依照《还款协议》继续向吴某等合伙人追究连带清偿责任。该案涉及三个合同《私募证券投资基金合同》、《投资合作合同》和《还款协议》。由于《私募证券投资基金合同》《投资合作合同》是在非法吸收公众存款犯罪行为发生过程中签订的，是非法吸收公众存款的犯罪手段，是否合法有效可能存在较大的争议。但是，《还款协议》是资金链断裂后，双方当事人签订的和解性质的协议。被害人以《还款协议》提起民事诉讼的法律关系，与某天使投资有限公司非法吸收公众存款的法律关系，虽然标的资金相同，但合同当事人、法律关系并不相同，非法吸收公众存款罪的刑事裁判并不能覆盖被害人的此项诉求，也不能涵盖该《还款协议》的相关法律关系，《还款协议》是各方的真实意思表示，不违反法律行政法规的强制性规定，应当认定为合法有效。被害人应当可以依照《还款协议》要求单位犯罪中的相关自然人承担连带责任。

（六）其他法定理由

当前法律法规及司法解释，也经常对自然人为单位债务承担连带责任的条件作出诸多细致的规定。如果满足这些条件，被害人也可以向单位犯罪中的自然人进行民事追偿，这需要根据案件具体情况寻找民事追偿的法律依据。

在出具证明文件重大失实罪案件中，会计师事务所作为中介机构，未实施基本的审计行为，严重违反独立性要求等，严重违反中国注册会计师审计准则和《中国注册会计师职业道德守则》等规定，导致上市公司财务造假未被审计发现，制作、出具的证明文件有虚假记载、误导性陈述或者重大遗漏，造成投资者的损失。此时，涉及民事责任承担的主体有以下三类：

其一，会计师事务所的民事责任。《证券法》第 163 条规定："证券服务机构为证券的发行、上市、交易等证券业务活动制作、出具审计报告及其他鉴证报告、资产评估报告、财务顾问报告、资信评级报告或者法律意见书等文件，应当勤勉尽责，对所依据的文件资料内容的真实性、准确性、完整性进行核查和验证。其制作、出具的文件有虚假记载、误导性陈述或者重大遗漏，给他人造成损失的，应当与委托人承担连带赔偿责任，但是能够证明自己没有过错的除外。”因此，如果无法证明没有过错，会计师事务所很可能会被判定与委托人承担连带赔偿责任。

其二，会计师本人的民事责任。作为参与、实施审计的会计师本人，可能会被判定承担民事责任，其最佳抗辩理由是履行职务的行为，相关法律后果由单位承担，个人不需要承担民事责任。

其三，作为合伙人的会计师的民事责任。会计师事务所作为合伙企业，如果履行职务不当的会计师同时是会计师事务所的合伙人，则根据《合伙企业法》第 57 条第 1 款关于“一个合伙人或者数个合伙人在执业活动中因故意或者重大过失造成合伙企业债务的，应当承担无限责任或者无限连带责任，其他合伙人以其在合伙企业中的财产份额为限承担责任”之规定，案涉作为合伙人的会计师在审计项目中签字，在执业活动中因重大过失造成会计师事务所需承担赔偿责任，则其应当在会计师事务所责任范围内承担连带赔偿责任。其他普通员工的会计师，不需要为其职务行为直接对投资者承担连带赔偿责任。[1]

第三节
向自然人犯罪的单位追偿

自然人犯罪给被害人造成损失，刑事裁判并未认定单位犯罪。此时，被害人除了要求犯罪自然人承担刑事责任和民事责任外，在一定条件下，也可以向相关单位进行民事追偿，以最大限度地挽回损失。

一、单位涉案但无罪的三种情形

司法实践中，很多单位员工履行职务发生犯罪行为，单位负有一定的责任，但由于主客观因素，单位并没有被认定为犯罪，司法机关仅追究相关自然人的

〔1〕 例如，广东省广州市中级人民法院民事判决书，(2020)粤 01 民初 2171 号。

刑事责任。单位涉案但无罪的情形主要有三种。

（一）罪名本身无单位犯罪

该罪名本身并没有单位犯罪的规定，因此即使单位涉案，也无法追究单位的刑事责任，不能将自然人以单位犯罪的主要负责人或者直接责任人员的身份追究刑事责任，只能按照个人犯罪的定罪量刑标准，追究涉案单位主管人员和直接责任人的刑事责任。例如，诈骗罪、贷款诈骗罪，我国《刑法》没有规定诈骗罪、贷款诈骗罪的单位犯罪类型，此类犯罪即便由单位实施，也只能按照自然人犯罪处理。[1] 此时，虽然在刑事诉讼中单位没有被规定为犯罪，单位未被追究刑事责任，但并不否认单位在民事法律上应负的责任。

（二）单位没有被追究责任

该罪名本身有单位犯罪的规定，涉案的行为本身也应当认定为单位犯罪，但由于各种原因，公安机关并没有追究单位的刑事责任，检察院也并未起诉涉案单位，法院也没有对单位作出有罪判决，只将自然人按照单位犯罪的主要负责人或者直接责任人员的身份进行定罪量刑。

例如，中建四局某实业公司与广州市某物资有限公司买卖合同纠纷案：

该案刑事判决认定：段某、叶某以广州市某物资有限公司的名义通过签订煤炭购销协议的方式骗取中建四局某实业公司的财物，构成单位犯罪，段某、叶某作为广州市某物资有限公司的直接负责的主管人员，其行为已构成合同诈骗罪，判处有期徒刑，并追缴被告人的违法所得返还被害单位。但法院并未追究广州市某物资有限公司的刑事责任。合同诈骗案属于被告人非法占有、处置被害人财产的案件，犯罪单位应当将违法所得退赔给被害人。然而，该案刑事判决并没有追究犯罪单位的刑事责任，故没有犯罪单位退赔的判项。犯罪单位广州市某物资有限公司逃避了刑事责任和民事责任。此时，根据《全国法院民商事审判工作会议纪要》（2019 年）第 128 条“法人或者非法人组织的法定代表人、负责人或者其他工作人员的职务行为涉嫌刑事犯罪或者刑事裁判认定其构

---

〔1〕《全国法院审理金融犯罪案件工作座谈会纪要》“（三）关于金融诈骗罪”中规定：“一是单位不能构成贷款诈骗罪。根据刑法第三十条和第一百九十三条的规定，单位不构成贷款诈骗罪。对于单位实施的贷款诈骗行为，不能以贷款诈骗罪定罪处罚，也不能以贷款诈骗罪追究直接负责的主管人员和其他直接责任人员的刑事责任。”

成犯罪，受害人请求该法人或者非法人组织承担民事责任的，人民法院应当分别审理”的规定，被害人有权起诉广州市某物资有限公司要求其承担赔偿责任。[1] 此时，虽然单位没有被追究刑事责任，但不妨碍被害人向涉案单位进行民事追偿。

（三）单位不构成刑事犯罪

单位的工作人员被认定为自然人犯罪，且单位根据法律规定不构成犯罪时，并不意味着单位不需要负民事责任。自然人的个人故意犯罪并不能豁免单位的民事责任。最高人民法院《关于在审理经济纠纷案件中涉及经济犯罪嫌疑若干问题的规定》第 3 条规定：“单位直接负责的主管人员和其他直接责任人员，以该单位的名义对外签订经济合同，将取得的财物部分或全部占为己有构成犯罪的，除依法追究行为人的刑事责任外，该单位对行为人因签订、履行该经济合同造成的后果，依法应当承担民事责任。”因此，单位直接负责的主管人员和其他直接责任人员，在其职务或者授权范围内，违背单位的意志，以该单位的名义对外签订、履行经济合同，将取得的财物部分或全部占为己有构成犯罪的，单位应当依法承担民事责任。此时，员工的犯罪行为并不符合单位犯罪的构成要件，单位无须承担刑事责任，被害人只能追究自然人的刑事责任。但是，单位签订、履行合同的行为与被害人的损失之间存在因果关系且单位存在过错时，该单位也应当承担相应的民事责任。

例如，华润万家超市与陶某侵权责任纠纷案：

陶某去超市购物，因被怀疑盗窃，与超市工作人员发生争执，后遭到超市工作人员殴打，经法医鉴定构成轻伤，伤残等级为十级。公安机关对陶某被故意伤害案立案侦查，因犯罪嫌疑人一直在逃未到案，刑事案件迟迟无法推进，陶某没有从犯罪嫌疑人处得到任何赔偿。

虽然陶某没有通过刑事案件获得赔偿，但犯罪嫌疑人是华润万家超市的员工，事发地点也是超市，超市负有不可推卸的责任。超市不论是作为伤害者的雇主还是作为超市的管理人，都应当承担民事责任。作为雇主，超市应当为雇员的伤害行为承担一定的民事责任；作为超市管理人，没能尽到安全保障义务，应当为消费者遭受到的伤害承担一定的民事责任。于是，陶某起诉华润万家超

[1] 广东省广州市中级人民法院民事裁定书，（2021）粤 01 民终 9631 号。

市，要求华润万家超市赔偿各项损失10多万元。

一审法院以华润万家超市工作人员在执行职务中致人损害为由，判决华润万家超市作为法人单位应当承担赔偿责任。二审法院认为，因刑事案件尚未结案，无法查明陶某遭受伤害的具体原因和具体责任人，也无法确定陶某所受伤害是否为华润万家超市工作人员的职务行为。但是，陶某在华润万家超市购物过程中遭受人身损害，即使不是华润万家超市员工殴打所致，华润万家超市作为商业经营活动的法人，也应尽合理限度范围内的安全保障义务，而华润万家超市未能尽到上述安全保障义务，防止和及时制止陶某人身损害结果的发生，其具有过错，应当对陶某的人身损害承担赔偿责任，承担责任后，若今后查明系第三人侵权所致，可以向第三人追偿。[1]

其实，《民法典》第1198条规定："宾馆、商场、银行、车站、机场、体育场馆、娱乐场所等经营场所、公共场所的经营者、管理者或者群众性活动的组织者，未尽到安全保障义务，造成他人损害的，应当承担侵权责任。因第三人的行为造成他人损害的，由第三人承担侵权责任；经营者、管理者或者组织者未尽到安全保障义务的，承担相应的补充责任。经营者、管理者或者组织者承担补充责任后，可以向第三人追偿。"因此，在相关单位存在过错的情况下，遭受人身伤害的被害人，也可以起诉相关单位进行民事追偿，挽回经济损失。

二、向单位民事追偿的依据

被害人寻找到合适的法律依据后，就可以向有关单位进行民事追偿。被害人向相关单位追偿的依据主要包括单位对自然人犯罪存在雇主责任、单位对被害人的损失存在过错、员工的表见代理、合同条款约定、自然人与单位的共同犯罪理论、单位深度涉案等事实和法律规定。

（一）单位雇主责任

员工因履行职务而实施犯罪行为，单位即便没有被认定为犯罪，也需要承担民事责任。《民法典》第1191条第1款规定："用人单位的工作人员因执行工作任务造成他人损害的，由用人单位承担侵权责任。用人单位承担侵权责任

[1] 浙江省杭州市拱墅区人民法院民事判决书，(2011)杭拱民初字第394号；浙江省杭州市中级人民法院民事判决书，(2012)浙杭民终字第181号。

后,可以向有故意或者重大过失的工作人员追偿。”单位因为其工作人员执行工作任务而对外承担民事责任时,适用无过错责任原则,不以单位存在过错为条件。只要单位员工是在执行工作任务而发生犯罪行为导致他人损害的,不仅员工需要承担侵权责任,单位也需要对被害人承担相应的责任。

比如,在物业公司员工因工作原因与业主发生矛盾纠纷时,双方发生肢体冲突,导致业主受伤,物业公司员工被追究故意伤害罪的刑事责任,并承担赔偿被害人经济损失的民事责任。此时,物业公司员工在工作过程中造成他人受伤,物业公司作为用人单位,也应当承担相应的民事责任。如果被害人有过错,则可以相应扣减物业公司承担赔偿责任的比例。

此时单位提出的抗辩往往集中在是否超出职务行为的问题上,单位会认为犯罪行为是公司明令禁止的行为,员工个人进行的犯罪行为并不是在履行公司的职务,已经超出了职务行为,其犯罪行为与职务行为无关;涉案犯罪行为并不是单位犯罪,而且,员工的个人犯罪行为既不是为了公司利益,也完全不符合单位的利益。因此,单位不需要为员工的个人犯罪行为承担民事责任。

我们认为,职务行为的界定不应该过于狭隘。员工的行为是否属于职务行为,不能仅限于单位授权范围内的行为,应以其是否执行工作任务作为判断标准。只要员工因执行工作任务导致的损害结果,单位不论有无过错,都应当承担相应的民事责任。即便自然人协助公司实施犯罪行为,也是履职行为,一般也应当由单位承担刑事责任。只有自然人实际控制公司,将公司作为犯罪的工具和手段,才可能认定自然人的行为超出了履职范围、与单位构成共同侵权,单位和自然人需要承担连带责任。

又如,在交通肇事案件中,单位员工因执行工作任务发生交通事故,导致他人死亡且负事故全部责任或主要责任时,自然人构成交通肇事罪,承担刑事责任和民事赔偿责任,而单位也需要为员工造成的损失承担民事责任。不论员工是否存在无证驾驶、交通肇事逃逸、醉酒驾驶等违法犯罪行为,都不会影响单位员工履行职务的性质认定,单位都不能以禁止无证驾驶、禁止醉驾、禁止逃逸等为由否定员工的履职行为而予以免责,被害人都可以向肇事者的雇主进行民事追偿。

(二)单位存在过错

对于自然人的犯罪行为,单位虽不成立单位犯罪,但单位是否存在过错也是评判单位是否应当承担民事责任的重要考量因素。例如，单位公章管理不规范，导致员工私刻单位公章或者擅自使用单位公章、业务介绍信、盖有公章的空白合同书以签订经济合同的方法实施犯罪行为；单位聘用的人员被解聘后，或者受单位委托保管公章的人员被解除委托后，单位未及时收回其公章，行为人擅自利用保留的原单位公章签订经济合同，实施骗取财物的犯罪行为；上述行为均导致被害人遭受损失。此时，单位很可能被认定存在明显过错，其过错与被害人的损失存在因果关系需要对被害人的损失承担民事责任。[1]

例如，招商银行股份有限公司某分行（以下简称招行某分行）与中国工商银行股份有限公司某支行（以下简称工行某支行）财产损害赔偿纠纷案：

招行某分行提起民事诉讼，认为主张工行某支行违反承诺函的承诺，导致其遭受损失，应就财产损害赔偿承担侵权责任。

法院裁判认为：工行某支行提出的2亿余元损失，与融某公司、陈某元、张某林等通过私刻工行公章伪造授权书、证明、授信审批书，使用虚假的工行某支行的公章及时任该支行行长杨某的私章伪造工行某支行的承诺函等文件，骗取招行某分行通过某公司发放的信托贷款2亿元，确系同一笔款项。尽管如此，本院认为该刑事判决并不影响招行某分行提起本案诉讼，本案属于人民法院受理民事诉讼的范围。被伪造公章的单位虽非犯罪主体，但如果对伪造公章的犯罪行为存在明显过错且该过错行为与经济损失之间具有因果关系，仍需承担赔偿责任。而应否承担责任属于实体审理范畴，不影响权利人提起民事诉讼主张权利。案涉承诺函等材料系另案刑事被告人张某林即工行某支行工作人员伙同他人伪造，招行某分行主张工行某支行承担赔偿责任，符合提起民事诉讼的原告主体资格，至于工行某支行是否应承担赔偿责任则应通过实体审理后认定。工行某支行并非刑事案件的被告人，其与招行某分行之间不存在刑事法律关系中所涉及的追缴、退赔等情形。法律及司法解释针对被告人追缴、退赔所

---

〔1〕 最高人民法院《关于在审理经济纠纷案件中涉及经济犯罪嫌疑若干问题的规定》第5条第2款规定："行为人私刻单位公章或者擅自使用单位公章、业务介绍信、盖有公章的空白合同书以签订经济合同的方法进行的犯罪行为，单位有明显过错，且该过错行为与被害人的经济损失之间具有因果关系的，单位对该犯罪行为所造成的经济损失，依法应当承担赔偿责任。"第6条第2款规定："单位聘用的人员被解聘后，或者受单位委托保管公章的人员被解除委托后，单位未及时收回其公章，行为人擅自利用保留的原单位公章签订经济合同，骗取财物占为己有构成犯罪，如给被害人造成经济损失的，单位应当承担赔偿责任。"

占有、处置的被害人财产之规定并不排斥本案作为民事案件予以受理。[1]

又如,中国工商银行股份有限公司郑州某支行(以下简称工行郑州某支行)与苏某集团公司等侵权责任纠纷案:

该案民事裁判认为,刑事裁定已经认定,郭某系合同诈骗共同犯罪的主犯,全程参与了犯罪活动,主要表现为:郭某利用工行郑州某支行市场营销部经理的身份,在工行郑州某支行的办公场所,通过安排案外人冒充银行员工复印苏某集团公司开户资料、拖延办理开户手续;明知是伪造的材料,在开户过程中还是签署了尽职调查意见书等。郭某基于其银行工作人员身份和职务便利,主导整个犯罪过程,在各个环节多次实施诈骗行为,系造成苏某集团公司受骗及巨额资金损失的主要原因,工行郑州某支行作为郭某的用人单位应当承担相应的责任。同时,工行郑州某支行在开户尽职调查书签字、开户业务资料审核等过程中也存在不规范现象。综合郭某的犯罪行为及在案件中发挥的主导作用,结合工行郑州某支行自身在管理中的不规范现象,判令工行郑州某支行承担案涉损失70%的责任。[2]

(三)员工表见代理

《民法典》第170条规定:"执行法人或者非法人组织工作任务的人员,就其职权范围内的事项,以法人或者非法人组织的名义实施的民事法律行为,对法人或者非法人组织发生效力。法人或者非法人组织对执行其工作任务的人员职权范围的限制,不得对抗善意相对人。"第172条规定:"行为人没有代理权、超越代理权或者代理权终止后,仍然实施代理行为,相对人有理由相信行为人有代理权的,代理行为有效。"员工的代理行为产生的法律后果由单位承担,表见代理也是如此。被害人在一定条件下也可以据此向相关单位进行民事追偿。

例如,福建省某房地产开发公司的股东翁某与游某纠纷案:

翁某在2009年至2010年向游某借款人民币245万元,后无力偿还,又无法按照对方要求找到公司担保,便于2014年私自伪造了一枚福建省某房地产开发公司的公章,向游某出具的借条、协议书、借款担保协议上加盖此伪造的公

[1] 最高人民法院民事裁定书,(2018)最高法民再313号。
[2] 最高人民法院民事裁定书,(2022)最高法民申309号。

章。2016年翁某被该刑事判决认定犯伪造公司印章罪，判处有期徒刑6个月。最高人民法院认为，尽管刑事判决已经认定该公章为翁某伪造，但翁某在该公司的任职以及股东身份等权利外观，已经足以让交易相对人游某产生合理信赖，让游某对公章真实性进行实质审查要求过于严苛，不利于保护交易安全。另外，翁某伪造公章对于本案的实体处理结果也无影响。最终法院裁判认定翁某的行为构成表见代理，福建省某房地产开发公司对翁某的涉案债务需承担担保责任。[1]

（四）合同条款约定

在犯罪行为主体与合同主体不一致时，犯罪行为主体除承担刑事责任外，还需要根据刑事追缴、退赔程序承担民事责任。相关民事合同如果被认定为有效，合同责任主体也需要依照合同条款的约定承担民事责任。在有合同条款约定的情况下，被害人也可以据此向有关责任单位进行民事追偿。

对于银行卡民事纠纷（包括借记卡纠纷和信用卡纠纷），司法解释作出了合同约定优先于违法所得追缴、刑事退赔的规定。最高人民法院《关于审理银行卡民事纠纷案件若干问题的规定》（法释〔2021〕10号）第7条第1款规定："发生伪卡盗刷交易或者网络盗刷交易，借记卡持卡人基于借记卡合同法律关系请求发卡行支付被盗刷存款本息并赔偿损失的，人民法院依法予以支持。"第10条第1款规定："发卡行或者非银行支付机构向持卡人提供的宣传资料载明其承担网络盗刷先行赔付责任，该允诺具体明确，应认定为合同内容。持卡人据此请求发卡行或者非银行支付机构承担先行赔付责任的，人民法院应予支持。"此类案件，犯罪主体与合同主体不同，只要合同约定在盗刷等犯罪行为发生时，发卡机构需要先行赔付的，被害人就可以根据该合同条款内容，直接向发卡机构主张民事追偿，无须通过刑事追缴、退赔等程序。

又如，中国银行股份有限公司某支行与富某公司金融借款合同纠纷案：

刑事裁判认定，被告人殷某系荣某公司法定代表人，张某系富某公司的法定代表人，二人系朋友关系，张某因资金紧张，请托被告人殷某帮助其向银行申请贷款，并将其经营的富某公司的公章、财务章、法人章等交予被告人殷某使用。被告人殷某虚构富某公司向荣某公司采购布料的事实，签订了无真实交易

〔1〕最高人民法院民事裁定书，（2016）最高法民申733号。

背景的购销合同，还编造了虚假的财务数据及从他人处获取了两份虚假的审计报告。殷某采取提供虚假购销合同及审计报告的手段，向银行申请贷款1500万元。法院判决殷某构成骗取贷款罪，责令被告人殷某退赔被害单位人民币14,996,984.78元。同时，中国银行股份有限公司某支行向法院起诉富某公司，要求其承担还款责任。民事裁判认为，殷某作为贷款经办人，实际操作并最终使用、支配贷款，不能直接取代富某公司成为民事借贷关系的借款人，不足以否定富某公司需依约对银行承担违约责任。刑事裁判判令殷某向银行退赔本金，两者的确可能形成重复给付，应由法院在执行程序中予以协调，避免形成事实上对银行的重复给付。银行如已通过刑事退赔获得相应款项，则在该获赔范围内不得再向富某公司主张给付。[1]

在该案中，贷款合同的主体和骗取贷款犯罪行为的主体不同，贷款合同主体承担合同中约定的还款义务与骗取贷款犯罪行为主体承担刑事退赔责任并行不悖，只需要避免重复给付即可。

（五）共同侵权行为

单位犯罪、共同犯罪的认定标准与共同侵权的认定标准不同，在刑事裁判仅认定自然人犯罪时，也不能排除自然人与其他未被追究刑事责任的个人或单位成立共同侵权的可能性。因此，被害人也可以主张犯罪人与相关单位构成共同侵权，要求相关单位承担民事责任。

例如，MCM控股公司与唐某平、郑某娥、周某东、唐某华侵害商标权纠纷案：

刑事裁判认定唐某平、郑某娥、周某东、唐某华无视国家法律，销售明知是假冒注册商标的商品，未销售货值金额巨大，其行为已共同构成销售假冒注册商标的商品罪，事实清楚、证据充分，罪名成立。刑事裁判后，被害单位MCM控股公司起诉犯罪人侵权责任纠纷，同时起诉某皮具市场公司，认为其作为专业的皮具贸易市场的管理人，负有管理市场经营秩序、在市场内排除知识产权侵权行为的责任和义务，但对唐某平、郑某娥、周某东、唐某华的侵权行为采取漠视、放纵的态度，加重了侵权行为结果的严重性，应当承担相应的民事赔偿责任。

---

〔1〕 最高人民法院民事裁定书，(2019)最高法民申11号。

民事裁判认为，某皮具市场公司虽然不是涉案地的经营者，也没有证据显示其直接参与涉案侵权商品的销售，但其作为涉案地所在市场的开办方和经营管理者，为涉案地提供市场管理服务，并因此获得一定的经济利益，其对涉案地负有管理注意义务，且其作为专业的皮具商品的市场经营管理者，较不区分商品门类的普通小商品批发集散市场，其保护知识产权、制止销售假冒伪劣商品的管理注意义务理应更高。但其准许涉案人员在未办理营业执照的情况下进场经营，且未对涉案地采取任何措施，未尽其负有的市场准入审查义务，亦疏于履行敦促涉案人员办理营业执照的义务，放任涉案地无证经营。因此，某皮具市场公司对被控侵权行为的发生主观上有过错，客观上为侵权行为的发生提供了便利条件，与唐某平等构成共同侵权，应停止侵权并与唐某平等承担连带赔偿责任。[1]

（六）其他法定事由

法律法规及司法解释中对单位应当承担法律责任的情形有非常细致的规定。《民法典》第962条规定："中介人应当就有关订立合同的事项向委托人如实报告。中介人故意隐瞒与订立合同有关的重要事实或者提供虚假情况，损害委托人利益的，不得请求支付报酬并应当承担赔偿责任。"据此，中介机构故意隐瞒重要事实、提供虚假情况或者过失未尽到相应的义务，需要承担赔偿责任。被害人找到相对应的法律依据，即可向有关单位进行民事追偿。

例如，王某与陈某合同纠纷案：

刑事裁判认定被告人陈某将被查封的房产出售给王某，骗取了王某交付的90万元购房首付款。被害人王某支付完房款在办理过户手续过程中，才发现涉案房屋早已被查封。报案后，公安机关又发现陈某以这种手法骗取多名被害人的财产，于是对陈某以涉嫌诈骗罪为由刑事立案。后法院判决陈某诈骗罪成立，判处有期徒刑，并责令陈某退赔被害人王某的购房首付款人民币90万元。后王某向法院起诉，要求解除《商品房买卖协议》，陈某返还购房款90万元。同时，王某还将房产交易中介机构诉至法庭，要求中介机构返还中介费，并对其损失承担连带赔偿责任。

在该案中，中介机构及其工作人员没有共同犯罪的故意和行为，不会被追

---

〔1〕 广州知识产权法院民事判决书，(2017)粤73民终354号。

究刑事责任,但也需要承担民事赔偿责任。中介机构声称涉案房屋权属清晰,不存在查封情况,只有房屋按揭抵押登记。中介机构作为专业的房屋交易机构应当进行房屋产权状况的核查,由于未尽忠实义务,导致早已被查封的房屋仍用于交易,购房人因此遭受了经济损失,中介机构具有过错,应当返还中介费,并承担赔偿责任。但现有证据不足以认定中介机构与陈某具有共同侵权的故意和行为,因此,中介机构不应该承担连带责任,根据其过错程度酌情认定一定比例的赔偿责任更为适宜。

除了侵权、违约、缔约过失外,无因管理、不当得利等规定也同样适用于单位。例如,最高人民法院《关于在审理经济纠纷案件中涉及经济犯罪嫌疑若干问题的规定》第2条规定:"单位直接负责的主管人员和其他直接责任人员,以为单位骗取财物为目的,采取欺骗手段对外签订经济合同,骗取的财物被该单位占有、使用或处分构成犯罪的,除依法追究有关人员的刑事责任,责令该单位返还骗取的财物外,如给被害人造成经济损失的,单位应当承担赔偿责任。"涉案的财物被该单位实际占有、使用或处分,虽然不一定符合单位犯罪的构成要件,单位不一定会被追究刑事责任,但如果单位构成犯罪,则负有退赔义务。即便单位不构成犯罪,由于单位实际占有、使用、处分相关财物,亦负有退赔义务。

(七)单位深度涉案

在证据不足以证明自然人的犯罪行为系履行职务的行为,也不足以证明单位存在过错、员工存在表见代理、单位与自然人共同侵权,而且也没有合同条款可以追究单位民事责任时,代理律师可以从刑事案卷着手进行分析,如案卷证据材料显示单位深度涉案,不论是自然人实施犯罪行为的名义还是涉案犯罪资金的去向等,都与单位有密切联系时,被害人可以起诉要求单位承担民事责任。

例如,周某涉嫌合同诈骗罪案:

公诉机关指控周某等以其个人名义与李某、苏某等被害人签订《经销合作协议书》,被害人需要支付投资款××万元。而签订合同后,周某等人并未按照协议约定提供相应服务,也联系不上客服人员。周某等人以这种方式骗取了100多名被害人共计1800多万元。

刑事裁判认为,周某等人构成合同诈骗罪的个人犯罪,周某及其经营的公司是以实施犯罪为主的公司,不属于单位犯罪,判决周某等人合同诈骗罪成立,并追缴违法所得,责令退赔给被害人。

刑事裁决后，被害人并未得到足额赔偿，想要继续起诉涉案的××企业管理有限公司。××企业管理有限公司的股东、法定代表人均是挂名的，并没有被追究刑事责任。被害人通过起诉××企业管理有限公司，在确定债务后，可以迫使该公司的挂名股东、挂名法定代表人为公司债务承担责任，否则将面临限制高消费等失信惩戒措施。[1]

本案刑事裁判并没有认定××企业管理有限公司构成单位犯罪，也没有认定周某等人的行为是代表××企业管理有限公司的履职行为，现有证据也比较难以认定单位存在过错、存在表见代理等问题。但是，我们从案卷材料中发现，涉案单位××企业管理有限公司与本案犯罪行为有非常密切的关系。

其一，庭审笔录显示，周某等人在庭审中提出他们是单位犯罪行为，而不是个人犯罪行为。首先，本案的《经销合作协议书》虽然是周某等个人与投资人签订的，但实际上是公司的经营行为。其次，《经销合作协议书》的经营范围，除了指控的经销业务之外，还有其他业务，其他业务也有实体经营，且与指控的合同诈骗没有关系。最后，从客户人数上看，××企业管理有限公司的客户人数将近1000人，而公诉机关指控的合同诈骗被害人才100多人，其余的客户及相关业务与合同诈骗是无关的。因此，周某等人辩解，××企业管理有限公司并不是主要从事违法犯罪活动的公司，也不是以违法犯罪活动为目的而成立的公司。

其二，询问笔录、讯问笔录均显示，被告人周某等人及公司的其他工作人员都认为他们是公司员工，以公司的名义从事活动，而不是以个人的名义从事活动。签署上述合同诈骗被害人资金的行为也发生在××企业管理有限公司的办公场所中。而且，被害人所交付的资金确实全部用于公司的房租、水电、员工工资、绩效奖金、广告费等支出，并未用于周某等被告人的个人用途。

其三，证据可以充分证明，××企业管理有限公司与本案犯罪行为和资金去向有深度关联。周某等自然人以××企业管理有限公司的名义从事活动，而且××企业管理有限公司实际占有、使用、处分了涉案的财产，应该承担财产返

---

〔1〕最高人民法院《关于限制被执行人高消费及有关消费的若干规定》第3条规定："被执行人为自然人的，被采取限制消费措施后，不得有以下高消费及非生活和工作必需的消费行为：……被执行人为单位的，被采取限制消费措施后，被执行人及其法定代表人、主要负责人、影响债务履行的直接责任人员、实际控制人不得实施前款规定的行为……"

还的民事责任。

其四,××企业管理有限公司取得涉案财产并非善意。最高人民法院、最高人民检察院《关于办理诈骗刑事案件具体应用法律若干问题的解释》第10条规定:“行为人已将诈骗财物用于清偿债务或者转让给他人,具有下列情形之一的,应当依法追缴:(一)对方明知是诈骗财物而收取的;(二)对方无偿取得诈骗财物的;(三)对方以明显低于市场的价格取得诈骗财物的;(四)对方取得诈骗财物系源于非法债务或者违法犯罪活动的。他人善意取得诈骗财物的,不予追缴。”涉案××企业管理有限公司并非与周某等人毫无关系,也并非与犯罪行为无关,其明知是诈骗的财产而无偿收取,不符合善意取得的条件,应当承担返还的义务。

因此,本案的《经销合作协议书》虽然是周某等个人与投资人签订的,但实际上是公司的经营行为,涉案公司与诈骗犯罪事实有密切关系,被害人可以据此尝试向××企业管理有限公司采取民事追偿措施。

第四节 向共同犯罪人追偿

在自然人共同犯罪、自然人与单位的共同犯罪案件中,被害人可以向谁主张民事责任、能否向全部共同犯罪人追偿、能否要求他们承担连带责任的问题,关键在于共同犯罪与共同侵权的关系、共同犯罪人之间的民事责任划分、主犯与从犯之间的民事责任分配等,这些都直接关系到被害人的民事追偿。共同犯罪人的民事责任划分问题在司法实践中的争论由来已久,且裁判观点出现极大的不一致,似乎每个案件都受到裁判者基于各种主客观因素自由裁量的影响。

一、共同犯罪人民事责任承担的四种观点

(一)受雇佣无须承担民事责任

对于刑事案件中的从犯在民事诉讼中的责任有无问题,裁判观点还有些许争议。有观点认为,雇员的民事责任应当由雇主承担。《民法典》第1192条第1款前2句规定:“个人之间形成劳务关系,提供劳务一方因劳务造成他人损害的,由接受劳务一方承担侵权责任。接受劳务一方承担侵权责任后,可以向有

故意或者重大过失的提供劳务一方追偿。”因此，在能够确定共同犯罪人的案件中存在雇佣和被雇佣关系时，作为雇主的共同犯罪人需要承担全部民事责任，而作为雇员的共同犯罪人无须承担民事责任。

例如，阿迪达斯有限公司诉张某、王某商标权侵权纠纷案：

刑事判决认定张某在某宾馆销售假冒注册商标的运动鞋，并雇用王某帮其提货与发货。张某和王某构成销售假冒注册商标的商品罪，判决张某犯销售假冒注册商标的商品罪，判处有期徒刑1年零6个月，缓刑1年零6个月，并处罚金人民币50,000元；判决王某犯销售假冒注册商标的商品罪，判处拘役6个月，缓刑6个月，并处罚金人民币20,000元。刑事判决后，被害单位阿迪达斯有限公司向张某和王某提起商标权侵权诉讼，认为张某在其销售的运动鞋上使用被害单位的三个注册商标，易使相关公众对商品的来源产生误认，因此张某、王某销售假冒注册商标的运动鞋的行为，构成对阿迪达斯有限公司商标专用权的侵害，张某、王某应当依法承担停止侵权、赔偿损失的民事责任。

然而，裁判认为被告张某和王某系雇佣关系，个人之间形成劳务关系，提供劳务一方因劳务造成他人损害的，由接受劳务一方承担侵权责任。张某雇用王某销售假冒注册商标的运动鞋，因侵权造成的损害赔偿责任应当由雇主即被告张某承担，雇员王某不承担民事赔偿责任。于是法院判决张某、王某立即停止侵犯阿迪达斯有限公司注册商标专用权的行为，张某赔偿阿迪达斯有限公司经济损失200,000元，驳回阿迪达斯有限公司要求王某承担民事赔偿责任的诉讼请求。[1]

在该案中，张某和王某被刑事判决认定构成共同犯罪，但是，民事裁判并未认定他们构成共同侵权需要承担连带赔偿责任，而是根据张某和王某之间的雇佣关系，认定雇主承担责任，雇员无须承担民事责任。

（二）共同犯罪人承担按份责任

雇员无须承担民事赔偿责任的前提条件是指个人之间形成合法的劳务关系后，在从事合法经营过程中，提供劳务一方因劳务造成他人损害的，才由接受劳务一方承担侵权责任。在共同犯罪中，所有共同犯罪人作为成年人、完全民

---

〔1〕 新疆维吾尔自治区乌鲁木齐市中级人民法院民事判决书，（2014）乌中民三初字第244号；新疆维吾尔自治区高级人民法院民事判决书，（2015）新民三终字第38号。

事行为能力人,理应对自己从事的行为的合法性进行判断,并依法承担法律后果。即使是受雇佣参与犯罪的人,由于受雇佣参与犯罪行为具有不法性,受雇佣也不能阻却民事责任,也应当对刑事案件所引发的民事侵权共同承担责任。《民法典》第 177 条规定:“二人以上依法承担按份责任,能够确定责任大小的,各自承担相应的责任;难以确定责任大小的,平均承担责任。”因此,共同犯罪人之间原则上按份承担责任,难以确定责任大小的,平均承担责任。

(三)共同犯罪人承担连带责任

共同犯罪可以直接认定共同侵权,主犯与从犯在刑事案件中属于共同犯罪,在民事纠纷案件中则是共同侵权,共同侵权人对外都需要承担连带赔偿责任。被害人可以向所有共同犯罪人进行追偿,共同犯罪人都应当承担连带责任。《民法典》第 1168 条规定:“二人以上共同实施侵权行为,造成他人损害的,应当承担连带责任。”也就是说,共同犯罪人都需要承担连带责任,共同犯罪中的从犯也需要承担连带责任。按照这种理论,所有共同犯罪人都是共同侵权人,都需要对被害人的损失承担无限连带责任,被害人有权要求其中任何一名共同犯罪人承担全部损失的赔偿责任。

例如,茅台公司与伍某、张某、范某商标侵权纠纷案:

刑事判决认定,伍某、张某、范某构成假冒注册商标罪,伍某、范某在共同犯罪中起主要作用,系主犯,张某起次要作用,系从犯。刑事判决后,茅台公司向法院提起民事诉讼,要求三被告连带赔偿原告的经济损失。法院认为,二人以上共同实施侵权行为,造成他人损害的,应当承担连带责任。本案三被告共同实施了侵害原告商标权的行为,应当承担连带赔偿责任。[1]

又如,周某辉与某贸易有限公司侵害商标权纠纷案:

刑事裁判认定,周某辉受雇于同案人(另案处理),在未经注册商标所有人授权或者许可的情况下,对外销售假冒注册商标的化妆品。周某辉销售明知是假冒注册商标的商品,数额较大,已构成销售假冒注册商标的商品罪。周某辉在共同犯罪中起次要作用,是从犯,应当从轻处罚。判决周某辉犯销售假冒注册商标的商品罪,判处有期徒刑 10 个月,并处罚金 2 万元。刑事判决后,被害单位某贸易有限公司提起侵害商标权之诉,要求周某辉赔偿其经济损失和制止

[1] 贵州省贵阳市中级人民法院民事判决书,(2016)黔 01 民初 384 号。

侵权所支付的合理费用20万元，并承担全部的诉讼费用。周某辉抗辩认为，其因完成打包、送货的职务行为而侵害原告的注册商标权，属于因执行职务而造成他人损害的情形，应当由接收劳务一方承担侵权责任，原告应当对雇主另案提起民事诉讼。然而，法院裁判认为，周某辉销售被控侵权产品侵犯涉案商标专用权的事实，已经由生效裁判文书予以确认。即使周某辉如其主张受雇于他人从事涉案商标侵权行为，亦属于与他人共同实施涉案商标侵权行为，周某辉作为共同侵权人，依法仍应当承担侵权责任。[1]

（四）按份责任与连带责任并存

《民法典》第1168条规定："二人以上共同实施侵权行为，造成他人损害的，应当承担连带责任。"因此，所有共同犯罪人都是共同侵权人，对被害人造成的损失，对外都需要承担连带责任。同时，《民法典》第177条规定："二人以上依法承担按份责任，能够确定责任大小的，各自承担相应的责任；难以确定责任大小的，平均承担责任。"第178条第2款、第3款规定："连带责任人的责任份额根据各自责任大小确定；难以确定责任大小的，平均承担责任。实际承担责任超过自己责任份额的连带责任人，有权向其他连带责任人追偿。连带责任，由法律规定或者当事人约定。"刑事案件中对主犯、从犯的认定，不影响共同侵权的认定。但共同犯罪人对侵权行为发生的过错、作用都不同，因此，共同犯罪中从犯的民事责任，需要区分共同犯罪人之间的对内责任划分和对外的民事责任。对内各共同犯罪人所需要承担的赔偿金额应当有所不同，在共同犯罪人都被认定为共同侵权人时，各共同侵权人内部根据各自责任大小的不同需要承担不同的赔偿责任。对外，则需要对其他共同侵权人的全部民事责任承担连带责任，从犯对外需要承担连带责任，在支付超出自己赔偿数额时，有权向其他共同犯罪人追偿。

例如，苏某集团公司与被告王某豹、秦某平、王某华、陆某柱侵害商标权纠纷案：

刑事裁判认定王某豹、秦某平、王某华、陆某柱均构成销售假冒注册商标的商品罪。被告人王某豹是主犯，被告人秦某平、王某华、陆某柱是从犯。在民事诉讼中，苏某集团公司要求4名被告对其经济损失承担连带赔偿责任。

[1] 广州知识产权法院民事裁定书，(2020)粤73民终3129号。

法院裁判认为，被告王某豹、秦某平、王某华、陆某柱共同侵犯原告享有的注册商标专用权，应承担共同侵权责任，考虑到在刑事犯罪中被告人王某豹是主犯，被告人秦某平、王某华、陆某柱是从犯，4名被告在本案中应承担不同的责任，即被告王某豹应承担主要责任，被告秦某平、王某华、陆某柱承担次要责任。4名被告应共同连带赔偿原告经济损失人民币88,685.5元。4名被告之间责任不同，被告王某豹应赔偿原告苏某集团公司经济损失人民币45,685.5元；被告秦某平、王某华各赔偿原告苏某集团公司经济损失人民币11,000元；被告陆某柱赔偿原告苏某集团公司经济损失人民币21,000元。被告王某豹、秦某平、王某华、陆某柱对各自债务相互承担连带责任。[1]

二、共同犯罪人民事责任的认定原则

关于共同犯罪人之间的民事责任划分问题，司法实践中裁判观点并不统一，上述四种观点都普遍存在。我们认为，共同犯罪人之间的民事责任划分不应滥用雇员的免责制度，让共同犯罪中所有受雇佣的人都免于承担民事责任，一概认定共同犯罪人对外承担全部连带责任也有失公允，应当根据共同犯罪人在民事侵权、违约事实中的作用大小确定其对外应当承担的连带责任。

（一）不宜滥用雇员免责制度

共同犯罪行为中的雇员免责制度实践中产生了很大的争议，司法实践中经常出现类似案件裁判观点却截然不同的情况。接受劳务的雇主和提供劳务的雇员同时参与了犯罪，而且还被认定为共同犯罪，共同犯罪往往会被认定共同侵权，因此就会产生受雇佣从事犯罪行为还能不能认定为劳务关系、认定存在劳务关系时雇员能否免责、劳务关系能否突破共同侵权界限等争议问题。

犯罪行为并不排斥劳务关系的存在，也不否认存在劳务行为。因此，共同犯罪存在适用劳务关系而让雇员免责的条件。劳务行为构成刑事犯罪的违法性评价，不影响对其民事侵权的违法性评价，进而不影响侵权行为中承担的民事责任及承担方式，也不影响适用“由接受劳务一方承担侵权责任”的规定。[2]但是，司法实践中不宜滥用雇员免责制度，应当准确认定雇员免责的适用范围。

---

〔1〕 南京铁路运输法院民事判决书，(2014)宁铁知民初字第228号。

〔2〕 参见闵俊伟：《民刑交叉案件应当注重辨别分析——以一起商标侵权案件为例》，载《人民法院报》2016年1月13日，第7版。

如一概因受雇佣关系而将部分共同犯罪人免除民事责任，显然不利于被害人的权利保护，也不利于罪责的公平分配。

首先，雇员免责仅限于个人之间的劳务关系。《民法典》第1192条第1款规定个人劳务关系特指个人之间形成的劳务关系，双方主体都是自然人。"'劳务关系'主要强调接受劳务方对提供劳务方的控制关系，仅包含基于劳务提供类合同形成的法律关系，排除基于委托合同等实务处理合同和承揽合同等完成工作合同形成的法律关系。"〔1〕

其次，雇佣关系与劳务关系并不等同。实际上，在绝大多数共同犯罪案件中，共同犯罪人的从犯与主犯之间往往存在雇佣关系，从犯确定的重要标准也是受雇佣、非主要获益者、非犯意提起人等因素，甚至部分主犯也系受雇佣的人，但其实雇佣关系并不一定是劳务关系，不能将所有案件中的雇佣关系都认定为劳务关系而由雇主承担民事责任。

最后，应当评判劳务关系的合法性。"劳务关系是指提供劳务一方为接受劳务一方提供劳务服务，由接受劳务方按照劳务情况支付报酬而建立起来的民事权利、义务关系。"〔2〕《民法典》第1192条规定的个人之间因提供劳务发生侵权的责任划分规范，"目的在于厘清提供劳务方、接受劳务方以及侵权第三人之间的法律关系，化解劳务期间的侵权纠纷，保障提供劳务方的合法权益，规范个人劳务用工"〔3〕。劳务关系引发的侵权纠纷由接受劳务一方承担民事责任，前提是存在合法的劳务关系。如果当事人劳务合作、劳务雇佣是为了实施犯罪行为，则属于以劳务关系的合法形式掩盖其非法目的，双方建立的劳务关系不具备合法性。此时，双方劳务关系的本质是共同实施犯罪行为，应当承担连带责任。

例如，张某、曲某皇与某株式会社侵犯商标权纠纷案：

刑事裁判认定，张某、曲某皇无视国家法律，销售明知是假冒注册商标的商品，销售金额巨大，依法应当以销售假冒注册商标的商品罪追究其刑事责任。被告人曲某皇在共同犯罪中起次要、辅助作用，是从犯，依法应当减轻处罚。刑

〔1〕 徐涤宇、张家勇主编：《〈中华人民共和国民法典〉评注（精要版）》，中国人民大学出版社2022年版，第1250页。

〔2〕 广东省高级人民法院民事裁定书，(2019)粤民申2152号。

〔3〕 徐涤宇、张家勇主编：《〈中华人民共和国民法典〉评注（精要版）》，中国人民大学出版社2022年版，第1250页。

事裁判后，被害单位对张某、曲某皇提起民事诉讼，要求他们承担侵权赔偿责任。

该案中，张某、曲某皇在经营两家公司过程中涉及犯罪行为，其销售的部分产品被认定构成销售假冒注册商标的商品罪。张某是公司的股东、实际控制人，而曲某皇系张某的亲戚，受张某雇佣协助管理公司的采购、销售等，领取固定的工资和一定的奖金。该案张某、曲某皇之间的雇佣劳务关系早在侵权行为发生之前就已成立，并不是为了实施侵权行为、犯罪行为而形成的。对于曲某皇而言，他提供劳务过程中发生了侵权行为，应当由接受劳务的雇主张某承担民事责任。

又如，某公司与覃某、王某某侵害商标权纠纷案：

刑事裁判认定，在逃的案外人张某从事销售假冒某公司品牌的鞋子，并雇请覃某、王某某参与作案，覃某负责管理网店和联系客户，王某某负责发货和收货。后公安机关抓获覃某、王某某，但张某潜逃，法院判决覃某、王某某构成销售假冒注册商标的商品罪，系从犯。后被害单位某公司提起民事诉讼，要求覃某、王某某承担赔偿责任。覃某、王某某抗辩认为，他们是从犯，是案外人张某雇请的司机兼销售员，本案因商标侵权所产生的全部损害赔偿责任应当由雇主张某承担。

该案中，覃某、王某某受案外人张某的雇佣，协助销售假冒注册商标的商品，他们销售的产品都是涉案侵权商品，他们的劳务关系并不是基于合法的业务经营而形成的劳务关系，而是为了实施销售假冒注册商标商品而形成的劳务关系，覃某、王某某明知销售的涉案产品是假冒国际知名品牌的产品仍然予以销售，他们的劳务关系本质上属于共同犯罪的雇佣关系，在民事法律上应评价为共同侵权，覃某、王某某应对自己的行为承担相应的责任。

再如，甘某其与珠海市生态环境局等污染海洋公益诉讼案：

刑事裁判认定崔某强负责联系废弃物货源和确定废弃物倾倒海域，雇请和安排李某基装运废弃物到海上倾倒，李某基驾驶船舶装运废弃物并雇请甘某其到海上倾倒，甘某其负责使用挖掘机往海里倾倒废弃物；崔某强、李某基、甘某其相互配合，共同实施了倾倒废弃物的犯罪行为，构成共同犯罪。[1] 在公益诉

---

〔1〕 该案刑事裁判认定崔某强、李某基、甘某其在共同犯罪中作用相当，不区分主从犯。

讼中,各方就甘某其受雇佣参与犯罪行为,是否需要承担侵权损害赔偿责任发生分歧。

甘某其认为,刑法意义上污染环境的共犯并不必然是民法意义上的共同赔偿责任主体,其作为受雇方,被迫参与倾倒废弃物,不应承担环境损害的侵权责任。

李某基认为,其与甘某其之间形成的劳务关系因甘某其从事违法犯罪行为而不应受法律保护,甘某其应承担赔偿责任。

检察院认为,生效刑事裁判认定甘某其听从李某基的指示将涉案废弃物倾倒入海,甘某其与李某基之间的"劳务关系"具有不法性,不受法律保护,甘某其明知其将废弃物倾倒入海的行为违法,但仍然实施该行为,应当承担侵权责任。

法院裁判认为,个人之间形成劳务关系,提供劳务一方因劳务造成他人损害的,由接受劳务一方承担侵权责任,这是对提供劳务造成他人损害时侵权责任承担问题所作的规定,系依法成立的劳务关系项下的侵权责任转承规则。即使生效刑事裁判认定李某基雇请甘某其使用挖掘机往海里倾倒废弃物,但甘某其与李某基之间就倾倒废弃物形成的劳务关系也具有不法性。甘某其明知向海里倾倒废弃物将会触犯法律法规、可能会发生污染环境的后果,其仍然听从李某基的指示从事倾倒废弃物的行为,造成涉案海洋环境污染损害,应自行承担污染环境的侵权责任。[1]

(二)不宜滥用连带责任理论

共同犯罪在司法实践中非常普遍,不同的共同犯罪人的作用、地位差别很大,一概将共同犯罪人都认定为共同侵权人,要求全部共同犯罪人都承担全部连带责任,与其参与度、获利大小不匹配,对他们而言并不公允。

例如,袁某涉嫌销售假冒注册商标的商品罪案:

袁某等十几名老乡受老板张某的雇佣,在张某经营的公司上班,销售某种医疗美容器械。后张某、袁某等人全部都被公安机关抓获归案,被害单位控告张某、袁某等人构成销售假冒注册商标的商品罪。袁某在公司的上班时间为3个月,主要从事行政、文员、前台收发快递的工作,其余十几名被告人分别为销

---

〔1〕 广东省高级人民法院民事判决书,(2021)粤民终1711号。

售人员、客服人员等。在刑事诉讼中，检察院最终认定袁某犯罪情节轻微，认罪悔罪，作出酌定不起诉的决定。张某等其他人被认定系个人犯罪，被判处有期徒刑。后被害单位提起民事诉讼，要求张某、袁某等人都承担赔偿70多万元的连带责任。

在该案中，有些客服人员、行政人员并没有参与侵权行为的全过程，袁某在职期间仅占侵权行为发生期间的一小部分，而且袁某等员工获利数额也很少，一概认定共同侵权，让他们对没有参与的侵权行为、作为雇员期间的所有侵权行为都承担连带责任，显然并不公允。

（三）根据作用确定连带责任

与侵权行为相比，犯罪行为无疑是更为严重的侵权行为。与共同侵权相比，共同犯罪也无疑是更为严重的共同侵权行为。共同侵权人未必是共同犯罪人，但共同犯罪人应当是共同侵权人。因此，在刑事裁判已经认定共同犯罪的情况下，共同犯罪人都需要承担连带责任。

但是，刑事犯罪中的主从犯不仅意味着刑事罪责的不同，也应当意味着民事责任的不同。共同犯罪人对犯罪行为发生的过错、作用都不同，共同犯罪人参与犯罪行为的时间亦不同，因此，各共同犯罪人所需要承担的民事责任应当有所不同，从犯的刑事责任更小，其承担的民事责任也应当有所体现，由法院根据各共同犯罪人参与的具体侵权行为以及在其所参与的侵权行为中所起的作用、侵权行为的性质、主观态度等因素综合确定。

例如，广州天赐公司、九江天赐公司与安徽某公司、华某、刘某、胡某春、朱某良侵害技术秘密纠纷案：

刑事裁判认定华某在广州天赐公司工作期间，违反公司保密规定，将其掌握的广州天赐公司及其子公司九江天赐公司已采取保密措施的“不为公众所知悉”的卡波有关生产工艺、设备等原版技术信息非法披露给安徽某公司；刘某明知华某系违法披露给其有关卡波的商业秘密仍然予以使用；朱某良明知华某非法披露其所掌握的有关卡波的商业秘密仍然为其提供帮助，给商业秘密的权利人造成重大损失，其三人的行为均构成侵犯商业秘密罪。在共同犯罪中，华某、刘某起主要作用，系主犯；朱某良起次要或辅助作用，系从犯。

刑事裁判后，被害单位广州天赐公司、九江天赐公司提起民事诉讼，要求安徽某公司、华某、刘某、胡某春、朱某良共同赔偿其经济损失7000万元及维权费用98万元。民事裁判认为，刑事裁判文书认定华某违反保密义务和保密要求，将两天赐公司技术秘密披露给安徽某公司使用的事实，侵犯了两天赐公司技术秘密。刘某、安徽某公司明知华某非法披露两天赐公司技术秘密，仍予以获取并通过安徽某公司使用，构成共同侵权。胡某春、朱某良明知华某、刘某、安徽某公司非法披露、获取、使用两天赐公司技术秘密，仍予以帮助，构成共同侵权，需要承担连带赔偿责任。关于具体连带赔偿之数额，华某虽未在安徽某公司担任职务，亦未参与后续的经营活动，但其非法披露涉案技术秘密的行为在安徽某公司的生产经营中作用明显，是本案侵权行为的源头，故华某对500万元承担连带赔偿责任。刘某作为安徽某公司法定代表人，全程参与安徽某公司的生产经营活动，是侵害两天赐公司技术秘密的始作俑者，在共同侵权中起主要作用，其在安徽某公司侵权活动中所起的作用明显大于华某等人，其应对安徽某公司的全部赔偿数额承担连带责任；胡某春、朱某良恶意较小，在共同侵权中起次要作用，比照华某、刘某的赔偿数额，认定胡某春、朱某良应分别对两天赐公司的赔偿数额在100万元范围内承担连带责任。最终法院判决：安徽某公司赔偿广州天赐公司、九江天赐公司经济损失3000万元及合理开支40万元，华某、刘某、胡某春、朱某良对前述赔偿数额分别在500万元、3000万元、100万元、100万元范围内承担连带责任。[1]

又如，某酒厂贸易公司与蔡某训、蔡某双、蔡某猛、林某坤、颜某宝侵害商标权纠纷案：

刑事案件判决被告蔡某训、蔡某双、蔡某猛、林某坤、颜某宝均构成假冒注册商标罪，其中蔡某训是主犯，蔡某双、蔡某猛、林某坤、颜某宝均起次要作用，为犯罪行为提供帮助，属于从犯。刑事裁判后，被害单位某酒厂贸易公司起诉5名被告，要求他们承担连带赔偿责任。

一审法院认为，蔡某训、蔡某双、蔡某猛、林某坤、颜某宝构成假冒注册商标罪的事实已经刑事判决确认，原告有权要求5名被告承担民事侵权责任。鉴于原告对5名被告侵权获利数额及原告损失数额无法充分举证，法院综合考虑原告商标的声誉及市场知名度，5名被告在共同犯罪中所起的作用、侵权性质、主观态度、侵权的后果及原告为制止侵权而支出的合理开支等因素，酌情确定赔

〔1〕 最高人民法院民事判决书，(2019)最高法知民终562号。

偿数额。判决蔡某训赔偿经济损失50万元,蔡某双、蔡某猛、林某坤、颜某宝各赔偿经济损失3万元。

被害单位某酒厂贸易公司上诉认为,根据蔡某训、蔡某双、蔡某猛、林某坤、颜某宝5人的主从犯关系认定其承担按份赔偿责任是错误的,5名被告内部确实应按份承担赔偿责任,但针对原告而言,5名被告理应承担连带赔偿责任。

二审法院认为该一审判决对民事责任的划分不妥,予以改判。二审法院裁判认为,蔡某训未经某酒厂贸易公司许可,生产、销售使用涉案商标的侵权产品,应当承担侵权责任。蔡某双、蔡某猛参与了侵权产品的灌装、包装环节,属于与蔡某训分工合作、共同实施侵权行为的情形,应当承担连带责任。颜某宝明知蔡某训等生产假冒注册商标的产品,仍非法生产并销售给蔡某训印有涉案商标的酒瓶,其行为亦属于与蔡某训分工合作,共同实施侵权行为的情形,应当在其侵权范围内对蔡某训的侵权赔偿债务承担连带责任。至于林某坤的责任,个人之间形成劳务关系,提供劳务一方因劳务造成他人损害的,由接受劳务一方承担侵权责任。林某坤受雇于蔡某训,为其提供运输服务并收取相应费用,双方之间形成劳务关系。林某坤因提供劳务造成的民事侵权责任,依法应当由接受劳务方蔡某训承担。[1]

第五节 向未被追究刑事责任的参与人追偿

在多人共同参与实施犯罪行为的案件中,参与人未必都会被追究刑事责任。实际上很多共同参与人都不会被追究刑事责任。例如,在聚众斗殴、故意伤害、寻衅滋事、非法吸收公众存款、集资诈骗、合同诈骗、组织领导传销活动等犯罪案件中,主动或被动,有意或无意参与犯罪行为某一环节的人往往非常多。但在刑事立案、审查起诉、定罪量刑过程中,部分参与人由于没有达到犯罪标准、不具有犯罪故意、参与人数众多、情节轻微、证据不足等原因,并没有被追究刑事责任,仅仅作为证人的身份接受调查询问,他们并未被刑事立案调查,或者被刑事立案调查后没有被追究刑事责任,因此他们最终不具备犯罪嫌疑人、被

---

〔1〕 福建省厦门市中级人民法院民事判决书,(2018)闽02民初711号;福建省高级人民法院民事判决书,(2020)闽民终466号。

告人、犯罪人的身份。此时，他们也属于广义上的犯罪行为的参与人。被害人从犯罪人处没有获得足够赔偿时，在一定条件下，也可以起诉其他未被追究刑事责任的参与人进行民事追偿。

一、侵权责任

行为人实施侵权行为的，应当承担侵权责任。多名自然人共同实施侵权行为，造成他人损害的，应当承担连带责任。分别实施侵权行为造成同一损害，每个人的侵权行为都足以造成全部损害的，则承担连带责任。分别实施侵权行为造成同一损害，能够确定责任大小的，则各自承担相应的责任；难以确定责任大小的，则平均承担责任。[1]

如在违法发放贷款案件中，银行员工违法发放贷款被追究刑事责任，贷款人提供虚假贷款资料骗取银行贷款，银行作为被害单位能否向违法发放贷款的员工追偿，就取决于银行员工与贷款人是否构成共同侵权。如果银行员工与贷款人存在共同侵犯银行贷款的故意，则可以认定共同侵权，要求银行员工承担连带赔偿责任。如果没有充分的证据证明共同侵权，则难以要求银行员工承担连带赔偿责任。

例如，李某等人聚众斗殴案：

王某、李某、刘某与吴某因互相用眼睛瞪对方而发生争执，并相约斗殴，后双方发生互殴。其间，李某持砍刀将吴某砍伤，损伤程度属重伤。侦查阶段，公安机关将3名犯罪嫌疑人都抓获归案，并移送审查起诉。审查起诉阶段，检察院认为刘某不是首要分子和其他积极参加者，决定不予起诉，对王某和李某提起公诉。后法院判决王某和李某罪名成立，被害人没有从王某和李某处得到足额赔偿。于是，被害人提起民事诉讼，将王某、李某、被不起诉的刘某，一并作为民事诉讼的被告，要求他们承担连带赔偿责任。

法院裁判认为，被害人有一定过错，应自行承担20%的责任，王某、李某、刘某一共承担80%的赔偿责任，由王某承担其中50%的赔偿责任，李某承担其

[1] 《民法典》第1168条规定："二人以上共同实施侵权行为，造成他人损害的，应当承担连带责任。"第1171条规定："二人以上分别实施侵权行为造成同一损害，每个人的侵权行为都足以造成全部损害的，行为人承担连带责任。"第1172条规定："二人以上分别实施侵权行为造成同一损害，能够确定责任大小的，各自承担相应的责任；难以确定责任大小的，平均承担责任。"

中30%的赔偿责任,刘某承担其中20%的赔偿责任,王某、李某、刘某对赔偿款互负连带赔偿责任。

二、违约责任

在非法集资类、诈骗类、传销类案件中,被害人有时也可以向未被追究刑事责任的犯罪参与人进行民事追偿。此类案件中,犯罪单位或者犯罪组织者往往招募众多员工,作为讲师,或者销售涉案的理财产品,员工通过宣讲、推销,吸引投资者进行投资而获得提成。因此,与投资者直接接触的都是这些销售产品的员工。在资金链断裂时,很多员工并没有被刑事立案、追究刑事责任,被害人往往会认为推荐他们投资的、在投资中获得提成的人员,应当为投资损失承担民事责任,据此主张相关员工承担违约责任。

为保障被害人向有关人员的追偿权,被害人可以在投资过程中、追偿过程中与有关人员签订协议,约定由引荐他们投资、参与的有关人员对损失承担赔偿责任。在司法实践中,这不失为被害人保障自己合法权益的重要策略。但要注意签订协议的具体内容,避免所签订的协议无法落实。

(一)签订可追偿协议

被害人能否向这些未被追究刑事责任的犯罪行为参与人进行民事追偿,关键取决于是否存在有效的协议,如果在投资之时,这些推销产品的员工为了获得业绩,或者在案发前后,为了避免遭到被害人的刑事控告、避免被追究刑事责任,他们自愿与被害人签订《投资协议》《担保协议》之类的协议,则被害人完全可以根据这些协议向推销产品的员工进行民事追偿。

例如,温某被集资诈骗案:

温某与李某是好朋友关系,李某在某财富管理公司上班时,通过微信向温某推荐"××能源一期"的理财产品,微信聊天记录中李某发送给温某的推荐信息显示:"近日推荐固定收益理财,预期年化收益率为7%~10%;投资年限为3/6/12个月;推荐理由:大型央企应收账款,大型央企国企信用担保,产品标的层层筛选,严格准入,贸易往来真实,全程跟进产品情况,定期披露产品信息;人民银行抵押登记备案,银保监会监管,安全第一!""股市无情,固守有爱,合法合规,收益稳定。"诸如此类。后李某又邀请温某到他们公司参加宣讲会,宣讲的内容主要是展示该财富管理公司的实力,宣讲他们理财产品的可靠性,以及学习“××能源一期”的资产交易说明书。温某深信不疑，投资了不少资金购买“××能源一期”的理财产品。后来该财富管理公司资金链断裂，温某血本无归。于是，在咨询律师后，温某自行起草了一份刑事控告书，控告李某构成合同诈骗罪。温某带着这些控告材料找到李某，要求他就“××能源一期”的债权债务承担担保责任。为避免被刑事控告，李某就同意签署了担保协议。事后，温某对某财富管理公司、李某共同提起民事诉讼，要求他们承担偿还本息的责任。

在该案中，李某作为涉案某财富管理公司的员工，是推荐温某进行投资的直接联系人。虽然李某在温某的投资款中获得了不菲的提成收益，但在没有协议的情况下，被害人温某并不能直接向李某提起民事诉讼要求李某承担连带清偿责任。在非法集资案件案发后，涉案主合同“××能源一期”及从合同担保协议是否有效，还存在一定的争议，温某能否通过“××能源一期”的主合同要求涉案的公司、人员承担清偿责任存在不确定性。但在追偿过程中，温某让李某同意签署担保协议，有力地保障了他的合法权益，为进一步有效维权提供了更多路径选择。

（二）协议需合法有效

以签订协议的方式，让没有被追究刑事责任的相关人员承担民事责任，不失为非常好的维权方式。然而，需要注意协议签订的过程、协议内容的合法合规，避免相关协议被认定无效或者无法落实。如果被害人采取暴力、胁迫等方式逼迫相关案外人签订协议、承担还款责任或者赔偿责任，或者协议违反了其他合同无效的法定事由，则协议很可能被认定无效，进而功亏一篑。

例如，周某等人涉嫌非法吸收公众存款罪案：

周某等人经营某商业投资公司，并以该公司名义吸收投资人的借款。刘某系该公司的普通员工，其只经手了被害人王某的一笔20万元的投资。在投资过程中，被害人王某与该商业投资公司的实际控制人周某签订《借款担保合同》，约定借款本金20万元。后周某等人资金链断裂，无法偿还王某剩余的15万元。某商业投资公司、周某等人被刑事裁判认定构成非法吸收公众存款罪，但被害人王某认为周某及某商业投资公司均已经没有偿付能力，实际上由于被害人众多，周某等人无意退赔。被害人王某认为，刘某系该笔投资的直接经手人，应当负责偿还借款本息，于是不断要求刘某承担还款责任。刘某认为其只是公司的普通员工,并不是该笔资金的获益者,也没有被追究刑事责任,不构成共同犯罪,不应该承担还款责任。某一天双方洽谈过程中发生争执,被害人王某将刘某打伤,双方在派出所调解,被害人王某被行政拘留,而刘某与王某在派出所协商后,则被迫签订借条,表示其借到王某的15万元,愿意承担还款义务,并先行支付了5万元。借条履行过程中,刘某并未继续按照借条还款,双方就借条的效力及还款义务发生了争议。

后被害人王某起诉刘某要求其履行借条,偿还剩余10万元借款,而刘某则反诉要求认定借条无效,并要求判令王某偿还不当得利5万元。

该案中,直接影响各方利益的就是在派出所签订借条的效力,以及刘某在派出所调解时先行支付的5万元的性质。

刘某认为,他不是非法吸收公众存款罪的犯罪人,没有被追究刑事责任,借条是遭受到王某的不断恐吓、威胁才签订的,而且,双方从来没有发生真实的借款关系,其并未向王某借款15万元,借款关系也是虚假的。因此,借条应当认定为无效,此前已经支付的5万元王某也应当返还。

王某则认为,借条是双方在派出所协商时签订的,双方意思表示真实,从来没有威胁、恐吓的行为,而且还是在派出所办案人员的见证、调解下签订的,具备公信力,更具备法律效力,刘某应当按照借条的约定偿还剩下的本息。而5万元也是王某应得的。虽然刘某没有被追究刑事责任,但刘某确实是非法吸收公众存款的具体行为人、共同参与人,应当为这笔集资承担还款责任。

最终,裁判认为,刘某与王某不存在借款关系,刘某不是债务人;刘某作为某商业投资公司的工作人员,其执行职务的涉案行为,法律后果由用人单位承担。本案生效刑事裁判已经认定涉案的15万元是某商业投资公司非法吸收的公众存款,承担退赔责任的主体是某商业投资公司,刘某作为该公司的具体经办人,不需要承担连带清偿责任。借条是在王某采取威胁、辱骂、殴打等非法手段追债、讨债的过程中,刘某迫于无奈签订的,王某的非法讨债行为也遭到公安机关的行政处罚。因此,借条不是刘某的真实意思表示,不符合民事法律行为生效的要件,双方不存在债权债务关系。因此,刘某不需要连带清偿15万元,已经支付的5万元,王某应当予以偿还。

(三)注意追偿的方式

被害人与未被追究刑事责任的犯罪参与人签订担保性质的协议,目的是让他们承担连带责任，一旦投资款本息无法挽回，被害人可以根据协议提起民事诉讼，为被害人挽回损失增加一条救济途径。然而，被害人还需要特别注意的是协议的内容和追偿的诉求。相关协议的内容需要对担保方式或偿还的条件作出明确约定，避免被认定为一般保证，让对方获得一般保证人的先诉抗辩权。一旦协议相对人享有一般保证人的先诉抗辩权，被害人的维权效果会大打折扣，甚至会被驳回起诉。

例如，王某与刘某保证合同纠纷案：

刘某是某无忧理财公司的员工，刘某向王某推介公司的理财产品。后双方达成一致，由刘某对王某投资本息提供个人担保作为其购买理财产品的条件。王某与某无忧理财公司签订《××一期认购协议》，协定书约定产品期限为一年，认购资金为30万元，以及对应的年化收益率等。协议签订当天，王某按照协议约定向某无忧理财公司账号转入认购金额30万元。某无忧理财公司也出具收款确认书，确认收到王某的认购金30万元，并确认合同期限为12个月，收益分配方式为到期一次性发放本金和利息。同日，刘某与王某签订承诺书，确认“王某身份证号码为……于2019年3月20日，于某无忧理财公司××营业部投资××一期理财产品，合计投资30万元，理财产品合同标号为××××××，于2020年3月19日到期返还本金。如到期后某无忧理财公司无法兑付，投资本金及利息损失由某无忧理财公司刘某承担，刘某愿意承担所有损失的赔偿责任”。

认购协议书到期后，某无忧理财公司、刘某均未能偿还借款本息，以资金周转困难等理由搪塞拖延。很快，某无忧理财公司的实际控制人谢某及高级管理人员均被公安机关抓获归案，被指控涉嫌非法吸收公众存款罪。刘某作为该无忧理财公司的员工，没有被追究刑事责任。于是，王某向法院提起民事诉讼，要求刘某按照承诺书的约定，对王某的投资本金及利息承担连带担保责任。

刘某抗辩认为，他仅仅作为该无忧理财公司的员工，推荐王某投资某无忧理财公司的理财产品的行为是履职行为，由此产生的法律责任应当由公司承担，不应该由其个人承担。根据《民法典》第686条的规定，保证的方式包括一般保证和连带保证。当事人在保证合同中对保证方式没有约定或者约定不明的，按照一般保证承担保证责任。因此，即便其需要承担保证责任，也是一般保证。在涉案的理财合同未经审判或者仲裁，且实际的债务人某无忧理财公司的财产尚未被强制执行且不足以清偿全部债务之前，不能要求其承担保证责任。

首先，本案承诺书是以刘某个人名义出具的，表明其以个人名义作出了承担损失赔偿责任的意思表示，该承诺足以使王某产生信赖利益，相信刘某会对王某的投资本金及利息损失承担相应担保责任。因此，该承诺书合法有效，刘某应当承担保证责任。

其次，最高人民法院《关于适用〈中华人民共和国民法典〉有关担保制度的解释》第25条规定："当事人在保证合同中约定了保证人在债务人不能履行债务或者无力偿还债务时才承担保证责任等类似内容，具有债务人应当先承担责任的意思表示的，人民法院应当将其认定为一般保证。当事人在保证合同中约定了保证人在债务人不履行债务或者未偿还债务时即承担保证责任、无条件承担保证责任等类似内容，不具有债务人应当先承担责任的意思表示的，人民法院应当将其认定为连带责任保证。"本案承诺书的内容为"如到期后某无忧理财公司无法兑付，投资本金及利息损失由某无忧理财公司刘某承担，刘某愿意承担所有损失的赔偿责任"。因此，本案的保证方式为一般保证，涉案理财产品的投资本金及利息应当由主合同债务人到期支付，主债务人到期未足额支付才由保证人承担损失赔偿责任。

最后，《民法典》第687条规定："当事人在保证合同中约定，债务人不能履行债务时，由保证人承担保证责任的，为一般保证。一般保证的保证人在主合同纠纷未经审判或者仲裁，并就债务人财产依法强制执行仍不能履行债务前，有权拒绝向债权人承担保证责任，但是有下列情形之一的除外：（一）债务人下落不明，且无财产可供执行；（二）人民法院已经受理债务人破产案件；（三）债权人有证据证明债务人的财产不足以履行全部债务或者丧失履行债务能力；（四）保证人书面表示放弃本款规定的权利。"因此，本案尚无证据表明债务人的财产不足以履行全部债务或者丧失履行债务能力，刘某的先诉抗辩权成立，有权拒绝向王某承担担保责任。最终，法院裁定驳回王某的起诉。[1]

在该案中，虽然被害人在投资时已经为自己增设了挽回损失的方式，让推荐理财产品的员工出具承诺书，承担连带责任。然而，承诺书的内容过于简单，

---

〔1〕 类似案件例如：广东省广州市花都区人民法院民事裁定书，（2020）粤0114民初15941号之一。

对保证方式没有约定，而在字义理解上被理解为一般保证，导致保证人享有先诉抗辩权，最终导致维权无效。

三、其他法定事由

那些未被追究刑事责任的犯罪行为参与人，即便不构成共同侵权，也并未违约，只要他们与犯罪有深度牵连，被害人也可以依照相关的法律规定进行民事追偿。如按照被非法占有、处置的资金流向去向有关责任主体民事追偿，增加挽回损失的可能性。以不当得利为例，司法实践中经常出现银行卡借用问题，相关银行账户被犯罪人用于收取、支配犯罪所得，而银行卡被借用的人就是犯罪行为的参与人，其可能构成共同犯罪但未被追究刑事责任，也可能未参与相关犯罪行为不构成共同犯罪，也可能单独构成帮助网络信息犯罪活动罪等，这些银行卡持有人就属于未被追究刑事责任的参与人，被害人可以考虑以不当得利或者其他法律规定要求其承担民事责任，在一定条件下可以得到法律支持。

例如，某科技公司与李某不当得利纠纷案：

某科技公司被公司经理李某职务侵占1500多万元，公司刑事控告后，李某被公安机关刑事立案。后李某被法院判决职务侵占罪成立，被判处有期徒刑8年，并追缴被告人李某的违法所得，返还给被害单位；追缴不足以清偿违法所得的，责令被告人向被害单位退赔。然而，李某并没有支付能力。被害单位发现，其中500多万元款项进入了常某的账户，常某并没有被认定为职务侵占的共同犯罪，没有被追究刑事责任，但常某的账户被李某用于实施职务侵占犯罪行为，收取了相关的款项。常某显然没有收取涉案款项的正当事由，常某收取的前述款项属于不当得利，应当予以返还。

部分观点认为，被告人非法占有、处置被害人财产的，应当依法予以追缴或者责令退赔，被害人提起附带民事诉讼，或者另行提起民事诉讼请求返还被非法占有、处置的财产的，人民法院不予受理，已经受理的应当驳回起诉。因此，本案某科技公司主张不当得利的事实，是李某向常某名下的银行账户转账支付500多万元的事实，这与李某涉嫌职务侵占罪的犯罪事实为同一事实，属于李某实施职务侵占犯罪活动过程中的一个环节，应通过在刑事案件追赃程序解决,不能另行提起民事诉讼,裁定驳回起诉。[1]

我们认为,刑事案件中李某的退赔责任与本案不当得利纠纷并不存在矛盾冲突。本案不宜认定为同一事实,并不是同一纠纷,刑事裁判并不能涵盖本案的民事诉求,刑事案件与本案经济纠纷不能重合,法律关系的主体也不同,不符合不予受理或者驳回起诉的情形,不能因为刑事犯罪豁免有关责任人员的民事责任。因此,被害单位应当有权向常某进行民事追偿。

《民法典》第985条规定:“得利人没有法律根据取得不当利益的,受损失的人可以请求得利人返还取得的利益,但是有下列情形之一的除外:(一)为履行道德义务进行的给付;(二)债务到期之前的清偿;(三)明知无给付义务而进行的债务清偿。”第986条规定:“得利人不知道且不应当知道取得的利益没有法律根据,取得的利益已经不存在的,不承担返还该利益的义务。”由此可见,不当得利是指没有正当的依据,而取得他人财产,最终造成他人损失的法律事实。不当得利的认定需要具备以下几个条件:其一,相对人获得了利益;其二,得利人没有法律根据;其三,被害人遭受了损失;其四,不当得利与被害人损失有因果关系;其五,不存在除外情形。

是否为不当得利,关键在于审查李某与常某的关系,资金的实际去向,以及账户持有人常某是否实际获得、支配、处分这些资金予以综合判断。不当得利的举证责任在于受损失一方,这些都需要经过民事实体审理。如果经过审理认定涉案的款项并未由常某实际控制,常某仅出借了其银行账户,则难以认定为不当得利。如果经过实体审理发现,涉案款项确实由开户人控制,甚至还留存在账户内,则无疑应当认定属于不当得利。

第六节
向有关的案外人追偿

被害人在刑事判决后,没有获得足够的赔偿,可以向参与犯罪行为的“案内”单位或者个人进行民事追偿,也可以根据案件向案外的单位或者个人进行民事追偿。例如,依据监护责任向监护人追偿、依据雇主责任向行为人的雇主

[1] 类似案件例如:广东省高级人民法院民事裁定书,(2019)粤民申11251号;广东省高级人民法院民事裁定书,(2018)粤民申11309号。

追偿、依据有效的担保协议和赔偿协议等向有关责任人追偿等。

一、依据监护责任追偿

《民法典》第1188条第1款规定:“无民事行为能力人、限制民事行为能力人造成他人损害的,由监护人承担侵权责任。监护人尽到监护职责的,可以减轻其侵权责任。”父母是未成年人的法定监护人,未成年人对他人造成伤害的,被害人可以向未成年人的父母或其他监护人索赔。

例如,刘某被故意伤害案:

犯罪人林某是一名17岁的未成年人。刘某遭受伤害后,经过司法鉴定,其伤残等级为九级一项,八级一项,但林某没有经济能力,在刑事诉讼过程中,林某和他的父母都没有向刘某赔偿。

刑事案件判决后,刘某起诉林某和他的父母,要求连带赔偿刘某的各项损失。林某虽然在诉讼时已满18周岁,但在侵权行为发生时不满18周岁,他的父母应该承担赔偿责任。

裁判认为,侵权行为发生时,林某未满18周岁,至本案诉讼时,虽然已满18周岁,但尚在服刑期间,无经济能力,无法独立承担民事赔偿责任。根据最高人民法院《关于贯彻执行〈中华人民共和国民法通则〉若干问题的意见(试行)》第161条第1款的规定,“侵权行为发生时行为人不满十八周岁,在诉讼时已满十八周岁,并有经济能力的,应当承担民事责任;行为人没有经济能力的,应当由原监护人承担民事责任”。因此,林某某、蔡某某作为林某的监护人,应当对原告刘某的损失承担全部赔偿责任。[1]

二、依据雇主责任追偿

雇员实施犯罪行为,雇主并未参与其中,雇主虽然未被追究刑事责任,但仍然需要承担民事责任。在雇员犯罪行为所引发的民事责任分配案件中,雇员既可能与雇主共同承担民事责任,也可能仅由雇主承担民事责任。此类案件,雇主并未参与犯罪行为,也未被追究刑事责任。如接受劳务方和提供劳务方不是共谋实施犯罪行为而结成的劳务合作关系,是典型的合法劳务关系时,接受劳

---

〔1〕 广东省广州市越秀区人民法院民事判决书,(2017)粤0104民初10183号。

务的雇主应当承担民事责任。

例如，王某交通肇事引发的民事纠纷案：

王某驾驶车辆发生交通事故，导致被害人经抢救无效死亡。经过交警部门事故认定，王某承担事故全部责任，被害人不负责任。在刑事诉讼中，被害人家属并未获得赔偿，于是，被害人家属起诉要求王某及雇主李某、机动车所有人张某承担连带赔偿责任。裁判认为，王某驾驶机件不符合安全技术标准的机动车，是交通事故发生的原因之一，张某作为该机动车的所有人存在一定过错，应承担相应的赔偿责任；王某因提供劳务造成他人损害，应由接受劳务一方李某承担侵权责任。

又如，史某军等人与张某、赵某利、王某强、马某艳生命权、身体权、健康权纠纷案：

张某雇用赵某利、王某强为其家林地伐树，赵某利负责伐树，王某强负责扶树及伐树后量尺，同时雇用马某艳负责在伐树时警戒周围安全，防止伐树时碰伤周围人。伐树时一棵被伐树木砸到闯入伐树现场正在捡树枝的邓某，致使邓某受伤，被害人邓某头部损伤构成重伤二级，胸部和背部损伤均构成轻伤二级，后治疗过程中邓某死亡。刑事判决认定赵某利、王某强、马某艳犯过失致人重伤罪。后被害人家属史某军提起民事诉讼索赔。民事裁判认为，赵某利、王某强、马某艳的行为已经构成犯罪，其在承担刑事责任后，还应依法承担民事赔偿责任。赵某利、王某强、马某艳与张某形成个人劳务关系，系在提供劳务过程中造成本案的损害后果，《民法典》第 1192 条第 1 款前两句规定："个人之间形成劳务关系，提供劳务一方因劳务造成他人损害的，由接受劳务一方承担侵权责任。接受劳务一方承担侵权责任后，可以向有故意或者重大过失的提供劳务一方追偿。"故被告赵某利、王某强、马某艳所负赔偿责任应由张某承担。[1]

三、依据相关协议追偿

（一）案外人的担保协议

被害人与其他案外主体有担保合同关系时，被害人可以利用担保合同向法院提起民事诉讼，要求案外人承担连带清偿责任。原《担保法》第 18 条第 2 款

〔1〕 辽宁省朝阳市中级人民法院民事判决书，（2022）辽 13 民终 1515 号。

规定:"连带责任保证的债务人在主合同规定的债务履行期届满没有履行债务的,债权人可以要求债务人履行债务,也可以要求保证人在其保证范围内承担保证责任。"第 21 条规定:"保证担保的范围包括主债权及利息、违约金、损害赔偿金和实现债权的费用。保证合同另有约定的,按照约定。当事人对保证担保的范围没有约定或者约定不明确的,保证人应当对全部债务承担责任。"如果有担保协议,被害人依据协议进行民事追偿是非常有效的挽回损失的方式。

例如,陈某涉嫌职务侵占罪案:

陈某与某公司签订《××店承包协议》,某公司为陈某提供 200 万元的周转资金,××店铺由陈某自主经营。同时,陈某、陈某的家人王某、陈某某与某公司签订《保证合同》,约定陈某、王某、陈某某为该《××店承包协议》项下公司的亏损承担连带责任。后陈某在经营过程中大量侵占公司的产品倒卖获利,被公安机关抓获归案,后法院判决职务侵占罪成立,并责令陈某退赔某公司的损失。但是陈某名下没有任何财产。于是,被害单位某公司起诉王某、陈某某,要求承担连带责任,赔偿某公司的全部损失。

王某、陈某某均认为,陈某的行为构成职务侵占罪,生效裁判已经责令陈某退赔,确定了被害单位挽回损失的方式,保障了被害单位的合法权益。《保证合同》仅约定对陈某合法经营产生的债务承担连带责任,并没有约定对陈某的犯罪行为所产生的债务承担连带责任,因此,王某、陈某某不需要对陈某犯罪行为的退赔责任承担连带责任。

被害单位的代理律师认为,本案《保证合同》合法有效,王某、陈某某应当按照《保证合同》的约定,承担连带责任。其一,刑事审判程序中未对涉案公司基于民事法律关系提出权利的主张,即王某、陈某某应承担民事责任进行审理,也未对本案双方当事人之间的民事合同进行审理和判决,刑事裁判不能阻止被害单位的民事追偿权利。其二,民事责任承担与刑事案件中的追缴、责令退赔并不冲突,被害人在刑事诉讼程序无法充分保护其权利时,选择通过民事诉讼保护其权利具有正当性,应当予以保障。其三,《保证合同》约定王某、陈某某对《××店承包协议》项下公司亏损承担连带责任,陈某的职务侵占行为导致了公司的亏损,王某、陈某某应当承担连带责任。其四,陈某经营公司期间的职务侵占犯罪行为与《保证合同》无关,不必然导致《保证合同》无效。《保证合同》是否有效应依据《民法典》等相关民事法律法规进行审查,而不是依据刑事判决。因此，在刑事案件审理程序中没有确定保证人责任的情况下，被害单位依据《保证合同》另行提起民事诉讼，要求保证人承担民事责任的，法院应依法审理并作出判决。

我们认为，其一，根据最高人民法院《关于适用刑法第六十四条有关问题的批复》（法〔2013〕229号）的规定，被告人非法占有、处置被害人财产的，应当依法予以追缴或者责令退赔。被害人提起附带民事诉讼，或者另行提起民事诉讼请求返还被非法占有、处置的财产的，人民法院不予受理，陈某因职务侵占被追究刑事责任，其违法所得已被判决退赔。因此，被害单位对陈某的权利主张，由于刑事判决已经裁决，对被害单位的该诉讼请求，不符合受理条件，应当裁定驳回起诉。其二，虽然陈某涉嫌刑事犯罪，刑事诉讼已经审理终结，但刑事判决并未对本案中《保证合同》涉及的民事责任进行实体审理和判决，其所涉合同是否有效、保证人是否承担连带责任等，均非刑事判决所能评判，应通过民事诉讼实体审理才能依法认定。其三，王某、陈某某自愿为《××店承包协议》项下公司的亏损承担连带责任，《保证合同》是各方协商一致订立的，是双方真实、自愿的意思表示，主体适格，形式上符合法律规定，内容上也没有违反法律、行政法规的强制性规定，合法有效，故王某、陈某某应该对该笔债务承担连带清偿责任。其四，如果被害单位某公司已经通过刑事退赔强制措施获得部分退赔款项，则应于诉请中相应扣减，如果在执行过程中发现部分退赔的情况，则需要在退赔与民事执行中进行协调，避免重复赔付。

综上所述，合同诈骗、诈骗、集资诈骗、职务侵占、挪用资金等刑事犯罪，法院判决被告人退赔，但是债权人得不到退赔时，债权人可以考虑根据担保、保证等条款或合同，向法院另行提起民事诉讼，要求担保人、保证人对被害人的损失承担连带清偿责任。

（二）案外人的赔偿协议

刑事案件发生后，犯罪嫌疑人、被告人及其家属在焦急之下，往往会通过各种方式与被害人或其家属商谈赔偿和解的事宜，寻求被害人或其家属出具刑事谅解书，此时双方签订的相关和解协议、赔偿协议，是具备法律效力的。被害人可以根据相关协议向相关人员提出民事追偿，只要协议合法有效，被害人挽回损失的效果就会比较好。然而，司法实践中往往存在此类协议的履约争议。

谨慎的犯罪嫌疑人、被告人家属会认为，他们支付赔偿款的最终诉求，并不是让被害人出具谅解书,而是让犯罪嫌疑人、被告人被不予追究刑事责任。因此,他们在拟定赔偿协议时,会特别声明付款条件,出具刑事谅解书并非支付赔偿款的条件,需要犯罪嫌疑人无罪、保释、撤案等条件生效,才具备付款条件。将刑事谅解书和付款条件分割开来。据此,被害人出具谅解书后并不能让付款条件成就,被害人的损失维权就会遭受障碍。这就关系到协议履约条件如何理解的问题。此时,对于付款条件、协议的内容,不能拘泥于条款的表面含义,应当回归双方和解、签订协议的本质,来评判双方的付款条件是否成就。

例如,袁某涉嫌集资诈骗罪案:

公安机关刑事立案后,犯罪嫌疑人的家属与多名被害人进行积极沟通,洽谈赔偿和解、谅解事宜,洽谈得比较顺利。后袁某的家属就与60多名被害人分别签订了《赔偿协议书》和刑事谅解书。

《赔偿协议书》主要内容为,甲乙双方经过充分沟通,就赔偿事宜协商一致,双方约定,其一,乙方同意代表袁某偿还钱款,用于偿还袁某所欠甲方的本金人民币××元,考虑到乙方及袁某的实际情况,甲方自愿放弃利息偿还的要求。其二,甲乙双方同意按照下列还款方式:(1)袁某被保释出来确认偿还金额后,袁某需15天内偿还本金的10%;(2)袁某被解除刑事处罚措施后,袁某需2个月内偿还本金的90%。其三,甲方自愿出具刑事谅解书。

同时,刑事谅解书中,被害人表示"本人对袁某的行为予以谅解,自愿不再追究其刑事责任。请求司法机关给予袁某改过自新的机会,对本案予以从轻处罚"。此后,袁某的家属将被害人出具的刑事谅解书提交给公安机关。后来由于其中30多名被害人的案涉金额事实不清、证据不足,公安机关、检察机关、法院均未认定。袁某也被法院定罪量刑。事后,这30多名被害人认为他们出具了刑事谅解书却没有得到赔偿款,于是向法院提起民事诉讼,要求法院判定袁某的家属履行《赔偿协议书》,偿还相关款项。

一审法院认为,《赔偿协议书》是双方当事人的真实意思表示,不违反法律法规的强制性规定,合法有效,双方均应依约履行。被告同意代替他儿子赔偿原告的财产损失,原告应向被告出具刑事谅解书。现原告已经按照约定向被告出具刑事谅解书,履行协议约定义务,被告也应当依照协议向原告支付款项。但是,根据《赔偿协议书》约定"甲乙双方同意按照下列还款方式:1.袁某被保释出来确认偿还金额后,袁某需15天内偿还本金的10%;2.袁某被解除刑事处罚措施后，袁某需2个月内偿还本金的90%”。××法院作出××刑事判决书，判决认定袁某罪名成立，并判处刑罚，袁某尚在监狱服刑。由此可见，被告与原告约定的付款条件尚未成就，因此对原告主张被告偿还款项的请求不予支持。

然而，二审法院持不同观点。二审法院认为，刑事谅解书的本意是通过被害人与犯罪嫌疑人或其家属达成谅解以实现犯罪嫌疑人被免予起诉或减轻量刑的目的，且以谅解款项的实际支付为条件。本案中，双方签订的刑事谅解书是以袁某被保释且免予刑事处罚作为目的和付款条件。原告确实对袁某予以谅解，没有向公安机关报案或申请检察机关追诉，但袁某因为自身的原因未能免予刑事处罚，属于付款义务人自身原因导致付款条件不成就的，应当视为付款条件已经成就。[1] 因此，本案被告应当向原告支付款项。于是，二审法院判决撤销原判，支持原告的诉讼请求。

---

〔1〕《民法典》第159条规定：“附条件的民事法律行为，当事人为自己的利益不正当地阻止条件成就的，视为条件已经成就；不正当地促成条件成就的，视为条件不成就。”

第八章
CHAPTER 08

刑事自诉的要点、经验与完善展望

在由于种种原因被害人无法通过刑事控告，让公安机关介入侦查追究被控告人刑事责任时，被害人只能通过刑事自诉的途径进行维权。刑事自诉的发起人是被害人及其法定代理人、近亲属。相比于民事诉讼，刑事自诉无疑也是震慑力更大的维权方式，如果能够发挥作用，可以达到非常好的维权效果。但是，在司法实践中，刑事自诉往往困难重重，从自诉人取证、刑事自诉立案、刑事自诉送达到刑事自诉庭审等环节，刑事自诉的推进都会面临各种各样的难题，法院最后支持自诉人的自诉、作出有罪判决更难以实现。

第一节 刑事自诉的案件类型

刑事自诉案件的范围和提起条件是特定的，并不是所有刑事案件被害人都可以进行刑事自诉。1979 年制定的《刑事诉讼法》仅规定了两类刑事自诉的案件：告诉才处理的案件；其他不需要进行侦查的轻微刑事案件。[1] 1996 年制定的《刑事诉讼法》将刑事自诉的案件增设为三类：告诉才处理的案件、可公诉可自诉的案件以及公诉转自诉的案件。三类刑事自诉的案件范围、条件均不同。

---

〔1〕 1979 年制定的《刑事诉讼法》第 13 条第 1 款规定："告诉才处理和其他不需要进行侦查的轻微的刑事案件，由人民法院直接受理，并可以进行调解。"

一、告诉才处理的案件

这类案件,被害人只能提起刑事自诉,不能通过刑事控告的手段进行维权,案件也不能由司法机关进行公诉,被害人的维权渠道单一,只能依靠刑事自诉的方式进行维权。具体包括下列案件。

1. 侮辱、诽谤案

根据《刑法》第246条的规定,以暴力或者其他方法公然侮辱他人或者捏造事实诽谤他人,情节严重,可能判处3年以下有期徒刑、拘役、管制或者剥夺政治权利的案件,告诉的才处理。但是严重危害社会秩序和国家利益的除外。严重危害社会秩序和国家利益的侮辱、诽谤案件,可以由自诉转变成公诉案件。

2. 暴力干涉婚姻自由案

根据《刑法》第257条的规定,以暴力干涉他人婚姻自由,可能判处2年以下有期徒刑或者拘役的案件,告诉的才处理。但是,暴力干涉婚姻自由致使被害人死亡,可能判处2年以上7年以下有期徒刑的除外。

3. 虐待案

根据《刑法》第260条的规定,虐待家庭成员,情节恶劣,可能判处2年以下有期徒刑、拘役或者管制的案件,告诉的才处理。但是,被害人没有能力告诉,或者因受到强制、威吓无法告诉,或者虐待导致被害人重伤、死亡可能判处2年以上7年以下有期徒刑的除外。

4. 侵占案

根据《刑法》第270条的规定,将代为保管的他人财物非法占为己有,或者将他人的遗忘物、埋藏物非法占为己有,拒不退还,数额较大,则处2年以下有期徒刑、拘役或者罚金;数额巨大或者有其他严重情节的,则处2年以上5年以下有期徒刑,并处罚金。侵占案件,告诉的才处理,没有例外。

二、可公诉可自诉的案件

人民检察院没有提起公诉,被害人有证据证明的轻微刑事案件,被害人也可以提起刑事自诉。对此类轻微刑事案件,走公诉程序还是走自诉程序,由被害人选择决定。[1] 如果被害人直接向公安机关进行刑事控告,则公安机关不

---

〔1〕 参见熊秋红:《论公诉与自诉的关系》,载《中国刑事法杂志》2021年第1期。

得拒绝,"被害人要求公安机关处理的,公安机关应当依法受理"[1]"被害人直接向人民法院起诉的,人民法院应当依法受理"[2],即被害人直接向人民法院提起刑事自诉的,人民法院也不得拒绝,应当依法受理。因此,这类案件属于可公诉可自诉的案件,适用自诉程序还是公诉程序完全取决于被害人的选择,被害人可以根据自己的意愿选择不同的诉讼方式处理。[3] 然而,在司法实践中,可公诉可自诉并不意味着选择权完全在被害人,往往是公诉优先,被害人的选择权非常有限。此类案件主要有以下四个特点:

其一,被害人刑事控告公诉优先。被害人可以进行刑事控告成为公诉案件,也可以不经过刑事控告,直接向法院提起刑事自诉,变成刑事自诉案件。但是,一旦被害人向公安机关进行刑事控告,被害人就不能阻止公诉程序而提起刑事自诉。一方面,刑事控告后,被害人与被控告人达成和解,约定被害人不再追究被控告人的刑事责任,并不能当然地终止公诉程序,被控告人也不能以系自诉案件、被害人已经谅解不再追究刑事责任为由,要求公安机关撤销案件。另一方面,被害人向公安机关刑事控告后,公安机关正在立案侦查或者人民检察院正在审查起诉的案件不属于刑事自诉受案范围,对被害人的刑事自诉,法院不应受理,应告知被害人参与公诉案件的诉讼程序。[4]

例如,李某涉嫌故意伤害罪案:

被害人在遭受伤害后向公安机关报案,经过法医鉴定,被害人冯某的损伤程度为轻伤,达到刑事立案追诉标准,公安机关进行立案侦查。后双方达成和解,表示此次纠纷双方均有过错,互不追究对方的民事责任和刑事责任,并申请公安机关撤销案件。犯罪嫌疑人李某认为,此案属于可自诉可公诉的轻微伤害案件,在被害人和犯罪嫌疑人已经达成和解,表示互不追究的情况下,公安机关

---

[1] 《公安机关办理刑事案件程序规定》第 176 条第 2 款规定:"对被害人有证据证明的轻微刑事案件,公安机关应当告知被害人可以向人民法院起诉;被害人要求公安机关处理的,公安机关应当依法受理……"

[2] 《刑事诉讼法解释》第 1 条第 2 项规定:"(二)人民检察院没有提起公诉,被害人有证据证明的轻微刑事案件:……本项规定的案件,被害人直接向人民法院起诉的,人民法院应当依法受理……"

[3] 参见崔丽:《中国刑事自诉案件范围的考量》,载《大连海事大学学报(社会科学版)》2016 年第 2 期。

[4] 《刑事诉讼法解释》第 320 条第 2 款规定:"具有下列情形之一的,应当说服自诉人撤回起诉;自诉人不撤回起诉的,裁定不予受理:……(八)属于本解释第一条第二项规定的案件,公安机关正在立案侦查或者人民检察院正在审查起诉的……"

不应该继续追究其的刑事责任。该观点显然是难以得到支持的,故意伤害致人轻伤案件属于可公诉可自诉案件,被害人已向公安机关提出刑事控告,公安机关立案侦查,不违反法律规定。

其二,司法机关可不经刑事控告直接追诉。“人民检察院没有提起公诉,被害人有证据证明的轻微刑事案件”意味着此类案件人民检察院没有提起公诉,才具备刑事自诉的前提条件。“对此类案件检察机关有提起公诉的权力,不以被害人追诉请求为前提”[1],即便被害人没有提出刑事控告,只要司法机关在办理案件过程中发现存在这些犯罪事实,也应当一并追究犯罪嫌疑人的刑事责任。而且,司法机关介入后,刑事自诉要让位于公诉。

例如,张某等人涉嫌组织、领导黑社会性质组织罪案:

公安机关侦查中发现张某还有重婚的犯罪事实,于是一并侦查终结后移送检察院提起审查起诉。后检察院提起公诉。辩护人认为,重婚案件属于自诉案件,被害人并没有向公安机关进行刑事控告,也没有提起刑事自诉,不应该提起公诉。然而,裁判认为,根据《刑事诉讼法解释》第 1 条的规定,重婚案属于可公诉可自诉的刑事案件,重婚罪在人民检察院没有提起公诉,被害人有证据证明的轻微刑事案件的条件下才属于自诉案件,公安机关在侦查中发现被告人张某还犯有重婚罪,依法予以侦查,并移送人民检察院提起公诉,并不违反法律规定。[2]

其三,无须提供司法机关不追究被告人刑事责任的材料。部分观点认为,“人民检察院没有提起公诉,被害人有证据证明的轻微刑事案件”意味着,法院受理此类刑事自诉案件的前提,是被害人有证据证明犯罪事实且人民检察院没有提起公诉。因此,自诉人还应当提供证据证明公安机关或者人民检察院不予追究被告人刑事责任的书面证据,至少应当提供人民检察院决定不提起公诉的书面证据,才符合此类刑事自诉的条件。[3] 我们认为,“人民检察院没有提起

---

〔1〕 徐阳:《我国公诉与自诉的协调机制探析》,载《政法论坛》2010 年第 3 期。

〔2〕 类似案件如:河北省唐山市中级人民法院刑事判决书,(2014)唐刑终字第 385 号;河北省玉田县人民法院刑事判决书,(2018)冀 0229 刑初 123 号;河南省林州市人民法院刑事判决书,(2020)豫 0581 刑初 325 号。

〔3〕 类似案件如:江西省信丰县人民法院刑事判决书,(2018)赣 0722 刑初 74 号;江西省赣州市中级人民法院刑事裁定书,(2018)赣 07 刑终 406 号;广东省广州市南沙区人民法院刑事判决书,(2019)粤 0115 刑初 269 号。

公诉”的限定，只是表明案件可公诉可自诉，如果人民检察院提起公诉，它就是公诉案件；反之，则被害人可以选择提起自诉，属于刑事自诉案件，并不是要求被害人在提起刑事自诉时需要额外提供人民检察院没有提起刑事公诉的书面证据材料。《刑事诉讼法解释》第 1 条第 2 项已经明确规定：“（二）人民检察院没有提起公诉，被害人有证据证明的轻微刑事案件：……本项规定的案件，被害人直接向人民法院起诉的，人民法院应当依法受理……”也就是说，该类型的案件，被害人直接向法院提起时，人民法院应当依法受理，不需要提供公安机关或者人民检察院不予追究被告人刑事责任的书面证据。法院不能以缺少公安机关或检察机关不予追究被告人刑事责任的材料为由拒绝受理。[1] 只有公诉转自诉类型的刑事自诉案件，才需要提交公安机关或者人民检察院不予追究被告人刑事责任的书面证据。

其四，自诉不成仍可刑事控告。被害人提起刑事自诉维权，但因证据不足被法院不予受理、驳回起诉，被害人仍然可以要求人民法院将案件移送公安机关立案侦查，被害人也可以自行向公安机关提出刑事控告，要求公安机关立案侦查，公安机关应当受理。[2]

可公诉可自诉的案件具体包括以下几种类型。

1. 致人轻伤的故意伤害案

结合《刑法》第 234 条的规定，故意伤害他人身体达到轻伤，可能判处 3 年以下有期徒刑、拘役或者管制的案件，人民检察院没有提起公诉，被害人有证据证明，则可以提起刑事自诉。故意伤害致人重伤、死亡或者以特别残忍手段致人重伤造成严重残疾的案件是公诉案件。

2. 非法侵入住宅案

结合《刑法》第 245 条的规定，非法侵入他人住宅，可能判处 3 年以下有期徒刑或者拘役的案件，人民检察院没有提起公诉，被害人有证据证明，则可以提起刑事自诉。

---

〔1〕 类似案件如：陕西省铜川市中级人民法院刑事裁定书，(2018)陕 02 刑终 15 号。该案裁判认为“故意伤害犯罪，被害人有证据证明可自诉，无需向人民法院提交公安机关或检察机关不予追究被告人刑事责任的材料”。

〔2〕 《公安机关办理刑事案件程序规定》第 14 条第 3 项规定：“人民法院管辖的自诉案件。对于人民法院直接受理的被害人有证据证明的轻微刑事案件，因证据不足驳回起诉，人民法院移送公安机关或者被害人向公安机关控告的，公安机关应当受理；被害人直接向公安机关控告的，公安机关应当受理。”

3. 侵犯通信自由案

结合《刑法》第 252 条的规定,隐匿、毁弃或者非法开拆他人信件,侵犯公民通信自由权利,情节严重,可能判处 1 年以下有期徒刑或者拘役的案件,人民检察院没有提起公诉,被害人有证据证明,则可以提起刑事自诉。

4. 重婚案

结合《刑法》第 258 条的规定,有配偶而重婚或者明知他人有配偶而与之结婚,可能判处 2 年以下有期徒刑或者拘役的案件,人民检察院没有提起公诉,被害人有证据证明,则可以提起刑事自诉。

5. 遗弃案

结合《刑法》第 261 条的规定,对于年老、年幼、患病或者其他没有独立生活能力的人,负有扶养义务而拒绝扶养,情节恶劣,可能判处 5 年以下有期徒刑、拘役或者管制的案件,人民检察院没有提起公诉,被害人有证据证明,则可以提起刑事自诉。

6. 生产、销售伪劣商品案

《刑法》分则第三章"破坏社会主义市场经济秩序罪"第一节规定的"生产、销售伪劣商品罪",具体包括:第 140 条生产、销售伪劣产品罪;第 141 条生产、销售、提供假药罪;第 142 条生产、销售、提供劣药罪;第 142 条之一妨害药品管理罪;第 143 条生产、销售不符合安全标准的食品罪;第 144 条生产、销售有毒、有害食品罪;第 145 条生产、销售不符合标准的医用器材罪;第 146 条生产、销售不符合安全标准的产品罪;第 147 条生产、销售伪劣农药、兽药、化肥、种子罪;第 148 条生产、销售不符合卫生标准的化妆品罪。这些犯罪案件,人民检察院没有提起公诉,被害人有证据证明,则可以提起刑事自诉。但是,严重危害社会秩序和国家利益的除外。

7. 侵犯知识产权案

《刑法》分则第三章"破坏社会主义市场经济秩序罪"第七节规定的"侵犯知识产权罪",具体包括:第 213 条假冒注册商标罪;第 214 条销售假冒注册商标的商品罪;第 215 条非法制造、销售非法制造的注册商标标识罪;第 216 条假冒专利罪;第 217 条侵犯著作权罪;第 218 条销售侵权复制品罪;第 219 条侵犯商业秘密罪;第 219 条之一为境外窃取、刺探、收买、非法提供商业秘密罪。这些犯罪案件,人民检察院没有提起公诉,被害人有证据证明,则可以提起刑事自诉。但是,严重危害社会秩序和国家利益的除外。

8.《刑法》分则第四章、第五章规定可能判处3年有期徒刑以下刑罚的案件

《刑法》分则第四章“侵犯公民人身权利、民主权利罪”的范围从第232条至第262条，其中可能对被告人判处3年有期徒刑以下刑罚的案件，主要包括：(1)过失致人死亡罪；(2)故意伤害罪；(3)过失致人重伤罪；(4)负有照护职责人员性侵罪；(5)非法拘禁罪；(6)收买被拐卖的妇女、儿童罪；(7)诬告陷害罪；(8)强迫劳动罪；(9)雇用童工从事危重劳动罪；(10)非法搜查罪、非法侵入住宅罪；(11)刑讯逼供罪、暴力取证罪；(12)虐待被监管人罪；(13)煽动民族仇恨、民族歧视罪；(14)出版歧视、侮辱少数民族作品罪；(15)非法剥夺公民宗教信仰自由罪、侵犯少数民族风俗习惯罪；(16)侵犯通信自由罪；(17)私自开拆、隐匿、毁弃邮件、电报罪；(18)侵犯公民个人信息罪；(19)报复陷害罪；(20)打击报复会计、统计人员罪；(21)破坏选举罪；(22)重婚罪；(23)破坏军婚罪；(24)虐待被监护、看护人罪；(25)组织残疾人、儿童乞讨罪；(26)组织未成年人进行违反治安管理活动罪。这些犯罪案件，人民检察院没有提起公诉，被害人有证据证明，则可以提起刑事自诉。

《刑法》分则第五章“侵犯财产罪”的范围从第263条到第276条，其中可能对被告人判处3年有期徒刑以下刑罚的案件，主要包括：(1)盗窃罪；(2)诈骗罪；(3)抢夺罪；(4)聚众哄抢罪；(5)职务侵占罪；(6)挪用资金罪；(7)挪用特定款物罪；(8)敲诈勒索罪；(9)故意毁坏财物罪；(10)破坏生产经营罪；(11)拒不支付劳动报酬罪。这些犯罪案件，人民检察院没有提起公诉，被害人有证据证明，则可以提起刑事自诉。

在司法实践中，无论什么罪名，犯罪嫌疑人、被告人都可能被判处3年有期徒刑以下刑罚。《刑法》分则第四章、第五章规定的所有案件，被告人都有可能由于自首、立功、认罪认罚等法定、酌定量刑情节，而仅被判处3年以下有期徒刑。因此，部分观点认为，所有《刑法》分则第四章、第五章规定的案件，只要根据案件实际情况，可能被判处3年有期徒刑以下刑罚的，都属于可公诉可自诉案件。例如，故意杀人罪中的从犯，是可能被判处3年有期徒刑以下刑罚的，人民检察院没有提起公诉，被害人有证据证明，则被害人可以提起刑事自诉。这种观点是否成立呢？

我们认为，答案是否定的。“对被告人可能判处三年有期徒刑以下刑罚的案件”需要从以下三个方面来理解：

其一，不考虑法定、酌定等量刑情节。可公诉可自诉案件的基本条件是轻微刑事案件，而不是严重刑事案件，轻微刑事案件的判断标准是“对被告人可能判处三年有期徒刑以下刑罚”。这是对刑事案件性质本身的界定，显然排除了严重刑事案件犯罪嫌疑人、被告人基于各种法定、酌定等量刑情节而可能被判处 3 年有期徒刑以下刑罚的情形。因此，“对被告人可能判处三年有期徒刑以下刑罚的案件”是不考虑被告人自身的法定、酌定等量刑情节的。

其二，罪名本身的法定刑包含“三年有期徒刑以下刑罚”的量刑档次。在不考虑法定、酌定量刑情节的基础上，罪名本身包含“三年有期徒刑以下刑罚”的量刑档次的，才属于可公诉可自诉的案件类型。

其三，刑事自诉的犯罪行为对应的刑罚为“三年有期徒刑以下刑罚”，要求对被告人判处 3 年有期徒刑以下刑罚的自诉案件，才符合刑事自诉的受案范围。因此，根据刑事自诉的内容应当被判处 3 年有期徒刑以上刑罚的案件，即便刑事自诉的罪名属于《刑法》分则第四章、第五章规定的罪名，也不属于刑事自诉的受案范围。

例如，某株式会社自诉罗某等人销售假冒注册商标的商品罪案：

被害单位自诉认为罗某等人销售假冒注册商标的商品，销售金额 100 多万元。《刑法》第 214 条规定：“销售明知是假冒注册商标的商品，违法所得数额较大或者有其他严重情节的，处三年以下有期徒刑，并处或者单处罚金；违法所得数额巨大或者有其他特别严重情节的，处三年以上十年以下有期徒刑，并处罚金。”《关于办理侵犯知识产权刑事案件具体应用法律若干问题的解释》（法释〔2004〕19 号）第 2 条第 2 款规定：“销售金额在二十五万元以上的，属于刑法第二百一十四条规定的‘数额巨大’，应当以销售假冒注册商标的商品罪判处三年以上七年以下有期徒刑，并处罚金。”因此，罗某等人销售假冒注册商标的商品 100 多万元，犯罪事实清楚，证据确实充分，应当处以 3 年以上 7 年以下有期徒刑，并处罚金。

裁判认为，自诉人某株式会社提起刑事自诉，认为被告人罗某等人侵犯其注册商标专用权，构成销售假冒注册商标的商品罪，且销售数额 100 多万元，属于数额巨大的情形，应当追究罗某等人销售假冒注册商标的商品罪的刑事责任，判处 3 年以上 7 年以下有期徒刑，并处罚金。自诉人的诉求超出刑事自诉的受案范围，应当向公安机关报案处理，故裁定不予受理。

三、公诉转自诉的案件

侵犯被害人人身、财产权利但不属于告诉才处理的案件，也不是可公诉可自诉的案件，则属于被害人只能向公安机关或者人民检察院提出刑事控告的公诉案件。此类案件，属于只能进行公诉的案件。但是，由于刑事控告后公安机关或者人民检察院不予追究被告人刑事责任，案件就由公诉案件变成可以进行刑事自诉的案件。1996 年《刑事诉讼法》修改中增加这一类刑事自诉案件类型，“允许公诉案件在一定条件下转为自诉案件，是为了解决个别案件老百姓告状无门的问题”[1]。该类型的刑事自诉案件有三个特点。

（一）有材料证明控告无果

这种刑事自诉案件最重要的条件，是自诉人已经向公安机关或检察机关进行刑事控告，而公安机关或检察机关不予追究犯罪嫌疑人、被告人刑事责任，且自诉人能够提供相关证据材料证明控告无果，公诉案件才属于可以刑事自诉的受案范围。相关证据材料例如不予立案通知书、撤案通知书、不起诉决定书、刑事申诉复查决定书等，如果自诉人未能提供这些证据材料，则不符合刑事自诉的受案条件，法院往往直接裁定不予受理。[2]

虽然理论上，对于公安机关不予立案、撤销案件或者检察院作出的不起诉决定不服，被害人可以直接向法院提起刑事自诉，[3]但在这些材料证明被告人的犯罪事实不清、证据不足，或者证明公安机关、检察院认为不构成犯罪时，这些材料本身也会造成刑事自诉的障碍。不少裁判会直接认为，当检察院作出的不起诉决定书、刑事申诉复查决定书均认为被告人的犯罪事实不清，证据不足，不符合起诉条件时，自诉人还是依据刑事诉讼案卷证据材料，没有其他证据证明被告人存在犯罪事实的，则自诉人指控被告人故意伤害罪的犯罪事实缺乏罪证，不符合自诉案件的受理条件。[4]

---

[1] 熊秋红：《论公诉与自诉的关系》，载《中国刑事法杂志》2021 年第 1 期。

[2] 类似案件如：江苏省淮安市清江浦区人民法院刑事裁定书，(2019)苏 0812 刑初 616 号；江苏省淮安市中级人民法院刑事裁定书，(2020)苏 08 刑终 72 号。

[3] 《人民检察院刑事诉讼规则》第 377 条规定：“不起诉决定书应当送达被害人或者其近亲属及其诉讼代理人、被不起诉人及其辩护人以及被不起诉人所在单位。送达时，应当告知被害人或者其近亲属及其诉讼代理人，如果对不起诉决定不服，可以自收到不起诉决定书后七日以内向上一级人民检察院申诉；也可以不经申诉，直接向人民法院起诉……”

[4] 类似案件如：广州铁路运输法院刑事裁定书，(2019)粤 7101 刑初 23 号；广州铁路运输中级法院刑事裁定书，(2019)粤 71 刑终 12 号。

我们认为，除了对未成年人作出的附条件不起诉或者附条件不起诉考验期满后作出的不起诉决定，[1]不论公安机关或检察机关不予追究被告人刑事责任的理由是被告人无罪、事实不清、证据不足还是犯罪情节轻微，都不应该成为法院不予受理刑事自诉案件的依据。犯罪事实是否清楚、证据是否确实充分、被告人是否有罪及犯罪情节是否轻微等，都需要法院实体审理后作出裁决。公安机关或检察机关不予追究被告人刑事责任的法律文书不具备代替法院刑事审判的功能和权限。

（二）侵犯人身、财产权利

此类刑事自诉案件包括所有的“侵犯人身、财产权利”的犯罪，范围比较宽泛，具体包括《刑法》分则第三章“破坏社会主义市场经济秩序罪”第一节规定的“生产、销售伪劣商品罪”、第七节“侵犯知识产权罪”的案件，第四章“侵犯公民人身权利、民主权利罪”的案件，第五章“侵犯财产罪”的案件等，直接侵犯被害人的人身、财产权利的犯罪行为，都属于这一类。但如果犯罪行为并未直接侵犯被害人的人身、财产权利，则不属于刑事自诉的受案范围。如何评判犯罪行为是否属于侵犯被害人人身、财产权利？是法益标准还是实害结果标准？在司法实践中存在较大的争议，裁判观点并不统一。

第一种观点认为，应当以法益作为评判标准，即根据犯罪行为所侵犯的法益来判断是否侵害被害人人身、财产权利。如果犯罪行为侵犯的法益是被害人人身、财产权利，则属于刑事自诉的受案范围，否则不是。例如非法行医罪。部分裁判认为，非法行医罪是《刑法》分则第六章“妨害社会管理秩序罪”第五节“危害公共卫生罪”第 336 条所规定的罪名，虽然非法行医行为往往导致患者人身、财产损失，但该犯罪侵犯的法益并非被害人的人身、财产权利，因此不属于刑事自诉的受案范围。[2]

第二种观点认为，应当以实害结果作为评判标准，即根据犯罪行为是否实际导致被害人的人身、财产损失为评判标准。不论犯罪行为所侵犯的法益是否

[1] 《刑事诉讼法解释》第 320 条第 2 款第 9 项规定：“具有下列情形之一的，应当说服自诉人撤回起诉；自诉人不撤回起诉的，裁定不予受理：（九）不服人民检察院对未成年犯罪嫌疑人作出的附条件不起诉决定或者附条件不起诉考验期满后作出的不起诉决定，向人民法院起诉的。”

[2] 类似案件如：山西省偏关县人民法院刑事裁定书，（2015）偏刑初字第 28 号；山西省忻州市中级人民法院刑事裁定书，（2016）晋 09 刑终 396 号。

为被害人的人身、财产权利，只要犯罪行为实际侵害了被害人的人身、财产权利，就属于刑事自诉的受案范围。

我们认为，以实害结果作为评判标准更适宜，只要犯罪行为直接侵犯被害人的人身、财产权利，被害人因此直接遭受损失，就应当赋予他挽回损失的救济渠道，包括刑事控告、刑事自诉和民事诉讼。侵犯人身、财产权利的犯罪行为，本质上是严重的侵权行为，被害人拥有追究侵权人刑事责任和民事责任的权利。如果犯罪行为并未直接侵犯被害人的人身、财产权利，则不属于刑事自诉的受案范围。

例如，《刑法》第 313 条规定的拒不执行判决、裁定罪，虽然是《刑法》分则第六章"妨害社会管理秩序罪"第二节"妨害司法罪"中的罪名，侵犯的法益并不是被害人的人身、财产权利，但是，拒不执行判决、裁定的行为确实直接侵犯了申请执行人的人身、财产权利。根据最高人民法院《关于审理拒不执行判决、裁定刑事案件适用法律若干问题的解释》(法释〔2020〕21 号)第 3 条的规定，只要具备两个条件，拒不执行判决、裁定案就属于刑事自诉的受案范围：其一，被执行人拒不执行判决、裁定行为侵犯其人身、财产权利；其二，自诉人曾向公安机关或者检察院提出刑事控告，而公安机关或者检察院不予追究被执行人的刑事责任，即不予接受控告材料或者在接受控告材料后 60 日内不予书面答复。[1] 很显然，拒不执行判决、裁定案属于公诉转自诉类型的刑事自诉案件。

(三)可能判处的刑罚不限

由于案件本身属于公诉案件，只是由于公安机关或者人民检察院不予追究犯罪嫌疑人、被告人的刑事责任，自诉人才提起刑事自诉。对于被告人应当判处的刑罚幅度，则不再是限制的因素。即便如故意杀人罪这种可能判处无期徒

---

〔1〕 最高人民法院《关于拒不执行判决、裁定罪自诉案件受理工作有关问题的通知》(法〔2018〕147 号)第 1 条规定："申请执行人向公安机关控告负有执行义务的人涉嫌拒不执行判决、裁定罪，公安机关不予接受控告材料或者在接受控告材料后 60 日内不予书面答复，申请执行人有证据证明该拒不执行判决、裁定行为侵犯了其人身、财产权利，应当依法追究刑事责任的，人民法院可以以自诉案件立案审理。"最高人民法院《关于审理拒不执行判决、裁定刑事案件适用法律若干问题的解释》(法释〔2020〕21 号)第 3 条规定："申请执行人有证据证明同时具有下列情形，人民法院认为符合刑事诉讼法第二百一十条第三项规定的，以自诉案件立案审理：(一)负有执行义务的人拒不执行判决、裁定，侵犯了申请执行人的人身、财产权利，应当依法追究刑事责任的；(二)申请执行人曾经提出控告，而公安机关或者人民检察院对负有执行义务的人不予追究刑事责任的。"类似案件如：广西壮族自治区玉林市中级人民法院刑事裁定书，(2021)桂 09 刑终 97 号。

刑、死刑的重大犯罪,理论上也可以成为这一类刑事自诉案件。

例如,在王某自诉谢某故意杀人罪案中,王某自诉认为,谢某指使李某、张某等多人合谋对被害人王某某进行殴打导致被害人当场死亡,后公安机关介入调查,将直接行为人李某、张某等人抓获归案,追究其故意杀人罪的刑事责任。法院最终判决李某、张某等人故意杀人罪成立。但是,被害人王某某的家属王某认为,谢某是故意杀人的幕后指使人,公安机关、检察机关都认为谢某是故意杀人幕后指使人的证据不足,不予追究谢某的刑事责任。于是,王某提起刑事自诉,要求追究谢某故意杀人罪的刑事责任。

该刑事自诉的罪名是故意杀人罪,《刑法》第 232 条规定:"故意杀人的,处死刑、无期徒刑或者十年以上有期徒刑;情节较轻的,处三年以上十年以下有期徒刑。"故意杀人罪的刑罚是 3 年有期徒刑以上的刑罚,不属于"对被告人可能判处三年有期徒刑以下刑罚"的轻微刑事案件,但如果有撤销案件通知书、不起诉决定书、不予立案通知书等证据材料,证明公安机关、检察机关不予追究被告人的刑事责任,则属于被告人刑事控告无果的刑事案件,可以提起刑事自诉。

第二节
推动刑事自诉立案

虽然最高人民法院《关于人民法院登记立案若干问题的规定》(法释〔2015〕8 号)第 1 条明确规定:"人民法院对依法应该受理的一审民事起诉、行政起诉和刑事自诉,实行立案登记制。"刑事自诉也已经实行立案登记制度,但这只是规定法院对于刑事自诉的自诉材料应当收取的制度,并没有落实为刑事自诉案件的立案登记制。

在司法实践中,刑事自诉的立案往往比较困难。刑事自诉的顺利立案需要具备四个条件:其一,案件属于刑事自诉的受案范围;其二,案件属于受诉法院管辖的受案范围,符合级别管辖和属地管辖的要求;其三,需要由适格的被害人提起刑事自诉,被害人死亡或者丧失行为能力等原因无法提起刑事自诉的,才能由其法定代理人、近亲属代为提起;其四,有明确的被告人、具体的诉讼请求和证明被告人犯罪事实的证据。[1] 这四个条件中,“证明被告人犯罪事实的证据”是最难实现的标准。

推动刑事自诉立案,是代理律师非常重要的工作。代理被害人刑事自诉案件时,代理律师需要判断案件能否提起刑事自诉、确定刑事自诉的主体、搜集提取刑事自诉的证据材料、确定刑事自诉的管辖法院,做好这四个方面的准备后,就可以进行刑事自诉立案。

一、确定能否自诉

虽然部分案件能够提起刑事自诉还存在一些争议,但刑事自诉的案件类型是相对特定的,被害人想要通过刑事自诉方式维权,代理律师首先需要帮助被害人分析案件是否属于刑事自诉的案件范围,是否可能进行刑事自诉,或者在多个维权方案中选择能够进行刑事自诉的罪名。在分析确定案件属于刑事自诉的受案范围后,才能进行刑事自诉。这一步分析错误,后续的自诉工作注定是徒劳的。

例如,某房产开发公司自诉公司的某区域经理郭某非国家工作人员受贿罪案:

郭某是该房产开发公司的某区域经理,在项目广告的招投标工作中,与其中一家广告供应商刘某勾结,双方约定按照项目的金额大小确定回扣比例。公司监察部门内部调查发现几年来郭某及其家属的银行账户与刘某有比较规律的经济往来,每次都是在公司与某供应商结算后。在配合调查过程中,郭某也曾表示其确实收取部分回扣。然而,后续处理过程中,郭某、刘某拒不配合。某房产开发公司向公安机关进行刑事控告,公安机关也立案侦查,然而,检察院认为证据不足不予批准逮捕。公安机关始终将案件停留在侦查阶段,前后持续了5年多。某房产开发公司多次向司法机关提出申诉,然而,最终案件还是没有推进。某房产开发公司认为该案属于“被害人有证据证明对被告人侵犯自己人身、财产权利的行为应当依法追究刑事责任,且有证据证明曾经提出控告,而公安机关或者人民检察院不予追究被告人刑事责任的案件”,某房产开发公司作为被害单位有权提起刑事自诉。于是,其向法院提起刑事自诉。

---

〔1〕《刑事诉讼法解释》第316条规定:“人民法院受理自诉案件必须符合下列条件:(一)符合刑事诉讼法第二百一十条、本解释第一条的规定;(二)属于本院管辖;(三)被害人告诉;(四)有明确的被告人、具体的诉讼请求和证明被告人犯罪事实的证据。”

该刑事自诉的罪名是非国家工作人员受贿罪,该罪系《刑法》分则第三章第三节"妨害对公司、企业的管理秩序罪",侵犯的客体是国家对公司、企业以及非国有事业单位、其他组织的工作人员职务活动的管理制度,并不是直接侵害被害人人身、财产权利的犯罪,也没有证据证明非国家工作人员受贿犯罪行为损害了单位的财产权利,因此,该案显然不属于《刑事诉讼法解释》所规定的自诉案件范围,不能提起刑事自诉。[1]

二、确定自诉主体

刑事自诉是由被害人对加害人提起的刑事维权措施,提起刑事自诉的主体必须是被害人,而不是其他案外人,刑事自诉的被告人必须是犯罪的行为人,而且是符合《刑法》规定的适格犯罪主体。自诉的双方主体选择错误,会导致刑事自诉失败。

例如,进行报复陷害罪的刑事自诉时,选择的自诉被告人必须是国家机关工作人员,而不是国家机关。因为《刑法》第254条规定:"国家机关工作人员滥用职权、假公济私,对控告人、申诉人、批评人、举报人实行报复陷害的,处二年以下有期徒刑或者拘役;情节严重的,处二年以上七年以下有期徒刑。"报复陷害罪的犯罪行为主体必须是国家机关工作人员,而不是国家机关。如以国家机关作为报复陷害罪的刑事控告对象,则刑事自诉失败,不被受理。

又如,在进行侵占罪的刑事自诉中,要注意刑事自诉的自诉人、被告人和侵占罪的构成要件。其一,刑事自诉的主体不仅是将财物交给被告人代为保管的人,或者遗忘物、埋藏物的财物所有人,而且还必须是涉案财物的所有人,将财物交给被告人保管的主体如并非财物所有人,则不是刑事自诉的适格主体。[2]其二,侵占罪的自诉人只能是自然人,"将代为保管的他人财物非法占为己有""将他人的遗忘物或者埋藏物非法占为己有"中"他人"只能是自然人,而不包括单位,侵占单位的财物涉及的则是职务侵占罪、盗窃罪等犯罪行为,而不是侵占罪。其三,侵占只能是因将财物交给他人代为保管,或者遗忘物、埋藏物被他

---

〔1〕 类似案件如:山东省聊城市中级人民法院刑事裁定书,(2021)鲁15刑终125号;福建省福州市中级人民法院刑事裁定书,(2018)闽01刑终1435号。

〔2〕 类似案件如:广东省广州市白云区人民法院刑事裁定书,(2018)粤0111刑初3112号。该案裁判认为:"本案涉案的款项是工资报酬,由自诉人支付给学生,由被告人代为保管,所以涉案的款项是学生的款项,被害人应为学生,而非自诉人,自诉人在本案中不是适格的诉讼主体。"

人非法据为己有而发生的占有纠纷，如果双方通过其他行为发生财物的占有纠纷，则不符合侵占罪的构成要件。其四，刑事自诉被告人也只能是自然人，侵占罪并没有单位犯罪，不能向单位提起侵占罪的刑事自诉。[1]

再如，在重婚罪的刑事自诉案件中，第三者遭受欺骗而与已婚的人以夫妻名义同居生活，第三者发现自己遭受欺骗，被动成为破坏婚姻关系的人，她能否提起刑事自诉，要求追究欺骗者重婚罪的刑事责任？这就涉及刑事自诉适格主体的问题。

在当前司法实践中，普遍观点认为：重婚罪侵犯的客体系我国家庭婚姻制度中的一夫一妻制度，保护的是依法登记的合法婚姻关系，不允许任何人以事实婚姻去破坏依法登记的合法婚姻。因此，重婚犯罪行为侵犯的具体对象是重婚的夫或妻，被害人只能是合法婚姻关系中的夫或者妻。司法实践中经常出现第三者在明知他人已婚的情况下，仍然与之以夫妻名义同居生活，后同居关系破裂，想要通过重婚罪刑事自诉追究对方的刑事责任，此时第三者是重婚罪的共同犯罪，而不是被害人，不能提起刑事自诉。即便第三者在并不知道对方已婚的情况下与其以夫妻名义同居生活，此时她也只是不构成重婚罪而已，仍然不是重婚犯罪行为的被害人，不是适格的刑事自诉主体，不能提起刑事自诉。[2]

三、搜集自诉证据

刑事犯罪的定罪量刑标准是“事实清楚，证据确实、充分”，该证据标准并不会因为是自诉案件而有所降低，也不会考虑自诉人取证能力不足的客观问题。公诉案件中由侦查机关、检察院承担的证明被告人有罪的举证责任，转而全部由自诉人承担。自诉人需要提供证据证明被告人有罪，且事实清楚，证据确实、充分，能够排除合理怀疑。司法实践中，自诉人维权救济遭受的首要难题就是犯罪证据的收集问题。

刑事自诉的证据包括：被告人、被害人身份信息的证据；被控告犯罪事实是

---

〔1〕 类似案件如：广东省广州市越秀区人民法院刑事裁定书，(2020)粤0104刑初583号；广东省广州市中级人民法院刑事裁定书，(2020)粤01刑终1274号。

〔2〕 类似案件如：广东省紫金县人民法院刑事裁定书，(2018)粤1621刑初5号；广西壮族自治区兴业县人民法院刑事裁定书，(2016)桂0924刑初56号；广西壮族自治区玉林市中级人民法院刑事裁定书，(2016)桂09刑终313号。

否存在的证据；被告人是否为犯罪行为实施者的证据材料；犯罪行为实施的时间、地点、手段、后果、起因等证据材料；被害人向公安机关或者人民检察院刑事控告，而公安机关或者人民检察院不追究被告人刑事责任的证据材料；证明受诉法院具有管辖权的证据材料；诸如此类与定罪量刑有关的其他事实的证据材料。

在公诉案件中，司法机关利用强大的国家力量保障绝大部分刑事案件能及时提取、固定证据，举证能力较强。刑事自诉案件的取证任务，由自诉人承担，自诉人与公安机关等国家机关相比，既没有足够的人力财力，也没有国家权力，取证能力完全不在同一个层次上。这是刑事自诉案件搜集证据障碍重重的原因。

《刑事诉讼法》第 211 条第 1 款规定："人民法院对于自诉案件进行审查后，按照下列情形分别处理：（一）犯罪事实清楚，有足够证据的案件，应当开庭审判；（二）缺乏罪证的自诉案件，如果自诉人提不出补充证据，应当说服自诉人撤回自诉，或者裁定驳回。"《刑事诉讼法解释》第 320 条第 2 款第 2 项规定："具有下列情形之一的，应当说服自诉人撤回起诉；自诉人不撤回起诉的，裁定不予受理：（二）缺乏罪证的。"由此可见，人民法院在受理自诉案件时的立案标准对证据的证明程度和数量分别提出了必须达到"犯罪事实清楚"和"足够"的要求，否则不进行开庭审判，裁定不予受理或者驳回起诉，此举实际上造成自诉人与公诉机关在启动审判程序权利上的不平等。[1] 刑事自诉立案的证据标准比较高，对被害人及代理律师准备刑事自诉案件的证据材料提出了非常高的要求，代理律师有必要向被害人充分释明，并协助被害人努力搜集、调取尽量齐全的证据材料，尽量提高刑事自诉被受理立案的可能性。

例如，张某涉嫌重婚罪案：

张某妻子王某执着地想要向法院提起刑事自诉，追究张某重婚罪的刑事责任。根据王某的陈述，王某发现其丈夫张某经常和另外一名女子居住在某高档小区，两人出双入对，还生育了小孩。王某非常愤怒，想要追究其丈夫张某和同居女子重婚罪的刑事责任。本案刑事自诉最基本的证据，就是证明张某与该女子以夫妻名义共同居住的证据材料以及他们共同生育子女的证据材料，如小区

---

〔1〕 参见俞亮、张驰：《论我国刑事被害人自诉权的保护与规制》，载《法律适用》2011 年第 11 期。

的监控录像、业主登记卡、医院的病历资料、小孩的出生证明资料等。如果没有这些基本的证据材料，仅凭王某的陈述，刑事自诉立案几乎不可能成功。但是，作为普通家庭主妇，王某搜集、调取其丈夫张某与其他女性以夫妻名义同居的证据，难度非常大。王某始终没有渠道调取足够充分的证据，导致法院迟迟不予立案。王某的刑事自诉案件，连启动刑事诉讼程序都举步维艰。

四、确定管辖法院

刑事案件的管辖法院需要考虑级别管辖与属地管辖，属于受诉法院管辖是刑事自诉的必要条件。在级别管辖方面，绝大部分刑事自诉案件都由基层法院管辖。在属地管辖方面，刑事案件由犯罪地管辖，包括犯罪行为发生地和犯罪结果发生地。犯罪行为发生地，包括犯罪行为的实施地以及预备地、开始地、途经地、结束地等与犯罪行为有关的地点；犯罪行为有连续、持续或者继续状态的，犯罪行为连续、持续或者继续实施的地方都属于犯罪行为发生地。犯罪结果发生地，包括犯罪对象被侵害地、犯罪所得的实际取得地、藏匿地、转移地、使用地、销售地。如果由被告人居住地的人民法院审判更为适宜，可以由被告人居住地的人民法院管辖。居住地包括户籍所在地、经常居住地。经常居住地是指公民离开户籍所在地最后连续居住一年以上的地方，但住院就医的除外。单位登记的住所地为其居住地。主要营业地或者主要办事机构所在地与登记的住所地不一致的，主要营业地或者主要办事机构所在地为其居住地。[1]

例如，李某自诉张某重婚罪案：

张某与李某系夫妻关系，夫妻二人共同生活在某省会甲城市。后来，张某又在乙城市与王某发生婚外恋情，两人经常出双入对，张某经常以出差为由，到乙城市和王某同居生活。王某并不知道张某已婚的事实。后妻子李某偶然发现了其丈夫张某的重婚犯罪事实，愤怒之下想要提起刑事自诉追究张某和王某重婚罪的刑事责任。此时，除了证据搜集问题，自诉人还需要考虑管辖法院的问题。根据法律规定，甲城市和乙城市，都属于犯罪行为地，两地法院均具有管辖权。于是，李某向他们共同居住的甲市某区法院提起刑事自诉，然而，法院审查认为：根据《刑事诉讼法》的规定，刑事案件由犯罪地的法院管辖。如果由被

---

〔1〕《刑事诉讼法》第25条；《刑事诉讼法解释》第2条、第3条；《公安机关办理刑事案件程序规定》第16条。

告人的居住地法院管辖更为适宜,则可以由被告人的居住地管辖。犯罪地包括犯罪行为发生地和犯罪结果发生地。但是,本案据李某陈述,张某重婚的犯罪行为发生在乙城市,犯罪行为和犯罪结果都没有发生在甲城市某区,也不存在由被告人住所地法院管辖更适宜的情况。所以,法院审查认为,甲市某区法院没有管辖权。于是,裁定驳回起诉。

李某不服提出上诉,要求甲市中级人民法院直接受理立案管辖。甲市中级人民法院审查认为,被告人经常居住地是在甲城市,甲城市也是被告人张某和自诉人共同生活的住所地。重婚罪是持续性犯罪,所以,被告人的住所地也是犯罪行为地。因此,甲市某区法院对该案有管辖权。但重婚罪自诉案一审不属于中级人民法院直接受理的案件。于是,甲市中级人民法院裁定撤销原裁定,指令甲市某区法院立案受理。[1]

五、推动自诉立案

在收集齐全证据、准备好刑事自诉材料后,被害人即可向人民法院提起刑事自诉,人民法院应当在15日以内审查完毕。经审查,符合受理条件的,应当决定立案,并书面通知自诉人或者代为告诉人。但是,当自诉案件存在九种情形时,法院裁定不予受理:(1)不属于《刑事诉讼法解释》第1条规定的刑事自诉案件;(2)缺乏罪证;(3)犯罪已过追诉时效期限;(4)被告人死亡;(5)被告人下落不明;(6)除因证据不足而撤诉的以外,自诉人撤诉后,就同一事实又告诉;(7)经人民法院调解结案后,自诉人反悔,就同一事实再行告诉;(8)属于《刑事诉讼法解释》第1条第2项规定的案件,公安机关正在立案侦查或者人民检察院正在审查起诉;(9)不服人民检察院对未成年犯罪嫌疑人作出的附条件不起诉决定或者附条件不起诉考验期满后作出的不起诉决定,向人民法院起诉。[2]

司法实践中,大部分刑事自诉案件都会由于上述九种情形而被不予受理,刑事自诉立案无果而终,尤其是缺乏罪证和被告人下落不明这两种情形更为常见。缺乏罪证主要是自诉人的搜集、调取能力有限,且法院刑事自诉立案的证据标准过高导致的;被告人下落不明则是被告人积极主动逃避刑事自诉导致

---

〔1〕 类似案件如:广东省广州市中级人民法院刑事裁定书,(2020)粤01刑终67号。
〔2〕 《刑事诉讼法解释》第320条。

的。刑事自诉案件中，自诉人无法对被告人采取任何强制到案措施，法院在裁判之前也不会对被告人采取强制措施。这就导致被告人的配合度非常低、被告人的到案情况不乐观，刑事自诉难以立案。

被告人下落不明的，法院应当说服自诉人撤回起诉，自诉人坚持不撤回起诉的，法院裁定不予受理。该规定非常明确地向被告人传达了逃匿即可阻止刑事自诉立案、逃避受审、逃避被追究法律责任的信息，而且是逃避刑事自诉最有效、最直接、最具有主动性的办法。因此，被告人往往据此选择拒不配合的“失踪”应对策略，让自诉人、法院无法找到被告人，刑事自诉自然无法立案。虽然该制度的本意并不是要鼓励被告人逃匿、抗拒刑事自诉，但确实在实践中产生了这样的效果。制度本身让刑事自诉案件很难推进，对被害人（自诉人）来说，这是不公平的。

例如，张某自诉陈某侵占罪案：

该案中，法院认为根据《刑事诉讼法解释》（2012 年）第 263 条第 2 款“具有下列情形之一的，应当说服自诉人撤回起诉；自诉人不撤回起诉的，裁定不予受理：……（五）被告人下落不明的……”的规定，本案中，本院根据自诉人提供的联系方式多次联系被起诉人未果，被起诉人现下落不明，本院已释明并建议自诉人撤回自诉，但自诉人坚持起诉。裁定对张某的自诉不予受理。[1]

第三节
推动自诉案件进展

我们办理刑事自诉案件发现，即便刑事自诉由法院受理立案，但由于送达原因、证据原因，诉讼过程往往非常缓慢、推进艰难，有的刑事自诉案件立案受理几年，连送达都无法实现，无法开庭审理，更别说对被告人定罪量刑。在证据搜集方面，自诉人可以通过申请法院调取证据，或者要求法院将案件移送公安

〔1〕 广东省广州市白云区人民法院刑事裁定书，（2020）粤 0111 刑初 2382 号。类似案件如：广东省广州市白云区人民法院刑事裁定书，（2019）粤 0111 刑初 1491 号；广东省广州市白云区人民法院刑事裁定书，（2017）粤 0111 刑初 298 号；广东省广州市中级人民法院刑事裁定书，（2017）粤 01 刑终 601 号；广东省广州市白云区人民法院刑事裁定书，（2019）粤 0111 刑初 2601 号；广东省广州市中级人民法院刑事裁定书，（2019）粤 01 刑终 1852 号。

机关立案侦查，将自诉案件转为公诉案件等方式来弥补证据漏洞，至少还存在救济的渠道。然而，当被告人故意下落不明时，法院将寻找被告人的义务推卸给自诉人，而自诉人却无能为力时，刑事自诉几乎无法推进。

一、协助法院送达

《刑事诉讼法解释》第332条规定："被告人在自诉案件审判期间下落不明的，人民法院可以裁定中止审理；符合条件的，可以对被告人依法决定逮捕。"法院主动对刑事自诉的被告人采取强制措施是罕见的。如果全部或部分被告人下落不明，法院无法送达、无法开庭审理，则会被裁定中止审理。司法实践大部分案件都根据该规定处理，争议较小。[1] 被告人下落不明，几乎可以摧毁任何一个刑事自诉案件。这导致自诉人及代理律师搜寻被告人下落、协助法院送达的任务非常艰巨。如果无法有效协助法院送达，那么自诉案件立案后也是无法推进的。

争议的问题在于：被告人下落不明，能否驳回起诉？法院受理后，在自诉案件审判期间，被告人一直下落不明，首先需要进行中止审理，而不能直接驳回起诉。但中止审理之后，被告人继续下落不明，能否据此驳回起诉？

其一，部分裁判观点认为，被告人下落不明的，法院裁定案件中止审理，但不能无限期中止审理，仍然下落不明的，法院可以裁定驳回起诉。

例如，赵某坚自诉赵某龙侵占罪案：

因被告人下落不明，法院于2019年8月13日裁定中止审理。2021年5月14日，法院裁判认为，因被告人赵某龙下落不明，自诉人赵某坚目前提交的证据材料未经开庭质证，不能采纳为定案依据。自诉人赵某坚既不能提供被告人赵某龙的下落线索，又不能补充提交新的证据，自诉人赵某坚指控被告人赵某龙构成侵占罪缺乏证据。现自诉人赵某坚提不出补充证据并且不愿意撤回起诉，依法应当裁定驳回。[2]

---

〔1〕 类似案件如：广东省深圳市罗湖区人民法院刑事裁定书，（2015）深罗法刑一初字第733号；青海省海东市中级人民法院刑事裁定书，（2015）东刑终字第3号；广东省深圳市宝安区人民法院刑事裁定书，（2016）粤0306刑初107号；宁夏回族自治区吴忠市红寺堡开发区人民法院刑事裁定书，（2017）宁0303刑初92号；河南省固始县人民法院刑事裁定书，（2018）豫1525刑初67号。

〔2〕 广东省广州市天河区人民法院刑事裁定书，（2019）粤0106刑初690号之一。

又如,邱某某自诉被告人桑某某、潘某某犯重婚罪案:

由于被告人下落不明,法院于2006年11月22日对本案中止审理,2010年6月28日,法院以多次前去二被告人住所地调查、寻找被告人桑某某仍下落不明为由,驳回邱某某的起诉。[1]

其二,部分裁判观点认为,法院受理后,自诉案件进入审判阶段,被告人下落不明只能作为法院裁定中止审理的理由,法院以被告人下落不明为由驳回起诉违反诉讼程序。即便中止审理后被告人仍然下落不明,法院也不能以被告人下落不明为由驳回起诉。

例如,陈某宗自诉被告人周某英合同诈骗罪案:

法院受理后因被告人周某英下落不明,法院2015年9月14日裁定中止审理。2017年9月27日,法院恢复审理,但被告人周某英一直下落不明。于是,2018年6月27日,法院以被告人周某英下落不明,且自诉人陈某宗一直未能向原审法院提出充足的证据为由,裁定驳回起诉。自诉人不服,提出上诉。二审法院裁判认为,根据《刑事诉讼法解释》,被告人在自诉案件审判期间下落不明的,人民法院应当裁定中止审理。被告人到案后,应当恢复审理,必要时应当对被告人依法采取强制措施。因此,原审法院以周某英下落不明为由驳回原审自诉人陈某宗的起诉不当,本院予以纠正,裁定撤销原裁定,指令再审。[2]

又如,涂某某自诉被告人徐某某犯拒不执行判决、裁定罪案:

一审法院以被告人下落不明为由,裁定驳回起诉。自诉人不服,提出上诉。二审法院裁判认为,"被告人在自诉案件审判期间下落不明的,人民法院应当中止审理。被告人到案后,应当恢复审理,必要时应当对被告人采取强制措施。据此,在审判期间被告人下落不明的情况下,原审法院裁定驳回起诉违反了法律规定的诉讼程序"。故撤销原裁定,发回重审。[3]

---

[1] 甘肃省临夏县人民法院刑事裁定书,(2010)临县法刑初字第44号;甘肃省临夏回族自治州中级人民法院刑事裁定书,(2010)临刑终字第59号。再如:山东省兰陵县人民法院刑事裁定书,(2017)鲁1324刑初246号。

[2] 广东省江门市蓬江区人民法院刑事裁定书,(2018)粤0703刑初204号之二;广东省江门市中级人民法院刑事裁定书,(2018)粤07刑终102号。

[3] 湖南省醴陵市人民法院刑事裁定书,(2017)湘0281刑初502号;湖南省株洲市中级人民法院刑事裁定书,(2018)湘02刑终99号。

我们倾向于第二种观点。《刑事诉讼法解释》第332条规定："被告人在自诉案件审判期间下落不明的，人民法院可以裁定中止审理；符合条件的，可以对被告人依法决定逮捕。"由此可见，被告人下落不明的处置，法律仅规定可以中止审理及条件符合的进行逮捕，并未明确规定可以驳回起诉。因此，以被告人下落不明为由驳回起诉，法律依据不足。

二、申请律师调查令

刑事自诉人及代理律师没有足够的权力和能力去调查取证，这是刑事自诉案件搜集、调取证据困难的原因。当前律师调查令制度主要存在于民事诉讼程序和执行程序中，刑事自诉过程中的律师调查令制度还有待推进和完善。理论上法院出具律师调查令无须区分民事诉讼还是刑事自诉，法院虽然是审判的中立方，但也要考虑自诉人举证能力不足的问题，代理律师应当可以申请法院出具律师调查令，增强自诉方的取证能力，从实体上保障自诉人的诉讼权利。在民事诉讼中，律师调查令的申请，可在起诉、审理、执行阶段提出，再审审查阶段不适用律师调查令。其中，起诉阶段，提交起诉状后即可提出，申请调查与管辖受理有关的起诉证据。[1] 刑事自诉的律师调查令，也应当适用律师调查令制度。如果刑事立案时证据标准过高，立案阶段法院又缺乏律师调查令制度，则代理律师仍然难以搜集调取相关证据。

比如，在拒不执行判决、裁定罪刑事自诉案件中，代理律师调取涉案房产交易信息、股票交易信息、银行流水等证据材料，以证明被告人隐匿、转移财产、拒不执行的事实，就需要向法院申请律师调查令。

例如，刘某被故意伤害自诉案：

刘某与他人发生肢体冲突后造成其受伤，报警后公安机关介入调查，调取了监控录像、证人证言等部分证据，但公安机关认为事实不清，证据不足，未予立案。于是，刘某向法院提起刑事自诉，由于公安机关并没有将案件移送审查起诉，自诉人及其代理律师都无法复制、查阅，可以向法院申请律师调查令以调取相关证据。刘某手上除了损伤程度的病历资料及鉴定意见通知外，没有其他任何证据材料，监控录像、证人证言、被告人的笔录等都保管在

〔1〕 参见广东省高级人民法院、广东省司法厅《关于在民事诉讼中实行律师调查令的规定》（粤高法〔2020〕34号）。

公安机关，自诉人无法调取，代理律师可以申请法院出具律师调查令，或者申请法院调取。

三、申请调取证据

在刑事自诉立案后，自诉人和被告人双方争论的核心问题是自诉犯罪的证据是否确实充分的问题。自诉人由于自身取证能力有限，很多证据都无法自行调取，导致对被告人定罪量刑的证据往往存在缺漏。若自诉人没有及时采取有效措施，很可能造成驳回起诉甚至无罪判决的结果，刑事自诉宣告失败。此时自诉人可以申请法院调取相关证据材料以弥补证据漏洞。

《刑事诉讼法解释》第325条第1款规定："自诉案件当事人因客观原因不能取得的证据，申请人民法院调取的，应当说明理由，并提供相关线索或者材料。人民法院认为有必要的，应当及时调取。"《刑法》第246条规定，在侮辱罪、诽谤罪中，对于通过信息网络实施的侮辱、诽谤行为，"被害人向人民法院告诉，但提供证据确有困难的，人民法院可以要求公安机关提供协助"。

自诉人虽然拥有申请调取证据的权利，人民法院有权予以审查，如认为有必要，则可以依照申请对相关证据予以调取，自诉人充分运用这一权利，不失为弥补取证能力不足的重要路径，但是，申请法院调取证据只适用于刑事自诉立案后，并不能弥补刑事自诉立案阶段的证据不足，在刑事自诉立案阶段证据不足则面临不予受理的裁定。而且，自诉人只能申请法院调取证据，是否调取证据的决定权完全在法院，法院认为与自诉犯罪事实无关、没有必要则不予调取。甚至部分裁判直接认为"公诉案件中被告人有罪的举证责任由人民检察院承担，自诉案件中被告人有罪的责任由自诉人承担，故自诉人申请本院调取证据，不符合法律规定"〔1〕。法院基于自由裁量权不予调取相关证据，并不会违反诉讼程序，自诉人完全没有救济途径。

我们认为，虽然刑事自诉证明被告人有罪的举证责任在自诉人，但自诉人由于客观原因确实无法搜集且不能提供具体明确证据线索时，法院以自诉人无法提交又未予以调取的理由，直接认定刑事自诉的证据不足而不予受理或裁判无罪，并不妥当，对自诉人维权亦不公允。

---

〔1〕 广西壮族自治区宾阳县人民法院刑事裁定书，(2018)桂0126刑初94号。

四、申请自诉转公诉

刑事自诉在强制措施采取、送达法律文书、调查取证等方面存在难以克服的劣势,自诉人在一定条件下可以申请法院将案件移送公安机关,将自诉案件转为公诉案件。如果自诉转公诉,则对被害人维权而言无疑是重大利好。司法实践中,可以自诉转公诉的案件大致有两种类型:

其一,告诉才处理的案件。在提起刑事自诉后,自诉人可以超出刑事自诉范围为由,申请法院将案件移送公安机关立案侦查。理论上确实存在这种可行性。例如侮辱、诽谤罪,严重危害社会秩序和国家利益的侮辱、诽谤案件,可以经由自诉人申请或者公安机关、检察院主动介入而将自诉案件转变成公诉案件。最典型的是2020年杭州谷某对郎某、何某的网络诽谤案,被害人谷某提起刑事自诉后,杭州市余杭区人民检察院提出检察建议,杭州市公安局余杭区分局对郎某、何某涉嫌诽谤罪立案侦查,从而启动刑事公诉程序,案件由刑事自诉案件变成刑事公诉案件,被害人控告维权的成功率大大增加。

其二,被害人有证据证明的轻微刑事案件。刑事自诉立案后,自诉人也可以提出移送公安机关立案侦查的诉求。《刑事诉讼法解释》第1条第2项中规定:"本项规定的案件,被害人直接向人民法院起诉的,人民法院应当依法受理。对其中证据不足,可以由公安机关受理的,或者认为对被告人可能判处三年有期徒刑以上刑罚的,应当告知被害人向公安机关报案,或者移送公安机关立案侦查。"由此可见,此类刑事案件,如证据不足,自诉人可以申请法院将案件移送公安机关立案侦查;自诉立案后发现对被告人可能判处3年有期徒刑以上刑罚的,不属于可以提起刑事自诉的案件范围,自诉人也可以申请法院移送公安机关立案侦查。

例如,黄某涉嫌重婚罪案:

法院受理刑事自诉后,因为证据不足,将案件移送公安机关,由公安机关对黄某涉嫌重婚罪立案侦查。公安机关刑事侦查取证后,将案件移送检察院审查起诉。该案法院的主动移送,实现自诉案件向公诉案件的转变,解决了自诉人取证难的问题。[1]

---

〔1〕 海南省五指山市人民法院刑事判决书,(2014)五刑重字第2号。

但是,此案的操作并不是司法实践的常规做法。当前司法实践中大多数刑事自诉人的自诉转公诉申请,都难以得到法院的支持。很多法院在审查受理立案时,往往就已经对是否构成犯罪、证据是否充分进行实质审查,法院认为没有犯罪事实发生或者证据不充分的,往往裁定不予受理。即便在受理后,法院审查认为证据不足的,或者发现不属于刑事自诉受案范围的,也往往会裁定不予受理,而鲜见以刑事自诉证据不足为由移送公安机关立案侦查的做法。

第四节
刑事自诉的完善愿景

刑事自诉在当前司法实践中面临很多难题,如取证难、立案难、送达难等,说到底其实是自诉人搜集调取证据困难、法院受理刑事立案证据审查标准高、被告人利用法律漏洞逃避应诉等,涉及自诉人、法院、被告人三方诉讼参与人。完善刑事自诉,需要从这三方着手进行完善。如果无法及时解决刑事自诉维权过程中自诉人遇到的各种问题,则刑事自诉很难推进。为此,不少学者从各自角度提出了不同的改革方向。

一种观点认为,可以逐步取消刑事自诉制度。该观点认为,刑事自诉制度在惩罚犯罪、恢复社会秩序及保护被害人权益方面的优势正在逐步淡化,与现代公诉制度相比,刑事自诉制度更不利于被害人权利的保护,侦查机关调查取证能站在中立的地位,具有更加合法有效的取证方式,公诉取代自诉更加符合犯罪追诉制度的发展规律。因此建议逐步改革我国刑事自诉制度,最终取消刑事自诉制度。[1]

另一种观点认为,刑事自诉制度有其存在的必要性,但应对刑事自诉制度进行改革。该观点认为,刑事自诉制度是公诉制度的必要补充。[2] 刑事自诉制度在特定历史时期下形成,理论上和实践中都具有区别于公诉的价值,可避免公权力的不作为、被害人的维权无门等,且有其存在的必要。这类观点主张对三类刑事自诉案件进行立法调整重构。例如,调整“告诉才处理案件”的范围、缩减“被害人有证据证明的轻微刑事案件”的范围、完善“公诉转自诉案件”

---

〔1〕 参见陈唤忠:《刑事自诉调查研究》,载《法律适用》2012 年第 2 期。
〔2〕 参见胡晓涛:《我国刑事自诉制度的改革与完善》,载《人民论坛》2010 年第 2 期。

的程序等,对我国刑事自诉制度进行立法重构改革。[1]

我们认为,并不是所有的刑事案件都需要通过公诉来完成,在公诉机关没有尽责追诉时,也应当允许被害人通过刑事自诉的方式予以救济。刑事自诉确有其存在的价值,是对公诉案件的必要补充,也可以对公诉权进行有效监督。但是,当前刑事自诉制度确实存在诸多问题,而改进并不是一蹴而就的,需要法律人的共同努力。从办案实践的角度看,刑事自诉制度的困难根源在于公权力介入的缺失。

虽然刑事自诉是自诉人提起的,但并不意味着国家权力机关不需要承担任何责任,任由自诉人自行调查、取证、寻找被告人的地址,而法院被动地向被告人送达诉讼文书、消极地通知被告人参加诉讼,将刑事自诉等同于民事诉讼。实际上,民事诉讼与刑事自诉有着本质区别,刑事自诉的程序应当有别于民事诉讼。民事诉讼与刑事自诉的重要不同之处至少有两点:其一,是否可缺席判决。民事诉讼中被告可以缺席,法院可以公告送达,可以缺席审判,因此被告往往倾向于主动出庭应诉,以免由于缺席、缺少答辩,处于不利境地;刑事自诉不能公告送达,不能在被告人缺席的情况下进行审判,法院不能对刑事自诉缺席判决。其二,证据标准不同。民事诉讼采取的证明标准是"高度盖然性"标准,对原告的举证能力要求相对较低;刑事自诉作为刑事诉讼的组成部分,要求达到"事实清楚,证据确实充分"的公诉案件证明标准。

刑事自诉体现出来的整体状态,是自诉人有权利但无能力,有权提起刑事自诉,但无力推进刑事自诉诉讼程序。对于刑事自诉案件,国家机关需要承担更多的责任,以协助推进刑事自诉的案件顺利开展。

一、降低自诉的立案标准

根据当前刑事自诉的立案标准,刑事自诉立案阶段实际上已经对证据是否确实、充分进行了实质审查,将刑事立案的证据标准几乎等同于作出有罪判决的证据标准,只要存在证据不足等情况,就认定为不符合受理条件,裁定不予受理,由此导致刑事自诉案件受理的难度很高。"自诉案件中法院的庭前审查则

---

〔1〕 参见吴小帅、周长军:《从实践困境看我国刑事自诉圈的立法重构——以对S省若干区县的实证调研为基础》,载《法学论坛》2015年第2期。

是实质审查，法院对于缺乏罪证的自诉案件可不经开庭审理而直接裁定不予受理。”[1]这种立案标准是非常苛刻的，限制了绝大部分刑事自诉人的自诉权，让刑事自诉权形同虚设。对于并不拥有侦查权和采取强制措施权的被害人个人而言，要求其在立案时的证据标准即应等同于作出有罪判决时的证据标准显然是违背刑事诉讼从立案、逮捕、起诉到作出有罪判决不同阶段证据标准的认知规律。[2]

例如，宋某自诉季某挪用资金罪案：

宋某多年来一直向市区两级公安机关进行刑事控告，控告季某挪用公司资金的犯罪事实，公安机关都认为没有犯罪事实，不予立案。宋某向检察机关申请立案监督，检察机关也认为公安机关作出的不予立案决定符合法律规定。于是，宋某向法院提起刑事自诉。法院接受材料审查后认为，宋某提供的证据不足以证明季某存在挪用资金的犯罪事实，因此，宋某的自诉不符合《刑事诉讼法》所规定“人民法院受理自诉案件必须符合下列条件：……（四）有明确的被告人、具体的诉讼请求和证明被告人犯罪事实的证据”的自诉条件，裁定不予受理。[3]

我们认为，刑事自诉立案的证据标准应当予以降低。降低刑事自诉的立案标准，既能震慑被告人，促使他与自诉人通过和解等形式解决矛盾纠纷，又能最大限度保障被害人的诉权，最大限度地维护被害人的合法权益。

其一，从权限分工看，法院的立案审理权限，应当主要针对案件证据材料的形式审查，符合立案的证据材料要求，则应当予以立案。罪与非罪、证据是否充分的实体审理权限在于立案后的审判部门，而不在于立案部门，将犯罪事实是否清楚、证据是否充分的“审判权”交给立案部门并不合适。

其二，从诉讼逻辑看，刑事自诉案件是否事实清楚、证据确实充分，自诉诉求能否得到支持，应当经过刑事诉讼审理，充分审查各种证据的真实性、合法性、关联性后，才能进行评判。然而，立案阶段无法进行实体审判，立案阶段无

---

〔1〕 吴小帅、周长军：《从实践困境看我国刑事自诉圈的立法重构——以对S省若干区县的实证调研为基础》，载《法学论坛》2015年第2期。

〔2〕 参见王玉：《刑事自诉案件立案标准应放宽》，载《人民检察》2006年第7期。

〔3〕 类似案件如：广东省广州市白云区人民法院刑事裁定书，（2015）穗云法立刑初字第3号；广东省广州市中级人民法院刑事裁定书，（2015）穗中法立刑终字第10号。

法对物证、书证、证人证言、被告人的供述和辩解等证据材料进行审查,无从得出事实是否清楚、证据是否确实充分的实体评判。因此,刑事自诉立案阶段就以事实不清、证据不足为由不予受理,违背诉讼逻辑,未受理、未实体审理又得出自诉案件事实不清、证据不足的结论,难以说服自诉人。

刑事自诉立案的证据审查标准,应该以达到立案追诉标准的最低证据要求为限度。只要自诉人提供的证据,从形式上初步证明达到入罪标准,即应当受理立案。例如,故意伤害罪的刑事自诉立案中,故意伤害罪的入罪标准是轻伤以上,那么自诉人提供鉴定机构出具的损伤程度为轻伤以上的司法鉴定意见书或者鉴定意见通知书,以及证人证言、物证、书证等其他证据,在形式上已经证明达到立案追诉标准的,应当予以受理立案。如果只有病历资料等,没有损伤程度达到轻伤以上的证据材料,则属于缺乏主要罪证,不符合立案受理条件的情形。

例如,潘某自诉江某故意伤害罪案:

一审法院裁判认为,根据潘某提供的证据材料,因缺乏罪证,不符合受理故意伤害自诉案件的立案条件。二审法院裁判认为,潘某提交的证人的谈话笔录、损伤程度为轻伤二级的司法鉴定意见书等证据,形式上符合刑事自诉案件的受理条件。至于江某的行为是否构成故意伤害罪,需要经过实体审理后确定。因此,应当予以立案受理。[1]

二、完善自诉的取证制度

当前刑事自诉的法律制度及司法实践,几乎完全贯彻了自诉人承担举证责任的原则,无视自诉人客观举证能力不足的实际情况。在自诉人的举证责任与举证能力不足之间,需要填补的是完善的取证制度,既包括法院依自诉人申请调查取证的制度,也包括法院依照自诉代理律师申请的律师调查令制度,还包括将案件移送公安机关,实现自诉转公诉的制度。这些举措如能完善就能填补自诉人举证能力不足的实际情况,有助于法院查明案件事实,作出符合法律规定的裁判,定分止争。

可以优先发挥律师调查令的作用,发挥自诉代理律师的调查取证积极性,

---

〔1〕 湖北省武汉市中级人民法院刑事裁定书,(2019)鄂01刑终952号。

由法院出具调查令，让代理律师将其能调取的证据材料全部搜集齐全；对于不适宜由代理律师调取的证据，以及代理律师持律师调查令无法调取到的证据材料，则由法院依照自诉人及代理律师的申请进行调查取证。对这些自诉人及代理律师确实无法自行调取但查明案件事实必不可少的证据材料，法院应当予以调取。在符合自诉转公诉的条件时，法院也可以将案件移送公安机关立案侦查，由公安机关进行调查取证。

三、增加被告人到案措施

在当前法律规定中，被告人下落不明可以成为法院裁定不予受理、裁定中止审理，甚至裁定驳回起诉的直接理由。法院强制被告人到庭的力度不够，被告人往往有恃无恐、怠于配合，甚至直接藏匿。该制度变相“鼓励”被告人通过消极应诉、逃避诉讼的方式获得“胜诉”的结果，直接导致刑事自诉制度落实过程中遭遇障碍。

例如，邱某自诉张某、黄某涉嫌重婚罪案：

该案几经波折，法院才予以受理正式刑事立案。但是，自诉案件却迟迟无法推进，唯一的原因在于，其中一名被告人黄某下落不明、无法送达。法院将证明黄某的联系地址、联系方式的举证责任交给自诉人邱某。自诉人通过多种方式查找，提供了黄某的多个联系方式、多处可能的住址，然而，法院均表示电话无人接听，寄送给相关地址的诉讼材料无人签收做退件处理，无法送达。于是，法院裁定案件中止审理。

无奈之下，自诉人只能花重金委托私家侦探寻找黄某的联系方式。某一天，私家侦探告知自诉人，黄某将在第二天早上10:30在高铁站下车。自诉人于是赶紧通知法院，然而，当时已经是法院下班时间，自诉人无法联系上法官。自诉人第二天又马上联系法官，但法官表示信息是否真实可靠无法确认，而且时间过于仓促，无法安排送达程序。此次自诉人花重金换来的被告人黄某行程信息对自诉案件进展没有任何推动作用。再后来，法官劝说自诉人撤回对黄某的自诉，才可以对张某的刑事自诉继续审理，但是自诉人基于诉讼策略、诉求的考虑，坚决不同意，于是双方僵持不下，一拖就是几年。

在这期间，自诉人坚持不懈地通过私家侦探多方寻找被告人黄某的住址和联系方式。后来终于获悉了黄某的确切住址，具体到某小区某房号。于是，自诉人马上联系法院，要求法院安排送达。在自诉人的多次交涉、强烈要求之下，法官同意在自诉人、代理律师的陪同下到相关地址送达。按照自诉人及代理律师的想象，这次应该可以完成送达，法官根据被告人的地址，找到具体的门牌号，然后敲门进去，告诉被告人，"你因某某案，被起诉到某某法院，这是诉讼文书，请签收。如果被告人不配合，则直接拍照留置送达"。然而，实际情况并非如此，现实的场景，与想象的场景大相径庭。自诉人及代理律师陪同法官到涉案地址送达时，小区的物业公司一个保安人员就足以将法官、法警、自诉人及代理律师全部拒之门外，小区保安人员要求经接受拜访的业主同意才能进入。经过半小时交涉，物业公司保安才通过各种请示，终于同意让法官、法警、自诉人及代理律师一行人进入小区，但仅是进入小区到物业公司的会议室，不允许进入自诉人花巨大成本换来的被告人黄某居住地址。物业公司要求法官自行打电话通知被送达人下楼，或者物业公司帮忙通知。自诉人及法官均没有被告人的有效联系方式，只能让物业公司帮忙通知业主下楼。又经过一个多小时，一名自称目标地址租户的人下楼了，说他不是业主，也不认识黄某。自诉人要求法官调取小区的业主登记记录、出入记录等材料，法官经过半个多小时的沟通交涉等待，终于看到了业主登记表、出入记录，但只有业主的记录，没有租户的记录。至此，送达流程结束，没有任何进展。至于该租户是不是住在目标房号、黄某是否居住在该地址、该租户与黄某的关系等，根本无法确认，只能依靠对方口述，法院送达效果不佳。

被告人到案是刑事自诉中诉讼程序推进的前提，无论被告人是否有罪，于情于理于法都应当到庭参加诉讼。自诉人提起刑事自诉后，让被告人到庭参加诉讼是法院等国家机关的义务，自诉人没有权力和能力强制被告人到庭参加诉讼。"被害人提起自诉后，为保证诉讼顺利进行，公权力仍应与'私权'相衔接，具体来说就是公权力应当适当补入，对'私权'予以协助。"[1]可以尝试建立法院与公安机关的联动机制，通过拘传、藐视法庭处罚，甚至拘留等各种措施，保障刑事自诉被告人到案参加诉讼。

---

〔1〕 于志刚：《亲告罪的司法困境及其解决》，载《法学》2008年第5期。

第九章
CHAPTER 09

被害人维权的沟通经验

有效、及时、充分的沟通，是被害人控告维权及代理律师协助被害人控告维权过程中不可或缺的，既包括代理律师与被害人的沟通，也包括代理律师及被害人与证人、司法机关办案人员的沟通，还包括代理律师庭审中与其他诉讼参与人的沟通。有效的沟通既可以在代理律师与被害人之间建立充分的信任关系，也可以指导被害人在控告维权过程中发挥更加积极有效的作用，对推动刑事控告案件的进展，最大限度地实现控告维权的效果，意义重大。

第一节 与被害人沟通的经验

在代理被害人控告维权的案件中，被害人是非常重要的参与人，律师与被害人需要保持非常好的沟通。一方面，被害人与律师保持良好沟通，有利于律师深入了解刑事控告的各种可能及影响，降低律师的沟通成本；另一方面，被害人的诉讼表现直接影响刑事控告的效果。律师与被害人沟通过程中，有几个方面的内容是必须充分解释的：正确理性的刑事控告理念，刑事控告给被害人可能带来的法律风险，刑事控告对被害人其他维权方式所产生的影响，以及被害人如何才能积极正确地发挥作用。

一、释明正确理性的刑事控告理念

被害人缺少法律知识、诉讼经验、维权经验，他们大多数受朴素价值观、正义观的影响,对于很多维权过程中的诉讼程序、实体结果不一定能接受。缺少正确的观念,就会产生不符合法律规定和司法实践的不合理期待,进而基于不合理期待产生对律师法律服务效果的不合理要求,律师与被害人的沟通成本就会比较大,互信关系也很难建立。因此,协助被害人维权的整个过程中,律师需要向被害人灌输正确理性的控告维权理念。

(一)控告的内容必须经得起推敲

被害人在控告维权过程中经常会认为,被控告人就是实施犯罪行为的人,犯罪事实非常清楚,他可以充分作证证明,被控告人应当被追究刑事责任。此时,代理律师需要向被害人解释清楚,他认为的犯罪事实和法律评判的犯罪事实标准不能等同。每一个刑事控告的内容都必须经得起各方诉讼参与人的推敲,不能有主观臆测的成分,不能脱离证据进行控告,即使是合理的猜测也要尽量避免。否则,公安机关在审查刑事控告材料时,就会发现这部分缺少证据的控告内容,从而质疑刑事控告材料的完整性与可信度。刑事控告中,所有的证据遗漏都可能会被放大成为不可饶恕的错误,所有的猜测内容都可能会被认为有捏造,甚至诬告陷害的嫌疑。

例如,某实业有限公司控告前总经理张某涉嫌职务侵占罪案:

某实业有限公司内部调查发现,张某在经营公司期间曾向客户发“指定收款账户”,让客户将应付给某实业有限公司的资金转入其指定的个人账户中,存在非法占有公司资金的重大嫌疑。于是,被害单位找律师洽谈控告维权的委托事宜。该案控告维权时,我们最重要的是要判断是否存在犯罪事实以及相应的犯罪手法、犯罪金额。被害单位认为,这是非常明显的犯罪事实,张某要求客户公司将应当支付给被害单位的资金转入其控制的个人账户,有“指定收款账户”予以证实,已经非法侵占了公司的资金,足以认定犯罪事实。

被害单位仅看到“指定收款账户”,进而怀疑张某可能存在职务侵占的犯罪行为,这是初步的犯罪嫌疑猜测,还远不足以对张某涉嫌职务侵占罪进行刑事控告。被害单位认为遭受职务侵占,目前看还只是其猜测,并没有充分的证据予以支持。要进行有效的刑事控告,被害单位还需要在律师的协助下进一步调查以下内容:

其一,调查被害单位与相关客户之间的所有业务合同、款项收付情况,核查被害单位是否存在应收的款项被安排转入了张某指定的个人账户中,如有,此类资金数额有多少,被害单位在财务上又是如何处理对客户的相关应收款。

其二,调查张某指定的个人收款账户是否存在私账公用的情况,是否被公司用于公司经营用途。如有,核查相关个人账户被用于公司用途的具体时间段以及具体收支明细等。

其三,调查“指定收款账户”究竟是谁制作的?有没有证据证明“指定收款账户”是张某制作或者张某安排之下制作的?只有在有充分证据证明这份刑事控告犯罪事实的关键证据与张某有关,才能锁定涉嫌的犯罪事实与张某有关。

其四,调查指定收款的个人账户与张某有没有关系,能否证明是张某所控制的账户。职务侵占罪最重要的特征是非法占有被害单位的资金,因此资金的去向必须有非常充分的证据证明。如没有证据证明涉案款项确实为张某所占有,职务侵占的刑事控告显然是艰难的。

至少要对这四个方面的内容进行核查,才可以判断是否存在职务侵占的犯罪事实、张某是不是实施职务侵占的犯罪嫌疑人、涉案的资金是否被张某实际占有等,才能将张某涉嫌职务侵占犯罪的主要事实梳理清楚,进行刑事控告。经过律师的分析,被害单位马上安排财务人员协助律师进一步内部调查,涉案犯罪事实很快就水落石出。

在刑事控告过程中,不论是刑事控告书还是证据材料清单,每一个控告的事实都会被多方仔细推敲审查,甚至每一个关系定罪量刑的表述都会被各方反复审查。被害人在接受公安机关询问时,刑事控告的材料会被反复研读、推敲,以便公安机关厘清案件事实和证据。刑事控告材料也会附卷,作为不可缺少的侦查案卷材料,后续诉讼过程中辩护律师会进行审查。因此,刑事控告材料所叙述的内容,如没有事实依据、证据支撑,则是经不起推敲的,很容易“土崩瓦解”。

(二)不是所有的罪行都适宜控告

对行为人实施的诸多犯罪事实进行刑事控告时,往往面临取舍的问题,并不是所有的犯罪行为都能进行控告。这涉及刑事控告的策略和成功率的问题,尤其是经济犯罪案件,经济犯罪案件维权时,律师经常会遇到控告维权的取舍问题。如果被控告人采取多种隐蔽的犯罪手法、实施犯罪的时间跨度可能也比较长,就不是所有的犯罪行为都能进行控告,律师非常有必要向被害人讲解清楚控告维权的取舍问题。刑事控告是要讲究证据的,事实清楚、证据确实充分,才能控告成功,才能得到法院最终的裁判支持。对证据不足的部分强行进行刑事控告,不仅会给公安机关的立案审查造成负面影响,还会给犯罪嫌疑人、被告人及其辩护律师更充分的辩护突破口,成为辩护方支持辩护策略的重要材料,甚至最终可能导致全案事实不清、证据不足。因此,在被控告人的众多犯罪事实中,证据不充分的部分,要慎重考虑是否舍弃,以增加控告维权的成功率,减少刑事控告后被辩护成功的可能。

××有限公司自2008年开始,被公司前总经理以虚假报销食堂费用、支付临时工工资、支付劳务派遣费、支付公司员工奖金补贴、支付工程维修款等理由,从公司套取资金,将公司资金挪用、侵占,犯罪事实数量非常多,金额非常庞大。

该案控告维权就面临取舍的问题,早期虚假报销食堂费用、虚假工程维修款的犯罪事实由于找不到充分的人证、物证、书证,没有任何证据能够证明相关报销项目、相关工程项目不真实,无法充分认定所支付费用的虚假性,且几宗犯罪事实只有公司的其中一名中层干部能出具证言,显然,认定相关犯罪事实的证据是不充分的,不宜作为控告的犯罪事实。支付临时工工资、支付劳务派遣费、支付公司员工奖金补贴等虚假支出的证据比较充分,相关的财务凭证、银行流水、支票存根、支票兑付记录、证人证言基本齐全,这部分犯罪事实作为刑事控告的内容,无疑更能提高刑事控告的成功率。

(三)不是所有的控告都能被立案

被害人不论是向公安机关进行刑事控告还是向法院提起刑事自诉,控告被受理都需要犯罪事实清楚、证据确实充分。被害人自认为遭受犯罪行为侵害,想要通过各种手段进行维权,但由于被害人自身的原因,或者犯罪手法过于隐蔽、时过境迁等原因,犯罪事实难以证成,则控告维权难以被支持。司法实践中,被害人由于证据不足,控告维权无果的情况比比皆是。

例如,吴某被迷奸、轮奸、侮辱的控告维权案:

被害人吴某自称她在家中休息时,被前男友带人迷奸、轮奸、侮辱,但她案发后一直没有发觉异常,直到第三天,才意识到当天休息时可能被人下药迷奸、轮奸、侮辱。吴某迅速向公安机关报案,但公安机关认为证据不足,不予受理。无奈之下,吴某向律师咨询求助。我们仔细分析了吴某所陈述的案件事实,认为吴某所陈述的犯罪事实可能存在,但证据确实非常不充分。吴某由于自身的原因,其遭受侵犯的证据已经全部灭失,只能通过进一步的调查取证,尝试搜集监控录像等外围证据来进行控告维权,难度是极大的,成功率并不高。因此,我们向吴某充分解释该案取证难度比较大、证据证明效果也不一定乐观,不一定能控告维权成功,律师能做的工作就是协助并指导她尽力搜集证据,尽力推动刑事控告维权。只有吴某能够充分接受控告维权困难的现实,我们才能接受代理,协助她进行控告维权。否则双方后续的沟通难度比较大,也很难建立信任关系。

(四)不是所有的犯罪都能被侦破

刑事案件的追诉过程,都是在案件事实发生后,司法机关通过各种证据来还原案件事实,针对还原后的事实进行法律评判。由于侦查手段、办案人员的经验和能力、犯罪手段、案件辩护情况等多种主客观因素的影响,部分案件被害人进行刑事控告即便能立案成功,公安机关刑事侦查只能还原部分案件事实,很多案件事实都难以被认定,甚至部分案件可能成为悬案。根据各种证据还原的案件事实也可能完全不符合客观事实,导致出现冤假错案。

然而,大部分情况下,被害人都难以理解,也难以接受被控告人逍遥法外的事实。因此,代理律师必须充分告知被害人,即便刑事控告立案成功,公安机关也不一定能侦破案件,被控告人不一定能被追究刑事责任。

在经济犯罪案件中,被害人刑事控告,公安机关也予以刑事立案,但是,犯罪嫌疑人及其辩护人提出了非常有力的辩护观点,导致公安机关无法推进案件,这种情况也非常常见。侦查案件的过程,就是不断还原案件事实真相的过程。但人的能力是有限的,不可能绝对地还原案件发生的全部客观事实,往往只能尽量还原部分事实。如果还原的事实足以组成逻辑严密、排除合理怀疑的事实,那么案件告破,这个事实就叫法律事实,法院就会根据这个法律事实作出判决。但很多案件,公安机关无法还原案件事实,无法破案。

最典型的案件当数1994年石家庄西郊玉米地奸杀案:

1994年8月5日,被害人康某在石家庄西郊玉米地被奸杀。公安机关将聂树斌抓获归案,指控他系真凶,1995年4月25日,河北省高级人民法院作出死刑判决,并根据最高人民法院授权高级人民法院核准部分死刑案件的规定,核准聂树斌死刑。2016年11月30日,最高人民法院作出(2016)最高法刑再3

号刑事判决书,宣告聂树斌无罪。2005年,王书金因涉嫌多起奸杀命案被抓获后,口口声声供认他是"1994年石家庄西郊玉米地奸杀案"的真凶。这也是引发聂树斌案再审的重要理由。然而,王书金案的再审裁判并没有认定王书金的犯罪事实。那么,"1994年石家庄西郊玉米地奸杀案"的真凶是谁,可能永远都无法揭开。

又如,南大碎尸案:

该案案件真相至今未能水落石出,南京大学成人教育学院一年级女生刁某被碎尸,1996年1月19日,被害人在失踪9天后的清晨,被一名清洁工在南京华侨路发现。凶手为消灭作案痕迹,将其尸体加热煮熟,并切割成2000片以上。2016年1月20日,公安部刑侦局在官方微博发声,"南大碎尸案"永远追查到底。

(五)不是所有的嫌犯都能被定罪

公安机关刑事立案后,顺利破案,将犯罪嫌疑人抓获,就算案件事实能够被还原,但也不是所有的罪犯都能被绳之以法。一方面,案件事实调查清楚,锁定了犯罪嫌疑人,但犯罪嫌疑人不一定能被抓获归案、接受审判。如果犯罪嫌疑人迟迟无法归案,刑事案件注定无法推进,其依然是逍遥法外的状态。另一方面,即使犯罪嫌疑人被抓获归案,公安机关抓获犯罪嫌疑人到最终法院判决罪名成立,中间也需要经过漫长的刑事诉讼程序,需要控辩审三方的多次抗辩、审查,还受到各种法律内外因素的影响。从法律层面,司法机关需要审查案件事实是否清楚、证据是否确实充分、证据取证程序是否合法等一系列问题,辩护律师也会从各个角度为犯罪嫌疑人、被告人进行"寸土必争"的辩护。部分案件作出是否有罪的裁决、认定什么罪名以及判处刑罚轻重,也往往会有各种法外因素的考量。最终,犯罪嫌疑人、被告人可能由于犯罪事实不成立、事实不清、证据不足等原因,公安机关作撤案处理、检察院作不起诉处理或者法院作出无罪判决。此时,被害人控告维权的诉求还是会落空。

例如,美国的辛普森杀妻案,时至今日,大家都心知肚明,辛普森就是杀害其妻子的真凶,但由于当时美国的FBI取证存在问题等原因,辛普森被无罪释放。

又如,在中山某公司控告其员工季某涉嫌职务侵占罪案中,我们准备了非常完善的刑事控告材料,公安机关最终也予以刑事立案。然而,由于季某此时已经逃匿出境,只能对其进行网上追逃。刑事案件只能悬而未决,等待将来某一天季某入境时将其抓获,案件才能进一步推进。

(六)不是刑事控告就能挽回损失

犯罪行为大部分都会给相关人员带来经济损失,遭受损失的一方进行刑事控告时既有追究犯罪人刑事责任的诉求,也往往会有挽回经济损失的诉求。但是,案件性质不同,犯罪人的违法所得处置方式不同,刑事控告的人不一定会被认定为被害人,不一定能挽回损失。犯罪行为的罪名定性,无疑会直接影响被害人的损失能否挽回。最典型的就是传销犯罪。在组织、领导传销活动案件中,被害人被骗取的财物可以由法院判决返还,但也存在被作为组织、领导传销犯罪行为的违法所得予以没收的可能性。司法实践中,如果传销组织人员众多、遭受损失的人员过于庞大,将传销组织的财产判决退赔给遭受损失的参与人变得不切实际,此时,法院往往会裁定一概没收,此时,被害人进行刑事控告可能也无法挽回损失。

例如,广东某特大平台涉嫌组织、领导传销活动案:

在该案中不少参与者都认为自己是被害人,以自己遭受该传销组织诈骗为由向工商行政管理机关及公安机关报案,要求调查该传销组织、帮助他们挽回损失。案发后,经公安机关调查,虽然在案查扣的资金130多亿元,但会员人数接近1000万人。很显然,不论被害人是否遭受传销组织的诈骗损失了财产,法院裁判将查扣在案的资金返还给这些被害人是不具有现实可能性的。这些会员中哪些是被害人、哪些不是被害人,难以一一甄别。即使将被害人与非被害人全部甄别出来,哪些被害人遭受了损失、哪些被害人并未遭受损失,也不可能一一核查。如果要将查扣在案的资金全部返还给遭受损失的被害人,工作量是无法估量的。因此,即便这些参与人确实遭到传销组织的坑蒙拐骗损失了巨额财产,采取了刑事控告的维权措施,但案件的性质本身注定了他们是不太可能挽回损失的。

又如,前述陈某资金遭受损失控告维权案:

陈某与冯某系朋友关系,冯某向陈某推荐一种外汇交易的投资方式。投资一个周期盈利4%至5%,一个周期30天至40天不等,每一笔交易都要分仓1/3到保险仓作为风控措施,亏损了只需要等待1~3天理赔到位就好,投资人不会遭受损失,因为这个平台是保本付息的。平台账户内的“美金”稳赚不赔,年收益率可以做到50%,复投年收益率可以达到80%,冯某自己的年化收益率达100%。网站账户内的“美金”可以随时提现。冯某表示他自己也投入了很多资金,现在月收入5万元,冯某家的阿姨也跟着他的脚步参与投资,现在一个月也可以赚2500元。在冯某的多次推销引诱之下,被害人陈某逐渐进行投资。陈某按照冯某的要求,将人民币转入冯某指定的不同自然人账户,然后就会在交易平台账户上获得相应金额的“美金”,“美金”以电子货币的形式存放于交易平台的陈某个人账户内,陈某只需要静待收益。就这样,陈某在一年内陆续投资了500万元。最后陈某想要提现时,才发现平台已经无法提现,陈某遭受巨大损失。

在该案维权代理过程中,我们多次专门跟陈某解释:经检索发现,该投资平台已经被某市公安机关列为正在侦办的“特大组织、领导网络传销案”典型案件,是当地年度十大经济犯罪案件之一。而且该平台的会员人数庞大,参与传销的资金也非常大。正常来说,该案不论以什么罪名进行刑事控告,最终公安机关都有较大可能会认定为组织、领导传销活动罪,甚至可能会直接将案件移送已经在侦办该传销犯罪案件的某市公安机关,该平台的所有投资资金很大可能都会被认定为传销组织的违法所得,最终由法院判决予以没收,上缴国库。因此,刑事控告即便控告成功,被害人陈某也不一定能够挽回损失。对通过刑事控告就能挽回损失抱持太高期望值,是不现实的,律师只能在力所能及的情况下,协助她通过与经办人的谈判、和解等途径,尽量挽回损失,最后再采取刑事控告手段,追究有关人员的刑事责任。

(七)不是所有的损失都能够挽回

由于各种主客观因素限制,被害人刑事控告的犯罪事实与最终裁判认定的犯罪事实有差异,被害人所遭受的实际损失与刑事裁判认定的被害人损失也有差异。因此,即便刑事控告成功,被害人通过刑事控告也可能仅挽回一部分损失。

其一,证据状况限制。被害人因为犯罪行为遭受巨大的经济损失,他们会很自然地认为,所有的损失都要归咎于被控告人,所有的犯罪事实都要让被控告人承担刑事责任,所有的损失都由被控告人承担退赔责任,至少都能够在裁判文书中获得理论上的退赔。然而,被害人的损失与被控告人的犯罪金额是不同的。被控告人可能实施了多宗犯罪事实,但证据有限,被害人只能刑事控告部分犯罪事实,而法院最终也仅判决认定了部分犯罪事实。证据状况的限制导致部分损失无法通过刑事控告手段归咎于被控告人,这部分损失自然无法通过刑事控告予以挽回。

其二,法律规定限制。刑事案件中犯罪人需要退赔的金额与犯罪金额、被害人实际遭受的损失直接挂钩,但犯罪行为直接造成的损失,被害单位是无法通过刑事控告予以挽回的。例如,被害人因为被控告人的犯罪行为引发的诉讼费、律师费、鉴定费、利息、违约金等损失,这些损失不是犯罪行为直接造成的,无法通过刑事控告手段予以挽回。另外,在暴力犯罪案件中,被害人遭受人身损失,被害人或其家属提起民事诉讼或者附带民事诉讼,根据法律规定,被害人只能获得一部分的赔偿项目,裁判并不支持死亡赔偿金、残疾赔偿金、精神损失费的赔偿诉求,被害人能获得的赔偿数额是很少的,远远不足以弥补被害人的经济损失。经济犯罪案件也类似,刑事控告可能并不能挽回损失。

其三,犯罪人的财力限制。"现行刑事法律所规定的权利救济手段只能依赖于犯罪人自身的财产状况,本身就存在先天的缺陷,也无法有效恢复、弥补受损的社会关系。"[1]不论犯罪行为造成的损失有多大,犯罪人的赔偿责任范围都是以其财产为限度,而且绝大多数案件都仅以犯罪人的财产为限度。如果犯罪嫌疑人、被告人并没有支付能力,相关财产已经被转移或者挥霍,则无法对被害人的财产损失进行赔偿,即便刑事控告成功,被害人也无法挽回损失。

例如,郑某涉嫌故意杀人罪案:

被害人家属要求追究郑某故意杀人的刑事责任,判处死刑立即执行,并提起附带民事诉讼,要求郑某赔偿被害人家属死亡赔偿金、精神损害抚慰金、丧葬费、误工费、交通费等一系列经济损失120万元。然而,最终,法院判决郑某故意杀人罪成立,判处死刑立即执行,剥夺政治权利终身,并判令郑某在本判决生效之次日起一个月内赔偿给附带民事诉讼原告人黄某丧葬费、医疗费、住宿费、误工费共计人民币52,147.55元。法院认为死亡赔偿金、精神损害抚慰金并不是刑事附带民事诉讼的赔偿范围,不予支持。而实际上,被害人家属遭受的经济损失是实实在在的,绝对不仅仅只有丧葬费用。

---

〔1〕 李红辉:《国家为何要救济刑事被害人——对东莞地区重大刑事案件的调查分析》,载《中国刑事法杂志》2008年第5期。

又如，虞某涉嫌强奸罪案：

被害人系附带民事诉讼原告人王某的独生女。法院认定强奸致人死亡，判决虞某有期徒刑12年，并在判决发生法律效力之次日起10日内赔偿附带民事诉讼原告人王某63万元。然而，被认定为犯罪的虞某并没有支付赔偿款的经济实力。被害人家属认为，他的父母有资产可以赔偿，要求执行他父母的资产，追究他父母管教不严的家长责任。然而，很可惜，虞某是一名成年人，他因犯罪行为所需要承担的民事赔偿责任只能由其自行承担，无法通过法律途径要求其父母承担赔偿责任。只能通过协商、谈判等方式，让虞某的父母自愿为虞某承担赔偿责任。

再如，某有限责任公司原销售经理刘某涉嫌职务侵占案：

刘某在担任公司销售经理期间，利用公司财务不规范的漏洞，以公司名义与客户签订销售合同，以公司名义销售产品，而后让客户将资金转入公司账户后，通过伪造垫付款证明的形式，将款项用于他人购买货物，公司将相应货物发送给刘某指定的购货人。后来真正的购货客户发现支付货款后并没有收到货物，于是向法院提起民事诉讼，要求公司退还全部购货款。刘某采取这种手法实施了几十宗犯罪事实，几十名客户起诉被害单位的案件，法院最终都判决客户胜诉，认定客户按照被害单位销售经理的指示将款项支付给了公司账户，而公司并没有如约交付货物，属于违约行为，应当退还全部购货款。刘某以这种形式将公司的货款非法据为己有，将债务转嫁给公司，让公司遭受非常重大的经济损失，包括民事诉讼的诉讼费、律师费、鉴定费、民事赔偿的货款本金及利息等。刘某实施这些犯罪行为，相应资金流水非常混乱，客户之间相互垫付的关系非常复杂，加上公司经营不规范、财务记账凭证也不齐全，这些犯罪事实中很多宗犯罪事实的证据已经难以找齐。

案发后，公司采取非常积极的刑事控告维权行动。在与律师洽谈沟通的过程中，被害单位始终持有两个观点：第一，所有的民事诉讼损失都是由于刘某的职务侵占犯罪行为引发的应当归咎于刘某，认定为刘某职务侵占罪的犯罪金额；第二，所有民事诉讼导致的损失，包括诉讼费、律师费、鉴定费、民事赔偿的货款本金及利息等，都应该由刘某进行退赔。

我们在代理案件过程中发现被害单位存在错误的控告维权理念，我们需要向被害单位及时进行解释：

首先,刑事案件的犯罪金额与民事诉讼的损失是不同的,两者的证据标准不同、法律判定不同。从证据状况上看,本案有部分犯罪事实证据不足,无法进行刑事控告,这部分损失金额无法通过刑事控告予以挽回。因此,不是所有的民事诉讼损失都会成为犯罪金额,两者不可同日而语。

其次,刑事诉讼认定的犯罪金额不一定能包含全部的民事诉讼损失,像本案这种职务侵占犯罪行为的刑事案件只能认定犯罪金额,即被职务侵占的金额,其余的诉讼费、律师费、鉴定费、利息等,都不是职务侵占的金额,而是职务侵占犯罪行为发生后让公司遭受的损失。这部分损失是不能通过刑事诉讼的退赔程序予以挽回的,希望通过刑事控告手段挽回这部分损失是没有法律依据的。

最后,即使刑事控告成功,法院判决刘某职务侵占罪成立,刘某也不一定具备退赔的能力,被害单位所遭受的损失不一定能够获得退赔,而且可能性非常大。

(八)不是所有控告诉求都能实现

在被害人控告维权案件中,被害人的维权诉求是多元的。例如,要求判决犯罪人死刑、无期徒刑或者判处××年以上有期徒刑,要求犯罪人及其家属赔偿××万元,要求犯罪人及其家属赔礼道歉,要求将犯罪人转移到其家属的财产追回来,要求追究其他参与犯罪的相关人员的刑事责任,诸如此类,被害人总是无法避免会提出一些诉求。被害人的诉求是基于其利益最大化所提出的感性、朴素诉求,而不是基于法律规定提出的理性诉求。这些诉求可以理解,但这些诉求往往无法从法律上得到全部满足。律师要给予理性、客观的分析,根据法律规定给予足够的预判,让被害人知道根据法律规定,哪些诉求是不可能实现的,哪些诉求是律师可以协助争取实现的,哪些诉求是一定可以实现的。如果律师未能及时跟被害人沟通清楚这些观念,即便经过努力维权工作,也无法满足他们的诉求,被害人必然会对律师产生不满情绪,双方产生不必要的矛盾。

综上可见,在帮助被害人控告维权的案件办理过程中,律师向被害人灌输正确理性的刑事控告维权观念非常重要,否则被害人会产生脱离实际的过高期待,律师无论如何努力进行协助维权,都注定不可能满足被害人的维权诉求。那么律师面对被害人的压力是非常大的,律师和被害人也难以保持良好关系,难以建立互信关系。

二、释明控告对被害人的法律风险

代理律师首先需要为被害人评估其自身的各种风险，包括自身是否参与其中，是否涉案，是否构成共同犯罪、对向犯罪，是否有违法犯罪把柄被对方掌握等方面，综合评估被害人自身有无相关法律风险。这些问题都直接关系到被害人是否进行维权的决策，以及具体维权的策略选择等。在进行维权之前，被害人必须有充分的认识，避免因为维权招致自身的法律风险，避免因维权招致其意料之外、承受能力之外的各种风险。

因此，代理被害人控告维权过程中，律师需要与被害人建立充分的信任关系，让被害人将所有案件事实经过、细节都毫无保留地告知律师，将所有证据材料都提供给律师进行充分研究，尤其是被害人自己参与的情况以及被害人与被控告人之间的其他“恩怨”。律师需要为被害人自身可能涉及的法律风险进行评估，并予以释明，防范被害人因为进行控告维权而招致各种风险，其中主要的是刑事法律风险。这是律师协助被害人进行刑事控告之前不可缺少的准备环节。

刑事诉讼程序一旦启动，被害人只有知情权和配合提供证据、发表意见等被动性的参与权利，无法影响刑事诉讼的进程。公安机关会全面调查案件事实，相关的所有犯罪事实、所有犯罪嫌疑人都可能被追究刑事责任，公安机关的侦查范围、追责范围，被害人是无法控制的。国家权力机器启动后，被害人无法主导它的运转。因此，在准备刑事控告时，律师需要全面把握案件细节，排查被害人及其他人员是否存在涉嫌相关犯罪或者牵涉其中的可能，相关人员在刑事诉讼程序启动后有无被追究刑事责任的风险。如有，要慎重控告、慎重选择控告方案，以避免“搬起石头砸自己的脚”或“杀敌一千自损八百”。

（一）对向犯罪的问题

通常认为，所谓对向犯，是指二人以上的行为相互以存在对方的行为为要件的犯罪，一方的行为是另一方构成犯罪的条件。在对向犯关系中，双方可能都构成犯罪，也可能只有其中一方构成犯罪。如果控告人和被控告人是对向犯罪关系，两人的行为则可能都是犯罪，都可能被追究刑事责任。此时，一方进行刑事控告，能否控告成功存在较大不确定性，但其自己交代的犯罪事实被认定为犯罪则具有较大确定性，因此，对向犯之间的相互控告需要慎重。

以行贿和受贿关系为例。例如，王某涉嫌对非国家工作人员行贿罪案：

王某是承包小区装修工程的包工头，他承接了某个小区几个别墅的装修项目。为了得到小区物业经理陈某协助对某别墅的门楼进行违建改建，王某向小区物业经理陈某行贿10万元。后门楼在改建施工过程中，被城管执法人员查处，门楼改建无法推进。王某认为物业经理收钱不做事，没有帮他处理好和城管执法人员的关系，确保他能够改建别墅门楼。于是，王某多次通过微信、电话等方式，要求物业经理陈某返还行贿款，但物业经理陈某都不予理会。为了要回涉案的10万元，该包工头到陈经理所在物业公司控告，要求物业公司领导督促陈经理还钱。

王某的控告导致案发，物业公司马上报警。警方将王某带至派出所接受调查，此时王某还理直气壮地对物业经理陈某的受贿犯罪行为而后收其好处费不做事情的骗钱事实提出控告，请求公安机关追究陈某受贿犯罪、诈骗犯罪的刑事责任，并协助追回这笔10万元辛苦钱。在控告过程中，王某将向陈某行贿时间、地点、人物、送钱过程、送钱金额、送钱方式等过程，叙述得非常详细。

实际上，王某此次控告的对象不仅是陈某，还包括他自己。公安机关对此立案侦查，以对非国家工作人员行贿罪对王某刑事立案侦查、以非国家工作人员受贿罪对陈某刑事立案侦查。王某被刑事拘留，此时，王某才意识到他的控告给自己带来了牢狱之灾，但为时已晚，后王某认罪认罚，接受法院的裁判。

（二）共同犯罪的问题

如果控告人和被控告人是共同犯罪关系，双方共同实施某一犯罪行为，其中一方向公安机关控告另一方，则控告方极大可能面临被追究刑事责任的风险。此类案件，律师代理向公安机关进行刑事控告时，非常有必要向控告人解释清楚相关法律后果。

例如，吴某控告刘某非法倒卖土地使用权罪案：

吴某筹集了200万元从村民手中受让了村里某生产队的土地使用权，交由刘某开发成众多宅基地去售卖，给予刘某20%的干股，两人共同经营这块土地。刘某管理、售卖后，将销售所得资金大部分据为己有，而且还以平整土地需要疏通关系等理由，向吴某继续索要资金，吴某为此又支付了100多万元用于“开发”这块土地。几年后，吴某才恍然大悟，刘某不仅骗了他的钱，还侵吞了土地的售卖款480多万元。吴某遭受了巨大的经济损失，不仅没有获得投资收益，其投入的成本也没有全部收回。吴某认为，他是受害者，遭到刘某的侵占和诈骗，侵占的是他们共同投资的收益，诈骗的是以疏通关系为由让吴某继续投入的资金。因此，吴某想要对刘某进行刑事控告，挽回其经济损失。

我们代理吴某维权案件的过程中，向吴某仔细分析了此举极有可能存在“同归于尽”的法律效果，非法倒卖土地使用权的实施行为人是吴某和刘某两个人，属于共同犯罪，甚至吴某还处于“老板”的主犯地位。因此，控告刘某非法倒卖土地使用权罪，就意味着也控告了吴某自己。最后的结局很大可能是双方共同犯罪，两人都被追究刑事责任。更为严重的是，最终还都要被判处金额较大的罚金，卖地所得的款项都可能会被认定为违法所得，法院最终会裁定予以追缴，上缴国库。不论吴某是否分得了卖地款，作为共同犯罪人，他们两人都很有可能会被判决成为共同追缴违法所得的对象。这意味着，一旦控告，吴某可能被判决罪名成立，判处罚金，继续被追缴违法所得，则他损失的不仅是前期投入的200万元、疏通关系的100万元，还要面临几万元到几十万元不等的罚金，以及被继续追缴违法所得480万元。

在经过仔细的分析后，吴某表示向刘某再次进行交涉，告知他如果继续不分配收益、不交回成本的后果。结果，经过多次交涉，双方都没有达成合适的解决方案，都抱持“要坐牢就一起”的态度。双方利益之争变成意气之争。吴某咽不下这口气，还是决定要进行刑事控告。最终，吴某控告刘某非法倒卖、转让土地使用权的案件被公安机关刑事立案，公安机关将刘某刑事拘留后，不久刘某供认了与吴某的合作关系，公安机关又将吴某抓获归案。法院判处了两人同样的刑期，同样的罚金数额20万元，而且裁判继续追缴480万元的违法所得，由两人共同连带承担。

（三）被反控告的问题

一旦进入维权程序，不论是刑事维权还是民事维权，被害人和他所认为的加害人之间必然会对簿公堂，互相寻找对方的违法犯罪事实，相互控告、相互诉讼。维权过程中，对方完全可能会进行反控告或者反诉。部分案件中，控告人和被控告人原本是关系非常密切的人，生意伙伴、亲戚关系等，后来由于利益纠葛等原因，双方关系闹掰，势同水火，互相都想要让对方承担刑事责任。此时，律师需要意识到，控告人和被控告人对彼此都非常熟悉，控告人和被控告人相互掌握对方违法犯罪的事实和证据。那么，控告人在控告对方时，需要慎重考虑是否会引火烧身，导致对方反控告的风险。代理律师需要向被害人释明潜在风险点，让他充分评估与他认为的加害人之间是否关系恶化到无可挽回的地步，对方是否有相关的手段进行反向控告维权。

例如，张某拟控告其妹夫涉嫌高利转贷罪案：

律师与张某充分沟通后，发现张某和其妹夫原本是生意合作伙伴关系，对彼此的生意经营模式、资金来源都非常清晰，两个人都知道对方有通过高利转贷的方式赚钱，而且还为对方的高利转贷行为相互提供帮助。此时，我们告知张某，控告对方涉嫌高利转贷罪之前，需要考虑对方是否有相应的证据能进行反控告，如果对方也可以用同样的方式控告你，则需要慎重决策是否进行刑事控告。

又如，林某与吕某因某公司股权引发的纠纷案：

林某与吕某存在长期合作关系，互相有大量资金往来，在林某的甲公司及吕某的乙公司向金融机构融资过程中，双方都有相互帮忙提供抵质押的行为。后来，在吕某的游说下，林某为帮助吕某的乙公司顺利融资，同意让吕某代持林某的甲公司股权，并用甲公司的资产为吕某及其乙公司的融资提供担保。后双方都陷入资金紧张，合作关系难以为继，关系迅速恶化，对于甲公司的股权归属、是否存在代持关系发生激烈的冲突。在公司控制权争夺中，林某处于劣势，甲公司实际控制权被吕某夺取。后吕某以甲公司控股股东的身份变更工商登记，解除了股权代持协议，将甲公司完全控制，将林某“踢出局”。

林某认为吕某所持有的股权系代其持有的，现吕某将代持的股权非法据为己有，侵害了其的合法权益。于是，林某采取刑事控告的反制措施，向公安机关提出合同诈骗罪的刑事控告，认为吕某以虚构事实、隐瞒真相骗取了他持有的甲公司股权，要求追究吕某合同诈骗罪的刑事责任。而此时，由于林某的刑事控告，双方关系进一步恶化。吕某也采取刑事控告手段，以甲公司实际控制人的身份，向公安机关刑事控告林某在以往经营乙公司过程中将甲公司的资金占为己有，涉嫌职务侵占罪、挪用资金罪。

在该冲突中，林某控告吕某合同诈骗罪的案件一直处在侦查阶段，由于证据不足，难以推进，吕某并未被采取强制措施。吕某控告林某职务侵占罪、挪用资金罪的案件，由于吕某实际控制甲公司后，有财务单据等大量证据材料，案件推进非常快速，最终，法院判决林某犯职务侵占罪、挪用资金罪，判处有期徒刑15年。

再如，梁某与元某经济纠纷案：

梁某与元某因为多年的经济纠纷，双方矛盾非常激烈。后梁某在双方有争议的宅基地上建造房屋。梁某认为这是他花钱购买来的宅基地。元某则认为这块地是他祖上传下来的，他家曾经在这块地上种了一棵果树，这块地是他家的果园，因此，其拥有这块地的权属。双方为此产生了激烈的分歧，元某未能举证，村委协调过程中对元某的诉求不予支持，同意梁某在该地块建房。而元某则不断以梁某无证照违法建设、要求制止梁某自建房等理由进行投诉。政府部门也多次介入制止梁某的房屋建造行为。于是，梁某想要通过刑事控告元某非法倒卖土地使用权的犯罪事实进行举报控告维权。

该案中，虽然元某非法倒卖土地使用权的犯罪事实比较确凿，梁某也从村民处收集了大量的收款收据等元某的犯罪证据，但是，梁某与元某双方矛盾已经如此激烈，梁某进行刑事举报控告维权可能会招致元某更进一步的报复。律师有必要对此予以释明，梁某在决定举报控告之前，需要对该问题有充分的心理预期。

（四）被打击报复的问题

被害人刑事控告维权，必要时也要考虑刑事控告成功后，是否会遭受被控告人的打击报复，以及能否承受被控告人的打击报复的问题。被害人通过民事、刑事手段进行维权，尤其是采用刑事手段维权，如维权成功，对方也可能会采取各种报复措施，以解“心头之恨”。在洽谈过程中，代理律师有必要向被害人解释清楚可能存在的打击报复情况，以及根据案件情况分析被控告人未来可能采取的打击报复手段，让被害人衡量相关风险，进一步评估控告维权的必要性和决心。

例如，宋某与季某公司控制权纠纷案：

宋某与季某本是合作伙伴，合伙成立A公司，两人均是公司的股东，宋某持股51%，季某持股49%。宋某作为公司的大股东、担任总经理，负责公司的业务开拓，季某则作为公司的财务负责人，实际负责公司的日常经营活动。由于双方经营理念不同逐渐发生分歧，双方关系也越发恶化。后在公司尚未注销的情况下，双方不愉快地分开，各自带领原来的员工设立新的公司继续经营。但双方对A公司尚未了结的业务、应收回款、后续业务款项的归属问题发生了激烈矛盾。宋某认为所有的客户都是其开拓的，当然是他自己的客户，应该跟他自己设立的新公司开展业务合作，相关的款项也应当由其收取。而季某认为客户是双方合作期间的客户，而且她提供了主要的服务工作，因此算是她的客户，款项也应该由她收取，这些客户应该跟她自己的公司开展业务合作。为获得客户，季某采取了过激的手段，将客户的护照资料扣下，要求客户与其合作。宋某为维护自己的业务利益，与客户一起向公安机关提出刑事控告，要求公安机关追究季某强迫交易罪的刑事责任。

很快，公安机关对季某涉嫌强迫交易罪刑事立案侦查，后季某被法院判决强迫交易罪成立，判处有期徒刑2年6个月。刑满释放后，季某对宋某恨之入骨，想尽办法报复宋某。在与多名法律工作者沟通谋划后，季某找到了报复的方法。季某和宋某合伙成立的A公司并没有清算、注销，公司仍然存续，而且季某还是公司的法定代表人、财务负责人，财务账册凭证也还在季某的手上。于是，季某也委托代理律师对宋某进行刑事控告。在对A公司的财务账册凭证进行有针对性的专项审计后，得出宋某将A公司180万元业务款项非法据为已有，用于其个人消费的结论。于是，季某及代理律师以A公司的名义向公安机关进行刑事控告，控告宋某在担任A公司总经理，负责公司经营期间，将公司资金擅自挪作他用、非法据为已有，涉嫌职务侵占罪、挪用资金罪，要求追究宋某的刑事责任，并挽回公司的经济损失。

很快，公安机关对宋某以涉嫌职务侵占罪、挪用资金罪刑事立案。宋某陷入非常被动的辩护局面。宋某赶紧委托专业刑事律师为其提供辩护。虽然在宋某和辩护律师的据理力争下，公安机关因证据不充分，迟迟没有采取刑事强制措施。但是，公安机关对宋某的所谓犯罪事实，刑事立案侦查了10年。在这10年间，宋某不间断接受公安机关的调查问话，宋某及其家属备受折磨，不论是精神上还是经济上都遭受非常大的损失。最后，在辩护律师的协助下，公安机关未能推进案件，但也至今未正式撤案。公安机关立案侦查10年后，将案件移送检察院审查批准逮捕。辩护律师与检察官进行多次、充分的沟通，最终检察院以事实不清、证据不足为由，作出不予批准逮捕的决定，为这个案件画上一个尚未圆满的“句号”。

(五)关联行为的刑事风险

在所控告的犯罪行为与被害人自身行为有密切关联时,被害人需要充分评估其自身相关行为可能存在的犯罪风险,因为该犯罪风险可能会因为被控告人的供述或指控而暴露,此时,被害人在刑事控告之前,也需要审查被害人实施、参与的行为是否存在犯罪风险,以及能否承受后续公安机关可能的调查。

例如,某银行被贷款诈骗控告维权案:

我们作为该银行的代理律师,看完相关拟控告的材料后,评估认为贷款诈骗或者骗取贷款罪的刑事控告,在法律层面是可行的。但是,严格依照法律来评判,相关贷款发放过程存在违法发放贷款的嫌疑。刑事控告后,公安机关进行调查的犯罪事实、罪名选择都是不可控的,不排除从贷款诈骗或者骗取贷款的侦查开始,最终侦查银行的违法发放贷款行为。因此,我们建议银行要慎重考虑后,再决定是否进行刑事控告。

银行经过考虑后,还是决定以贷款诈骗罪控告3名融资人。公安机关受理案件,并进行初步的调查。调查后,公安机关向银行反馈,他们调查发现融资人提交给银行的融资资料都是虚假的,银行员工并没有进行尽职调查,初步看起来不仅可能存在贷款诈骗,还可能存在银行员工违法发放贷款的问题。银行为此非常紧张,我们只能协助银行与公安机关进一步沟通,表明银行才是被害单位,银行是控告主体,控告的是贷款诈骗,并没有控告银行员工违法发放贷款的问题,不希望银行的员工被认定为违法发放贷款罪。

在该案中,由于违法发放贷款行为与骗取贷款、贷款诈骗行为具有非常密切的关联,骗取贷款或贷款诈骗行为的发生往往伴随着银行工作人员的违法发放贷款,甚至是利益输送。因此,此类案件被害人进行刑事控告维权时,需要慎重评估其内部员工是否存在违法发放贷款、贿赂犯罪等刑事风险,以及银行能否应对可能的调查风险,抑或银行能否影响公安机关的调查方向,避免公安机关在调查骗取贷款行为中,连带揪出银行内部员工的犯罪行为,进而对银行的利益产生负面影响。

三、释明控告对其他参与人的风险

刑事控告维权要特别注意的是,刑事控告后诉讼程序是不可逆的。公安机关立案后,往往不会因为被害人撤回控告就将刑事诉讼程序终止。而且,刑事控告后,公安机关调查的原则是全面调查相关犯罪事实,不受被害人的诉求限制,也不受被害人刑事控告范围的限制。因此,如果被害人的员工或者家属也参与了被控告的犯罪行为,则被害人采取刑事控告措施,可能会导致被害人所关心的其他相关人员也被追究法律责任。

例如,某公司对其员工李某职务侵占的控告维权案:

该公司为了获取某工程项目,让其员工李某拿公司的资金向有关公职人员行贿。后来事情没办成,该员工李某又谎称资金已经全部使用,追不回来。公司经过调查发现,该员工李某仅向有关公职人员贿送了一小部分资金,剩下资金都被该员工私吞。于是,该公司拟采取刑事控告手段进行维权,追究该员工李某将没有贿送出去的资金据为己有、拒不归还的刑事责任。为此与律师洽谈委托事宜。

我们仔细分析案件事实经过发现,该案被害单位的行为涉嫌单位行贿罪,该员工李某是单位行贿罪的直接责任人。因此,如果对该员工进行刑事控告,该员工无疑会将所有的案件事实真相暴露出来,被害单位无疑将陷入被动,甚至被追究单位行贿罪的刑事责任。因此,被害单位是否采取刑事控告手段维权需要慎重考虑,必须考虑到被害单位自身可能因刑事控告所遭致的法律风险。

又如,某公司控告原总经理职务侵占罪案:

该案中,某公司调查发现,在原总经理任职期间,其安排会计、出纳、财务负责人以虚假报销的方式,套取了公司大量资金,并由公司出纳将资金取现之后交给原总经理,非法据为己有。被害单位对原总经理离职审计时,发现了该犯罪事实。于是,该公司拟采取刑事控告手段追究原总经理的刑事责任,挽回经济损失。公司的相关会计、出纳、财务负责人都还在公司上班,都清楚公司原总经理职务侵占的犯罪事实,而且都能配合作证。

此时,被害单位采取控告维权时,就需要考虑相关经手人员的法律责任问题。理论上,公司的会计、出纳、财务负责人并未认真履职,在公司原总经理的安排下,帮助其利用虚假的材料套取公司资金,而且每一笔支出都由会计、出纳、财务负责人经手办理,他们的行为属于原总经理职务侵占犯罪行为的共同犯罪。被害单位在刑事控告前还需要考虑相关经手员工的法律风险问题,在刑事控告过程中,被害单位及代理律师需要与办案人员保持良好的沟通,提出公司要求追究刑事责任的对象及要求不要追究刑事责任的对象,做好协调沟通工作。

综上可见,律师帮助被害人维权时,应当充分了解案件细节,评估被害人自己、其他相关人员的刑事风险。如果被害人对律师有所保留,有些案件细节不愿意提及,有些证据材料不愿意交给律师,那么律师应当提醒被害人,对律师隐瞒可能导致的不利后果,以及刑事诉讼程序一旦启动可能产生的各种不利后果。

四、释明控告对其他维权方式的影响

协助被害人维权时,代理律师非常有必要向被害人充分解释各种维权手段可能带来的相互影响,特别是刑事控告维权对其他维权方式可能产生的影响,对被害人拟采取的其他维权方式的可能影响,避免因为刑事控告破坏被害人的整体维权措施。例如,先刑后民的刑民交叉案件处理原则问题,如果民事诉讼维权正在进行,在进行刑事控告维权时,就要考虑刑事控告对民事诉讼所产生的各种负面影响,并予以充分评估释明。

例如,某银行贷款诈骗控告维权案:

该案中,某银行向王某等人实际控制的A公司、B公司、C公司等20多家公司发放贷款数十亿元,贷款到期后,王某等人未如期偿还贷款本息,银行内部调查发现该系列贷款并未真正进行尽职调查,贷款资料可能是虚假的,于是,该银行对该系列贷款拟采取一系列维权措施。其中大部分贷款有抵押物,可以通过民事诉讼获得大部分的追偿,挽回大部分损失,但是小部分贷款是没有抵押的,所有这些贷款属于同一个系列的贷款。贷款的业务洽谈、审批、发放都非常类似,而且实际上20多家公司都是“影子公司”。该银行对有抵押物的部分通过民事诉讼手段进行维权,而且已经着手委托民事律师团队正在进行民事诉讼。对于没有抵押物的几单贷款,银行想要通过刑事控告手段进行维权,追究王某等人骗取贷款罪的刑事责任。

在该案进行控告维权时,我们充分提醒银行,由于所有贷款都是同质化的,20多家公司都是“影子公司”,是同一个系列的贷款。如果仅针对其中几笔贷

款进行刑事控告，公安机关免不了会一并审查，有可能会将所有的贷款都认定为骗取贷款案件。那么，民事诉讼可能面临不利的局面：

其一，刑民先后的诉讼程序问题。刑民先后问题涉及驳回起诉、中止审理、分别审理或先民后刑的问题。由于刑事案件与民事案件在举证原则、证明标准、归责原则、主体地位等存在诸多差异，司法实践中刑民先后的理解与适用存在诸多争议，裁判者的自由裁量权比较大，案件裁判受到法律之外因素的影响更大。即使公安机关仅对刑事控告的几单犯罪事实进行立案侦查，民事诉讼的被告一方也会以贷款的同质化为由，认为所有贷款都涉嫌刑事犯罪，要求法院驳回起诉或者中止审理。因此，一旦银行进行刑事控告，民事诉讼可能会被驳回起诉或者中止审理。

其二，一旦相关的贷款行为被认定为骗取贷款或贷款诈骗，那么，相关贷款合同、抵押合同、保证合同等是否有效将面临争议，民事诉讼中被告也会据此提出充分的抗辩意见，要求认定贷款合同、抵押合同、保证合同等无效，相关抵押人、担保人不需要承担连带责任。

又如，某有限公司被原总经理姚某职务侵占控告维权案：

被害单位发现，姚某在任职期间，以公司名义和客户签订销售合同，然后利用其职务便利将公司的应收款指定客户转入其控制的私人账户，将被害单位的货款非法据为已有。而客户在没有收到货物后就起诉被害单位，要求被害单位发货，其认为被害单位的总经理私人账户收取的款项，就代表被害单位收款，被害单位应当交付货物。最终，法院判决被害单位败诉，应当按照合同约定发货。姚某以这种方式非法占有被害单位1000多万元。民事判决后，被害单位不服，申请再审。同时，被害单位想要通过刑事控告手段进行维权，在准备刑事控告材料过程中，部分民事案件的申诉被当地市检察院支持抗诉。市检察院出具通知书："关于××公司不服××人民法院××号民事判决申请监督一案，本院经审查决定提请抗诉，已于××××年×月×日报请××省人民检察院进一步审查。"这一单犯罪事实的审判监督已经取得较大的成效，很有可能会得到改判的结果。那么，在刑事控告过程中，已经申诉的这部分事实就可以考虑先不进行刑事控告，既可以避免刑事控告受民事再审的影响，也可以避免刑事控告影响民事再审案件。

五、指导被害人积极正确发挥作用

在被害人控告维权过程中，有经验的律师确实能够发挥很大的协助作用，但只是协助作用，而不是主导作用。实际上，被害人作为刑事控告维权的主体，他们对刑事案件的影响更大，而且是双刃的作用，发挥得好，能积极推动刑事控告案件，发挥不当，会对刑事控告直接产生负面作用。被害人和代理律师就像运动员和教练员的关系，运动员才是控告维权行动的主角，代理律师仅仅是为被害人出谋划策、提供法律支持的教练员。只有被害人足够积极努力、正确发挥作用，才可能获得更好的控告维权效果。再优秀的教练员也很难让不参加训练、比赛不积极、不听指挥的运动员获得冠军。被害人在维权过程中，需要有经验的律师的积极有效指导，避免采取各种盲目的维权措施。

（一）指导被害人取证

被害人不论通过哪种方式进行维权，都需要有充分的证据材料，证明被害人遭到具体、特定个人或单位的侵犯，且该行为是否构成犯罪、构成何罪、罪责大小，以及被害人因为犯罪行为侵害所遭受的经济损失。部分证据由被害人自己进行调查取证会更为妥当、更为高效，给代理律师带来的执业风险隐患也更小。证明这些情况的证据材料的搜集，都需要代理律师的协助，被害人自己的陈述仅是证据之一，且是主观性比较强、可信度容易被质疑的证据，仅有被害人陈述难以进行有效维权。因此，被害人需要代理律师搜集其他的证据，包括证人证言、物证、书证等。有经验的律师指导被害人取证，主要会将四个方面的内容向被害人仔细解释：取证的底线原则、取证的内容指导、取证的风险防范以及取证后的诉讼应对。

1. 取证的底线原则

代理律师需要明确向被害人说明，进行取证调查时要坚持的合法性底线，不能采用威逼利诱等违法方式取证，不能伪造、毁灭证据，不得要求证人作出违背事实的陈述等，触碰法律禁止的底线，不仅证据无法发挥积极作用，还会导致被害人自身的法律风险。

例如，邱某控告其前夫刘某重婚罪刑事自诉案：

该案中，邱某陈述认为，她与前夫刘某解除婚姻关系后，才发现刘某在婚姻关系存续期间有重婚事实。邱某通过各种方式寻找能够证明其前夫刘某在婚姻关系存续期间，与另外一名女子黄某长期同居生活并生育小孩的证据。后该小区的保安甘某作为关键证人出现，她能够证明邱某的前夫刘某与黄某长期在该小区××房同居生活，该证言对刘某与黄某共同生活的情况能起到较强的证明作用。代理律师让邱某自行调查取证，不要在取证过程中有违法犯罪的行为，并解释了妨害作证的法律后果。后邱某又让其朋友出面找证人甘某取证，邱某的朋友不辱使命，获得了甘某出具的证人证言。根据甘某的证言等证据材料，邱某向法院提起刑事自诉，刘某、黄某涉嫌重婚的自诉案件由法院正式立案。

自诉人邱某本来以为她的维权已经成功一半，然而，在刑事自诉审理过程中，被告人刘某向公安机关进行刑事控告，控告甘某作伪证，邱某等相关人员向甘某贿赂以让其作伪证涉嫌妨害作证罪，公安机关审查后予以刑事立案。该案自诉人的取证行为可能存在违法违规，会导致刑事自诉“土崩瓦解”，相关人员还会被公安机关以涉嫌妨害作证罪、伪造证据罪为由刑事立案。如果被害人取证过程中确实存在违法犯罪的行为，则得不偿失。

2. 取证的内容指导

被害人搜集、调取证据，需要调取哪些证据、证据内容应当包含哪些？什么样的证据内容才对被害人的诉求有利？针对这些问题，被害人缺乏相关法律判断力，需要代理律师的耐心指导，尤其是证人证言的内容，被害人与证人沟通，说服证人配合出具证言时，被害人往往不知道证人证言需要包含哪些内容、避免哪些内容等注意事项。代理律师可以为被害人提供证人证言的模板，模板的内容主要是证人证言的格式、必备信息以及证人证言的内容大纲等，方便证人根据实际情况填写证言内容。

另外，被害人搜集调取相关证据时，证据内容的固定往往也需要代理律师的指导，既要有利于证明案件事实，服务于被害人的维权诉求，也要经得起推敲质疑。作为刑事诉讼中的证据，需要具备的基本条件是经得起推敲质疑，只有经得起推敲质疑才能被办案机关采纳作为定案根据。不能鼓励被害人抱持投机心态的取证行为，不能搜集、调取断章取义不能证明客观事实的证据材料，避免弄巧成拙。

例如，在被害单位某有限公司刑事控告维权案中，被害单位拟提交其员工与被控告人的聊天记录、与案外证人的聊天记录作为重要证据，然而，聊天记录内容比较繁杂，有的对控告维权有利，有的对控告维权不利。被害单位为避免泄露不必要的信息,提出将不利的聊天记录内容和与案件无关的聊天记录内容全部删除,然后再通过公证的方式提交聊天记录内容。我们提出,这并不是正确的取证方式。刑事诉讼证据材料必须经得起推敲论证,聊天记录内容不仅被害单位员工持有,被控告人及案外证人也可能有完整的聊天记录。以删除部分保留部分聊天记录的方式取证,有断章取义的嫌疑,一旦完整聊天记录披露出来,控告人提交的证据就经不起推敲,因此,不能以这种方式提取、固定、提交证据。

3. 取证的风险防范

取证行为有其自身的程序规范要求,尤其是证人证言的取证过程。证人愿意配合作证,除了需要遵守取证的合法底线外,还需要遵守基本的规范取证程序,避免取证程序不规范导致证据不被采信。一般而言,代理律师通过被害人向证人取证,需要尽量采取以下几个防范风险的措施。

其一,让证人自行书写证言。证人如果愿意配合作证,则应当优先让证人自行书写证言,不能由被害人协助证人代为书写证言内容,尤其在证人自身文化程度不高,甚至不识字的情况下。被害人代为书写证言,虽然提交了内容完整、流畅的证言,但取证程序违规且很容易被发现,此类证据难以被采纳。

其二,避免证人作证被干预。证人作证时,应当让证人在不受干预、影响的环境下作证,避免证人证言失真,或者后期证人指控其遭受“压迫”而作出违背事实的陈述。

例如,部分被害人为了让证人配合作证,找到对其有影响力的案外人协助采取各种方式劝说,让证人在案外人“陪同”下出具证言。劝说固然重要,但需要尊重证人的作证意愿,不能勉强、胁迫证人作证,不能让证人在感觉遭受胁迫的情况下作证,否则证人证言是不稳定的,对被害人维权不一定能产生好的作用。

其三,不得对证言进行删改。部分被害人在找证人作证时,对证人书写的证言进行删除、修改、补充,然后让证人按照他们的删改意见,重新出具证言。这显然是不规范的取证行为,影响了证言的客观性和真实性。

例如,张某涉嫌侵占罪刑事自诉案:

自诉人在庭前向法院提交了几份证人证言,以证明张某利用代持自诉人资产的便利,将代持的资产据为己有,拒不归还,而且还变卖了部分资产,声称所有资产都是他个人所有,与自诉人无关,将代持的资产非法据为己有,拒不返还。自诉人认为,张某的行为已经构成侵占罪。为了证明张某侵占罪的犯罪事实,自诉人提供了证人吴某出具的一份证人证言。自诉人提交的书面证人证言,条理清晰,然而经过核实,证人却不识字,那么证言是怎么形成的?证言是由谁代为书写的?这说明证言取证程序不规范,证言的证据能力及证明力遭到质疑。最后法院认定,证人吴某的证言,以证人吴某的当庭陈述为准,自诉人庭前提交的吴某书面证言不予采纳。[1]

4. 取证后的诉讼应对

被害人为了刑事控告搜集、调取证据,需要注意的是,这不是"一次性"的工作,相关证据也不是"一次性"的,应当具备可重复核验性。在司法实践中,被害人提交的刑事控告证据材料只是被害人单方提供的,并不是公安机关依照刑事诉讼法自行搜集、调取的,刑事控告后,公安机关需要再进行一次搜集调取。尤其是证人证言,被害人提交的证人证言往往并不能作为定罪根据,公安机关还需要严格依照刑事诉讼程序进行重新收集。因此,被害人搜集、调取证据时,就需要考虑到后续的诉讼程序应对问题。代理律师向被害人充分解释这些问题,对被害人取证会产生很大的约束力,在他们搜集、调取证据时会更加依法依规,有利于搜集、调取能够经得起重复取证、经得起推敲质疑的证据。

例如,中山某公司被职务侵占刑事控告案:

被控告人系公司的原总经理吴某,被害单位找到对吴某侵占公司资金的知情人员李某,李某愿意配合作证。代理律师指导被害单位进行调查取证,确保李某真实、自愿、如实作证:其一,由李某自行书写证人证言,并对相关证据材料进行签认;其二,证人证言务必实事求是,后续公安机关还会找到证人核查其证言的真实性,并重新制作证人证言内容;其三,避免与证人之间发生利益交换,例如用支付对价的方式取证。

(二)指导被害人控告

被害人采取控告维权行动,需要有经验的律师给予专业分析和指导。确定控告维权方案后,代理律师将需要被害人配合的环节跟被害人仔细分析讲解,辅导被害人采取正确的控告维权行动,不要盲目乱维权。在刑事控告中,代理

[1] 参见赖建东:《全方位质证:思路指引与办案技巧》,法律出版社 2022 年版,第106 页。

律师对被害人维权辅导的内容主要包括两个方面：其一，讲解刑事控告的流程，以及后续刑事诉讼的过程。让他们了解刑事控告所引发的一系列诉讼活动，对刑事控告的诉讼过程有充分了解。其二，讲解被害人需要配合的工作。在刑事控告后，办案机关会找被害人或者被害单位的员工进行调查询问，提取固定被害人陈述。为提高刑事控告的成功率，代理律师需要特别为接受调查询问的被害人及被害单位员工进行控告辅导。

例如，在某有限公司控告任某涉嫌职务侵占罪案中，代理律师准备好全套控告材料去公安机关刑事控告之前，需要对被害单位的相关员工进行刑事控告辅导，内容大致如下：

1. 讲解刑事控告的思路

被害人应当充分了解刑事控告的方案、思路，尤其是经济犯罪案件。经济犯罪案件比较复杂，罪与非罪往往并非一目了然，代理律师要将全套的控告材料向被害人或被害单位的员工讲解清楚，让他们知道被害单位是怎么控告任某职务侵占罪的，任某涉嫌职务侵占罪的理由是什么，使被害人或被害单位员工配合调查取证更有针对性。

2. 讲解任某的犯罪手法

刑事控告过程中，代理律师、被害人或被害单位的员工要能够清晰地讲解被控告人的犯罪事实、犯罪金额、犯罪手法和证据材料。这都是代理律师在刑事控告过程中需要进行特别的辅导。在该案中，办案机关关心的问题如下：(1)相关证据材料的来源、审计报告的形成过程。(2)控告人的基本情况，被控告人的公司架构、人员组成、业务情况等。(3)控告人的个人信息；被控告人的身份信息、任职信息、职责权限等。(4)被控告人的犯罪事实、犯罪手法、犯罪金额及对应的证据材料等。(5)关系到罪与非罪、刑事控告能否成功的其他重要问题。在刑事控告过程中，办案机关首先会考虑被控告人是否构成犯罪，对刑事控告的内容、逻辑进行怀疑、反驳，审查被控告人是否构成犯罪的一些关键事实细节。如任某收取涉案款项的账户，是否为私账公用？公司是否知道该账户的情况？是否了解该账户的资金情况？该账户与公司的资金往来情况？公司与这些账户有没有资金往来？如有，是什么原因？有没有可能这些账户实际上是公司控制的？诸如此类的问题，代理律师有必要和被害人或被害单位员工解释清楚。(6)接受询问作证的权利义务、注意事项。刑事控告后，被害人或被害单位的员工几乎都会接受调查询问，代理律师要为他们接受询问作证进行一定的辅导，告诉他们作证的权利义务，以及接受询问过程中的注意事项。例如，要仔细核对笔录内容，要注意的问题和刑事控告内容的关系等。

（三）指导被害人沟通

刑事控告后被害人并非没有工作可以做，被害人还需要与案件办案人员保持良好的沟通，推动案件进展。代理律师与办案人员的沟通谈论主要是案件处理的法律问题，而被害人与办案人员的沟通往往可以谈及法律之外的各种问题，表达法律内外的各种感性、合理的诉求。这些被害人的诉求既可以提醒办案人员容易忽略的法律之外的因素，也可以在一定程度上给办案人员造成监督压力，监督办案人员依法办案。

在司法实践中，被害人有时也会遇到办案人员不愿意与被害人沟通的问题，他们认为被害人已经有诉讼代理人，有什么诉求、想法让诉讼代理人表达即可，不愿意跟“难缠”的被害人直接沟通。其实，这是对被害人诉讼权利的不正当限制。诉讼代理人的权利来自被害人的委托，委托诉讼代理人并不代表被害人失去诉讼权利，诉讼代理人的权利不能排斥被害人的诉讼权利。被害人不论有没有委托诉讼代理人，都有权与办案人员沟通，表达诉求，要求办案人员听取意见。

例如，郑某涉嫌故意杀人罪案：

被害人黄某的家属强烈要求判处郑某死刑立即执行。一审法院判决被告人郑某死刑缓期二年执行，被害人家属不服，向检察院申请抗诉，后检察院支持抗诉。我们作为被害人黄某的家属的二审诉讼代理人参与诉讼，二审法院支持了检察院的抗诉请求，改判被告人郑某死刑立即执行。随后，案件移送最高人民法院进行死刑复核。

我们并未继续代理案件，也没有参与最高人民法院死刑复核阶段的代理，但还是继续为被害人家属提供法律意见支持，指导被害人家属与经办法官进行充分沟通。由被害人家属直接寄送身份材料、家属诉求意见给最高人民法院死刑复核的经办法官，然后，被害人家属与经办法官保持沟通。

起初，死刑复核的经办法官一直向家属表示同情、理解，同时向被害人家属传达国家的少杀、慎杀的死刑政策，除非罪行极其严重、极其恶劣的案件，否则一般不会适用死刑立即执行。在后续的沟通中，经办法官直接告诉被害人家属，他们可能不支持本案适用死刑，毕竟被告人才 22 岁，而且是单人单案、初犯、偶犯、没有前科劣迹、本案是因为邻里纠纷而发生的案件等诸多理由。

被害人家属与经办法官的沟通得到我们的充分指导,被害人家属的态度是影响死刑裁判是否核准需要考虑的因素之一。从沟通过程看,经办法官一直都在对被害人家属进行说服,判断被害人家属对死刑裁判的态度。先是告诉被害人家属,最高人民法院可能不会核准被告人的死刑,可能要改判死缓,试看被害人家属的反应。如果家属反应平稳,则直接不予核准死刑,改判死缓,不至于引发矛盾或进一步激化矛盾。如果家属反应激烈,则对于是否改判死缓会更加慎重。

于是,我们向被害人家属解释这背后的逻辑后,被害人家属该如何与经办法官沟通自然就非常清楚。此后,被害人家属提出强烈意见,坚决要求核准被告人的死刑立即执行判决,被害人的家属为此多次打电话联系经办法官,表达各位被害人家属的意见,坚决要求核准死刑,并持续提交书面的家属意见。一段时间后,最高人民法院死刑复核结果出来,逐级下放到二审法院、一审法院,再后来,被害人家属得知了核准死刑立即执行的复核结果。

第二节
与证人沟通的经验

刑事控告过程中,部分证据材料由代理律师进行调查取证。难以回避的问题,就是向证人调取证据。代理律师不可避免地要和证人沟通,通过证人获取相关证据材料。在有效获取相关证据的情况下还要尽量避免律师取证带来的法律风险,代理律师与证人沟通需要有丰富的经验。

一、区分证人类型

被害人控告维权案件中,被害人会积极寻找证据,向代理律师提供相关证人的信息,很多时候代理律师都需要直接与证人联系调取证人证言及物证、书证等证据材料。证人通常会被认为是相对客观公允的一方,证人证言能起到比较有效的证明效果,但前提是证人有足够客观的立场。评判证人立场是否客观的方法,就是对证人的身份及涉案参与度进行仔细分析判断。

从证人与被害人的关系区分,证人可以分为三类:第一类,倾向于被害人的证人，由于与被害人的关系比较密切等原因，完全支持被害人。他们的特点是能积极配合代理律师搜集证明被控告人构成犯罪的各种证据材料，但可能会和被害人一样对控告事实进行夸大甚至歪曲。第二类，中立证人，其可能与被害人的关系不那么密切，与被控告人的关系也一般，他们可以作证，但证言内容中规中矩，不敢对事实进行夸大，更不敢歪曲事实，甚至对事实的描述还会比较保守，没有明确表达支持哪一方。第三类，倾向于被控告人的证人，其可能与被控告人有更加密切的关系，但碍于与被害人的关系（如仍然是公司员工或者碍于被害人的骚扰等各种原因），也会勉强同意与代理律师接触，或者提供证言。该类证人具有较大的不可控性、不确定性，其所陈述的事实不一定属实，向他调查取证也可能会影响控告维权前期的保密工作。

从证人对涉案犯罪事实的参与程度区分，证人可以分为三类：第一类，没有参与涉案犯罪行为的证人。他们只是涉案犯罪事实的目击者、旁观者，或者与涉案相关人员、线索、物证、书证等有一些关联。第二类，参与涉案犯罪行为的证人，由于他们的行为并不构成犯罪，他们的身份只是知道案件事实情况的证人，他们的证言、他们提供的证据对案件事实经过具有很强的证明作用。第三类，深度参与涉案犯罪行为的证人，从严格意义来说，他们也是涉案犯罪行为的共同犯罪人或者他们自己的参与行为也构成其他犯罪，但是并没有被追究刑事责任，是潜在犯罪嫌疑人，他们愿意协助被害人进行控告维权，他们在被刑事立案之前，仍然属于证人。

从证人作证意愿的角度区分，也可以将证人分为三类：作证意愿强烈、作证意愿一般、不愿意作证的人。这三类证人虽然没有明确的区分标准，而且证人属于哪一种类往往是动态变化的，但代理律师与他们接触过程中，就可以很明显感觉出来证人作证的意愿，他们的作证意愿对于代理律师判断证言可靠性、是否向他们调取证言是必须考虑的因素。

区分证人的类型对代理律师调查取证工作有重要的参考意义。证人与被害人的关系不同、证人参与涉案犯罪事实的程度不同、证人作证意愿不同，不仅会直接影响该证人证言的可信度，还会直接影响代理律师的取证风险。代理律师在对证人类型作出判断后，就可以在与证人的沟通方式、证人证言内容、是否采用该证人提供的证据材料、是否提交该证人证言等方面进行慎重考虑或取舍，以避免控告维权遭到负面影响，也可以最大限度地规避执业风险。

二、保持怀疑态度

对于作证意愿特别强烈的证人、与被害人关系比较密切的证人、深度参与涉案犯罪行为的证人,代理律师需要慎重审查。他们可能会由于种种原因作出夸大甚至违背事实真相的证言,甚至存在捏造事实经过的可能,他们所提供的证据材料也不一定客观、齐全。代理律师要以怀疑的眼光来审查证人证言,避免出现诬告陷害,避免无意中参与了伪证行为。

例如,某有限责任公司被职务侵占案:

该案中被控告人是该公司的原总经理姚某,该公司的财务总监是刘某,两人同一年进入公司,作为重要的搭档在公司任职十几年。在这十几年中,所有的财务支出有他们两人的审批签字才能对外支付,因此,所有涉嫌骗取公司资金的财务单据都有两人的签字。后来两人关系逐渐疏远,走向对立。姚某利用公司的财务账册凭证向公安机关控告刘某在任职期间存在挪用资金、职务侵占的犯罪事实,导致刘某被公安机关刑事拘留30多天,最终由于证据不足检察院不予批准逮捕,才变更强制措施为取保候审。后来,该公司的母公司解雇了姚某,派驻了新的总经理接管公司。新的总经理接管公司后发现公司财务支出异常,于是对公司的财务情况进行核查审计,发现姚某可能存在职务侵占的犯罪事实。此时,被害单位将姚某搭档十几年的刘某再次聘请担任公司财务总监,其主要的工作就是积极配合公司调查姚某职务侵占的犯罪事实。此时,报复心切的刘某非常积极主动,对姚某的职务侵占犯罪事实进行一一举报,详细梳理了姚某担任公司总经理期间的多宗职务侵占犯罪事实。于是,被害单位某有限责任公司委托律师代理对姚某涉嫌职务侵占的犯罪事实进行刑事控告维权。被害单位指派财务总监刘某作为与代理律师的对接人、主要证人,搜集证据的主要协助人。代理律师在办案过程中,需要不断与刘某进行沟通,让刘某协助将相关犯罪证据予以搜集固定。

本案中,作为主要证人的刘某是特点非常明显的证人:其一,他与被害单位的关系非常密切,是被害单位委以重任的财务总监和协助代理律师进行刑事控告的主要负责人;其二,他是深度参与涉案职务侵占犯罪行为的人,每一笔财务支出都需要他的签名和被控告人姚某的签名,在每一笔职务侵占犯罪事实中,他都是深度参与者;其三,他是作证意愿非常强烈的人,由于姚某与其有“深仇大恨”,不排除刘某具有严重的报复心理的可能。因此,代理律师在对刘某进行调查取证时，对刘某证言所描述的姚某职务侵占的犯罪事实，需要带着怀疑的眼光来审查，以更加审慎的态度审查控告的犯罪事实是否有证据材料予以支持、证据材料是否齐全等，不能听他的一面之词。

代理律师沟通过程中发现，刘某所指证的姚某职务侵占犯罪事实单数多、时间跨度长、手法复杂，其中一宗控告是姚某利用其太太在公司“吃空饷”，长期以在公司领取工资、奖金的方式进行职务侵占，犯罪金额合计500多万元。对于刘某的该证言，代理律师围绕是否存在“吃空饷”的行为与刘某沟通，不断追问刘某后发现，姚某的太太在公司有任职材料，偶尔也来公司，只是在刘某看来，姚某的太太从没有做过什么实质性的工作，就是挂名领取工资、奖金，是姚某侵吞公司资金的手法而已。由此可见，刘某的该证言有其主观臆测的成分，控告姚某以其太太“吃空饷”的方式职务侵占公司资金的证据，需要按照更加严格的审查标准，毕竟姚某的太太在公司有任职，至于工作量、工作内容是否与其职位、工资、奖金匹配是另外的问题。

三、注意取证方式

与犯罪嫌疑人、被告人供述和辩解、被害人陈述相比，证人证言最重要的特征之一是相对客观、中立。代理律师向证人取证时，要注意向证人取证的方式方法，避免证人证言受到不正当的影响，导致其证言内容不客观、不中立，甚至证言内容失真。

首先，向证人取证，代理律师要尊重证人的作证意愿，尤其是在证人作证意愿不强、与被害人关系一般，甚至证人本身就倾向于被控告人一方的情况下，代理律师取证时更要尊重证人的作证意愿，证人愿意配合作证则可以提取相关证言。如果不配合、不愿意陈述关键事实细节，代理律师也不能勉强，宁愿缺少相关内容或者相关证言，也不宜提交极不稳定的证言。

其次，向证人取证，代理律师要遵守规范的取证程序。代理律师如果感觉证人作证意愿比较勉强，或者作证意愿发生变动，则需审查证人是否受到了被害人等相关人员的影响。司法实践中经常出现证人作证之前受到被害人等相关当事人的影响，导致其“勉强”作证或者作出不符合客观事实的证言，不仅会影响刑事控告，还会导致代理律师的执业风险。为了尽量避免这一风险，向证人取证时，代理律师要规范取证程序，避免证人受到其他人员的影响。在单独的空间,向证人充分解释作证的基本要求、法律后果,要求其实事求是、不得作伪证、不得诬告陷害等,并充分告知其作伪证、诬告陷害的法律后果,在证人充分知悉且确认的情况下作证。

最后,向证人取证,代理律师要实质审查证言内容。代理律师对证据的合法性、真实性审查不能流于形式,要以法律专业人员的标准来审查证言是否合法、真实。对证人证言亦是如此,代理律师务必审查证人作证的真实意愿,并且以司法裁判的视角审查证言内容的合法性、真实性。如果代理律师审查证言的合法性、真实性存疑,则要慎重,不能勉强获取该证言,也不宜以被害人等自行调取、与代理律师无关为由,而予以提交使用。在代理律师自己都认为证据合法性、真实性存疑时,站在对立面的辩护方以及站在中立方的裁判者,无疑会更容易发现并质疑证据的合法性、真实性。

四、果断取舍证言

作为刑事控告维权时使用的证人证言,宁缺毋滥是基本原则。务必确保每一份证据、每一份证言都是对刑事控告维权有利的证据,而不能滥竽充数,更不能让相关证据瓦解刑事控告的内容。因此,在证人表示对相关事实确实不清楚、不记得,或者对相关事实的看法是“可能”而不是确定时,则该证言是不稳定的、不确切的,代理律师要慎重提取该证言,可以考虑舍弃相关证言。

例如,吴某涉嫌挪用资金、职务侵占罪案:

该案中,吴某担任公司高级管理人员期间,利用职务便利,安排公司财务人员使用员工的工资表,以应对检查的名义,让员工配合在工资表签收栏中签收。然后,吴某安排财务人员,以本不需要支付的工资表向公司申请付款。公司开具支票后,吴某安排财务人员向银行提取现金。现金最终交给了吴某。后吴某被公司股东会罢免职位,进而调查吴某任职期间的所有财务账册凭证,部分知情财务人员作证证明这部分以发放工资的名义向公司申请的款项,被吴某套取侵占,实际并未发放工资。为慎重起见,在调查知情财务人员之外,代理律师又对工资表上的多名员工进行调查取证,了解当时工资表的签名是否他们本人的签名、他们有无真实收到相关工资及奖金等情况。

律师:你好,我们向你了解一下,这个工资表中的工资签收栏,你的名字是谁签的?是不是你自己签的?

员工：我仔细看看，从签字来看，应该是我本人签的，也不一定，看起来很像是我自己写的。

律师：那工资表中的这一笔工资和奖金，你回忆一下，是否真实领取了？

员工：时间过去六七年，里面说的奖金2000元，我印象中应该没有这么多，那时候我们的奖金如果是三四百，那还有可能。六七年前，我们的工资、奖金都是很低的，不太可能一次性发2000元这么多。

律师：那你仔细回忆一下，有没有领取到这些钱？

员工：我想应该没有，但签名好像又是我签的，我就不好确定了。

律师：那你们公司有没有让你们员工在工资表上签名，却没有实际发工资的情况？

员工：有的，如果是为了应付检查，公司让我们员工在工资表上签名也经常发生，签名时里面的内容我们是不知道的，相应的工资我们也是没有拿到手的。

律师：那这份工资表是不是为了应付检查而签的？

员工：这我无法区分。

律师：这份公司表中，你们办公室的其他员工，比如你的下属，你看看他们那时候奖金是他们自己领取的吗？

员工：他们几个人的工资比我的还低，奖金自然也比我的低，应该没有表格中显示的那么多。

律师：你们办公室其他下属的工资、奖金是你定的吗？你知不知道他们的工资、奖金情况？

员工：他们的工资、奖金不是我定的，是公司定的。但我当时肯定是知道的，但现在记不起来。我看工资表中的工资、奖金太高，不太可能。但我不确定他们有没有真实领取。

该证人显然无法确定员工工资表上的签名是他本人的签名，也无法完全确定相应的工资他们领取过，而且无法区分是应付检查的工资表还是真实发放工资的工资表。该员工的证词不具有确定性和稳定性，价值并不大，代理律师在决定是否向他们取证，以及该证言是否作为刑事控告的证据时，就要特别慎重。

五、把握取证时机

向证人取证，代理律师还需要把握适当的时机，尤其是配合作证意愿不高的证人或者参与涉案行为比较多的证人，代理律师向他们取证的恰当时机，是在收集齐全其他所有证据材料后，再向其取证。一方面，在物证、书证、其他证人证言等证据收集齐全后，可以帮助他们回忆相关案件事实经过；另一方面，在物证、书证、其他证人证言已经充分指向该证人参与或了解相关案件事实的情况下，他们也难以回避问题，必须作出合理解释或者配合调查，否则将面临成为被控告人的风险，他们配合作证的可能性更大。

例如，杨某涉嫌职务侵占罪案：

杨某原系被害单位××有限责任公司的法定代表人、董事长。杨某离任后，公司审查发现，2013年3月至2018年4月，杨某指使财务人员常某、黄某等人，每月制作虚假的临时工工资表、记账凭证，常某安排人员冒签工资表中的临时工工资。在获取上述虚假的临时工工资表和记账凭证等材料后，常某自行制作付款内容为员工工资、收款单位为××有限责任公司的付款通知单，交给公司董事长杨某签字。后常某根据上述虚假的财务单证，自行从公司开具收款人为××有限责任公司的现金支票，到银行柜台支取现金交给杨某。杨某以这种方式侵吞被害单位资金500多万元。该案最可能的犯罪嫌疑人是杨某，而拿着公司现金支票去银行领取现金的常某，只是听从杨某的安排完成其财务人员工作的职责。但是，所有的资金去向只能追踪到常某，并没有直接证据能够证实常某将本属于临时工的工资交给了杨某，也没有证据直接证明杨某和常某两人私分了涉案资金，分别据为已有。提高控告杨某职务侵占罪成功率的重要突破口是向常某进行调查取证，让常某作证证明其领取现金的具体去向，如果常某能够直接作证证明她的行为都是杨某安排的，并且资金都已经交给了杨某，则杨某职务侵占罪的证据链条就比较完整。

代理律师协助被害单位调取刑事控告所需要的全部证据材料，包括：2013年3月至2018年4月61个月份的虚假临时工工资报销单证（员工工资表、记账凭证、付款通知单、支票存根），银行支票取款业务记录凭证，××有限责任公司账户的银行流水，财务软件中的财务记录，2013年3月至2018年4月发放临时工工资的财务单据，当月临时工工资表，××有限责任公司公账的银行流水，并对当时在职至今依然任职的熟悉公司人事的员工、其他财务人员进行调查询问，制作相应询问笔录。通过收集这些证据，证明当时领取××有限责任公司工资的所谓临时工实际上并不是被害单位的临时工，他们未曾在公司工作，而且所有的款项都由财务人员常某领取，公司财务人员常某和负责人杨某有重大职务侵占的犯罪嫌疑。

考虑到常某身份的特殊性，她是多年来一直跟随杨某工作的忠诚下属，常某参与涉案行为的程度很深，两人多年的合作可能会有比较密切的关系，包括经济上、利益上的关联关系，不排除她一直都是倾向于支持杨某的证人，更不排除他们是利益共同体。代理律师需要特别注意取证的方式方法，既要争取让常某配合调查取证，又要避免被害单位或者其他人员对证人施加不正当的影响，妨害证人作证。代理律师所搜集到的证据能够证明所有涉案资金都是常某去银行提取的现金。在代理律师收集齐全这些证据材料后，就是对常某进行取证的有利时机。拿着这些证据材料，代理律师就可以找常某调查取证，在这些证据面前，常某只有两种选择：

其一，选择配合调查取证，将相关资金支出的真实原因、去向交代清楚，配合调查，协助被害单位对杨某进行刑事控告，则被害单位可以不将常某列为涉嫌职务侵占罪的被控告人，仅将其作为被害单位控告杨某涉嫌职务侵占罪的证人，不追究她参与职务侵占的刑事责任。

其二，选择不配合调查取证，以“忘记了”“不知道”等理由拒绝合作、拒绝说明资金支出的来龙去脉，或者胡编乱造，没有作出合理解释，则被害单位可以认定常某与杨某合谋进行职务侵占，将两人都列为职务侵占罪的控告对象，追究她的刑事责任。

在司法实践中，作为职务侵占罪的共犯，如果被害单位不对其进行刑事控告，仅将其列为证人，其有极大的概率不会被追究刑事责任。经过代理律师的利害分析，大部分人都会明白作为证人和作为犯罪嫌疑人的不同后果，会在考虑后作出慎重的选择。在该案中，代理律师向证人取证采取的方式方法非常简单有效，证人可以选择配合，也可以选择不配合。配合有配合的处理方式，不配合有不配合的处理方式，并没有对证人进行强迫。证人面临重大的利益选择，可以慎重考虑是否配合作证。

第三节
与经办人沟通的经验

相较于辩护律师与办案人员沟通而言，作为被害人的代理律师与办案人员进行沟通,一般都会更加畅通一些。办案人员与代理律师沟通戒备心理也较小。代理律师与办案人员的沟通机会更大、渠道更畅通,但沟通是否有成效,取决于沟通的方式方法。不当的沟通会造成被害人与办案人员的矛盾对立,不利于控告维权案件的推动,甚至会阻碍控告维权案件的进展。有经验的律师与办案人员沟通,通常要遵守五大原则:注重个案细节避免空谈,及时充分进行沟通,明确表达控告维权的诉求,阐明被害人的控告维权底线和立场,为案件办理提供切实可行的侦办意见。

一、个案细节着手

被害人维权过程中,被害人及代理律师需要积极与办案人员沟通。办案人员主要是两类人员:其一,并未经办具体案件的办案机关大小领导;其二,具体的业务办案人员。代理律师与不同办案人员沟通的内容和方式完全不同。与前者沟通,定调、定性为主,案件细节为辅;与后者沟通,代理律师主要表达控告维权的诉求和决心,代理律师与办案机关一起努力,将案件办好。

例如,在我们代理的广州某龙头国有企业向某市公安机关刑事控告分公司员工职务侵占案中,公安机关经侦部门负责人接待了我们的刑事控告,当场表态,如果存在犯罪事实,公安机关必然会依法依规,打击犯罪,为企业发展保驾护航。我们作为被害单位代理律师也表达了被害单位领导层对控告维权、追回损失的决心,被害单位此次维权不计成本,务必将被控告人绳之以法,对企业、对国资委有个交代。最后,我们双方达成一致意见,争取被害单位与公安机关真诚合作,依法查明案件事实,落实证据材料,将案件办成铁案,办成为企业保驾护航的典型案例。这次沟通虽然“冠冕堂皇”,但这个定调很有必要,具体业务办案人员会更加积极推动案件,后期代理律师与办案人员的沟通也会更加顺畅。

与具体的业务办案人员沟通,代理律师则不宜谈宏观的问题,需要从细节、个案着手进行沟通。不管公安机关主管领导宏观上对案件办理如何定调,最终落实到控告维权案件的办理,都需要依照法律规定,依照证据状况。具体业务经办人是案件办理的执行人员,也往往是业务骨干、专业人员,代理律师若还从宏观上沟通显然难以落实到事实认定、证据细节问题,而且难以说服他们,这一点在经济犯罪案件中尤为重要。因此,与具体业务办案人员沟通时,双方聊的是法律专业问题，案件是否构成犯罪、如何调查取证才能将犯罪事实固定、将证据链条搭建完整的专业技术问题。

例如，广东某公司刑事控告任某职务侵占罪案：

该案中，任某通过一系列复杂的手段实施了30多单职务侵占的犯罪事实，侵吞了公司大量资金。被害单位刑事控告过程非常艰难复杂，在前期多次控告中，被害单位都是一起提出30多单犯罪事实的控告，每一次与公安机关沟通时，被害单位都要求公安机关立案调查，然而每一次都无功而返，公安机关连受案都不予支持。

公安机关办案人员认为，被害单位并未提交充分证据证明犯罪事实，刑事控告的犯罪事实存在诸多证据漏洞，被害单位连一份真实的审计报告都没有，要求控告人补充完整证据链条，才能达到受案条件。

我们介入案件后，换了一种控告、沟通的思路。我们就每一单犯罪事实进行逐一控告，提供完整、充分控告材料，包括某一单犯罪事实的刑事控告书、证据材料，然后再就这一单控告的犯罪事实是否成立、存在哪些证据漏洞、尚未满足受案的哪些条件等，与办案人员进行逐一沟通。

这样的沟通效果就非常好，办案人员如果想要以证据不足为由不受理我们的刑事控告，他就必须深入研究案件的事实细节、审查我们提交的证据材料，才能找到其中的证据漏洞，才能得出证据不足的结论，说服我们达不到受案的证据条件，而无法就整个案件证据不足、缺少完整的审计报告等问题进行笼统的评价。每一单犯罪事实都存在或多或少的证据漏洞，逐一补足就可以，即便办案人员不予受理，也必须明确告诉代理律师还需要补充哪些证据材料，如此，刑事控告被受理的概率将大大提高。我们第一单职务侵占犯罪事实进行刑事控告后，公安机关就予以受理，并正式刑事立案。后续的其他职务侵占犯罪事实，代理律师再继续搜集、陆续提供，公安机关也可以在刑事立案后一并侦查。

由此可见，30多单一起控告，由于每一单都可能存在少量证据瑕疵，30多单的证据瑕疵相加，就显得被害人的刑事控告存在非常多的证据漏洞，无法达到受案条件。我们逐一控告，可以促使办案人员认真研究案件，也直接帮助办案人员梳理清楚案件事实和证据材料，刑事控告的成功率大大提高。

二、及时充分沟通

办案人员往往比代理律师更繁忙，需要同时办理很多案件，对某个案件投入的人力、物力有限,不同案件经常处于“排期”状态。从被害人控告维权角度,被害人及代理律师需要与办案人员进行及时、充分的沟通,才能更有力地推动办案人员关注该案,把时间精力投入该案的办理中。

例如,在某公司被职务侵占案中,我们作为被害单位的代理律师向公安机关提交刑事控告材料。办案人员表示,我们提交的证据材料比较多,案情比较复杂,如果正式受案审查,时间比较紧张,希望能够先将材料以非正式的方式收下,后续继续沟通相关证据补正情况,等他们初步审查有眉目后再予以正式受理。一个星期后,我们与办案人员再次进行相对深入的电话沟通,办案人员表示,现有材料距离刑事立案的标准有较大距离,我们的刑事控告还需要继续补充调查取证。经过这一次充分沟通,我们明白办案人员要予以刑事立案所需要补充的证据材料。

其一,刑事控告所陈述的“垫付声明”是被控告人制作的,那么,有没有证据能够证明是被控告人所制作的?如果没有,则认定被控告人制作了虚假垫付声明比较难。需要补充相关证据。

其二,刑事控告所陈述的客户的资金被虚假垫付挪用,导致客户向被害单位索要退款,被害单位才遭受损失。那么,被害单位与客户有没有进行对账?此前双方交易的资金是怎么往来的?客户有没有出具相关证据资料?相关证据需要补充。

其三,刑事控告所陈述的客户A的资金被用于为B客户垫付资金,那么,B客户有没有向被害单位支付购车款?购车款的去向?或者B客户的购车款去了哪里?被害单位有没有找B客户调查取证,找他了解清楚,他的资金付给了谁?相关证据需要补充。

其四,根据公安机关的了解,客户A与被害单位的过往交易金额比较大,交易次数比较多,但是被害单位刑事控告职务侵占的仅有其中一单交易,那么,其他交易的资金是怎么流转的?全都是支付到被害单位的账户?其他交易是否已经完结?相关证据需要补充。

由此可见,办案人员经过对刑事控告材料的研究,发现刑事控告的事实、证据还存在一定的不足。距离他们认为的犯罪构成证据标准、刑事立案证据标准还有一定的差距,代理律师与办案人员及时、深入沟通,就可以有针对性地为公安机关提供立案所需要的证据材料,满足他们的证据需求,促成刑事立案。

三、明确表达诉求

与办案人员沟通过程中，被害人及代理律师需要抓住重点，适时明确表达沟通的诉求，不能“眉毛胡子一把抓”。在办案人员的办案期限、办案权限内，提出积极明确的诉求，并提供充分的法律依据和证据材料，这样的诉求得到办案机关支持的概率会更高。

例如，谭某被合同诈骗控告维权案：

谭某与余某等人合作投资基金，谭某负责提供资金，余某等人以提供保本付息的保障作为合作条件。谭某陆陆续续提供了2亿多元给余某进行合作投资。后相关基金亏损了绝大部分，余某隐瞒了已经亏损的事实，以虚构的理由让谭某将仅剩的部分赎回资金转回余某指定的个人账户，后余某将资金用于其他用途。谭某发现余某以这种合作投资的方式收取了很多投资人的资金，大部分投资人都出现了亏损。事发后，谭某多次与余某沟通退款事宜，要求余某履行保本付息的承诺。但是，余某的资金链已经断裂，无力履行承诺的保本付息义务，双方由此关系恶化。

于是，谭某向公安机关控告余某涉嫌诈骗罪、非法吸收公众存款罪。公安机关对余某刑事立案调查。在审查起诉阶段，谭某的代理律师多次与检察院进行沟通，发现检察院认为余某所涉诈骗罪争议比较大，是否起诉还在审查。此时，代理律师明显感觉到可能存在不起诉诈骗犯罪事实的风险。

代理律师迅速将余某构成诈骗罪的事实、证据细节再次进行梳理，并结合司法解释及类似案例，形成理据充分的分析意见交给办案人员，后又继续进行多次沟通，明确认为余某等人的行为已经构成诈骗罪，要求起诉余某等人诈骗罪的刑事责任。同时，被害人也以自己的名义向检察院提交要求追究余某诈骗罪刑事责任的相关意见及证据材料。最终，在被害人及代理律师努力争取、多次沟通的情况下，检察院顺利对余某以诈骗罪和非法吸收公众存款罪两罪向法院提起公诉，解决了控告维权的一次障碍。

实际上，刑事控告并非启动刑事诉讼后简单跟进程序、走过场就可以完成任务。在刑事诉讼各个阶段，被害人及代理律师都需要不断推动案件的进展，在诉讼各阶段与经办人沟通，明确提出被害人的诉求，才更可能让刑事诉讼顺利达到追究犯罪嫌疑人、被告人刑事责任的目的。

四、阐明立场底线

被害人通过刑事手段维权，不论是进行刑事控告还是进行刑事自诉，维权能否成功，完全依赖于司法机关的协助和积极推动。脱离司法机关的积极推动和协助，被害人不太可能采取自力救济措施维权成功。为了有效推动司法机关重视被害人诉求，在适当时候，被害人及代理律师需要向办案人员直接挑明控告维权的底线和立场，向办案人员传达“控告维权不成功不会善罢甘休”的立场和底线，让办案人员明白，被害人一定要控告维权到底，不可能自认倒霉，默默承受损失，以此督促办案人员积极推动案件。

例如，某国有企业的控股子公司被公司前高级管理人员张某涉嫌职务侵占、挪用资金控告维权案：

该案中，被控告人职务侵占、挪用资金的标的是客户应当支付给公司的货款，涉案金额达3000多万元。案发后，被害单位为了配合当地政府的维稳工作，向因为张某职务侵占、挪用资金造成损失的相关客户，直接垫付了全部的退款。然后，被害单位再向公安机关刑事控告张某涉嫌职务侵占罪、挪用资金罪，要求追究张某的刑事责任，并挽回被害单位的损失。

在被害单位前期向公安机关进行刑事控告过程中，由于被害单位与公安机关沟通不顺畅等各种原因，案件迟迟无法推进。公安机关认为被害单位没有积极进行刑事控告，没有将张某涉嫌职务侵占、挪用资金的犯罪经过、犯罪手法、犯罪金额等相关证据收集齐全，也没有对张某是否构成职务侵占、挪用资金犯罪进行充分的法律分析，只是一直要求公安机关进行查处，但公安机关没有足够的人力、物力，这些都是被害单位刑事控告前应该做的工作。因此，公安机关迟迟没有予以刑事立案调查。被害单位始终认为他们是被害单位，因为张某的犯罪行为遭受了严重的经济损失，被害单位已经向公安机关进行刑事控告，公安机关就应当进行立案侦查，帮助被害单位挽回损失。由于双方沟通不顺畅，刑事控告经历了两年多都无法推进。

我们代理被害单位的控告维权案件后，采取了积极有效的沟通措施：

其一，与被害单位沟通，调整刑事控告思路，将张某涉嫌职务侵占罪、挪用资金罪的每一宗犯罪事实都进行细致的梳理、审查、论证，力求达到事实清楚、证据确实充分的标准，然后再启动刑事控告程序，与公安机关当面沟通，要求予以刑事立案调查。

其二，与公安机关办案人员当面沟通，告诉办案人员目前被害单位所面临的困难、对案件处理的底线和立场。实际上，该案被害单位是国有控股企业，其已经向资金损失的客户垫付了3000多万元退货款，平息了社会矛盾，帮助当地解决了矛盾纠纷。但是，这笔资金损失必须有责任主体来承担，谁应该为这笔3000多万元的损失承担责任？这是国有企业一直通过刑事控告维权所要解决的根本问题。即使不能将3000多万元损失都归咎于被控告人，也应该将较大数额的损失归咎于被控告人，国有企业的相关责任人员才不会被单位内部或者被国资管理部门追究责任。即使不能实际挽回损失，也需要有承担责任的主体。因此，被害单位的立场和底线是一定要有人为这些损失承担法律责任，被害单位一定要控告维权成功，哪怕只能成功控告部分的犯罪金额。如果被害单位无法将这些损失归咎于被控告人，无法追究他的刑事责任，被害单位就面临国资管理部门的追究。因此，被害单位是不会放弃控告维权的，如果公安机关一直不受理、不予刑事立案、不推动刑事诉讼进展，被害单位就会一直进行刑事控告、申诉、信访等举措。

被害单位、代理律师和办案人员当面沟通过程中，不断强调被害单位的控告维权立场，办案人员才明白被害单位必须控告维权的理由，这可以在一定程度上对案件的侦办产生推动作用。被害单位能够理解并采用正确的刑事控告沟通方式方法，办案人员也能明白被害单位进行刑事控告的决心，他们也会更加积极地推动案件的侦办，不会再以各种理由予以推诿卸责。

五、提供侦办建议

司法实践中，司法机关的办案人员其实和代理律师一样，都是普通法律工作者，没有谁比谁更加突出、更加优秀，两者有不同的工作经验和擅长的领域，仅此而已。司法机关的办案人员面对复杂的刑事案件也会有束手无策的时候，也会走弯路搞错侦查方向，甚至出现法律分析错误等情况，这是非常正常的。从辩护的角度，侦查机关的错漏是辩护的机会、辩护的空间。从被害人控告维权的角度，侦查机关的错漏会直接影响被害人维权的效果，直接影响被害人的切身利益。因此，作为被害人的代理律师，要经常与办案人员进行充分沟通，协商办案的思路和方向，尤其是刑事控告侦查阶段，代理律师更要及时与办案人员沟通侦查方向，提供案件侦破的意见和建议，一起解决侦查过程中遇到的难题，帮助办案人员顺利推进案件办理，避免出现因为侦查方向错误导致案件无法侦破或难以推进的情况。

例如，××汽车销售有限公司被其原销售经理师某职务侵占控告维权案：

被害单位向公安机关刑事控告师某在担任公司销售经理期间，以公司的名义与客户签订汽车销售协议，并指示客户将购车款转入其指定的第三方汽车销售公司账户，让其他向师某购买车辆的购车人张某等人直接向第三方汽车销售公司提车，并私下收取购车款据为己有。客户将购车款转入第三方汽车销售公司后，师某联系该第三方汽车销售公司，谎称客户支付的款项是张某等其他购车人的购车款，并要求第三方汽车销售公司直接向张某等其他购车人交付车辆。于是，第三方汽车销售公司按照师某的指示，将车辆交付给前来提车的张某等购车人。而客户按照师某的指示将款项交付给第三方汽车销售公司后没有收到车辆，就向法院提起民事诉讼，请求法院判决××汽车销售有限公司退还全部的购车款。法院判决认为，师某作为××汽车销售有限公司的销售经理，指示客户将购车款转入第三方汽车销售公司的账户，亦视为××汽车销售有限公司收取了购车款，××汽车销售有限公司收取购车款后并未交付车辆给客户，应当返还全部购车款。××汽车销售有限公司认为师某的行为已经涉嫌职务侵占罪，应当追究其刑事责任。

公安机关在初步审查了××汽车销售有限公司的刑事控告材料后，认为犯罪事实清楚，证据相对比较充分，予以刑事立案。公安机关刑事立案后，对被害人所控告的犯罪事实进一步找相关人员进行调查取证。公安机关采取的侦查方向是寻找张某等人的购车款去向及涉案车辆去向，购车款是否流入了师某的个人账户或者指定的收款账户，涉案车辆是否被师某实际控制，即师某有没有将相应车辆的销售款或者涉案的车辆非法据为己有是其罪与非罪的关键。公安机关花费了很多时间、精力去侦查车辆的去向以及相应购车款的去向。

然而，代理律师与办案人员沟通后发现，公安机关的调查结果并不理想。很多实际购车人并不配合调查，拒绝接听电话。配合调查的购车人又大多表示已经忘记了当时购车的具体情形，不记得自己购车款交付给了哪个人，无法证明涉案车辆最终由师某实际控制，也无法证明涉案购车款实际由师某控制。按照这种侦查方向，案件推进是非常缓慢的，公安机关需要对每一个实际购车人进行调查取证，而且侦查效果很差，无法证明控告的犯罪事实。于是，代理律师与办案人员再一次见面提交证据材料时，特别就侦查方向、案件定性的问题进行充分沟通。代理律师认为：

其一，从侦查难度看，由于师某的犯罪手法多种多样、相关资金流水错综复杂、购车人的人数众多、涉案资金去向不明，很难从购车人角度查明案件所涉资金究竟有没有流入师某个人控制账户，也很难证明涉案车辆是为师某所实际控制。

其二，从侦查意义看，这些信息对于认定师某的职务侵占犯罪意义不大。本案师某将本属于被害单位的购车款，转入了其指定的第三方账户，没有转入被害单位账户，也没有用于被害单位，不论实际用途是什么，也不论涉案的车辆如何处分，都足以认定师某将这部分购车款非法据为己有的犯罪事实。

其三，从抗辩角度分析，如果从每一个购车人角度着手调查，即使查清楚了购车人的资金去向与师某有密切关联，也不会影响全案的金额认定，师某会抗辩认为其他购车人不记得资金去向、不配合侦查而控告的犯罪事实，都事实不清、证据不足，不应认定。如此一来，该侦查方向、控告思路会给犯罪嫌疑人、被告人提供较大的辩护空间，罪与非罪、犯罪金额的认定面临较大的争议。

其四，从犯罪行为本质看，师某的犯罪行为本质是其在被害单位经营之外，个人倒卖车辆获利，在资金链断裂后，直接将客户交付的购车款用于其个人而将债务转嫁给被害单位，这实际上是师某自己倒卖车辆及挥霍资金引发的资金链断裂，不需要查清楚后续资金的实际用途，只要证明本属于被害单位的资金没有用于被害单位，而被其用于其个人，即足以认定师某将本属于被害单位的购车款非法据为己有的职务侵占犯罪事实。

在该案中，由于犯罪嫌疑人的犯罪手法非常复杂，资金去向无法一一查明，如果要求将每一笔被职务侵占资金的去向都查清楚，则需要耗费巨大的精力，且难以实现。代理律师需要做说服工作，让办案人员明白并接受，资金去向并不是职务侵占罪必须查清楚的事实，很多案件资金去向都无法查明，但不影响犯罪事实的认定，只要公司的资金被犯罪嫌疑人利用职务便利用于其个人、未用于公司经营，就可以认定犯罪事实。在说服工作的基础上，建议办案人员调整侦查方向。经过与办案人员的充分沟通，办案人员接受了代理律师的观点，并适当调整侦查方向，后续案件得以顺利推进。

第四节
刑事庭审的沟通经验

启动刑事诉讼程序和参与刑事诉讼程序,是被害人维权中两个重要的环节。启动刑事诉讼程序的方式是进行控告维权或者进行刑事自诉立案。参与刑事诉讼程序则是在刑事诉讼程序启动后,积极参与其中的诉讼活动,在适当的阶段以适当的方式提出适当的诉求,以更大限度地实现控告维权的效果,最大限度地挽回损失。在参与刑事诉讼程序中,最重要的当数参与刑事庭审。参与刑事庭审就涉及庭审现场的沟通发言问题。在刑事庭审中,被害人、代理律师要如何对有关证据质证,如何发表法律意见、表达诉求等,是参与刑事庭审的沟通内容。

如果出庭的公诉人专业水平比较出众,则被害人代理律师的压力较小,庭审工作会轻松一些。为避免出现意外状况,代理律师需要做好庭审的准备,包括对被告人进行庭审发问。如果辩护方提供专家意见等证据材料,据此提出辩护观点,则代理律师需要相应地进行质证反驳。如果鉴定人、具有专门知识的人员、证人等出庭作证,则代理律师也可以向鉴定人、具有专门知识的人员、证人等发问。

一、对辩方观点予以反驳

辩方观点,包括对证据的质证意见、辩方提供证据的举证意见及被告人发表的自辩意见及辩护律师发表的辩护意见等。有经验的辩护律师向司法机关提供的证据材料及其辩护观点是紧密相关的,辩护观点建立在证据材料的基础上。作为被害人的代理律师,有必要对辩方的这些材料及观点进行反驳,尤其是辩方委托专家出具的、用于否定鉴定意见的专家意见材料,司法鉴定意见对于认定犯罪嫌疑人、被告人罪与非罪、犯罪金额、犯罪情节至关重要。如果司法鉴定意见被推翻,辩方专家意见书被采纳,则裁判结果可能会对被害人非常不利,被害人为控告维权所做的努力将功亏一篑。对辩方提交的专家意见材料,代理律师要特别重视。

例如,李某被冯某故意伤害控告维权案:

该案中,公安机关委托法医鉴定机构对被害人李某的损伤程度进行司法鉴定，认定李某构成轻伤一级。公安机关据此进行刑事立案。在庭审过程中，辩护律师出示了委托法医专家出具的法医学书证审查意见书，得出的意见认为：被害人李某的损伤是过失或意外形成的，不是故意伤害行为形成的；李某的损伤不构成轻伤一级，应当构成轻微伤；派出所调解处理合法有效，再追究冯某的刑事责任，既不合理，也不合法。

对辩护律师提供的该法医学书证审查意见书，被害人及代理律师该如何质证呢？首先，从证据属性上，法医学书证审查意见书不是《刑事诉讼法》规定的法定八种证据种类，不属于证据范畴，不具有证明效力，不能作为本案认定事实的证据。其次，该证据显示的审查人是法医师，对派出所调解的合法性及相关程序作出审查判断，不符合他的专业领域，超出其专业能力，印证了该证据不具有可信度。最后，公安机关委托法医鉴定机构出具的法医鉴定意见，出具的主体是具有资质的合法司法鉴定机构，鉴定人也有法定资质，鉴定程序合法，鉴定过程和方法符合相关规范要求，鉴定意见明确，且鉴定意见与案件待证事实有关联性，能够证明案件事实。而且，鉴定人也已经出庭接受询问。因此，法医鉴定意见合法有效。

二、对辩方证人进行发问

有经验的辩护律师为了有效质证公诉机关提供的证据材料，往往会申请相关知情人员、有专门知识的人等作为辩方证人出庭接受各方询问，支持辩护。作为被害人的代理律师，也可以对这些"来者不善"的证人进行适当发问，通过交叉询问，能避免证人仅作出对辩护律师有利的证言，也可以避免证言被片面解读。

例如，王某被故意伤害控告维权案：

王某报案后，公安机关委托司法鉴定中心对王某的损伤程度进行鉴定。司法鉴定意见认定"王某的损伤程度为轻伤二级"。被告人黄某及其辩护律师对司法鉴定意见提出质疑，并委托了某法医专家根据病历资料及司法鉴定意见书，对王某的损伤程度进行审查，出具加盖"××司法鉴定中心鉴定咨询专用章"的关于王某致伤方式和损伤程度的意见书，被告人及辩护律师还向法院申请专家证人出庭。此时，被害人代理律师可以对专家证人进行发问，向法庭揭露相关情况。

律师：你在哪里工作？做过法医临床的工作吗？

专家证人：做过，当时在××司法鉴定所工作。

律师：你从事法医工作几年了？

专家证人：8年。

律师：有没有资料可以反映你的权威程度和专业程度？

专家证人：我是博士，是一个专家，是法医学的鉴定专委。

律师：你是否具有法医鉴定人资格？

专家证人：有的。

律师：你出具的这份关于王某致伤方式和损伤程度的意见书是司法鉴定意见吗？

专家证人：不是。

律师：我看到盖的是××司法鉴定中心鉴定咨询专用章，这个司法鉴定中心有无法医鉴定资质？

专家证人：有的。

律师：为什么盖的是咨询专用章？

专家证人：个人委托的，我们一般都是咨询专用章。

律师：出具这份意见，你有没有组织专家论证？

专家证人：有的。

律师：参与论证的专家有没有分工？

专家证人：里面所有的内容我都是同意的。

律师：你有没有和其他法医讨论过？

专家证人：有的。

律师：在出具意见时，你们法医专家内部有没有不同的意见？

专家证人：出具报告之前有讨论，最后出具的意见是一致同意的。

律师：法医鉴定中心出具的文件，应该有统一编号的吧？

专家证人：这不是鉴定意见，所以没有统一编号。

律师：出具这份意见时，你有没有见过被害人？

专家证人：没有。

律师：出具这份意见时，你有没有见过被害人的伤情照片？

专家证人：没有，我只看见司法鉴定意见书。

律师：你能排除伤情是被告人造成的吗？

专家证人:不能。

在该案中,被害人的代理律师通过向专家证人发问,确定了两个基本事实:其一,从形式上,这不是一份司法鉴定意见,仅仅是咨询意见;其二,从内容上,这份鉴定意见不能排除被告人造成被害人受伤的可能性。这是对这份辩方证据的有力质疑。关于王某致伤方式和损伤程度的意见书不足以否定案卷中公安机关委托司法鉴定机构出具的鉴定意见书。

又如,王某被谢某合同诈骗控告维权案:

该案中,被害人王某遭受谢某的合同诈骗,损失了几千万元,于是向公安机关刑事控告。公安机关刑事立案后,委托司法鉴定机构对涉案合同诈骗的金额进行司法鉴定,司法鉴定机构出具了司法鉴定意见。辩护律师申请鉴定人出庭作证,庭审中,辩护律师对鉴定人、鉴定意见提出了诸多质疑,认为司法鉴定意见不能采信。此时,作为被害单位的代理律师也可以考虑向鉴定人发问,反驳辩护人的质疑,支持鉴定人及司法鉴定意见。

律师:你好,我是被害单位×××的代理律师,有几个问题想向你核实一下。

鉴定人:好的。

律师:鉴定意见你今天带了没有?

鉴定人:带了。

律师:你参与鉴定了没有?

鉴定人:我参与了。

律师:你讲一下除了你还有谁参与了此次鉴定?

鉴定人:还有……

律师:司法鉴定许可证,你们单位是否取得?

鉴定人:有的。

律师:你们单位可以进行这样的司法鉴定,出具鉴定意见吗?

鉴定人:可以的,是我们的业务范围。

律师:你们单位的司法鉴定许可证是什么时候取得的?

鉴定人:我不知道,忘记了,很早以前。

律师:你本人有没有司法鉴定的资质证书?

鉴定人:有的。

律师:你本人是有鉴定资格的,是不是?

鉴定人:是的。

律师:你说一下这份司法鉴定的流程?

鉴定人:司法鉴定的流程是……

律师:这份鉴定意见,除了你还有其他辅助人员参与吗?

鉴定人:我们成立了鉴定小组,人员有……

律师:参与鉴定的辅助人员,他们有没有资质?

鉴定人:有的。

律师:你们是怎么分工的?你们这份鉴定意见是如何形成的?

鉴定人:A 负责审查资料,B 负责撰写初稿,我是负责复核的。

律师:你对你们的鉴定意见,是否认可?

鉴定人:是的。

律师:你得出鉴定意见认为……得出这样的鉴定意见的依据是什么?

鉴定人:得出鉴定意见的依据是……

该案中,被害单位代理律师通过发问,为法庭展示了司法鉴定机构的资质、司法鉴定人的资质、司法鉴定人和辅助人员的分工、司法鉴定的鉴定过程、司法鉴定意见书的形成过程以及司法鉴定意见的依据。由此证明,本案司法鉴定意见是由有资质的司法鉴定机构、适格的司法鉴定人依法依规出具的,是有理有据的司法鉴定意见,可以作为定案根据使用。

三、对被告人进行发问

庭审发问是刑事庭审非常重要的环节,有经验的辩护律师会向被告人、同案人发问,还原对辩护有利的事实经过、突出对辩护有利的情节,甚至把质证意见、辩护意见都融入庭审发问环节。因此,越是疑难复杂的案件,庭审发问环节所花费的时间往往会越长。被害人代理律师,并不是庭审发问环节中的控方主角,一般是为公诉人的庭审讯问进行必要的补充。在必要时,也需要对被告人发问,来揭露一些公诉人及法官容易忽略的细节,证明对被害人控告维权有利的事实。总的来说,作为控告犯罪的一方,对被告人的发问或讯问可以围绕以下几个方面的问题:

（一）认罪的供述辩解是否属实

绝大部分刑事案件中，被告人在审查阶段都作出过认罪的供述和辩解，甚至案卷材料中只有认罪的讯问笔录。如果庭审中，被告人的当庭辩解与其侦查阶段的有罪供述的讯问笔录不同，则可以向被告人询问案卷材料中其作出的认罪供述和辩解是否属实。例如："你在侦查阶段做的供述是否属实？""你以前对公安机关作的供述是否属实？"对于这个问题，被告人也都会非常重视，被告人的答案无非就三类："属实"、"不属实"或者"笔录内容是什么已经不记得，哪些内容需要核实问我就可以，看笔录怎么记录的，我就可以核实是否属实"。

如果被告人回答不属实，则一方面需要提供充分、有力的证据或理由，证明其由于遭受刑讯逼供而提供了不真实的证言。其余的关于"没有认真看""笔录内容后来才发现是错的"之类的辩解，都是无力的，不会被采纳。另一方面，被告人的该回答也会遭到公诉人的极力反对，公诉人大概率会补充讯问，如"哪些属实，哪些不属实？""不属实，你还签认吗？""笔录你有没有看过？看过还签字了，还不属实吗？""你现在是否认罪认罚？"。

实际上，此类问题公诉人几乎都会问，这个问题的答案是公诉人问其他很多问题的前提。因此，这个问题往往只需要公诉人发问即可。公诉人并没有问这个问题，但被害人代理律师根据案卷及庭审情况认为有必要时，也可以发问。

（二）问被告人难以回答的问题

尽管被告人作无罪辩护，但其无疑也实施了一些行为，都会有一些难以解释的行为和问题。例如，诈骗类犯罪中的虚构事实、隐瞒真相的行为；职务侵占犯罪中的伪造材料、虚假套现行为等。这些对其辩护不利的事实细节，就是被告人难以解释、难以回答的问题，就是指控方可以通过庭审发问予以揭露的事实。

例如，李某涉嫌职务侵占罪案：

该案中，被害单位向公安机关提出刑事控告，刑事诉讼顺利推进。公诉机关提起公诉，指控被告人李某利用虚增债务、虚增支出、虚构工程款等手段，套取了被害单位的巨额资金非法据为己有，李某的行为构成职务侵占罪，应当追究其刑事责任。在庭审过程中，李某拒不认罪，认为其并未参与涉案的所谓虚增债务、虚增支出、虚构工程款等行为，而且涉案资金的支出有正当事由，并未非法占有被害单位的资金。在法庭调查阶段,辩护律师通过庭审发问阐述了其不构成职务侵占罪的主要理由。

尽管被告人及其辩护律师作无罪辩护,但虚增债务、虚增支出、虚假合同等行为是客观存在的,这对李某是不利的,李某难以作出合理解释。被害单位的代理律师可以在这些问题上对李某进行发问。例如:“你知不知道×××合同,是虚假的工程合同?”“×××工程合同有没有实际施工?”“为什么要用虚假的工程合同来套取××公司的资金?”“为什么套取出来的钱都跑到李某的关联公司去了?”“×××工程实际结算造假仅为××××万元,但为什么多支付了4999万元?”“这4999万元为什么回流到××有限责任公司?”

又如,张某等人涉嫌销售假冒注册商标的商品罪案:

被害单位进行控告维权后,案件顺利推进,公安机关对张某等人提起公诉。在庭审调查中,张某等人对于现场查扣的部分构成销售假冒注册商标的商品罪,表示认罪认罚,没有异议。但是,对指控销售记录部分也构成销售假冒注册商标的商品罪,表示不认罪,他们认为这部分销售数据不准确,图片与实物并不相符,因此这部分销售数据不是犯罪金额,应当予以剔除。被害单位代理律师可以对被告人进行发问,揭露他们辩解中的不合理、不成立的地方。

律师:张某,你刚才说对现场查扣的部分,指控构成销售假冒注册商标的商品罪是没有意见的,是吧?

张某:是的。

律师:你认为销售记录部分不构成犯罪,是吧?

张某:是的。

律师:现场查扣的产品和网上销售的产品,有什么区别?

张某:都是毛绒玩具、公仔之类的小饰品。

律师:现场查扣的产品和网上销售的产品,都是一样的产品是吧?

张某:类似吧。

律师:这些现场查扣的产品有没有在网上卖过?

张某:不记得了。

律师:现场查扣的产品是侵权产品,为什么网上销售过的产品,就不是侵权产品呢?

张某:两者有一些区别。

律师：你刚才说都是毛绒玩具、公仔之类的小饰品，你具体说说有哪些区别？

张某：……

律师：现场查扣的部分，有没有取得商标权人的授权？

张某：没有。

律师：和现场查扣类似，网上已经销售的那部分，有没有得到商标权人的授权？

张某：……

本案中，在被告人张某表示对现场查扣部分认罪没有异议后，其实他就很难解释现场查扣产品是侵权产品、已经卖出去的却不是侵权产品这一问题。通过庭审发问，可以向法庭展现现场查扣的和网上已经销售的产品是一样的，都是同样的产品，现场查扣部分张某表示认罪认罚，认可侵权行为；但对网上已经销售部分的辩解、否认犯罪理据明显不足，其辩解明显不成立。

（三）问能反驳辩护观点的问题

有经验的辩护律师会通过庭审发问环节，在被告人的配合下，初步向法庭呈现其辩护观点。被害人的代理人需要对辩护观点予以正面回应，也可以通过庭审发问，问可以反驳辩护观点或者可以让被告人的辩解自相矛盾的问题。

例如，郑某涉嫌销售假冒注册商标的商品罪案：

被害单位提起刑事控告，公安机关查封了郑某等人的经营场所和仓库，并在仓库现场查获部分假冒注册商标的商品。后公安机关通过审讯，调取到郑某等人在某知名平台上的销售记录，并提取到郑某等人历年来的销售记录表，这些销售记录表是认定郑某等人犯罪金额的重要证据，也直接关系到被害单位所遭受的经济损失。

在刑事庭审中，郑某及其辩护律师提出销售记录表中图片和实际销售的产品并不完全一致，销售记录不能作为认定侵权产品的金额，这部分犯罪金额不应该作为定罪量刑的根据。

郑某该辩解面临最大的质疑、最难以解释的问题，就是几千万的销售记录，所有的东西都货不对板？都是图片与实物不一致？实际销售的产品和宣传的产品完全不同？都是挂羊头卖狗肉？没有人提出投诉、起诉等？这些问题，郑某很难给出合理回答。沿着这个思路追问，可以比较容易证明郑某的辩解不符合常理。

律师:你说你们销售记录表格中的图片里面的产品和实际卖出去的产品不同? 有哪些不同的地方?

郑某:大小、样式、有没有商标等都不同。

律师:你们卖出去几千万的产品,宣传的图片和实物都是不一样的吗?

郑某:是的,都有差异。

律师:有没有人投诉、退货、起诉你们货不对板?

郑某:很少,基本没有。

律师:也就是说,客户收到货物发现跟你们图片宣传的不同,却几乎没有客户提出投诉、退货? 也没有客户起诉你们是吧?

郑某:是的。

律师:消费者都不介意你们给他们的究竟是什么产品,就给钱买了?

郑某:有给他们相应产品,产品有差异,但就是类似的这些产品。

在该案中,被害单位代理律师通过庭审发问,证明根据被告人的辩解,被告人销售的产品几千万,全部都是图物不符的产品,但几乎没有消费者提出异议,可以证明被告人的辩解并不符合常理。

又如,曲某涉嫌侵犯著作权罪案:

该案中,被害单位刑事控告后,公安机关在曲某等人的公司财务管理系统中获得了大量销售数据,但曲某等人对这些销售数据不予认可,认为这些销售数据存在很多错漏、失真的地方,不能反映真实的销售情况,不能作为认定犯罪金额的依据。被害单位的代理律师,可以沿着被告人的辩解继续追问,证明其辩解自相矛盾或者明显不符合常理。

律师:你们公司销售的产品会不会在销售记录中记录下来?

曲某:会。

律师:你们公司有几个财务系统? 除了这个之外,还有其他财务系统吗?

曲某:没有了。

律师:如果这个财务系统不能反映真实销售数据,那么,你作为公司老板,如何掌握公司的经营情况? 盈利情况?

曲某:我是公司老板,公司就我一个老板,我不需要掌握公司真实财务状况,有钱赚就行。

律师：不看这个财务系统，那你如何统计成本、销售额和盈利情况？如何确定公司赚没赚钱？

曲某：不需要统计，到年底看看口袋还有多少钱，就知道赚了还是亏了。

律师：你说财务系统中的数据不真实，那是多了还是少了？

曲某：跟实际经营数据不同。

通过庭审发问，可以向法庭证明，虽然曲某极力解释财务系统记录的数据不真实，不能作为认定犯罪事实的依据，但他的辩解显然不符合常理。作为公司老板，最关心的应该是公司的经营情况、盈利情况、财务情况，在公司只有一套财务数据系统的情况下，财务数据还不真实，而且财务数据不真实还持续沿用数年，很显然，曲某的辩解并不合理。

后记
POSTSCRIPT

感谢激励我在刑事领域前行的人

我一直在总结被害人刑事控告的办案经验。办理辩护案件时，被害人的无助多次令作为辩护人的我动容；办理被害人维权控告案件时，被害人维权控告的成功令我振奋。由此，我产生撰写此书以飨律师同行及众多被害人的想法。于是，2021 年年初，我开始将办案心得和经验汇总、整合、修改，完善成书。

2022 年 12 月 13 日 0 时，“通信行程卡”服务正式下线，在下线的倒计时中，我也完成本书初稿。三年的疫情防控，是我们这一代人无法磨灭的印记。此刻开始，我们也将离开国家防控政策的“庇护”，慢慢消除对新冠病毒的恐惧，习惯与新冠病毒的长期并存，回到正常的生活状态。本书又历时几个月的修改、校对，终成定稿。

即将付梓之际，我非常感谢母校华南师范大学法学院、吉林大学法学院对我法学思维、法学研究兴趣、研究方法的培养；感谢张文显老师的无私栽培，感谢宋福信律师一直以来的支持，感谢广东宋氏律师事务所李晓月、宋福坚、王洁娴、周泳秀、陈丹丹、吴映婷、龚政、杨倩雯、杨琳、杨科、刘雨萱、黄燕玲、王旭林、唐芷琳、丁佳钰等同事们对本书提出的诸多宝贵意见，感谢李亚婷、廖嘉悦等同学的校稿。

最后，感谢一直以来支持我、鼓励我的同学、同事、同行、朋友们，你们都是激励我在刑事领域前行的人。

赖建东

2023 年 8 月